MW01632784

Guía para identificar
los santos de la iconografía cristiana

Guía para identificar los santos de la iconografía cristiana

Coordinación general, infografías y textos: Lorenzo de la Plaza Escudero
Textos: Cristina Granda Gallego y Antonio Olmedo Molino
Dibujos: José María Martínez Murillo

Cuadernos Arte Cátedra

1.ª edición, enero 2018
reimpresiones: octubre 2018, mayo 2019, febrero 2020,
septiembre 2021, febrero 2022, septiembre, 2022, febrero, 2023, noviembre 2023,
julio 2024 y enero 2025

Ilustración de cubierta: San Vito, dibujo basado en el *Martirio de san Vito, ca.* 1450 (Varsovia, Museo Nacional), de José María Martínez Murillo

Ilustración de cuarta de cubierta: Margarita de Antioquía, dibujo basado en *Santa Margarita,* de Zurbarán, 1640 (Londres, National Gallery), de José María Martínez Murillo

Valentín Beato, 21. 28037 Madrid
Depósito legal: M. 2.398-2018
I.S.B.N.: 978-84-376-3804-1
Printed in Spain

Introducción

La iconografía del cristianismo afecta no solo a la historia del arte. Hunde sus raíces en el pensamiento humano y en el sentimiento religioso. Es la expresión de una emoción universal que va más allá de una creencia concreta, en la que percibimos los cientos de elementos que han compuesto otras ideas religiosas a lo largo de la historia. Ideas que surgen siempre y se repiten de modo constante, como un continuo humano que compone una especie de melodía recurrente a lo largo del tiempo.

Pese a la falta de conexión física o temporal entre los diversos pueblos, suelen aparecer elementos que se repiten en las diferentes creencias. Por ejemplo, desde Oceanía hasta América, pasando por Asia, África o Europa, nos encontramos una tendencia genérica a la existencia de una tríada de dioses principales en los cultos politeístas, al culto a la virginidad, a diversos tabúes comunes de consanguinidad o a los genios alados protectores o demoníacos.

Además de este sustrato se añaden connotaciones históricas, nuevas creaciones y adaptaciones de elementos preexistentes. En este sentido, la cercanía temporal o geográfica facilita la transmisión de las tradiciones. La evolución del *lamasu* mesopotámico, con sus cuatro formas (hombre, toro, león y águila), se repite en el tetramorfos cristiano; las ideas platónicas calan en el cristianismo con mayor facilidad que otras creencias o ideologías más lejanas; la iconografía grecolatina se repite en historias y personajes de la nueva religión cristiana que aparece en el siglo I. Las adaptaciones pueden referirse a formas y elementos externos, como es el caso de las formas del dios padre, todopoderoso, que se asemeja en sus representaciones a Zeus (barba, entronizado, melena, rayos), o a historias o narraciones que repiten estereotipos clásicos: el «forzudo» san Cristóbal que nos recuerda a Heracles o san Jorge con tintes de Perseo.

Igualmente cada imagen, atributo o relato refleja la evolución de las creencias, relacionando el hecho con la forma de representación; así vemos cómo el poder de la fuerza que se transmite con las imágenes de Heracles contrasta con la dominación que un simple y tierno niño tiene sobre el poderoso san Cristóbal. Una misma imagen de fuerza nos sugiere ideas diferentes o diametralmente opuestas.

El arte, la representación, se han visto influidos, como no podía ser menos, por una serie de variables. En este sentido, la propia iconografía ha creado, pulido o acrecentado determinadas ideas o atributos debido a casualidades, errores de interpretación o confusiones de personajes. Así tenemos el caso de dos santas con el mismo nombre que adquieren elementos afines en el devenir de su representación, fruto de mezclas casuales, como es el caso de santa Catalina de Alejandría o santa Catalina de Siena, que incluyen el elemento del común matrimonio místico, o el de san Bruno de Colonia, que incluye la representación de un cisne por error, ya que solo san Hugo de Lincoln debería tenerlo.

El objetivo de esta obra es ayudar a reconocer al personaje santificado en su representación artística y proporcionar al tiempo información sobre su historia y su leyenda. Sería imposible abarcar el universo completo de santos. Hemos seleccionado un conjunto de ciento treinta y nueve personajes. La elección, lógicamente, es arbitraria; no obstante, hemos intentado abarcar diferentes aspectos del santoral poniendo el acento en los que nos han parecido más representativos y los más relacionados con el universo del cristianismo occidental, y, particularmente, en los santos cuyo culto es más relevante en el entorno mediterráneo formado por el triángulo de España, Francia e Italia. Igualmente hemos añadido personajes importantes, como los apóstoles o incluso la Virgen María, y santos más conocidos en el mundo ortodoxo como san Cirilo. Somos conscientes de que no están todos los que son y que puede haber alguna carencia importante, pero las limitaciones de la obra imponían esa cierta arbitrariedad.

LA SANTIDAD

Pero ¿cómo se conseguía la santidad?, ¿cómo se entraba en este grupo privilegiado por el especial amor de Dios? Existen diversos momentos históricos que han reflejado este paso al escalón más alto entre los creyentes. En un principio los santos eran elegidos por aclamación popular entre las personas fallecidas recientemente que habían seguido fielmente la vida de Cristo, habían favorecido especialmente a los demás, en ocasiones en detrimento propio, o se habían distinguido especialmente en la defensa y mantenimiento de su fe. Los mártires que habían dado su vida por mantener la fe en los momentos más difíciles, cuando la persecución era más dura, con tormentos, vejaciones y ejecuciones públicas, fueron casi inmediatamente santificados en la memoria popular.

Tras el afianzamiento del cristianismo como religión oficial, el proceso se hizo más complejo, sin que dejaran de existir personajes que obtenían una santidad inmediata. En el siglo V el proceso comenzó a protocolizarse. El procedimiento de santificación incluía tres pasos: venerable, beato y, finalmente, santo.

El venerable es un personaje al que se reconoce que ejerció las virtudes teologales (fe, esperanza y caridad) y las cardinales (prudencia, justicia, fortaleza y templanza) de manera heroica. Para alcanzar la siguiente fase, beato, se requiere la realización de un milagro obtenido a través de la intercesión del personaje y verificado tras su muerte. Puede ser cualquier hecho sobrenatural, como una curación que no se produzca por causas naturales. Incluye la intervención de médicos y teólogos.

Para alcanzar finalmente la santificación se necesita otro milagro ocurrido tras la beatificación. El papa puede prescindir de algunos requisitos. Tras alcanzar la santidad, se le concede un día de fiesta y la posibilidad de culto, a la vez que se pueden consagrar a su nombre iglesias, santuarios o ermitas.

LOS ATRIBUTOS

Los atributos de cada santo son elementos propios que nos permiten identificarlos, y pueden ser vestimentas, objetos, características físicas, animales, etc. La representación en el arte de dichos elementos ayudaba a conocer al santo y permitía una sencilla pedagogía dirigida inicialmente a una amplia mayoría analfabeta. Los factores que influían en la elección de los elementos que acompañaban al personaje son muy variados y vienen determinados por diferentes razones que no son iguales en todos los casos. Esta diversidad impide hacer un catálogo estricto de cuáles son los aspectos que se asocian habitualmente a un santo. En cada caso se puede elegir uno o varios de estos factores.

En suma, las razones que justifican los atributos pueden estar relacionadas con diferentes enfoques:

— Con aspectos simbólicos generales del cristianismo: así, si eran fervientes creyentes, aparecerá un corazón, y en función de su fervor este puede ser representado en llamas o con rayos luminosos, como en san Agustín; la calavera suele asociarse a santos penitentes o ermitaños como símbolo de rechazo a las riquezas o placeres del mundo.

— Con su muerte: si fueron martirizados, el instrumento de su muerte puede ser uno de los atributos; así, si fueron lapidados, aparecerán piedras, como en el caso de san Esteban; si fueron degollados con una espada, esta aparecerá representada, como en san Pablo; si asados en una parrilla, como san Lorenzo, esta suele figurar junto al santo.

— Con instrumentos relacionados con su trabajo: san Isidro tendrá aperos de labranza por ser agricultor, y san José, herramientas de carpintero.

— Con sus cargos: cuando se representan obispos, abades, cardenales o papas, las ropas y atributos de su dignidad aparecerán mediante mitras, báculos, ropas de obispo, tiaras, etc.; los santos de origen noble suelen añadir en sus atributos una bandera u otro elemento heráldico.

— Con aspectos relacionados con su vida y milagros: santo Domingo de la Calzada aparecerá con un gallo y una gallina, y san Nicolás, con tres bolas.

— Con una cualidad personal en la que sobresale el personaje y que se representa de un modo simbólico por asociación con una figura. Así, un personaje elocuente que hablaba muy bien o dulcemente puede tener algún atributo relacionado con la dulzura, como la miel, las abejas o una colmena, como es el caso de san Ambrosio; un personaje severo o duro puede ser representado junto a una piedra.

— Con las obras o trabajos realizados: los santos evangelistas o doctores de la Iglesia pueden aparecer con un libro o pluma; los rescatadores, con unas cadenas; etc.

La estructura de la obra es sencilla. Incluye un cuerpo básico formado por los santos, un índice de atributos, un índice de los patronazgos atribuidos a cada uno de los santos, una relación de los elementos de los que protegen o ayudan a conseguir y, por último, un vocabulario de términos contenidos en el texto.

LA GUÍA

El cuerpo del libro lo constituyen los personajes. Las entradas aparecen ordenadas alfabéticamente. En este sentido hemos de tener en cuenta que algunos santos están en entradas dobles: Cosme y Damián, Justa y Rufina, Justo y Pastor, por lo que en estos casos concretos la alfabetización se realiza según el orden en que aparecen en la tradición, que suele coincidir con el alfabético. Luego se enuncian una serie de datos que pretenden situarnos respecto al personaje: el día de la festividad en la que se celebra dentro del calendario cristiano; el sentido general de su nombre; la fecha y el lugar de su nacimiento y muerte... Finalmente se recoge una o varias categorías que lo identifican someramente: mártir, obispo, doctor de la Iglesia, virgen, etc.

Tras esta introducción, aparece la historia del personaje. En este aspecto hemos intentado transmitir los diferentes elementos de la tradición que nos refieren la vida del santo en cuestión. Al respecto debemos indicar que no se trata de una investigación histórica o historiográfica sobre la veracidad del personaje o los hechos asociados a su periplo vital. No hemos intentado mejorar los trabajos de los hagiógrafos, especialmente los bolandistas, en la búsqueda de la verdad histórica. Nos limitamos a sintetizar, con una breve pincelada, la vida del protagonista haciendo hincapié en los aspectos relacionados con los episodios relativos a su representación en el arte.

En cada entrada aparecen igualmente tres apartados claramente diferenciados:

a) Atributos posibles: aquí se detallan los más relevantes de cada personaje, aquellos con los que usualmente se les representa. Estos atributos han de entenderse no como normas, sino como posibilidades que tenía el artista, variables de una época a otra, relevantes o no para una escena u otra. Igualmente hemos de contar con los añadidos no canónicos propios del arte. La inclusión de variantes diacrónicas complica la creación de un corpus. Hemos intentado abarcar los más importantes e incluir incluso algunos que aparecen de manera errónea en el caso de que se hayan convertido, por la costumbre, en elementos propios del mundo del personaje. El hecho de que los autores se copien entre sí a lo largo del tiempo ha contribuido a reafirmar la creencia de que ciertos atributos siempre han formado parte del santo. Por extensión, se han añadido seres que aparecen junto a las figuras con la categoría de atributos como, por ejemplo, el Niño Jesús.

b) Variantes iconográficas: aquí se apuntan las variantes o escenas más importantes en las que encontramos representado al personaje en cuestión. Dada la variación que podemos encontrar en algunos de los más representados, en ocasiones hemos recurrido a generalizaciones como ciclo vital que resume en sí mismo las distintas escenas de la vida de un santo, aspecto que en algunos casos puede ser muy prolijo de desgranar. Este conjunto de atributos y variantes pretende permitir al lector alcanzar los dos objetivos básicos que nos proponíamos: conocer y reconocer al personaje.

c) La representación gráfica del personaje. Las fuentes escogidas son la escultura, en todas sus variantes —exentas, en relieves de edificios, etc.—, los grabados y la pintura. Como es difícil elegir una representación única en la que aparezcan todos los atributos que pueden rodear a un personaje, hemos utilizado un criterio que combina el número de atributos representados con la importancia de la obra en el mundo del arte. Cada elemento aparece señalado y referenciado para que podamos detectarlo con mayor facilidad.

ÍNDICE DE ATRIBUTOS

Hemos llamado atributo a todo aquel elemento que nos induce a reconocer a un personaje: puede ser un objeto (un instrumento musical, como en el caso de santa Cecilia), un animal (un león, en el caso de san Jerónimo), una planta (un lirio, en el caso de santa Catalina de Siena), simplemente un detalle físico (dos manos de Casimiro, en el caso de Polimnia), un rasgo característico relacionado con algún aspecto de su vida o muerte (machete en la cabeza de san Pedro mártir), etc. La combinación de uno o varios de estos atributos, unidos a las diferentes variantes iconográficas, nos permitirá establecer casi siempre la identidad de un personaje. Existen no obstante dificultades cuando las características esenciales pueden coincidir en muchos personajes, como es el caso de las ropas de obispo, aplicables a muchos santos que llegaron a ocupar este cargo. La inclusión de otros elementos o las variantes iconográficas pueden ayudarnos en estos casos. Así san Agustín aparece junto a un niño en la playa o san Leandro lleva un libro con una inscripción que lo hace único. Otras veces la labor es más sencilla, como el caso de una joven con unos ojos en una bandeja que nos indican claramente que es santa Lucía.

ÍNDICE DE PATRONAZGOS

El patronazgo es un título que se otorga a los santos y que les confiere una particular importancia como defensores o protectores de un pueblo, una congregación religiosa, una institución, una profesión, un conjunto de seres con un denominador común, como los calumniados, un rango de edad, como los santos protectores de la infancia, etc.

La razón de incluir este apartado es su importancia en relación con el arte y los atributos representativos de los personajes. Así, un gremio u oficio destacado encargaba más representaciones de su santo protector, de modo que los santos relacionados con oficios o gremios muy poderosos (joyeros, jueces, etc.) han sido más plasmados que otros. A veces incluso los santos patrones aparecen con elementos propios del oficio representado.

A este respecto hemos de indicar que no aparecen mencionados los lugares. Las referencias toponímicas se han obviado por cuestiones de espacio: algunos santos pueden tener más de veinte localidades de las que son patronos.

ELEMENTOS DE PROTECCIÓN O CURA

Otra propiedad de los personajes santificados es su poder para proteger o curar a determinados seres o ciertos males.

En este apartado predomina la protección frente a las enfermedades: cefalea, ceguera, hemorragias, locura, lumbago, ronquera, sífilis, tiña, tuberculosis, viruela, etc. También destaca la protección de determinados peligros: demonios, dudas, erupciones volcánicas, incendios, naufragios, sequía, terremotos, tormentas, etc. Igualmente se recogen temas relacionados con otras cuestiones, como las tentaciones, el matrimonio, la soltería, los ladrones, la familia cristiana, etc.

En ocasiones el poder milagroso ejercido por algún santo ha sido representado en el arte, como es el caso de san Roque y su poder para curar la peste.

VOCABULARIO

También nos ha parecido imprescindible incluir un vocabulario de términos utilizados a lo largo la obra y que figuran marcados con un asterisco. Algunos de ellos aparecen representados para facilitar su mejor comprensión.

Guía para identificar los santos de la iconografía cristiana

Abdón y Senén

30 de julio

Siervo de Dios / Relacionado con Dios

Siglo III, Persia / Roma
MÁRTIRES

Eran hermanos gemelos, nacidos de noble cuna en Persia. Su lugar de procedencia es controvertido, aunque lo exótico de sus nombres en el mundo romano parece avalar su origen asiático.

Fueron capturados en Babilonia, junto a otros persas, por los romanos. No se sabe si fue en tiempos de Decio o si aún estaba en el poder Filipo el árabe, pero el hecho de que Decio nunca se enfrentara a los persas parece afianzar la teoría de que fuera Filipo.

Existe otra versión que indica que fueron ellos los que huyeron al interior del Imperio Romano por haber caído en desgracia en su país.

Una vez capturados, fueron conducidos a Córdoba, donde acabaron por convertirse al cristianismo. Allí ejercieron su apostolado.

En España también se les conoce como san Nin y san Non.

Posteriormente, durante la persecución de Decio contra los cristianos, fueron acusados de dar sepultura en su casa a los cristianos ejecutados tras ser sorprendidos cuando amortajaban los cuerpos para proceder a su inhumación. Esto iba en contra de las leyes, ya que, siguiendo el ejemplo de la ciudad de Roma, estaban prohibidos los enterramientos en el interior de la ciudad. El emperador ordenó que fueran apresados y, encadenados, conducidos a Roma, donde serían juzgados.

Al entrar en la urbe, formaron parte del desfile triunfal de Decio, que los obligó a caminar, cargados de cadenas, delante de su carroza. En el camino fueron escupiendo sobre los ídolos que jalonaban la vía. Ante el tribunal los forzaron a adorar a los dioses romanos, pero ellos se negaron y aseguraron que solo veneraban a Jesucristo. Fueron azotados y enviados desnudos al circo, donde les soltaron tres leones y cuatro osos hambrientos, pero las fieras no solo no los atacaron sino que incluso se colocaron a su alrededor en actitud protectora. Las autoridades romanas los acusaron de magia y ordenaron que fueran decapitados allí mismo por unos gladiadores.

Sus cadáveres fueron abandonados al pie de una estatua de Helios, donde fueron recogidos por un piadoso cristiano, Quirino, que los enterró en su casa. Posteriormente, estando ya en el poder el emperador cristiano Constantino, ambos mártires se le aparecieron y le indicaron dónde se encontraban sus cadáveres.

Sus restos fueron hallados y exhumados en el cementerio de Ponciano, a cuya población favorecieron con sus milagros.

Sobre la tumba de los santos existe un fresco donde se representa a Cristo imponiendo una corona sobre las cabezas de ambos mártires. Los dos llevan ropas orientales y portan un gorro frigio*. Abdón parece más maduro y Senén tiene un aspecto más juvenil. Las ropas, sin embargo, parecen túnicas corrientes, lo que contradice de alguna manera el origen noble de ambos persas.

Las reliquias terminaron en la iglesia de San Marcos en Roma, aunque, como sucede habitualmente, algunos de sus restos fueron distribuidos por diferentes diócesis. Destaca la de Parma, que conserva algunos fragmentos en el altar mayor. Su culto y restos se difundieron también por el Rosellón, donde los monjes de Arles sur Tech habían robado las reliquias de Roma. Las habían transportado en barricas para despistar a los posibles ladrones, lo que convirtió a los santos en patrones de los toneleros. Se indica incluso que la llegada de los restos supuso el fin de una serie de seres simiescos que devoraban a los niños pequeños y aterrorizaban la zona.

Debido a las dudas que plantea su existencia, fundamentalmente por el relato de su martirio, y a falta de pruebas, la Iglesia Católica los eliminó del santoral en 1969, pero permite su culto en aquellos lugares donde es tradición.

No obstante, su historicidad parece demostrada, ya que se les menciona en el Martirologio jeronimiano*, en los Sacramentarios* *gregoriano* y *gelasiano* y en la *Depositio Martyrium**. Sin embargo, lo legendario de su pasión parece haber desempeñado un papel definitivo en su *eliminación*.

Atributos posibles

- Arroz
- Bolsa
- Cadena
- Corona
- Espada (por la decapitación)
- Palma del martirio*
- Ropas nobles
- Trigo
- Uvas

Variantes iconográficas

- Solos, con alguno de sus atributos
- Los dos juntos, con diademas o coronas, ropaje de nobles y espada
- Ataviados con ropa persa y gorro frigio*
- Frente a las autoridades romanas negándose a adorar a los dioses paganos
- En su martirio en el circo romano

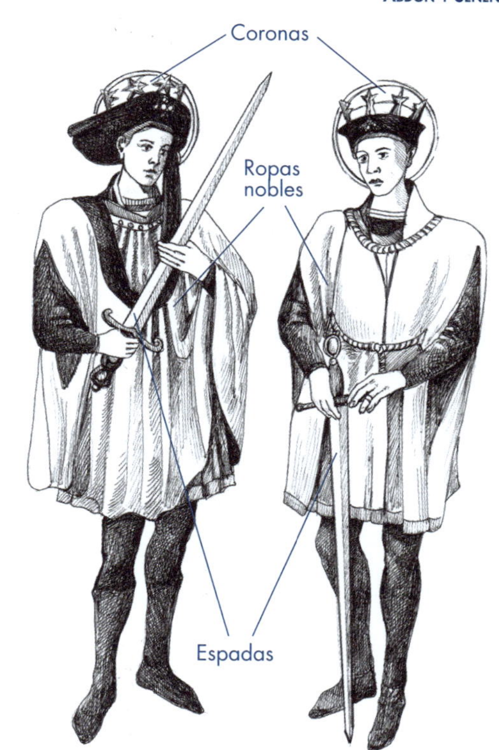

Representación de los santos *Abdón y Senén*, detalle del retablo de *Cosme y Damián*, Jaume Huguet, siglo XVI. Tarrasa, iglesia de San Pedro.

Abundio

11 de julio

Abundante, pletórico de gracia

Siglo IX, Hornachuelos (Córdoba) / 854, Córdoba
MÁRTIR

Era sacerdote en su pueblo, Ananellos (Hornachuelos), en la serranía cordobesa. Durante el emirato de Muhammad I algunos mozárabes se presentaron ante las autoridades religiosas islámicas para defender su fe, razón por la cual algunos fueron ejecutados. Abundio, en los sermones que daba en su pueblo, solía criticar la religión islámica, por lo que sus vecinos musulmanes le llevaron ante el cadí, con engaños, para que repitiera sus manifestaciones. Una vez allí, no renunció al cristianismo, y a pesar de las ofertas que le hicieron (hasta once veces) para que retirara sus injurias al Corán, lejos de retractarse, insistió en sus críticas a Mahoma. Fue decapitado, y su cuerpo, arrojado a los perros.

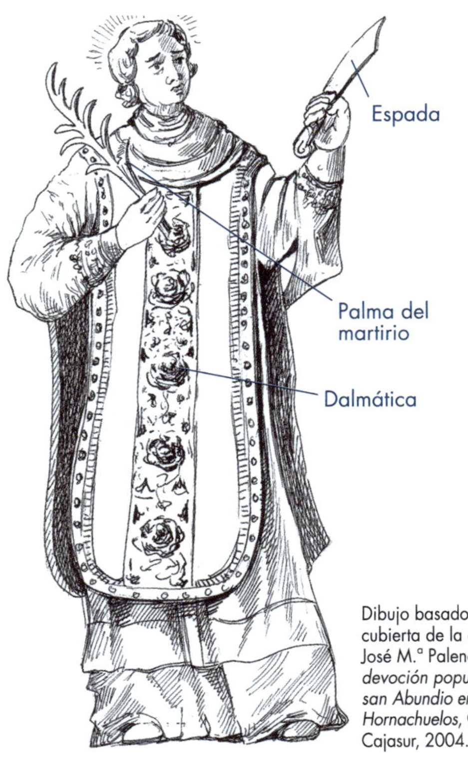

Dibujo basado en la cubierta de la obra de José M.ª Palencia, *La devoción popular a san Abundio en Hornachuelos*, Córdoba, Cajasur, 2004.

Atributos posibles

- Dalmática*
- Espada
- Palma del martirio*

Variantes iconográficas

- Solo, con alguno de sus atributos

Águeda, Ágata o Gadea

5 de febrero

Buena, virtuosa

Siglo III, Catania / Catania
VIRGEN, MÁRTIR

Dibujo de la obra *Santa Águeda*, Francisco Zurbarán, 1633. Montpellier, Musée Fabre.

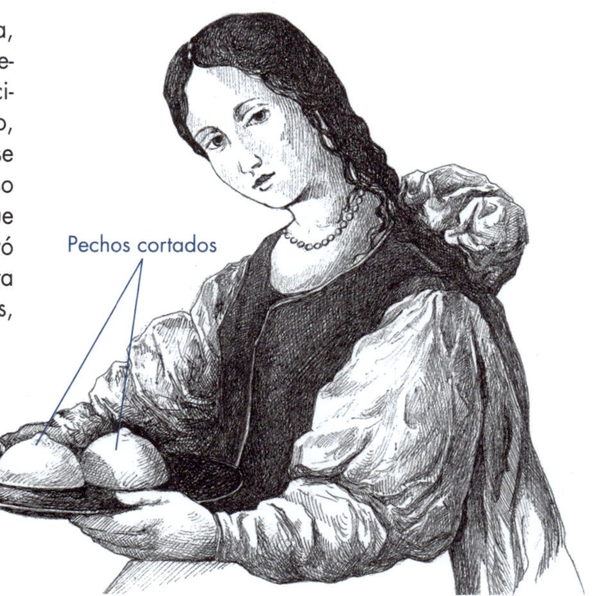

Águeda nació en una noble familia de Catania, en Sicilia. Era una joven guapa y virtuosa que profesaba una profunda fe cristiana. El procónsul* de Sicilia, Quintiliano, que era pagano y de origen plebeyo, cuando la vio, quiso casarse con ella para convertirse en noble y disponer de la riqueza familiar. Le propuso matrimonio, pero la joven lo rechazó, alegando que había ofrecido su virginidad a Cristo. El desaire llevó a Quintiliano a encerrarla en un burdel durante treinta días, pero Águeda, rezando y pidiendo ayuda a Dios, mantuvo de modo milagroso su virginidad.

El procónsul, furioso, mandó que la encerrasen en un calabozo y la sometieran al tormento del potro, que consistía en atarla a unas maderas y estirar su cuerpo hasta descoyuntarle los huesos. También fue azotada con varas, desgarrada con garfios de hierro y quemada parcialmente con antorchas. Ella aguantó sin desfallecer y manteniendo su fe. Entonces Quintiliano dispuso que le arrancaran los dos pechos (o uno solo, según otras versiones), tormento que la santa soportó mientras le gritaba que era un impío por arrancar a una mujer unos órganos de los que él, cuando era pequeño, había mamado. Esa noche se le apareció en la celda san Pedro, que la confortó y le curó las graves heridas.

Al día siguiente Quintiliano dispuso que colocasen en el suelo una gran cantidad de brasas ardientes, mezcladas con trozos de tejas, y arrastrasen su cuerpo desnudo una y otra vez sobre ese terrible lecho de fuego, y allí mismo Águeda expiró, alabando a Jesús. Mientras esto ocurría, un terrible terremoto sacudió la ciudad destrozando edificios y matando a alguno de sus verdugos. Su cuerpo fue recogido y enterrado por los cristianos en un sepulcro nuevo.

Al año siguiente, en el aniversario de su martirio, el volcán Etna entró en erupción, pero la lava se detuvo de modo milagroso al colocar delante del fuego el velo que cubría su sepultura. Este hecho se repitió en otras nueve ocasiones, lo que acabaría erigiéndola en santa protectora de las erupciones, los incendios y, en general, los desastres provocados por el fuego. Su fama de protectora contribuyó a que su cuerpo, aunque mayoritariamente en Catania, fuese mutilado, de modo que se encuentran reliquias suyas por diversas ciudades europeas.

Como se la considera protectora de las mujeres, el 5 de febrero, en bastantes lugares de Castilla y León, se les entrega a ellas el bastón de mando de la localidad, e incluso en Zamarramala (Segovia) esta fiesta ha sido declarada de Interés Turístico Nacional.

Atributos posibles

- Antorcha
- Cuerno de unicornio
- Senos cortados
- Tenazas

Variantes iconográficas

- Sola, con alguno de sus atributos
- Junto a santa Lucía
- Curada por san Pedro

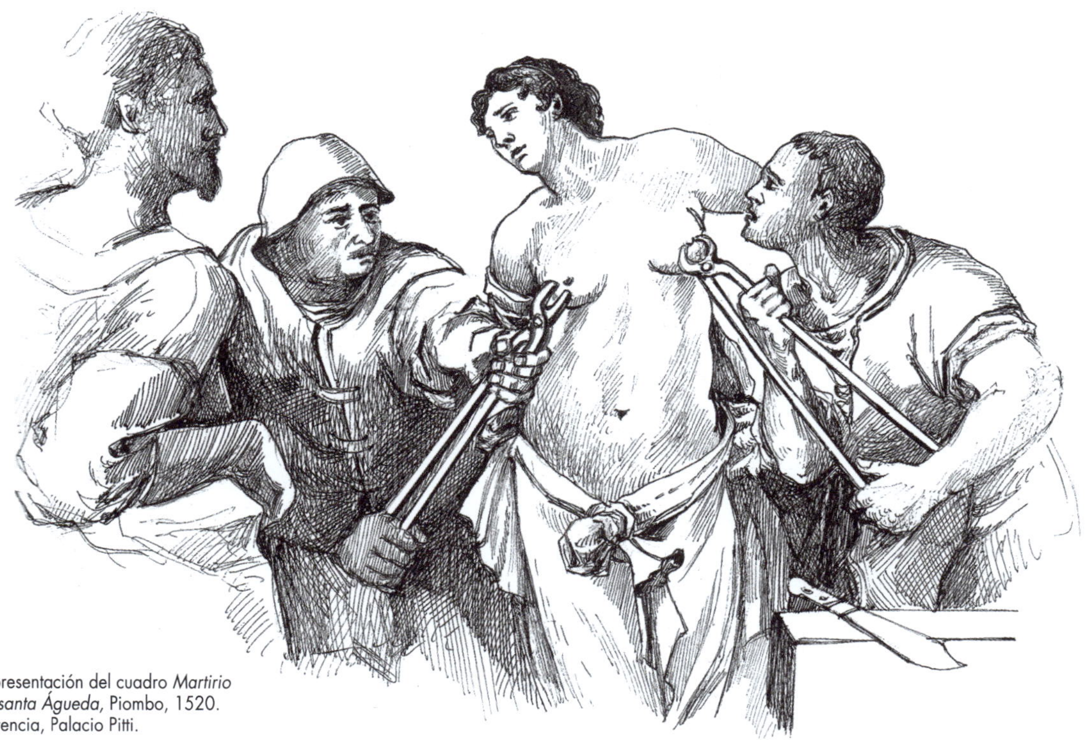

Representación del cuadro *Martirio de santa Águeda*, Piombo, 1520. Florencia, Palacio Pitti.

Agustín de Hipona **28 de agosto**

Augusto, consagrado por los augures

354, Tagaste / 430, Hipona
OBISPO, DOCTOR DE LA IGLESIA*

Hijo de un patricio pagano y de la cristiana Mónica, que sería canonizada por la Iglesia. A pesar de los ruegos y lágrimas de su madre, Agustín vivió una turbulenta y disipada juventud. Tuvo un hijo siendo adolescente y, tras concluir sus estudios de gramática, profesó el maniqueísmo*. Más tarde fue profesor en Cartago, y con 30 años se marchó a Milán, donde consiguió la cátedra de Elocuencia. Allí sufre una profunda transformación y, debido a las oraciones de su madre y a las enseñanzas de san Ambrosio, se bautiza e inicia una extraordinaria difusión del cristianismo. Él mismo cuenta que se convirtió a la verdadera fe porque un día, mientras estaba meditando, oyó a un niño decir: *Tolle, lege* («Toma y lee»); entonces cogió el libro que tenía al lado, la Biblia, lo abrió al azar, por la Epístola a los Romanos, y leyó: «Revestíos más bien del Señor Jesucristo y no os preocupéis de la carne para satisfacer vuestros apetitos».

Regresó a Tagaste, vendió todos sus bienes y se instaló con unos discípulos en una pequeña propiedad haciendo vida monacal. Allí estableció su famosa regla que es el origen de la orden agustina. Unos años después es ordenado sacerdote y, más tarde, a pesar de su resistencia, fue elegido obispo de Hipona, ciudad en la que murió durante el asedio de los vándalos en el año 430.

Su actividad evangelizadora fue ingente, y escribió numerosos libros, entre los que destacan *Confesiones, La ciudad de Dios* y *De la Trinidad*. Se enfrentó a todos los que no profesaban su fe con argumentos de gran nivel intelectual, e incluso organizó concilios regionales. Fue el máximo erudito del cristianismo en el primer milenio y uno de los cuatro padres de la Iglesia (Agustín de Hipona, Ambrosio de Milán, Gregorio Magno y Jerónimo de Estridón).

Una leyenda medieval le adjudica un hecho muy famoso pero que nunca le sucedió: un día en que Agustín meditaba sobre la Trinidad, intentando comprender su esencia, paseando por la playa vio a un niño jugando en la arena, en la que había hecho un hoyo que pretendía llenar de agua con un cubo; el santo le preguntó qué hacía y el niño le contestó que estaba sacando toda el agua del mar y guardándola en el hoyo. Agustín le indicó que eso era imposible y el niño le replicó: «Más difícil es que llegues a entender el misterio de la Trinidad».

Atributos posibles

- Báculo*
- Corazón ardiendo y/o atravesado con una flecha
- Libro con el título de alguna de sus obras
- Maqueta de una iglesia (por *La ciudad de Dios)*
- Mitra*
- Obispo (ropas de...)

Variantes iconográficas

- Solo, con alguno de sus atributos
- Monje agustino
- De rodillas ante la Santísima Trinidad
- Con su madre santa Mónica
- Junto a un niño con una concha, cerca del agua
- Ciclo histórico: conversión, bautismo, lucha contra los maniqueos, muerte de su madre, etc.

Representación del *Retrato de san Agustín*, Rubens, 1639. Praga, Nadroni Galerie.

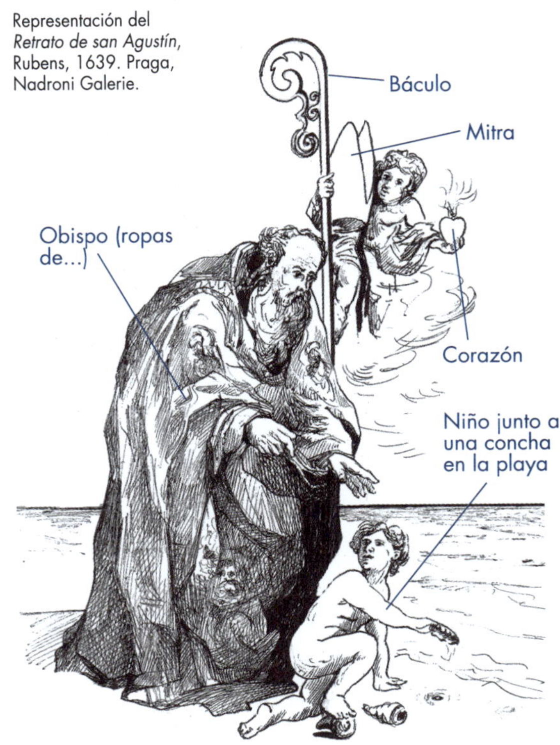

Alberto Magno

15 de noviembre

Nobleza brillante, ilustre

1206, Baviera / 1280, Colonia

OBISPO, DOCTOR DE LA IGLESIA*

Era el primogénito y heredero de un conde o administrador de la zona de Suabia. De joven mostró un inusitado interés por la naturaleza. Siendo testigo de un terremoto en Lombardía, estudió durante un tiempo estos fenómenos naturales. Tras terminar sus estudios en Padua, y a pesar de la oposición familiar, abandonó todos sus privilegios de cuna y decidió dedicarse a la vida religiosa. Ingresó en la orden dominica, y desde este momento llevó una vida de humildad y sacrificio. Completó su formación académica en Colonia, Hildesheim, Friburgo, Ratisbona, Estrasburgo y París, donde fue nombrado profesor de Teología en 1245. Hombre de vasta cultura, destacó por sus escritos e investigaciones en muchos campos del saber: difundió las obras de Aristóteles; en astronomía argumentaba con sólidas razones la esfericidad de la Tierra; descubrió el arsénico; se interesó por la botánica y la geografía; escribió sobre lógica, física, matemáticas, ciencias naturales, metafísica, etc.; fue, en suma, un auténtico erudito. En el campo eclesiástico incorporó el aristotelismo a la teología cristiana.

Su fama de hombre íntegro le llevó a tener que actuar como árbitro en diferentes disputas eclesiásticas como las surgidas en Colonia, Utrecht, Bonn, Burtscheid, Lieja y Rütten.

Su personalidad fascinante levantó multitud de leyendas, algunas de las cuales llegaron a ser peligrosas, como las que lo presentaban como mago y versado en ciencias ocultas. Pero sobre todo destacaba por su piedad mariana y sus buenas obras.

Enseñó en varias universidades y tuvo como alumno a Tomás de Aquino. Fue nombrado obispo de Ratisbona (Alemania) y se ocupó de numerosos conventos dominicos en Alemania. Poco tiempo después logró que el papa aceptase su renuncia y pudo volver a sus enseñanzas y a la vida de comunidad, con los dominicos, que tanto gustaba. Murió en Colonia y en esta ciudad está enterrado. Algunos lo llaman «doctor universal».

En 1629 se publicaron todas sus obras en 21 volúmenes. Fue elevado a la categoría de doctor de la Iglesia por Pío XI en 1931.

Atributos posibles

- Esfera armilar*
- Hábito dominico
- Insignias episcopales*
- Libro
- Pluma

Variantes iconográficas

- Solo, con alguno de sus atributos
- Sentado sobre un pupitre, con un libro
- Dando clase

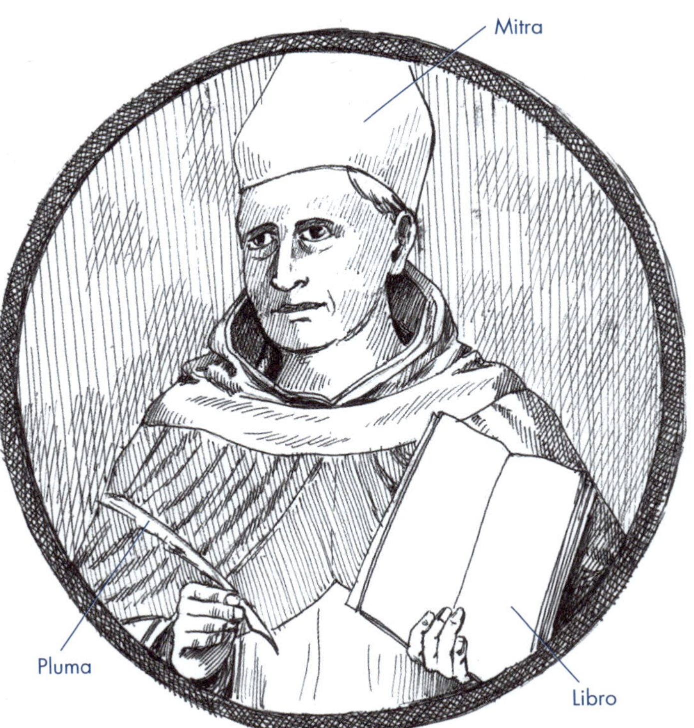

Dibujo de la obra *San Alberto Magno,* Fra Angélico, siglo XV. Florencia, monasterio de San Marcos.

Alejo

17 de julio

Protector, repele el mal

358, Roma / 17 de julio de 398, Roma

MENDIGO

Hijo de Eufemiano y de Aglaes, ambos de la alta nobleza romana. La riqueza de sus padres era enorme y se hablaba incluso de que poseían tres mil sirvientes. Pese a todo, eran una pareja infeliz por no tener descendencia. Tras un periodo de oración, Dios les concedió un hijo, Alejo. Este disfrutó de una vida cómoda y estudió varias disciplinas filosóficas. Finalmente acabó convirtiéndose al cristianismo. A los 17 años lo casaron con una joven patricia* a la que la noche de bodas aleccionó para mantener la virginidad y, tras entregarle su anillo de oro y el cinturón que llevaba, la abandonó.

Marchó en peregrinación a Edesa y entregó todos sus bienes a los pobres. Sus padres y esposa lo buscaron con denuedo, e incluso enviaron a esta ciudad sirvientes en su busca, pero nunca recibieron noticias de su paradero. Durante 17 años vivió de las limosnas que recibía dedicando su tiempo a la oración y a la penitencia.

Pasado ese tiempo, marchó a Cilicia, pero una tempestad desvió el barco y se encontró en Roma. Interpretó este hecho como un designio de Dios y pidió cobijo en la casa de sus padres. Estos, sin reconocerlo, lo dejaron vivir bajo la escalera de la entrada, donde recibía algún alimento y también las humillaciones y burlas de los criados. Vivía incluso cerca de la ventana de su esposa y la veía sufrir por su ausencia.

Un día enfermó y, sintiendo próxima su muerte, escribió una carta en la que contaba toda su vida; cuando falleció, guardaba en su mano el escrito. En el documento refirió pequeños secretos que solo él, su esposa o sus padres conocían con el fin de que quedara suficientemente clara su identidad. Intentaron coger la carta para leerla antes de su entierro, pero no pudieron abrir su mano. Tuvo que acudir el mismo pontífice Inocencio I, que, sin dificultad, pudo cogerla y leerla. Sus padres y viuda quedaron consternados al enterarse de su identidad y penurias. Durante las exequias, cualquier enfermo que tocaba el ataúd sanaba de sus dolencias.

A pesar de tratarse de un santo con gran popularidad, sobre todo en Oriente, la Iglesia Católica en 1969 lo suprimió del calendario general de los santos porque su vida parece una recopilación de varias leyendas y se cree que en realidad no existió.

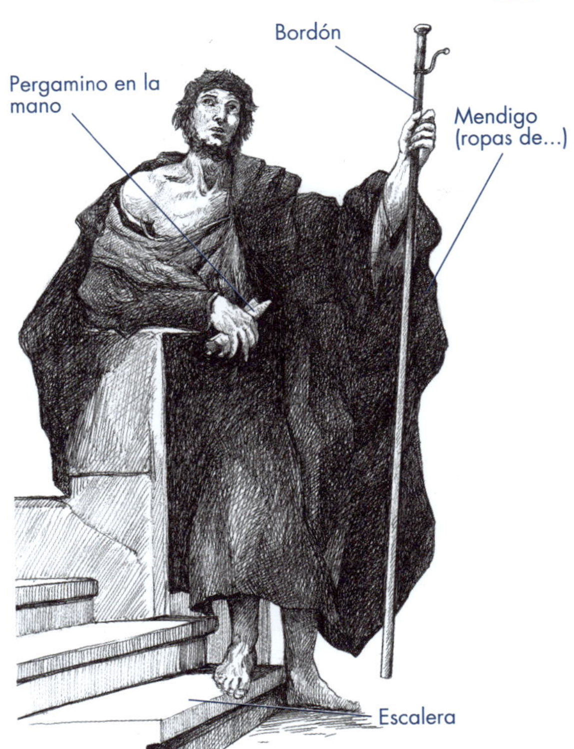

Atributos posibles

- Bordón* (de peregrino)
- Carta o papel en la mano
- Escalera de piedra o de mano
- Mendigo (ropas de...)

Variantes iconográficas

- Solo, con alguno de sus atributos
- Bajo una escalera, en diversas escenas de su vida (acostado, enfermo, etc.)

Dibujo del cuadro *Santiago el Mayor,* Ribera, 1631. Madrid, Museo del Prado. (Pese al título, dados los atributos —escalera, carta, etc.—, parece más bien que sea Alejo).

Ambrosio de Milán

7 de diciembre

Inmortal

340, Tréveris / 397, Milán

OBISPO, DOCTOR DE LA IGLESIA*

Era hijo de un prefecto* de las Galias. Siendo niño quedó huérfano y su familia se trasladó a Roma para que Ambrosio estudiara leyes y retórica y pudiera convertirse a su vez en funcionario del Imperio. En 372 fue nombrado gobernador de la provincia Emilia-Liguria. Dos años después tuvo que desplazarse a Milán, donde residía el emperador Valentiniano; en ese momento la sede episcopal estaba vacante. La elección era difícil por la pugna entre católicos y arrianos*, pero cuando los ciudadanos vieron a Ambrosio, se pusieron de acuerdo y lo eligieron obispo, a lo que él se opuso alegando que era un simple catecúmeno*. Entonces intervino el propio emperador y en unos días fue bautizado, ordenado sacerdote y consagrado obispo. A partir de este momento estudió la Biblia en profundidad y, aprovechando sus conocimientos de retórica, se convirtió en un extraordinario predicador que luchó sin descanso contra el arrianismo*.

Logró que se reconociera el poder de la Iglesia sobre el Estado y expulsó a los paganos de la política romana. En 387 bautizó a san Agustín; introdujo el rito ambrosiano en la liturgia que aún se practica en Milán. Escribió numerosas obras teológicas. En 390 se atrevió a excomulgar a Teodosio por haber ordenado la ejecución de varios miles de ciudadanos de Tesalónica (Grecia) que se habían sublevado, y el propio emperador tuvo que mostrar público arrepentimiento para ser perdonado y admitido de nuevo en la Iglesia. Está enterrado en Milán.

Se le adjudica la siguiente leyenda que tuvo gran repercusión pero carece de toda verosimilitud: un día, siendo muy pequeño, mientras estaba en la cuna con la boca abierta, un enjambre de abejas entró y salió de su boca para luego alejarse y desaparecer. El padre, testigo del milagroso suceso, comentó que ese niño sería una persona de mérito. Se cree que la leyenda es debida al juego de palabras entre ambrosía (alimento de los dioses a base de miel) y Ambrosio.

Otra leyenda, copiada de la española sobre Santiago Matamoros, afirma que salvó a la ciudad de Milán en 1338 del ataque de los bávaros tras aparecer a caballo y con un látigo como única arma.

Atributos posibles

- Abejas (colmena)
- Báculo*
- Látigo (por la liberación de Milán)
- Libro
- Maqueta de iglesia en el brazo (por la defensa del cristianismo)
- Pluma
- Sombrero de apicultor

Variantes iconográficas

- Solo, con alguno de sus atributos
- Obispo con báculo* y mitra*, a veces con un látigo
- Con un niño, que fue quien pidió su nombramiento como obispo
- Con los otros tres grandes doctores de la Iglesia* latina (Agustín, Gregorio y Jerónimo)
- Con el enjambre de abejas

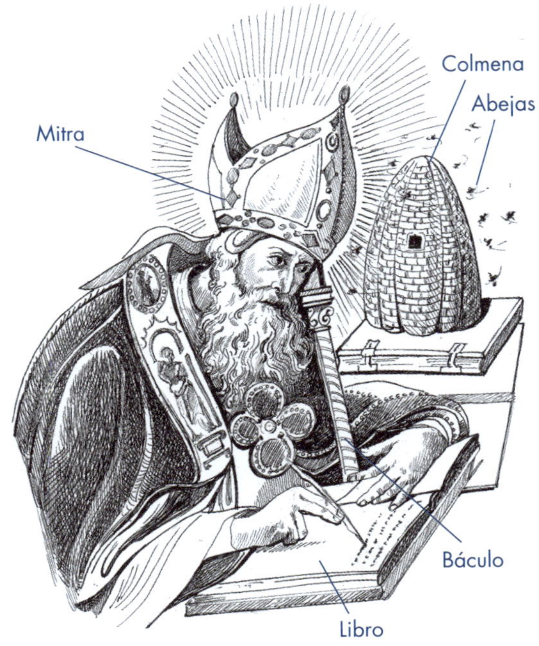

Dibujo basado en *San Ambrosio*. Kirchbach, iglesia de Waidegg.

Ana

26 de julio

Gracia, benéfica, compasiva

Siglo I a.C., Belén / Belén

MADRE DE MARÍA

Nació en Belén. Pertenecía a la tribu de los levitas* y era descendiente del rey David. Casada con Joaquín, ambos eran estériles.

Un día su marido fue rechazado en el templo por no tener hijos y, muy apenado, se marchó a una montaña, donde durante cuarenta días pidió a Dios que le diese descendencia; mientras, Ana se quedó en casa llorando su infortunio.

Un ángel se les apareció a los dos al mismo tiempo y les aseguró que iban a ser padres. Joaquín regresó feliz y se encontró con su esposa delante de la Puerta Dorada de Jerusalén, donde se abrazaron y dieron un casto beso. Tuvieron una hija, a la que llamaron María, y a los 3 años la presentaron en el Templo.

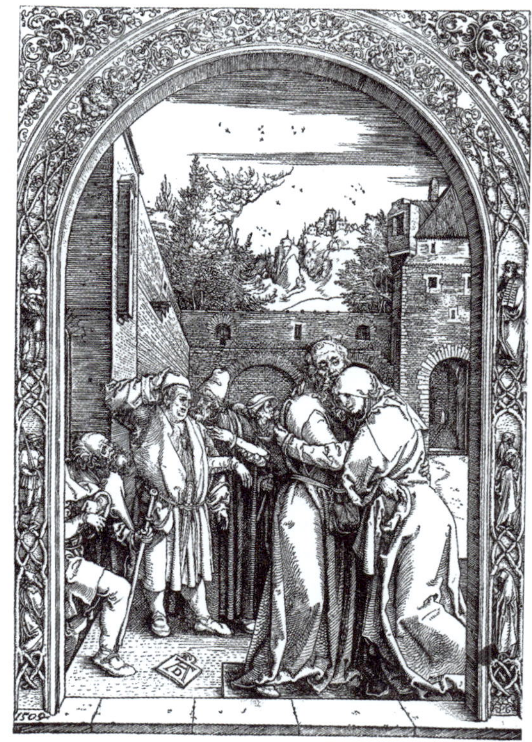

Vida de la Virgen, Abrazo en la Puerta Dorada, Durero, xilografía, 1504.

Lo que sabemos de su vida se encuentra solo en los evangelios apócrifos*. Su culto apareció en el siglo XIII y está relacionado con el tema de la Inmaculada Concepción* de su hija María.

Atributos posibles

- Libro (por la educación de su hija)
- Lirio (por su pureza)
- Puerta (por dar a luz a María, la puerta del Cielo)

Variantes iconográficas

- Sola, como una matrona, con una túnica verde y un manto rojo
- Con su hija y su nieto
- Con Joaquín ante la Puerta Dorada de Jerusalén
- En el nacimiento de la Virgen
- Presentando a María en el Templo
- Como intercesora entre el mundo y el cielo

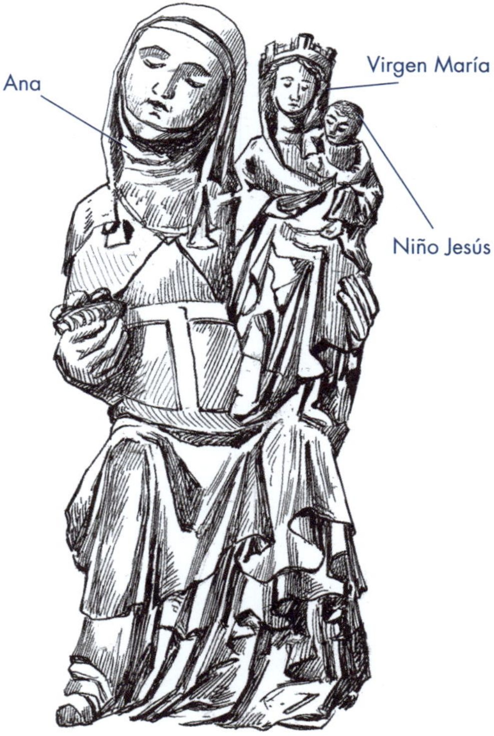

Representación de la escultura *Santa Ana, la Virgen y el niño*, siglo XV. Lozère, iglesia de Sainte-Énimie.

Andrés

30 de noviembre

Varón, viril, valiente

Siglo I, Betsaida (Galilea) / 63, Patras (Grecia)
APÓSTOL, MÁRTIR

Andrés y Pedro eran hermanos y se dedicaban a la pesca en el lago Tiberíades. Andrés era seguidor de Juan Bautista y un día le oyó decir refiriéndose a Jesús: «¡He ahí al Cordero de Dios!». Desde ese momento Andrés creyó que Jesús era el Mesías y se convirtió en su discípulo. Más tarde se lo comunicó a su hermano Pedro y este hizo lo mismo.

Después de Pentecostés* recibió el encargo de predicar en Escitia (Ucrania y Rusia) y más tarde en Grecia, donde convirtió a miles de paganos a la fe cristiana. En Patras fundó varias comunidades, y llegó incluso a evangelizar a la propia esposa del procónsul* Egeas; este, furioso, ordenó que lo encarcelaran y azotaran, pero Andrés siguió manteniendo su fe; entonces mandó que lo crucificaran pero con cuerdas, no con clavos, para que su sufrimiento fuese mayor. Pero el santo, desde la cruz, seguía predicando y convirtiendo a todos los que acudieron a ver su tortura; pronto los convertidos comenzaron a protestar y organizaron una revuelta para que Andrés fuese liberado; Egeas, al ver el tumulto, decidió que lo desatasen; sin embargo el propio santo se negó y pronunció la siguiente oración: «No permitas, Señor, que me bajen vivo de aquí. Ya es hora de que mi cuerpo sea entregado a la tierra. Ya lo he tenido conmigo mucho tiempo... Mucho esfuerzo me ha costado domar su soberbia, fortalecer su debilidad y refrenar sus instintos...». La guardia quedó paralizada y el santo pudo cumplir su deseo de morir en un tormento similar al de Jesús.

A Andrés se le adjudican varios hechos milagrosos, entre los que destacan estos dos: un joven de familia rica se hizo seguidor del santo y sus padres, que se oponían, prendieron fuego a la casa donde estaban el apóstol y sus seguidores; el joven arrojó un simple vaso de agua a las llamas y se apagaron. En otro momento, y mientras Andrés predicaba en Nicea (Turquía), le dijeron que en las afueras de la ciudad se hallaban apostados siete demonios que mataban a todas las personas que pasaban por allí; el apóstol acudió enseguida y vio ante sí a los siete demonios aunque con la apariencia de siete perros. Andrés les ordenó que se marcharan y desaparecieron, y toda la gente que lo vio se convirtió.

Es el santo patrono de la Iglesia Ortodoxa, como san Pedro lo es de la Iglesia Católica. Tiene el privilegio de haber sido el primer apóstol de Jesús.

Atributos posibles

- Cruz aspada*
- Peces
- Red de pescador

Variantes iconográficas

- Solo, con alguno de sus atributos
- Con su hermano Pedro, llevando una red
- Expulsando a los siete perros
- Apagando las llamas del incendio
- Crucificado en la llamada cruz de San Andrés* (en aspa)

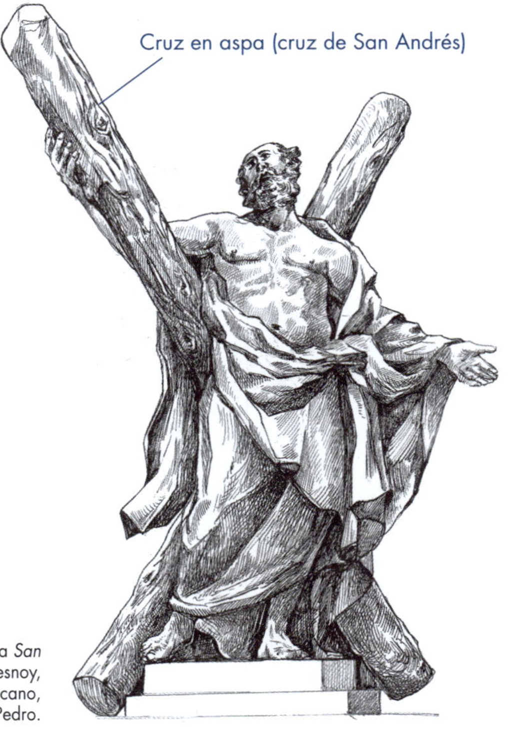

Dibujo de la escultura *San Andrés*, Francesco Duquesnoy, siglo XVII. Ciudad del Vaticano, basílica de San Pedro.

Anselmo de Canterbury **21 de abril**

Protección divina

1033, Aosta / 21 de abril de 1109, Canterbury

OBISPO, DOCTOR DE LA IGLESIA*

Nació en el seno de una familia noble del Piamonte, emparentada con su rey Otón I. Desde pequeño mostró una vocación religiosa que le llevó a ingresar en un convento benedictino. Más tarde sería nombrado prior* y abad de dicho monasterio, y luego, arzobispo de Canterbury. Vivió la querella de las investiduras* y siempre defendió la autoridad de la Iglesia y del papa. Este apoyo le costó el exilio en dos ocasiones.

De carácter enérgico y poseedor de una vasta cultura teológica, escribió varias obras, entre las que destacan *Monologium* y *Proslogium*, en las que trata de demostrar la existencia de Dios a través de la razón. En el *Monologium* expuso diversos argumentos de la existencia de Dios siguiendo un sistema deductivo que parte de la unión de Dios con los seres humanos a través de la bondad, cuya fuente última, única y suprema sería Dios; a partir de la bondad infiere que Dios, para serlo, no debe carecer de ninguna

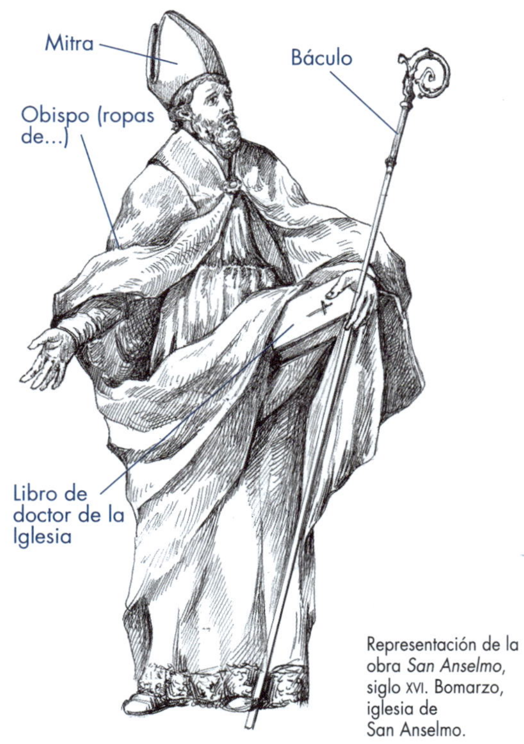

Representación de la obra *San Anselmo*, siglo XVI. Bomarzo, iglesia de San Anselmo.

perfección. En el *Proslogium* será donde exponga su famoso argumento de la existencia de Dios: partiendo de que todo hombre tiene la idea de creer en un ser supremo, y dado que la existencia real está por encima del pensamiento, ese ser superior, para ser tal, debería existir en la realidad, ya que en caso contrario tendría la imperfección de solo existir en el pensamiento.

Fue el iniciador de la Escolástica* y mostró un férreo apoyo a la Inmaculada Concepción.

En 1720 el papa Clemente XI lo proclamó doctor de la Iglesia.

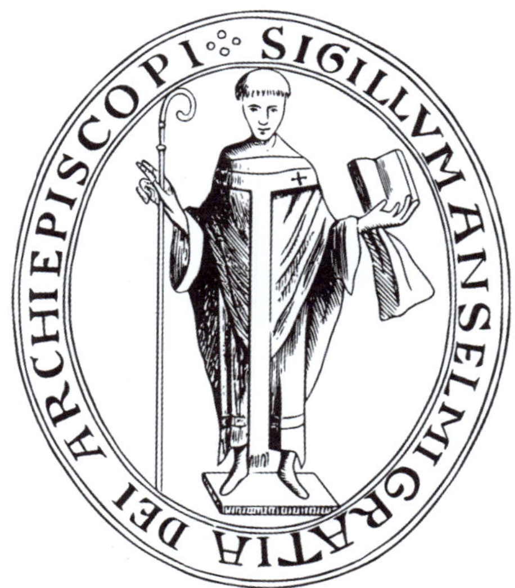

Sello de Anselmo de Canterbury que aparece citado en *Historical Memorials of Canterbury*, Arthur Penrhyn Stanley.

Atributos posibles

- Abad (ropas de...)
- Báculo*
- Barco (en referencia al exilio)
- Bolsa
- Inmaculada Concepción (imagen de la...)
- Libro de doctor de la Iglesia
- Obispo (ropas de...)
- Pluma

Variantes iconográficas

- Solo, con alguno de sus atributos
- Con la paloma del Espíritu Santo como inspiradora de sus escritos

Antonio Abad o Antón

17 de enero

Invencible. Defensor

251, Heracleópolis Magna / 356, Monte Colzim

ERMITAÑO

Siendo muy joven, vendió todas sus propiedades, entregó lo obtenido a los pobres y se marchó al desierto a meditar, orar y ayunar. Atraídos por su ejemplo, se le fueron acercando varios discípulos, a los que el santo organizó en comunidades (por este motivo se le considera el creador de los monasterios cristianos y le damos el título de abad), pero él siguió solo en el desierto. Durante estos años sufrió numerosas tentaciones por parte de los demonios, que intentaban conseguir que el santo abandonase esa vida de entrega a Dios.

Entre las tentaciones destacan varias: la aparición de unas bellas mujeres provocó en él una fuerte lujuria que superó con fervorosos rezos; otro día, una turba de diablos le dieron tal paliza que lo dejaron sin sentido; un monje que lo encontró se lo llevó a enterrar porque lo creía muerto, pero, mientras lo velaban, recuperó el conocimiento y pidió que lo dejasen en su cueva. Una vez allí, los demonios en forma de fieras lo atacaron con zarpazos, mordiscos y dentelladas hasta que, de pronto, apareció una luz que expulsó a las fieras y curó el lacerado cuerpo de Antonio; en otra ocasión le ofrecieron una bandeja de plata y un montón de oro que, sin tocarlos, rechazó, tras lo cual continuó con sus oraciones.

Una vez, mientras rezaba, comenzó a elevarse del suelo sostenido por unos ángeles; en ese momento aparecieron unos demonios que intentaban evitarlo y gritaban los pecados que había cometido siendo muy joven; entonces los ángeles los callaron alegando que sus pocas faltas le habían sido perdonadas por su ferviente piedad.

Abandonó en escasas ocasiones el desierto, pero en una de ellas se trasladó a Cataluña porque el gobernante de este territorio le pidió que exorcizase a su esposa e hijos, que estaban poseídos por demonios. Cuando estaba llegando a la casa, se le apareció una jabalina que llevaba en la boca un lechoncillo sin patas y sin ojos; el santo lo bendijo y el pobre animalillo recuperó la vista y sus extremidades. Desde ese momento la jabalina siempre permaneció con san Antonio; después expulsó a los demonios de la familia del gobernador.

También visitó a otro anacoreta*, Pablo, a quien alimentaba un cuervo, que desde ese día comenzó a llevar dos piezas de pan en lugar de una; al poco tiempo Pablo falleció y Antonio lo enterró con ayuda de un león y otros animales. Que muriese con 105 años parece algo exagerado, aunque sí sabemos que falleció a una avanzada edad.

Es uno de los grandes santos «sanadores» y se le invocaba para curar el «mal de los ardientes», o «fuego de san Antonio», especie de gangrena que se contraía al comer pan de centeno parasitado por el cornezuelo (una variedad de hongo) y que podía causar la amputación de algún miembro o incluso la muerte. La orden de los antonianos se especializó en la lucha contra la enfermedad con relativo éxito. La fama de las curaciones se extendió también a los animales.

Atributos posibles

- Bastón con forma de tau*
- Esquila
- Jabalí
- Libro de la regla de los antonianos
- Llamas saliendo de un libro o de los pies de los enfermos
- Tau

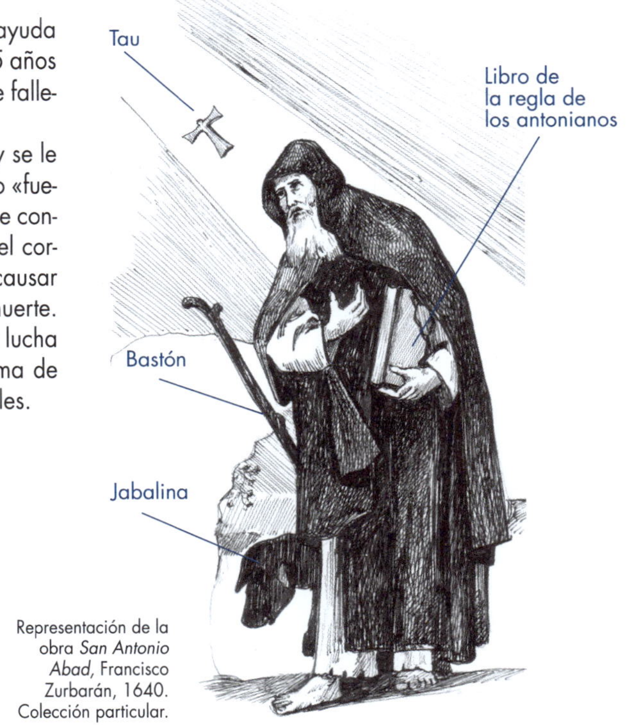

Representación de la obra *San Antonio Abad*, Francisco Zurbarán, 1640. Colección particular.

Variantes iconográficas

- Solo, con alguno de sus atributos
- Anciano barbudo
- En alguna de las tentaciones
- Con Pablo el ermitaño, cavando la tumba o alimentado por el cuervo

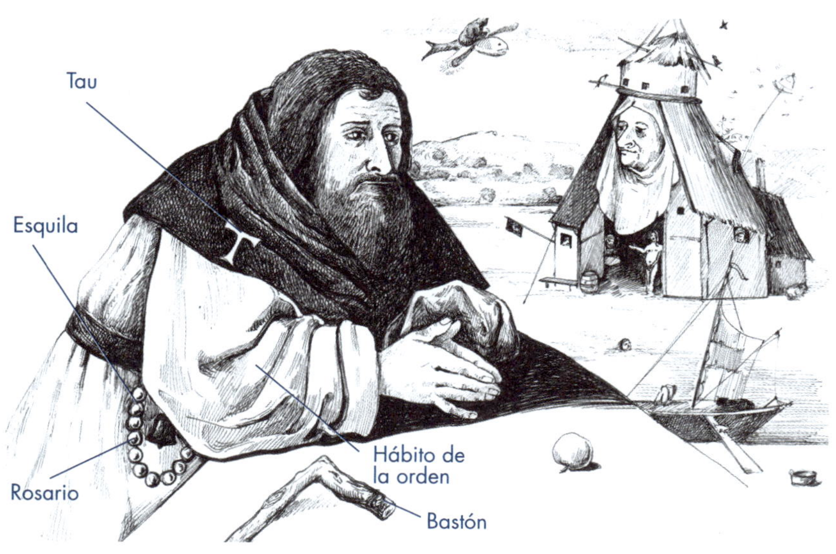

Los elementos simbólicos representan las tentaciones, desde la manzana, en primer plano, alusión al primer pecado de Eva, hasta el palomar sobre la cabaña, con la joven desnuda a su puerta y la enseña con el cisne —propia de un prostíbulo—, y aluden a los pecados de la carne. Dibujo del cuadro *Las tentaciones de san Antonio*, taller de El Bosco, 1510. Madrid, Museo del Prado.

Antonio de Padua

13 de junio

El defensor, el invencible

1195, Lisboa / 1231, Padua

SACERDOTE, DOCTOR DE LA IGLESIA*

Fernando Martim (así se llamaba este santo) nació en Lisboa dentro de una familia acomodada, y en esta ciudad comenzó sus estudios. Posteriormente, pese a la oposición paterna, ingresó en la orden agustina, donde continuó profundizando en el conocimiento de la Biblia y de los grandes eruditos cristianos, sin olvidar a los clásicos como Ovidio y Séneca.

En 1220 tiene noticias de que cinco franciscanos han sido asesinados en Marruecos y decide abandonar su orden, ingresar en el convento franciscano de San Antonio y cambiar su nombre por el del santo.

En 1221 asistió en Asís al capítulo general de la orden, donde tuvo ocasión de conocer al propio san Francisco, quien le encargó que enseñara teología a los frailes y más tarde lo envió a Francia a luchar contra la herejía cátara*. Sus sermones fueron tan extraordinarios que el papa Gregorio IX le llamaba «arca del testamento». Se decía que era capaz de convencer con sus prédicas a las multitudes a confe-

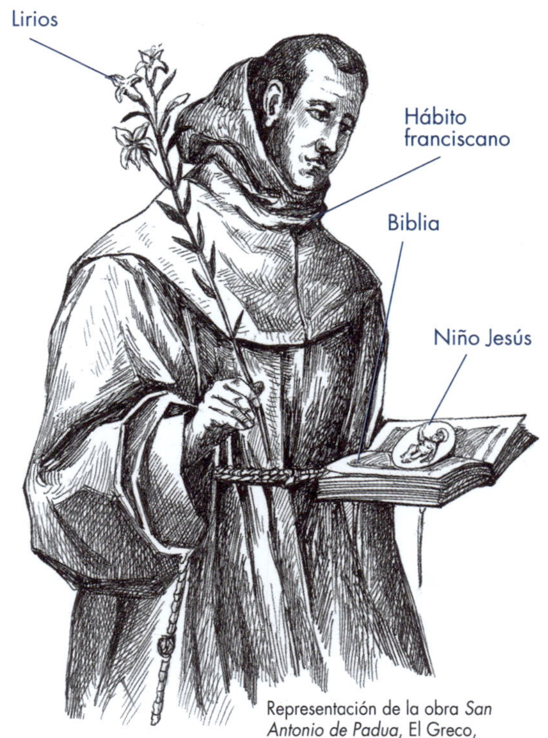

Representación de la obra *San Antonio de Padua*, El Greco, *ca.* 1580. Madrid, Museo del Prado.

sar sus pecados y a arrepentirse de ellos. Se le considera uno de los grandes oradores de todos los tiempos, y por el enorme caudal de sus conocimientos le dieron el título de doctor evangélico.

En 1227 marchó a vivir a Padua, en donde fundó una escuela franciscana y continuó con sus sermones; falleció antes de cumplir los 40 años en esta ciudad, razón por la cual se le conoce como san Antonio de Padua; allí descansan sus restos mortales.

Se cuentan de él muchos hechos extraordinarios, con los que aparece representado. Algunos de ellos son los siguientes: estando en Rímini, predicaba sin éxito a unos herejes hasta que se acercó al mar, comenzó a hablar y acudieron a escucharlo miles de peces, a los que habló de Dios y después bendijo. El padre de un recién nacido no lo quería reconocer porque sospechaba de una presunta infidelidad de su esposa, pero san Antonio logró que el niño pronunciase el nombre de su progenitor a pesar de haber nacido solo unos días antes. Un judío negaba la eucaristía y por intercesión del santo una mula se arrodilló ante el santo sacramento y rechazó la avena que le ofrecían; al presenciarlo, el judío se convirtió al cristianismo. Un joven le dio una patada a su madre y más tarde oyó a san Antonio pronunciar en un sermón esta frase: el pie que haya golpeado a un padre o a una madre debe ser cortado; el joven, entonces, se cortó su propio pie y san Antonio, al ver su arrepentimiento, lo bendijo y la extremidad amputada quedó de nuevo implantada en su sitio.

Atributos posibles

- Biblia (por el profundo conocimiento que tenía de ella)
- Hábito franciscano
- Lirio (por su pureza)
- Niño Jesús (por la aparición en su celda)

Variantes iconográficas

- Solo, con alguno de sus atributos
- Con hábito franciscano, con la rama de lirio y con el Niño Jesús
- Junto a san Francisco
- Representación de algún milagro suyo (peces, mula, joven, etc.)

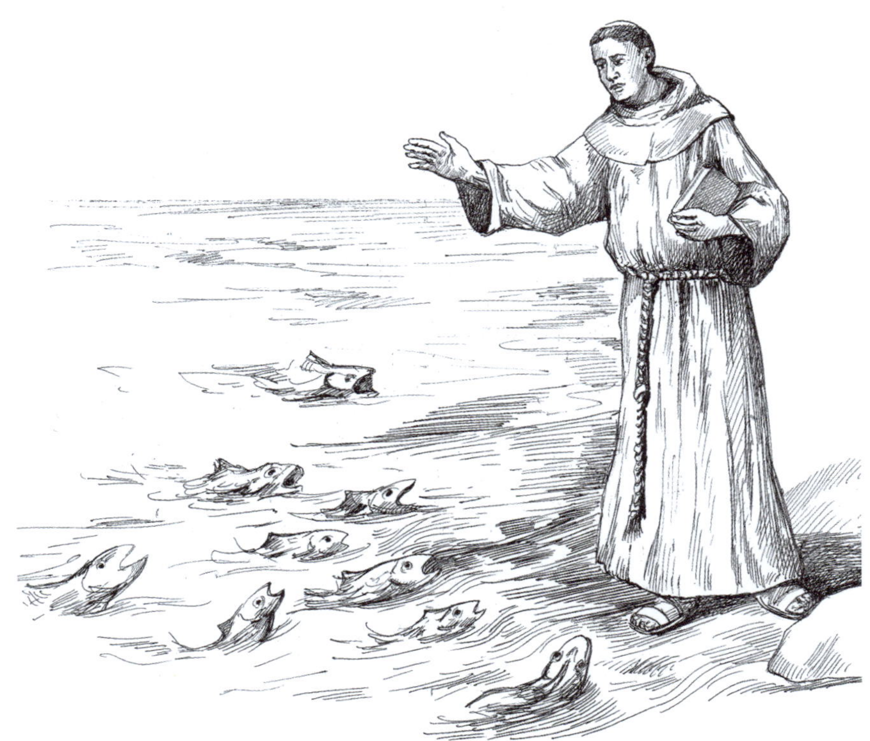

Basado en *San Antonio predicando a los peces,* José Benlliure, de la obra *San Francisco de Asís,* 1926. Valencia, Orden franciscana.

Apolinar de Rávena

20 de julio

Pertenece a Apolo, aleja la muerte

Siglo I (o II), Antioquía / Rávena

OBISPO, MÁRTIR

Nació en Antioquía. La tradición le señala como uno de los principales discípulos de san Pedro, quizá para vincularle al apóstol y por su influencia en transmitir el poder de la Iglesia. La posibilidad de que san Apolinar viviera en el siglo II invalidaría este hecho. De todos modos la tradición le señala acompañando a san Pedro a Roma, donde recibiría el encargo de viajar al norte de Italia para evangelizar y expandir la Iglesia. San Pedro lo nombró obispo de Rávena, donde convirtió a miles de personas.

Se le atribuyó el poder de curar a los enfermos, devolver la vista a los ciegos, sanar a los enfermos crónicos, dar el don de la palabra a los mudos y liberar de espíritus inmundos a los poseídos; además, realizó varios milagros, como la resurrección de la hija del noble Rufo.

Su pacífica labor evangelizadora se truncó en el año 69, con la llegada al poder de Vespasiano. El interés de este gobernante por imponer el culto al emperador supuso el enfrentamiento directo con los cristianos. San Apolinar, por su obra y posición, fue expulsado de la ciudad y tuvo que exiliarse, no sin antes sufrir diversas palizas y torturas, como cuando le obligaron a tenderse sobre unas brasas al rojo vivo, momento en que él seguía proclamando la divinidad de Cristo.

Se marchó a Dalmacia, donde continuó cristianizando y se le atribuye haber puesto fin a una hambruna.

Regresó a Rávena y fue expulsado en dos ocasiones más, siempre sufriendo todo tipo de maltratos y encierros. Incluso durante una de las expulsiones la nave que lo transportaba se hundió y el santo se salvó milagrosamente y volvió a Rávena. Finalmente se vio obligado de nuevo a huir. Mientras intentaba escapar dirigiéndose a una aldea donde vivían leprosos, fue alcanzado por sus perseguidores, que lo colgaron cabeza abajo, le quemaron los genitales y lo golpearon con una maza. Pese a todo, el santo sobrevivió y fue recogido por los cristianos, que lo cuidaron y consiguieron mantenerlo con vida unos días más.

Sobre su tumba se edificó más tarde la célebre iglesia de San Apolinar. En Alemania, cerca de Bonn, edificaron una capilla con su nombre, en una colina de la que manaban aguas termales; pronto adquirió fama de curar enfermedades del riñón y su culto se extendió por toda Europa.

Atributos posibles

- Báculo*
- Bolsa
- Dalmática*
- Libro
- Maza
- Mitra*
- Obispo griego (ropas de...)

Variantes iconográficas

- Solo, con alguno de sus atributos
- En su iglesia de Rávena aparece con doce ovejas porque lo identifican con el Buen Pastor

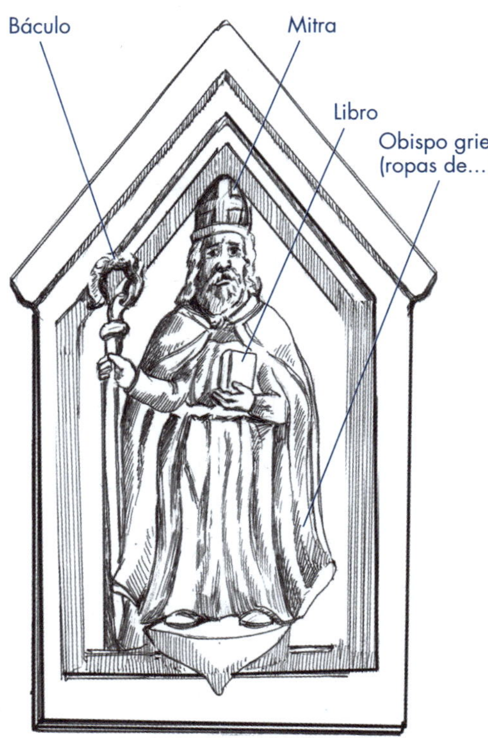

Dibujo del relieve de *San Apolinar*. Bad Neuenahr-Ahrweiler, capilla Hemmesser.

Bárbara

4 de diciembre

Extranjera, salvaje, bruta

Siglo III-IV, Nicomedia / Nicomedia
VIRGEN, MÁRTIR

Su padre Dióscoro, gobernador de Nicomedia, era un pagano fanático y cruel. La encerró en una torre, desde muy joven, para protegerla de las miradas de los hombres y evitar que se convirtiera a la fe cristiana. Ella aprovechaba las ausencias de su padre para recibir a maestros cristianos que le inculcaron una ferviente piedad por Jesús. Tras su bautizo, ordenó que abriesen una tercera ventana en la torre (tenía solo dos) como homenaje a la Trinidad.

Rechazó el matrimonio que le propuso su padre y le confesó que era cristiana y que mantendría su virginidad para Dios. Logró huir de su prisión refugiándose en una roca que se abrió para ella de modo milagroso; pero un pastor que la vio se lo contó a Dióscoro y la capturó. Como castigo divino al pastor, sus ovejas se le convirtieron en saltamontes.

El padre, para doblegarla, ordenó que la torturasen de la manera más cruel: la ataron al potro para descoyuntarle los huesos, la azotaron con varas, la pasearon desnuda (aunque un ángel la tapó con un velo), le desgarraron la piel con rastrillos de hierro, la arrastraron sobre trozos afilados de cerámica y le quemaron partes del cuerpo. Ella lo soportó todo con su fe. Su padre entonces la condenó a la degollación. La subió a la cima de una colina y él mismo decapitó a su hija. A continuación un rayo del cielo lo mató en ese mismo lugar.

Su existencia real es muy dudosa, aunque goza de una inmensa devoción por todo el mundo. La Iglesia permite su culto, pero la ha eliminado del calendario actual por no poder acreditar la veracidad de su historia.

Atributos posibles

- Cáliz (por la buena muerte)
- Cañones
- Corona (por la nobleza)
- Espada (fue decapitada)
- Palma del martirio*
- Piedras de cañones (por las explosiones de los rayos)
- Pluma de pavo real (inmortalidad o resurrección)
- Rayo
- Torre con tres ventanas

Variantes iconográficas

- Sola, con alguno de sus atributos (la torre puede tomar forma de corona)
- Historia entera de la santa: encierro, persecución, tortura, curación por Cristo, etc.
- En su martirio

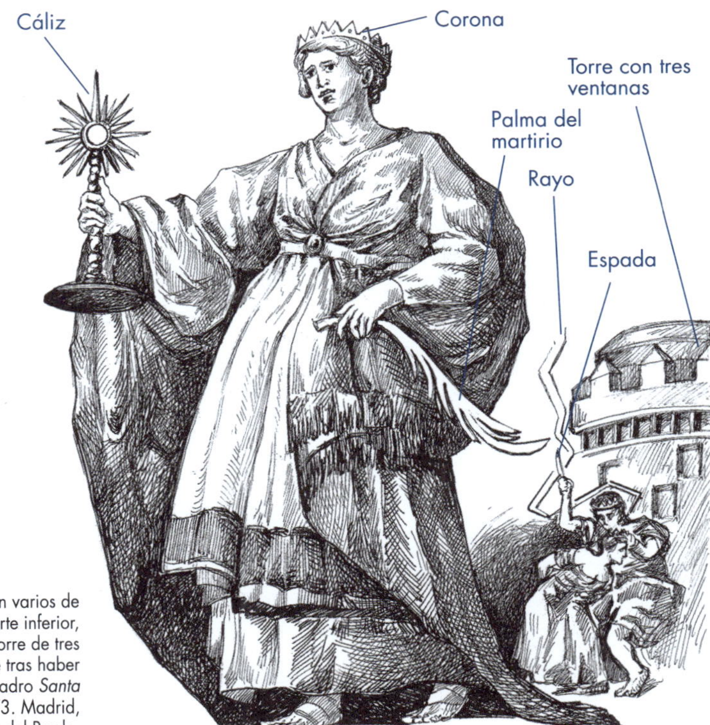

En un primer plano vemos la santa, con varios de sus atributos. A la derecha, en la parte inferior, aparece la escena del martirio, con la torre de tres ventanas. El rayo fulmina al padre tras haber decapitado a su hija. Dibujo del cuadro *Santa Bárbara*, Francisco de Goya, 1773. Madrid, Museo del Prado.

Bartolomé

24 de agosto

Hijo del labrador, viejo

Siglo I, Caná / 71, Armenia

APÓSTOL, MÁRTIR

También llamado Nathanael. Es uno de los doce apóstoles de Jesús. Fue presentado al Mesías por Felipe. En los evangelios apócrifos* se cuenta que un día Bartolomé le pidió a Jesús que le mostrase a Satanás y entonces se abrió la tierra y pudo ver al Maligno atado con cadenas de fuego; Jesús le dijo que le pisase la cerviz como signo de dominio. Predicó en Persia, India y Armenia, donde convirtió a muchos paganos, entre ellos al hermano del rey Astiages. Este, enfurecido por el hecho, le ordenó que adorara a sus ídolos. El apóstol se negó y fue desollado vivo y luego crucificado cabeza abajo. Otras fuentes indican que fue decapitado.

Atributos posibles

- Cuchillo grande
- Demonio encadenado
- Libro (por su predicación del evangelio o por la piel usada en la encuadernación)
- Piel (la suya, en la mano)

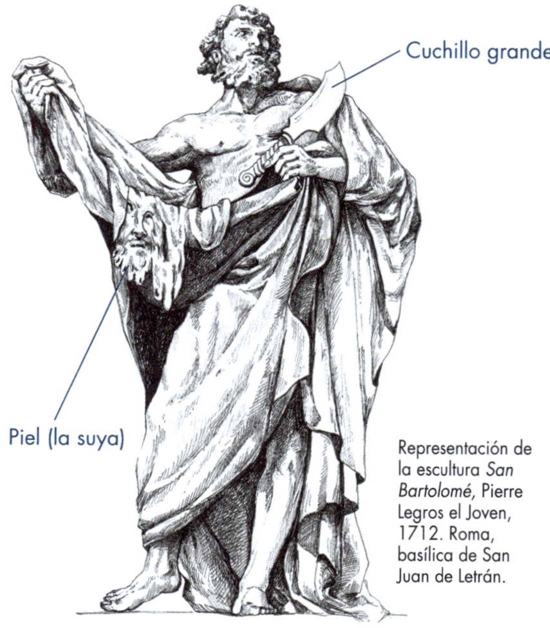

Representación de la escultura *San Bartolomé,* Pierre Legros el Joven, 1712. Roma, basílica de San Juan de Letrán.

Variantes iconográficas

- Solo, con alguno de sus atributos
- Escenas del martirio

Beda el Venerable

27 de mayo

Oración

672 / 735, Jarrow

MONJE, DOCTOR DE LA IGLESIA*

Ingresó con 7 años en el monasterio de San Pedro en Wearmouth y allí murió. A los 19 era diácono, y sacerdote a los 30. Él mismo comentó que la mayor satisfacción de su vida fue aprender, enseñar y escribir. Sus obras versan sobre cronología, aritmética, filosofía, gramática e historia, pero sobre todo fue un teólogo erudito muy claro, al que se entendía con facilidad. Fue el autor de *Historia eclesiástica del pueblo de los anglos*, obra monumental que recoge aspectos no solo religiosos sino también civiles de su país, con gran exactitud y rigor. El propio Beda se definía como un historiador veraz.

En 1899 fue proclamado doctor de la Iglesia. En 2013 el papa Francisco escogió un fragmento de una de sus homilías para su escudo: *Miserando atque eligendo* (Lo miró con misericordia y lo eligió).

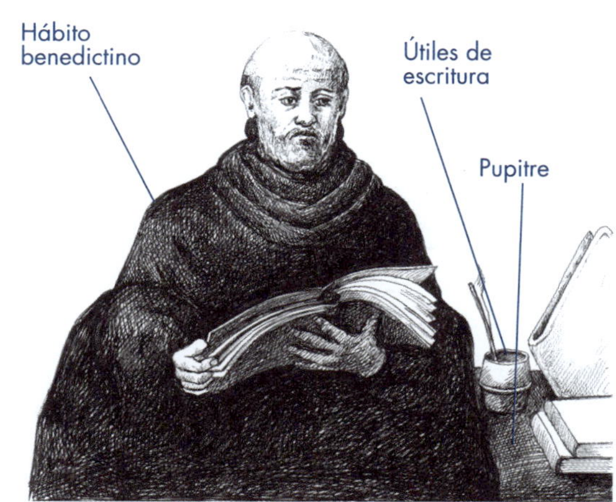

Detalle basado en el cuadro *San Beda*, Bartolomé Román, siglo XVII. Madrid, Museo del Prado.

Atributos posibles

- Hábito benedictino
- Pupitre
- Útiles de escritura

Variantes iconográficas

- Solo, con alguno de sus atributos
- En sus clases
- Escribiendo

Benito de Nursia

11 de julio

Bendito, bien de alguien

480, Nursia / 547, Montecasino
ABAD, PATRÓN DE EUROPA

Nació en una familia acomodada. Su hermana gemela, Escolástica, también es considerada santa por la Iglesia. A los 20 años, después de estudiar en Roma, decidió retirarse a una cueva para meditar y rezar, lejos de las tentaciones de la capital. Allí llevó una vida de mortificación, ayunos, rezos y meditaciones que le otorgó fama de hombre santo. Pronto acudieron varios seguidores, que ocuparon otras cuevas cercanas; desde aquí se trasladó a la colina de Montecasino, donde fundó un monasterio sobre las ruinas de un antiguo templo consagrado a Apolo. En este lugar redactó hacia 540 su famosa regla, cuyo principio fundamental es el *ora et labora* (oración y trabajo). Falleció en el monasterio en 547. Esta regla ha sido la base para todas las demás órdenes religiosas y por ello se le considera el padre del monacato.

En 1964 el papa Pablo VI lo proclamó patrón de Europa mediante la carta apostólica* *Pacis nuntius* (Mensaje de paz) por la unidad espiritual que dio a los pueblos europeos.

La tradición popular le ha adjudicado numerosos hechos milagrosos:

Siendo muy joven, su nodriza rompió por accidente una criba de cerámica; ante la desolación de la criada, Benito rezó y todos los trozos se volvieron a unir sin que se notase la rotura.

Unos monjes envidiosos intentaron envenenarlo con una copa de vino, que se rompió cuando el santo la cogió y oró. En otra ocasión, y ya en el monasterio, otros monjes, disgustados por la dureza de la regla, envenenaron su comida, pero apareció un cuervo que se llevó en el pico el pan con el que intentaban matarlo.

Estando en la gruta, el demonio hizo aparecer una sensual mujer para que pecase; el santo, al verla, se desnudó y se lanzó sobre unas zarzas para aplacar su deseo.

Un monje del monasterio se estaba ahogando y Benito le envió a otro monje, san Mauro, que caminó sobre las aguas y lo salvó.

Atributos posibles

- Abadía
- Báculo*
- Copa con dos serpientes (la de san Juan tiene solo una)
- Cuervo con un pan envenenado (se distingue del cuervo de san Pablo ermitaño en que el pan está envenenado y tiene otro color y el animal está en el suelo y no vuela)
- Hábito benedictino
- Mitra*
- Tamiz roto
- Varas con las que corrigió a un monje descarriado

Variantes iconográficas

- Solo, con alguno de sus atributos
- Repartiendo limosna a los pobres
- Hábito negro
- Hábito blanco de los cistercienses reformados
- Representado en alguno de los hechos milagrosos
- Con su hermana santa Escolástica

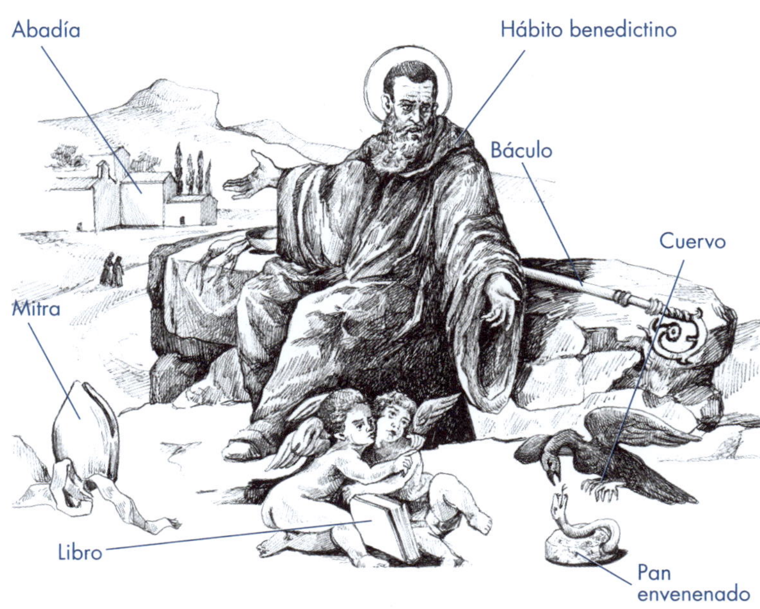

Representación basada en el cuadro *San Benito de Nursia*, Corrado Giaquinto, siglo XVII. Londres, Christie.

Bernabé

11 de junio

Hijo de la consolación, gemelo

Siglo I, Chipre / 61, Salamina
MÁRTIR

Judío de la tribu de Leví*. Se llamaba José, pero los apóstoles lo llamaban Bernabé. En Hechos 14,14, se le califica de apóstol, aunque la Iglesia no lo considera como tal. Sintió una profunda fe cristiana y para agradecer este don entregó todo su dinero a los apóstoles. Predicaba con gran entusiasmo, convirtiendo a mucha gente. Él fue quien presentó a Pablo a los discípulos de Jesús y los convenció para que lo aceptasen a pesar de las reticencias que le mostraban por los desmanes que cometió cuando todavía era Saulo. Colaboró con este en su labor evangelizadora. Estuvieron en Antioquía, Siria, Chipre y Asia Menor, donde les sucedió un hecho curioso: Pablo curó a un paralítico y la población, pagana, los consideró dioses; identificaron a Bernabé con Júpiter y a Pablo con Mercurio, y querían ofrecerles sacrificios, que ellos rechazaron. Durante uno de estos viajes, de regreso a su tierra, fue lapidado y quemado por una turba de judíos, envidiosos de las numerosas conversiones que

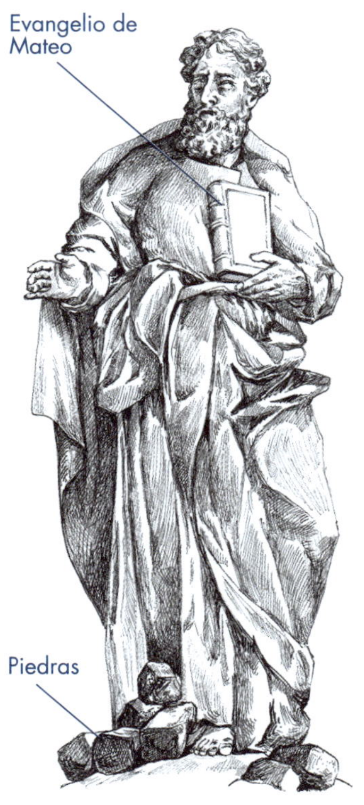

Dibujo de la escultura *San Bernabé*, siglo XVIII. Milán, Galería del Arzobispo.

lograba. Afirman que siempre llevaba consigo el evangelio de Mateo y que curaba a los enfermos colocándoselo en la zona afectada.

Atributos posibles

- Bordón*
- Corazón o llama ardiente
- Cruz
- Evangelio de Mateo
- Perro
- Piedras

Variantes iconográficas

- Solo, con alguno de sus atributos
- Se le representa como obispo (no lo fue nunca), con barba blanca
- Con san Pablo
- En la hoguera
- Lapidado

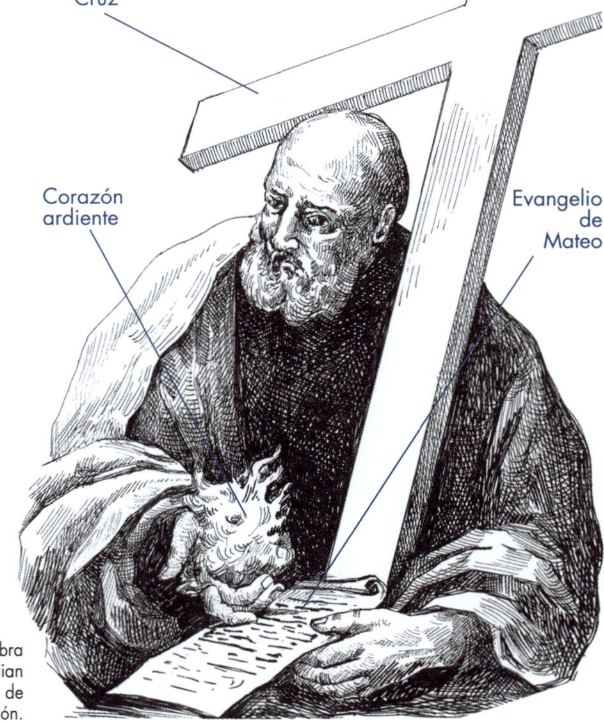

Representación de la obra *Bernabé*, siglo XVIII. Sillian (Tirol), iglesia de la Asunción.

Bernardino de Siena

20 de mayo

Atrevido como un oso

8 de septiembre de 1380, Siena / 20 de mayo de 1444, San Silvestre

PREDICADOR, FRANCISCANO

Nació en una familia noble de la Toscana, pero quedó huérfano siendo un niño. Sus tíos le dieron una esmerada educación. Se licenció en Derecho Canónico y perteneció a la Compañía de los Disciplinantes durante cuatro meses, en los que cuidó a los enfermos de peste; después se marchó a llevar una vida eremítica. A los 23 años ingresó en la orden franciscana después de entregar todos sus bienes a los pobres. Construyó en una colina solitaria, la Cabriola, un pequeño convento donde se observaba la regla con rigor, y allí recopiló e investigó el material escrito por los doctores franciscanos. Al ser nombrado vicario de Toscana, marchó a Florencia e inició su misión apostólica. Fue un extraordinario predicador, actividad a la que se dedicó durante treinta años. Cuentan que preparaba con sumo cuidado todos sus sermones, lograba convencer y convertir a cuantos lo escuchaban, muchos de los cuales acababan llorando de arrepentimiento, y conseguía numerosas vocaciones religiosas. El compendio de sus sermones públicos nos ha llegado gracias a la labor del artesano Benedetto. Allí vemos su lenguaje coloquial, cercano a la realidad de la vida de su concurrencia. Siempre llevaba un estandarte con las letras «JHS», que más tarde adoptarían los jesuitas. Suele creerse que significa *Jesus Hominum Salvator* (Jesús, salvador de los hombres), pero en realidad se trata del monograma* de Cristo, ya que la letra H es la eta en griego, y, por tanto, corresponde a tres letras del nombre de *Jhesus*.

Escribió numerosas obras sobre la Virgen, san José y la vida ascética, alguna de las cuales provocó incluso intentos de persecuciones eclesiásticas que encontraron respuesta en la santidad de su vida y en el apoyo de los papas Martín IV y Eugenio IV.

Incrementó el culto a san José e incluso defendió el privilegio de resurrección anticipada del santo. También participó en misiones diplomáticas ante el duque de Milán representando a la orden franciscana, pues gozaba de gran fama y prestigio.

Aseguran que al principio tenía una voz débil y escasa, pero el santo pidió con gran fervor a la Virgen que le concediese una potente y sonora voz y María se la proporcionó.

Le ofrecieron en varias ocasiones los obispados de Siena, Ferrara y Urbino, pero siempre los rechazó para seguir viviendo entre los franciscanos y continuar con sus sermones. Agotado por sus peregrinaciones e incansables pláticas, murió en San Silvestre, cerca de Aquila.

Atributos posibles

- Hábito franciscano
- Monograma JHS* (en un disco)
- Tres mitras* en el suelo (en señal de su renuncia a los obispados de Siena, Ferrara y Urbino)

Variantes iconográficas

- Solo, con alguno de sus atributos
- Anciano, con el hábito franciscano, demacrado, descalzo y predicando

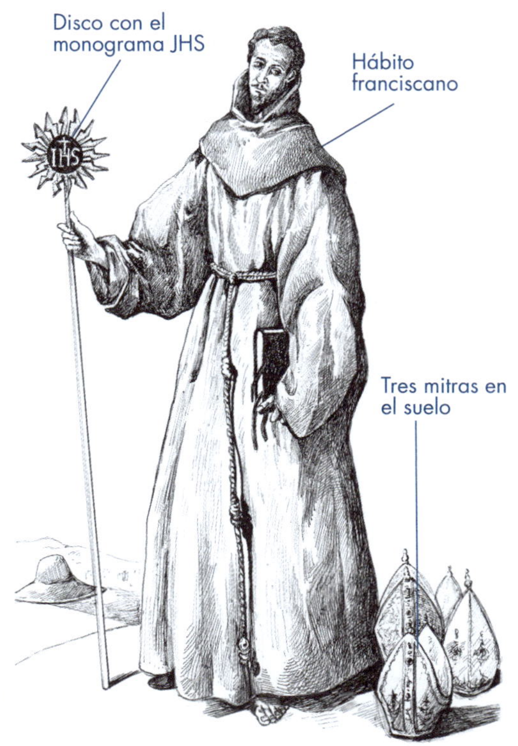

Dibujo basado en
San Bernardino, El Greco, 1603.
Madrid, Museo del Prado.

Bernardo de Claraval **20 de agosto**

Atrevido como un oso, fuente de nardos

1090, Borgoña / 20 de agosto de 1153, Claraval
ABAD, DOCTOR DE LA IGLESIA*

Hijo de un caballero del poderoso duque de Borgoña. Su madre, cuando estaba embarazada de él, soñó que llevaba en el vientre un perro que ladraba; su confesor le aclaró que iba a tener un hijo que vigilaría los rebaños del Señor y que ladraría a todos los enemigos de la Iglesia.

Ingresó a los 22 años, acompañado de varios familiares, en el único monasterio cisterciense que existía en ese momento y en el que residían muy pocos monjes debido a la vida tan dura que debían seguir. Dos años después, Bernardo fundó el monasterio de Claraval *(Clara vallis,* valle claro), del que fue nombrado abad, cargo que mantuvo hasta su muerte. Aunque no es el fundador del Císter*, sí fue el máximo difusor de la orden por toda Europa, pues cuando murió ya se habían creado 343 monasterios, de los que 68 los había erigido el propio Bernardo.

Fue un gran predicador y apoyó siempre al papa en todas las controversias que surgieron en esta época. Fomentó el culto a la Virgen y puso bajo la advocación de María todas las iglesias cistercienses, en las que prohibió el lujo y las imágenes, sobre todo las esculturas, porque afirmaba que nos alejan de Dios; solo admitía la colocación de una sencilla cruz.

Predicó la Segunda Cruzada y ayudó en la organización de la orden del Temple*. Le llamaban *Doctor melifluus* (de miel) porque así de dulce era su predicación. De él cuentan varios hechos extraordinarios relacionados con su defensa de la castidad: para rechazar el deseo que le inspiró una mujer desnuda que Satanás colocó en su lecho, Bernardo se cubrió con una armadura de hierro y ella no pudo tocarlo; también por este motivo se arrojó a un estanque helado para calmar los deseos que había sentido al mirar a una mujer; rechazó, por tres veces, a una dama que intentaba forzarlo. Otro día, mientras rezaba y cantaba con denuedo a una imagen de la Virgen con el Niño, se le agrietaron y resecaron los labios y María, entonces, apretó uno de sus pechos, del que cayeron gotas de leche que le refrescaron y, según cuenta la leyenda, algunas de las cuales mojaron su hábito, que se tornó blanco. En otra ocasión, y rezando ante un crucifijo, Jesús se desclavó y lo abrazó.

Atributos posibles

- Abad (ropas de...)
- Abejas (colmena) *(Doctor melifluus)*, por su elocuencia
- Corona de espinas
- Crucifijo
- Demonio encadenado, porque siempre derrotó las tentaciones de Satanás
- Hábito blanco cisterciense
- Mitra* arrojada a la tierra (se negó a ser nombrado obispo)
- Perro (sueño de su madre)
- Tonsura

Variantes iconográficas

- Solo, con alguno de sus atributos
- Con la Virgen y Jesucristo
- En alguno de los hechos principales: lactación de la Virgen*, Cristo desclavado, etc.

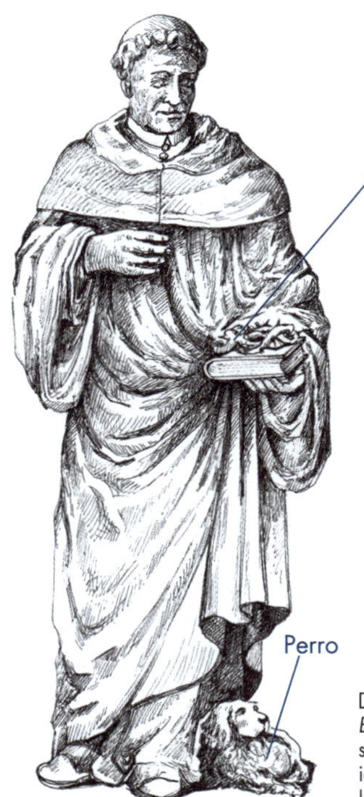

Dibujo de la obra *Bernardo de Claraval*, siglo XVIII. Dendermonde, iglesia de San Egidius Intramuros.

Bibiana, Vibiana o Viviana **2 de diciembre**

Llena de vida

Siglo IV, Roma / Roma

VIRGEN, MÁRTIR

El prefecto* Flaviano y su esposa Dafrosa tuvieron dos hijas, Demetria y Bibiana. Todos fueron cristianos fervientes y a los cuatro la Iglesia los reconoce como santos. Los padres recogían los cadáveres de cristianos y los enterraban durante la noche. Recibieron por ello diferentes avisos, ya que el séptimo punto de la Ley de las Doce Tablas* prohibía los enterramientos dentro de los muros de Roma. Al persistir en su piadoso empeño, el emperador les confiscó todos sus bienes y desterró al cabeza de familia de Roma. No regresaría con vida a la ciudad.

Su madre, Dafrosa, fue obligada por el nuevo prefecto, Aproniano, a casarse otra vez. Le eligieron un magistrado pagano, Fausto, para que la obligase a que volviera al culto al emperador. Sin embargo, fue ella quien lo convirtió a él al cristianismo, hecho por el cual sería ejecutado. Dafrosa enterró sus restos, contraviniendo de nuevo la ley, y fue igualmente asesinada.

Aproniano advirtió a las hijas, Bibiana y Demetria, de que si persistían en enterrar a los cristianos en el interior del *pomerium** serían ejecutadas. Las dos hijas, que manifestaron su intención de continuar la labor de sus padres, fueron encarceladas junto a varios dementes e incluso les privaron de alimentos para que abandonasen su fe. A pesar de todo, ellas se mantuvieron firmes, aunque poco después Demetria falleció en las mazmorras debido a las penalidades y la extrema debilidad en que se hallaba.

El prefecto intentó entonces que Bibiana abandonara su fe cristiana dándole a conocer la vida sensual y placentera para vencer su resistencia. La entregó a una alcahueta, que la tentó con propuestas de matrimonios ventajosos que le permitirían recuperar su posición social. Pero todo fue en vano y ella permaneció firme en sus creencias e intenciones.

Bibiana fue conducida de nuevo ante el prefecto, que la condenó a muerte. Para ello ordenó que la atasen a una columna y la flagelasen con látigos emplomados* hasta la muerte. Tras resistir tres sesiones públicas de tortura con los látigos, y ya agotada, murió en la cuarta. Para cerciorarse de su fallecimiento le clavaron un cuchillo en el corazón y arrojaron su cadáver a los perros, que no la tocaron. Fue colgada en el Foro Tauri para que sirviera de ejemplo a los transgresores de la ley; pero por la noche los cristianos rescataron su cadáver y la enterraron con los restos de su familia que aún quedaban en Roma: su madre y hermana.

Atributos posibles

- Columna
- Látigos
- Palma del martirio*
- Puñal en el pecho

Variantes iconográficas

- Sola, con alguno de sus atributos
- Con la palma, atada a una columna y siendo azotada

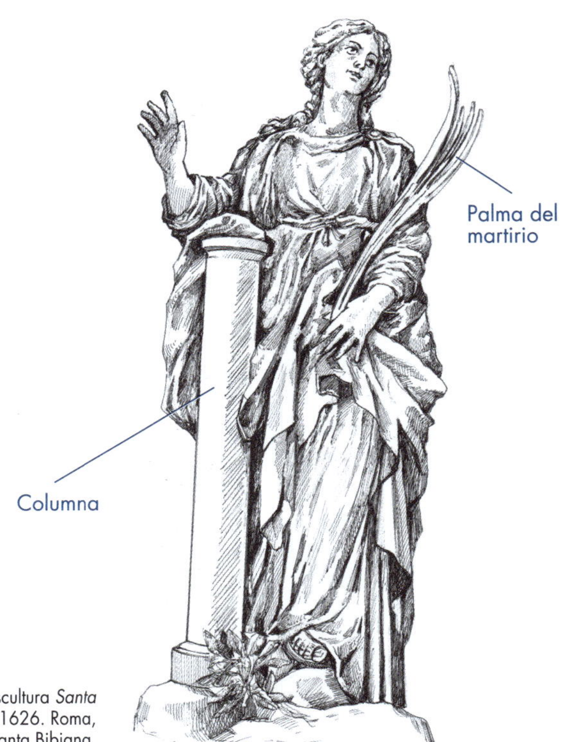

Dibujo de la escultura *Santa Bibiana*, Bernini, 1626. Roma, iglesia de Santa Bibiana.

Blas

3 de febrero

Hablador, tartamudo

Siglo III, Sebaste / Sebaste
OBISPO, MÁRTIR

Se cree que vivió durante el periodo del emperador Licinio o Diocleciano. Hombre recto y piadoso, fue elegido obispo de su ciudad por aclamación.

No parece que tuviera mucho contacto con la comunidad de fieles, pues prefería retirarse a vivir en las montañas. Cuando comenzaron las persecuciones romanas, se retiró a una cueva, donde curaba a personas y animales imponiéndoles la señal de la cruz (por este motivo se le adjudicó la profesión de médico). Fue descubierto y encarcelado. En la prisión siguió sanando. El gobernador de la zona, Agrícola, furioso, ordenó que lo lanzaran a un lago para que se ahogara, pero Blas salió a la superficie y se alejó caminando sobre las aguas. Sin embargo, un ángel le pidió que regresara a la orilla para sufrir el martirio. El santo obedeció y fue colgado de una polea mientras le desgarraron el cuerpo con peines de metal y rastrillos de los que se usan para cardar el cáñamo. Unas mujeres recogieron la sangre del santo. Posiblemente esto las vincularía a Blas y a su suerte. Posteriormente lo decapitaron. Junto con el santo sufrieron el martirio siete mujeres y siete niños, hijos de una de ellas.

Es uno de los grandes santos sanadores. El hecho más famoso que se le atribuye es haber sacado una espina de pescado de la garganta a un niño que se asfixiaba; para ello usó los dos cirios que llevaba su madre a la Candelaria, con los que hizo una cruz y la acercó a la garganta del pequeño. También devolvió a una anciana un cerdo que era su única posesión y que un lobo le había quitado para devorarlo. La mujer le llevaría a prisión la cabeza y las patas del cerdo, además de frutos, semillas y unos cirios, dones aceptados por el santo, que pidió que se celebrase su memoria con los mismos objetos.

Para realizar su advocación se exigen unos ritos y un simbolismo preciso que el mismo santo explicó y que en gran medida recogen sus principales milagros. Por ejemplo, debe bendecirse la garganta con dos velas cruzadas, y también recomienda que para propiciar una mejor cosecha se bendigan las semillas. Es uno de los santos más populares. Sus dotes de santo curador y su vinculación al mundo rural explican la gran difusión de la vida del personaje, que es venerado en múltiples países. En España son muy numerosas las fiestas y celebraciones en su honor.

Atributos posibles

- Cerdo
- Cirios (entrecruzados o no)
- Cuerno de caza
- Mitra*
- Rastrillo de cardar

Variantes iconográficas

- Solo, con alguno de sus atributos
- Con las manos en la garganta
- Ciclo vital con los momentos más importantes de su vida: consagrado obispo, escondido en la cueva, descubierto por los cazadores, curando al niño de la espina de pescado, ordenando al lobo devolver el cerdo, torturado mientras recogen su sangre, con mujeres quemadas o decapitadas, caminando sobre el agua, decapitado
- Portando una maqueta de la ciudad de Dubrovnik, de la que es patrón

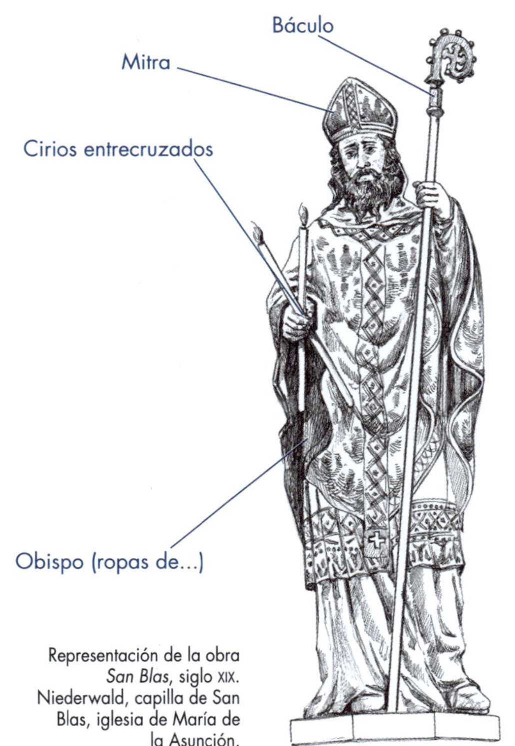

Representación de la obra *San Blas*, siglo XIX. Niederwald, capilla de San Blas, iglesia de María de la Asunción.

Bonifacio de Maguncia **5 de junio**

El que hace el bien

Ca. 680, Crediton / 754, Dunkerque

OBISPO, MÁRTIR

Su verdadero nombre era Winfrido. En su infancia fue enviado por sus padres al monasterio de Exeter para ser educado en la fe cristiana. Allí recibirá una esmerada educación en humanidades. Escribirá diferentes obras relacionadas con la gramática y la métrica inspirándose en san Isidoro de Sevilla. Sabemos que fue director de escuela en Winchester.

Con 30 años se hizo eclesiástico y pasó varios años estudiando la Biblia. En 715 comienza a predicar a los paganos del norte de Europa. Inicialmente las guerras en la zona le impidieron realizar su labor y debió volver a Inglaterra, pero finalmente regresaría para seguir evangelizando.

En el año 718 se encaminó a Roma, apoyado por una carta del obispo de Winchester que lo recomendaba ante el papa. El pontífice Gregorio II, que también había sido monje benedictino, le recibió y quedó gratamente impresionado por el monje inglés. Le cambió el nombre por Bonifacio y le encargó que organizara la Iglesia en Germania y predicara en esas tierras.

Su trabajo se centró en la zona de Hesse, donde, protegido por los francos, consiguió convertir a miles de frisones. Se cuenta que, ante los problemas para erradicar el culto pagano entre los frisones, decidió cortar o arrancar de raíz una encina sagrada que estaba presuntamente protegida por el dios Thor*. Los paganos que lo rodeaban esperaban que el dios nórdico lo fulminara, y al ver que salía ileso, muchos se convirtieron. Se dice que con la madera del árbol cortado se realizaría la iglesia de San Pedro en Fritzlar. Igualmente se relaciona el hecho con la tradición del árbol de Navidad*.

Fue apoyado por el papa Gregorio III, que le consiguió diferentes cargos que le permitieron fundar varios obispados y la famosa abadía de Fulda. En el año 746 es nombrado obispo de Maguncia.

Cristianizó a miles de alemanes (se le conoce como el «apóstol de los germanos»). Siendo ya un anciano, en el año 750, marchó a Flandes para proseguir con sus conversiones. Un día, mientras celebraba la misa con cincuenta monjes, se presentaron unos bandidos frisones armados que los atacaron. Todos fueron masacrados. El propio Bonifacio intentó proteger su cabeza con un misal, pero no pudo evitar morir decapitado.

Inicialmente fue enterrado en Maguncia pero posteriormente sus restos fueron trasladados a Fulda.

Atributos posibles

- Báculo*
- Libro atravesado por una espada
- Mitra*
- Obispo (ropas de...)

Variantes iconográficas

- Solo, con alguno de sus atributos
- Talando un roble consagrado a Thor*
- Plantando un pino en lugar del roble o encina
- En el momento de su martirio

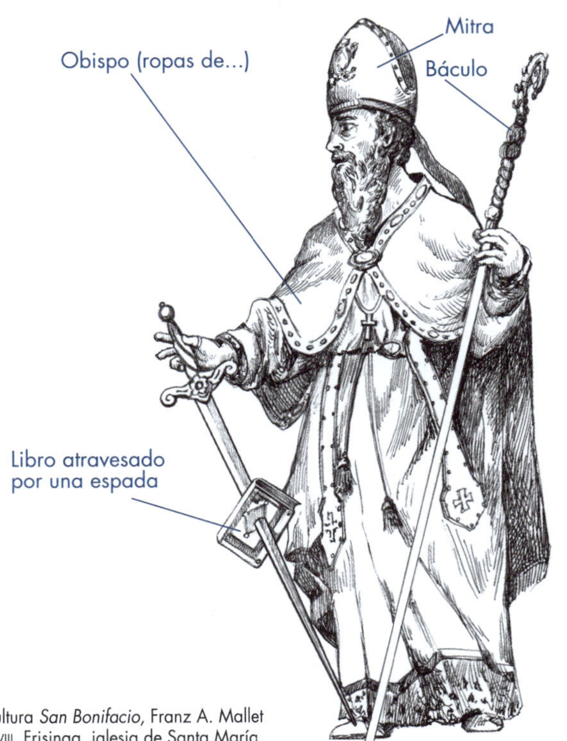

Dibujo de la escultura *San Bonifacio,* Franz A. Mallet y J. B. Dreyrer, siglo XVIII. Frisinga, iglesia de Santa María.

Brígida de Suecia

23 de julio

Población, colonia, ciudad

1303, Uppland / 1373, Roma
MÍSTICA, FUNDADORA

Nació en una familia de la alta nobleza, emparentada con el rey de Suecia. Su padre era el primer juez de Uppland. A los 14 años la casaron con un noble, Ulf, con quien tuvo ocho hijos, cuatro varones y cuatro mujeres. Una de ellas alcanzaría también la santidad: santa Catalina de Suecia. Ulf y Brígida formaron un matrimonio devoto y feliz. Juntos peregrinaron a Santiago. A los 40 años, tras quedarse viuda, repartió todos sus bienes entre los pobres, marchó a Roma y obtuvo una autorización papal para fundar una orden religiosa que tomó el nombre de orden del Santo Salvador, aunque a sus miembros se les suele llamar religiosas de santa Brígida. La regla de la orden es presentada como dictada directamente por Cristo.

Ha sido la única mujer en la historia de la Iglesia que proyectó una orden monástica doble unificada. El doble monasterio implicaba un papel de servicio de los hombres: presbíteros, diáconos y hermanos laicos, que debían cuidar de las necesidades eclesiásticas y materiales de las monjas que vivían segregadas. Este hecho chocó de manera frontal con una Iglesia androcéntrica. Por ello la regla nunca fue implantada en su forma original. Incluso el desarrollo de la orden llevaría a que el título de abadesa, *caput et domina* (cabeza y señora), quedara en algo meramente honorífico.

Durante toda su vida tuvo numerosas visiones, en las que se le aparecieron la Virgen y Cristo mostrando las huellas de la Pasión, pero también otras de tipo político, como el tratado de paz entre Francia e Inglaterra. Las recopiló todas en un libro que tituló *Revelaciones* y que tuvo un enorme éxito en su época.

Brígida vivió el resto de su vida principalmente en Roma. Hizo varias peregrinaciones más a santuarios italianos y a Jerusalén. Cuando regresó de Tierra Santa, enfermó y falleció.

Cuentan que todos los viernes del año dejaba caer cera ardiente de un cirio sobre su mano para recordar el tormento sufrido por Jesús.

El papa Juan Pablo II la proclamó patrona de Europa.

Atributos posibles

- Cinco llamas rojas que es el emblema de su orden (por las cinco heridas de Cristo)
- Cirio
- Corona (por su origen)
- Libro
- Pluma
- Útiles de escritura (otros distintos de la pluma)
- Velo, de viuda

Variantes iconográficas

- Sola, con alguno de sus atributos
- Recibiendo del papa la regla de la orden
- Como viuda o como abadesa, en cuyo caso lleva una cruz
- Como peregrina con el bordón* y un zurrón
- Sentada en un pupitre escribiendo y con un ángel al lado, inspirándola

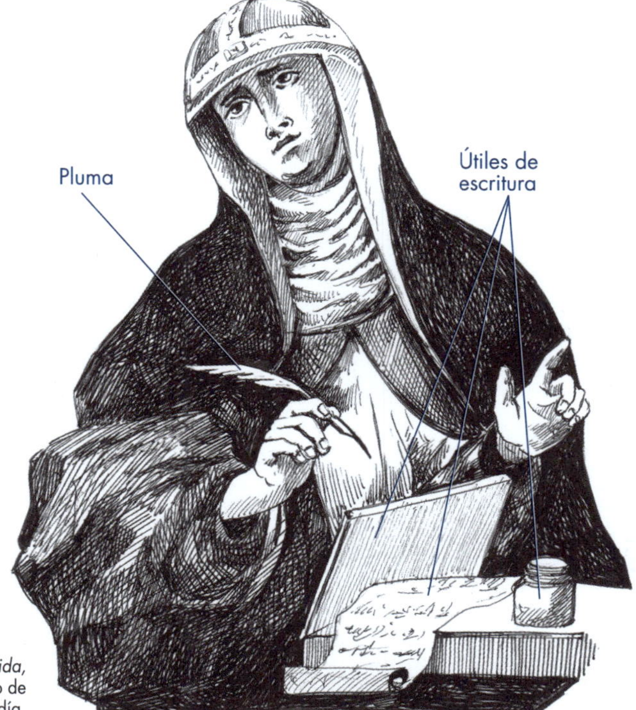

Dibujo del cuadro *Santa Brígida*, siglo XVII. Altomünster, Museo de la Abadía.

Bruno

6 de octubre

Quemado, moreno

1030, Colonia / 6 de octubre de 1101, Calabria
SACERDOTE, FUNDADOR DE LOS CARTUJOS

Poco se sabe de los comienzos de su vida. Nació en Colonia en una familia humilde. Allí estudió y fue nombrado canónigo de la colegiata de San Cuniberto.

Estudió teología en Reims, Francia, en cuya universidad impartió clase durante dieciocho años. Uno de sus alumnos fue Eudes de Châtillon, quien luego sería el papa Urbano II. Participó del movimiento que sentía la necesidad de reformas que la Iglesia debía acometer ante los problemas de simonía* que imperaban en Reims.

Un día que asistió al velatorio de uno de sus profesores, Diocrés, este, de pronto, se incorporó del ataúd y les dijo a los presentes: «por justo juicio de Dios soy acusado». El funeral se aplaza hasta el día siguiente, en que se vuelve a repetir la escena aunque en esta ocasión dijo: «por justo juicio de Dios soy juzgado»; al tercer día indicó: «no tengo necesidad de oraciones; por justo juicio de Dios he sido condenado al fuego sempiterno». Bruno, al ver esto, quedó profundamente impresionado y, tras abandonar la universidad, ingresó en un monasterio del Císter; sin embargo, aquí, y a pesar de la regla tan rigurosa que los monjes observaban, decidió que su sacrificio debía ser mayor y se marchó a un lugar más alejado para mantener un completo silencio. Se asentó en las proximidades de Molesnes y allí vivió una dura vida eremítica.

Cuentan que san Hugo, obispo de Grenoble (Francia), por esas fechas tuvo un sueño en el que vio cómo siete estrellas construían un faro que lo llenaba todo de luz; al día siguiente llegó Bruno con seis compañeros solicitando autorización para fundar un monasterio y el propio obispo, asociando la anterior visión con la visita de Bruno, les cedió unos terrenos en una zona montañosa llamada Chartreuse (Cartuja), en donde se establecieron en 1084.

Urbano II lo reclamó como consejero en Roma, donde estuvo varios años, pero Bruno siempre rogaba al papa que le dejara volver al convento. Este intentó que se quedara en Italia y le ofreció el arzobispado de Reggio, que rechazó.

La situación política en Roma era muy turbulenta. El papa había llegado al poder enfrentándose al emperador Enrique IV, y sus relaciones fueron igualmente difíciles con el rey Felipe I de Francia, al que había excomulgado por haber abandonado a su esposa. Este enfrentamiento con dos de los monarcas más poderosos de Europa acabaría afectando al papado. La amenaza de las tropas imperiales a Roma obligó al papa a abandonar la ciudad seguido por Bruno. Finalmente este último decidió fundar un monasterio cartujo en Calabria, al que se retiró y en el que falleció unos años después.

La orden de los cartujos se extendió a su muerte por toda Europa, manteniendo su rigor, silencio y austeridad hasta nuestros días. Actualmente existen veinticuatro cartujas en todo el mundo, seis de las cuales son femeninas.

Pese a su importancia en la formación de los cartujos, no se le reconoció como santo hasta mucho después de su muerte en 1622.

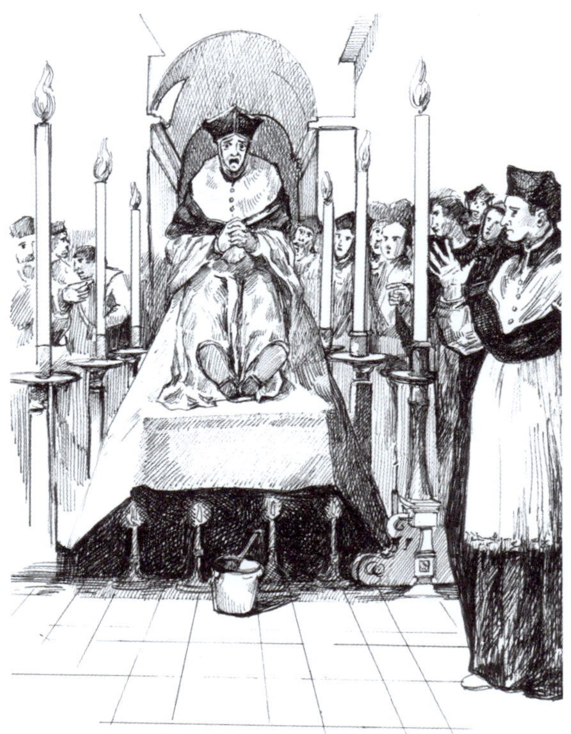

Diocrés, en el centro, fallecido, se incorpora ante el asombro de todos; san Bruno aparece a la derecha de la imagen. Representación de un detalle de *La conversión de san Bruno ante el cadáver de Diocrés*, Vicente Carducho, siglo XVII. El Paular, monasterio de Santa María.

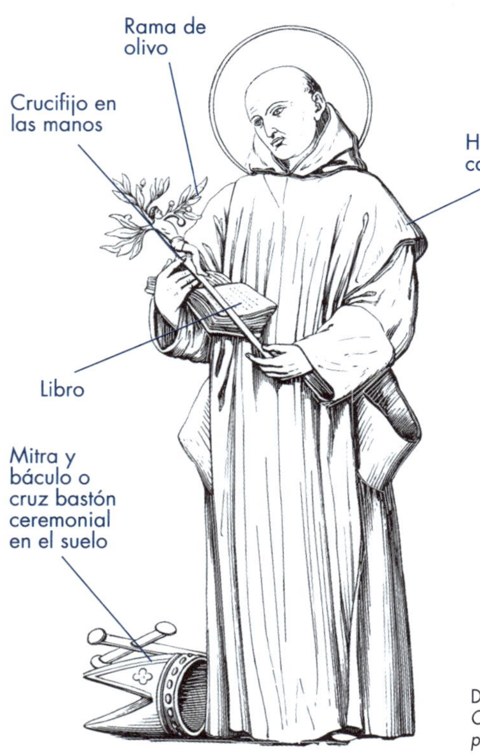

Atributos posibles

- Bolsa
- Calavera
- Crucifijo en las manos
- Estrella que brilla en el pecho (por la visión)
- Hábito cartujo
- Libro (por ser escritor y maestro)
- Mitra* y báculo* o cruz bastón ceremonial en el suelo (renunció al obispado)
- Rama de olivo porque se le aplica el Salmo 52, 10: «Yo, como un olivo fructífero, moraré en la casa de Dios» (por la influencia de san Bruno en la Iglesia y todos los frutos que ha dado)

Variantes iconográficas

- Solo, con alguno de sus atributos
- En el funeral de su profesor
- Ciclo vital: funeral del profesor, fundación de la orden, en Roma, etc.
- Con hábito cartujo (blanco y con capucha), imberbe, muy delgado, con enorme tonsura
- Con el dedo en los labios, pidiendo silencio

Dibujo de *San Bruno*. Ch. Cahier, *Caractéristiques des saints dans l'art populaire*, París, LPF, 1867, pág. 560.

Buenaventura

15 de julio

Buena suerte

1218, Toscana / 15 de julio de 1274, Lyon

CARDENAL*, DOCTOR DE LA IGLESIA*

Nació en la ciudad de Civita, en la Toscana. Su verdadero nombre era Juan de Fidanza, pero cuando era muy pequeño, enfermó de gravedad y su madre, desesperada, lo llevó ante san Francisco; este lo cogió en brazos, lo acercó a su pecho y le dijo: *Buona ventura* (buena suerte). Como el niño se curó, su madre, desde entonces, le llamó Buenaventura.

Fue educado en el convento franciscano de su ciudad. A los 20 años se trasladó a París a cursar estudios de arte. Tras su licenciatura ingresó en los franciscanos. Llegaría a ser profesor en la Universidad de París. Rechazó el nombramiento de arzobispo de York por parte del papa Clemente IV, pese a que en la bula que le nombraba elogiaba extraordinariamente su inocencia, afabilidad, humildad, comprensión y el esplendor de su vida religiosa. Sin embargo, Gregorio X lo nombró cardenal de Albano, cargo que le impuso apelando al voto de obediencia. Cuentan que cuando se presentaron los enviados del papa con el capelo cardenalicio* y las otras dignidades de su cargo, lo hallaron en el convento franciscano donde vivía fregando los platos, y como tenía las manos mojadas, les dijo que lo dejaran todo colgado de un árbol próximo y que ya lo recogería él después. Asistió como legado pontificio al Concilio de Lyon; y después fue elegido ministro general de los franciscanos, para cuyo cargo fue designado mientras asistía al capítulo general de la orden celebrado en Roma.

Durante su mandato, que se extendió diecisiete años, se produjeron enfrentamientos internos entre los franciscanos al existir dos facciones, una que pedía mayor rigurosidad en el cumplimiento de la regla y otra que demandaba cierta flexibilidad. La prudencia, inteligencia y buen hacer del santo consiguieron mantener el derecho a su propia independencia, dentro de la moderación y haciendo frente a los cambios necesarios con los tiempos, como, por ejemplo, ampliar el tamaño de las iglesias franciscanas con el fin de atender mejor los oficios divinos. Potenció, junto a las actividades propias de la orden mendicante, como la predicación e ir a misiones, las actividades intelectuales y los estudios de los frailes. Su vida ejemplar le llevaría a ser definido como segundo fundador de la orden franciscana.

A pesar de su inocencia y pureza extraordinarias, Buenaventura solo se veía a sí mismo lleno de defectos y pecados, y por esta razón a veces no se atrevía a comulgar porque pensaba que no lo merecía. Un día, mientras asistía a misa, un ángel se acercó con una hostia consagrada y la depositó en su boca. Es famosa su entrevista con santo Tomás de Aquino en la que este le preguntó en qué libros había encontrado los enormes conocimientos que atesoraba; Buenaventura, con gran decisión, le mostró un crucifijo y afirmó que era su única fuente de sabiduría. También se comenta que santo Tomás había entrado en la celda de Buenaventura y, encontrándolo tan absorto, lo dejó en paz, indicando: «dejemos que un santo escriba de otro santo».

Erudito y poseedor de una gran religiosidad, escribió numerosas obras, como *Itinerario del alma hacia Dios, Soliloquio* o *Sobre la vida de perfección,* que se consideran la cumbre de la mística* de todos los tiempos.

En el Concilio de Lyon trabajó por el ecumenismo, consiguiendo la unión de las Iglesias católica y ortodoxa. Extenuado por los trabajos conciliares, cayó gravemente enfermo y murió en esta ciudad francesa. Su muerte le evitó el desconsuelo de ver que el acuerdo de unión alcanzado en Lyon sería rechazado por el patriarcado de Constantinopla.

Pese al reconocimiento general que tuvo en vida —se le consideraba un santo—, el proceso de canonización tardó bastante tiempo. De hecho, fue languideciendo, y solo el traslado de sus restos y la proliferación de milagros en su nombre consiguieron que Sixto IV lo canonizara en 1482.

La fama de su poder curativo afectaría a la integridad de su cuerpo. Cada vez que se procedía a algún traslado o reconocimiento de los restos del santo se aprovechaba para conseguir reliquias: se extrajeron partes de la mandíbula, algunas costillas, un húmero, el antebrazo derecho y varias vértebras. Parte del cráneo se encuentra, por ejemplo, en la iglesia de San Francisco de Lyon.

Su influencia ha sido enorme por su espiritualidad, concisión y elegancia. Sixto V lo proclamó doctor de la iglesia en 1588, y además le concedió el título de «doctor seráfico» por sus escritos, arrebatados de fe y amor a Jesucristo. En 1890 León XIII lo declaró «príncipe de los místicos», y en 1950 Pío XII, además de llamarlo «doctor angélico», insistió en la importancia que para la formación del clero tienen sus obras por su valiosa riqueza espiritual.

Atributos posibles

- Árbol (donde se colgaron las dignidades del cargo; en ocasiones se usa el árbol de Jesé)
- Capelo cardenalicio*, solo o colgado de un árbol
- Crucifijo
- Libro
- Mitra*

Variantes iconográficas

- Solo, con alguno de sus atributos
- Con hábito franciscano y, encima, la capa de cardenal
- A veces en el borde de la capa lleva cabezas de serafines

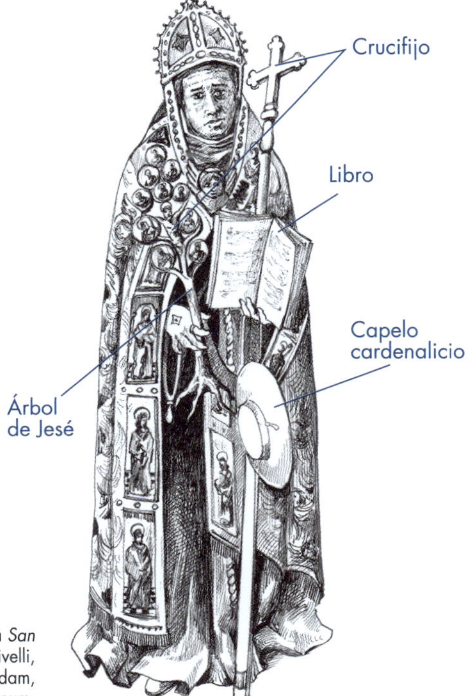

Dibujo de la obra *San Buenaventura*, Vittorio Crivelli, 1500. Ámsterdam, Rijksmuseum.

Carlos Borromeo

4 de noviembre

Varonil, del estado llano

2 de octubre de 1538 / 3 de noviembre de 1584, Milán
CARDENAL*

Perteneció a la aristocrática familia de los Borromeo; hijo del conde de Arona y de Margarita de Médicis. Obtuvo el doctorado en Derecho en la Universidad de Pavía a los 21 años. Al ser nombrado papa su tío, Juan Ángel de Médicis, con el nombre de Pío IV, se trasladó a Roma con él. Pío IV se caracterizó por un claro nepotismo* y colmó a su sobrino Carlos de multitud de honores. En apenas un mes fue nombrado protonotario apostólico*, abad comandatario de cinco localidades y después cardenal, todo ello con apenas 22 años. Finalmente lo nombró administrador de la diócesis de Milán. Fue ordenado sacerdote a los 25, y unos meses después, obispo. Él, a pesar de estos cargos, siguió actuando con humildad, vendió todos sus bienes y entregó lo recaudado a los pobres.

Tuvo un destacado protagonismo en el Concilio de Trento*, donde se fijó la ortodoxia católica frente al protestantismo. Como arzobispo de Milán, desplegó una labor ingente creando orfanatos, asilos y centros de rehabilitación; reformó los seminarios para formar sacerdotes más íntegros y justos.

No creía en la libre voluntad del hombre, sino en su predisposición al mal. Intentó igualmente reformar las costumbres y hacer más piadosos a los milaneses, estableciendo incluso normas de conducta que llevaban a la segregación de hombres y mujeres en la Iglesia. Fundó en total 740 escuelas para enseñar el catecismo y seis seminarios. Sufrió varios atentados de los que escapó de modo milagroso, lo que aumentó su halo de santidad.

En 1576 se declaró en Milán una espantosa epidemia de peste* y él, que estaba fuera de la ciudad, regresó con gran riesgo para su vida. Despreciando la posibilidad del contagio, ayudó a los enfermos, vendió los pocos objetos que le quedaban para proporcionarles alimentos, creó más lazaretos* y ordenó a clérigos y monjas que trabajaran en ellos; también les administraba los últimos sacramentos. Organizó procesiones a las que asistía, descalzo y con una cuerda en el cuello, implorando el fin de la plaga, que al fin en 1578 quedó extinguida. Por la extraordinaria actuación que tuvo en esta epidemia, se la conoce como «la peste de san Carlos».

Su cuerpo se conserva incorrupto en la catedral de Milán, en una caja de plata que regaló Felipe IV de España.

Atributos posibles

- Arzobispo (ropas de...)
- Capelo cardenalicio*
- Crucifijo
- Cuerda al cuello

Variantes iconográficas

- Solo, con alguno de sus atributos
- Se le representa con su «larga nariz» cuidando de los enfermos

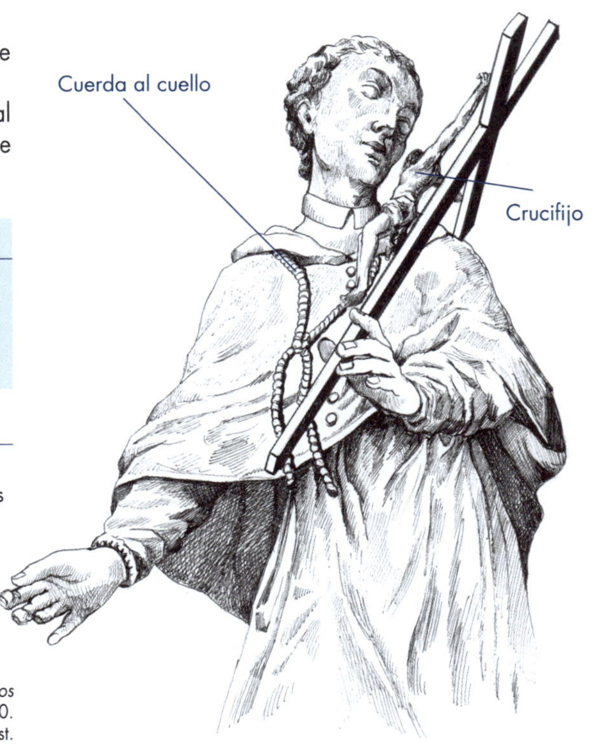

Imagen de la escultura *San Carlos Borromeo*, Thaddäus Kronenbitter, 1750. Neuburg, iglesia de Heilig-Geist.

Casilda

9 de abril

Cantar, la combatiente

Siglo XI, Toledo / Burgos
EREMITA*

Era hija de un alto dignatario musulmán de Toledo llamado Jahia, pero algunos autores afirman que lo era del propio rey toledano Al-Mamún; en cualquier caso, profesaba la religión islámica. Su padre tenía numerosos cautivos cristianos, a los que maltrataba, y la joven Casilda, llena de compasión hacia ellos, les llevaba alimentos a escondidas. Un día su padre la sorprendió cerca de las mazmorras y le preguntó por lo que llevaba en la falda; ella le contestó que solo tenía flores y, milagrosamente, los panes se habían convertido en rosas.

Los cautivos cristianos le hablaron de Jesús y ella se convirtió a la fe cristiana. Poco después enfermó de gravedad y comenzó a tener pérdidas de sangre sin que los médicos pudieran remediarlo. Uno de los cristianos le aseguró que para curarse debería ir al lago de San Vicente, cerca de Briviesca, y ella así lo hizo. Al pasar por Burgos se bautizó y, tras bañarse en las aguas del lago, recuperó la salud de modo sobrenatural. Casilda, entonces, decidió quedarse en esas tierras y entregarse a la oración en soledad. Murió a una edad avanzada.

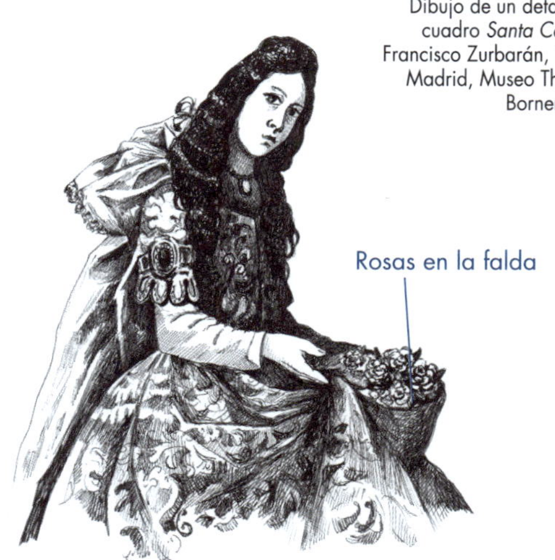

Dibujo de un detalle del cuadro *Santa Casilda*, Francisco Zurbarán, 1635. Madrid, Museo Thyssen-Bornemisza.

Atributos posibles

- Rosas en la falda

Variantes iconográficas

- Sola, con alguno de sus atributos
- Suele llevar ropas lujosas y exóticas. En la falda esconde panes y/o rosas

Casimiro

4 de marzo

El que impone la paz

5 de octubre de 1458, Cracovia / 4 de marzo de 1484, Grodno

PRÍNCIPE

Hijo del rey polaco Casimiro IV y de Isabel de Habsburgo, ferviente católica que influyó en la convicción cristiana de su hijo. Mostró una ardorosa fe que le indujo a entregar sus bienes a los pobres y a llevar una vida austera y de sacrificio (solía dormir en el suelo). Prometió a la Virgen María mantener su virginidad y así lo hizo, rechazando su matrimonio con la hija del emperador Federico. A los 26 años enfermó de tuberculosis y falleció en Lituania, en cuya capital está enterrado. Ciento veinte años después abrieron su ataúd y hallaron su cuerpo incorrupto, pese a la humedad, y, sobre su pecho un himno a María que con frecuencia recitaba. Trabajó con denuedo por extender el cristianismo en Polonia y en Lituania.

Atributos posibles

- Cetro
- Corona
- Crucifijo
- Espada
- Mano derecha doble
- Pergamino
- Rama de azucenas (por su castidad)
- Traje real polaco

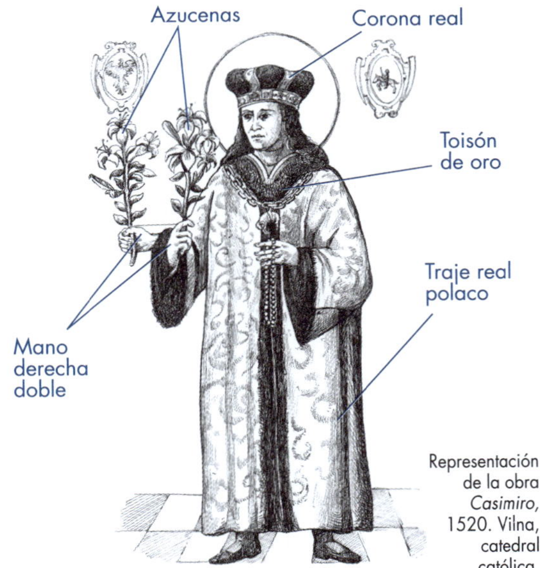

Representación de la obra *Casimiro,* 1520. Vilna, catedral católica.

Variantes iconográficas

- Solo, con alguno de sus atributos
- A veces, la corona y el cetro aparecen en el suelo, por su desprecio hacia la riqueza y el poder
- También suele llevar un pergamino con el himno *Omni die dic Mariae* (Cada día reza a María)

Catalina de Alejandría **25 de noviembre**

Pura, inmaculada

290 / 310, Alejandría
VIRGEN, MÁRTIR

Nació en el seno de una familia noble que le proporcionó una esmerada educación filosófica. A los 18 años no se había casado y seguía rechazando a sus pretendientes al no considerarlos dignos. Un ermitaño cristiano le propuso el matrimonio con Cristo y le dio instrucciones para convocarlo. Cuando se apareció, niño y en brazos de la Virgen, la rechazó diciendo que era fea. El ermitaño, al que acudió dolida, le explicó que se refería a su alma, porque no era cristiana. Ella se convirtió al cristianismo y, tras su bautismo, invocó de nuevo a Jesús, que esta vez la aceptó como esposa (desposorio místico*).

Con motivo de una visita del emperador Majencio a Alejandría, las autoridades romanas ordenaron que todos los ciudadanos hicieran ofrendas a los dioses, pero Catalina, en cambio, hizo la señal de la cruz y retó al propio emperador a un debate sobre la verdadera fe. Este eligió a los cincuenta filósofos más versados de la ciudad para que polemizasen con la joven, pero ella acabó convirtiéndolos a todos al cristianismo; entonces el emperador ordenó que los decapitasen. A continuación dispuso que flagelasen a Catalina, pero ella siguió firme en su fe; después la encerraron en una prisión, donde la visitó la misma emperatriz, quien, al conversar con ella, decidió bautizarse, junto a otros soldados de su guardia. Majencio, entonces, mandó que la torturasen con unas ruedas llenas de cuchillas que se rompieron al tocar el cuerpo de Catalina. El emperador, desesperado, dispuso que la decapitasen; cuando lo hicieron, de su cabeza manó leche y no sangre. Su tumba se halló en el monte Sinaí, donde se levantó el famoso monasterio que lleva su nombre y que fue objeto de frecuentes peregrinaciones durante las Cruzadas.

La extensión de su culto fue tal que posiblemente sea una de las santas más representadas en el arte cristiano tras la Virgen María. Algunos creen que es la versión cristiana de la gran filósofa pagana Hipatia.

Las dudas sobre su existencia histórica llevaron en 1969 a eliminarla del calendario católico romano. En 2005 fue incluida de nuevo, dada su enorme popularidad.

Atributos posibles

- Anillo, de desposada con Cristo
- Corona, de princesa real
- Espada, por la decapitación
- Libro, por su cultura
- Palma del martirio*
- Rueda/s rota/s, con cuchillas o elementos cortantes

Variantes iconográficas

- Sola, con alguno de sus atributos
- Leyendo un libro
- Torturada; la rueda presenta diferentes formas, siempre con cuchillas y rompiéndose. Puede ser única o doble
- Sobre el emperador Majencio, que aparece en el suelo
- Con el Niño Jesús en brazos de su madre, por los desposorios místicos*; cuando Jesús aparece como adulto, se trata de santa Catalina de Siena
- Transportado su cuerpo por varios ángeles hasta el Sinaí

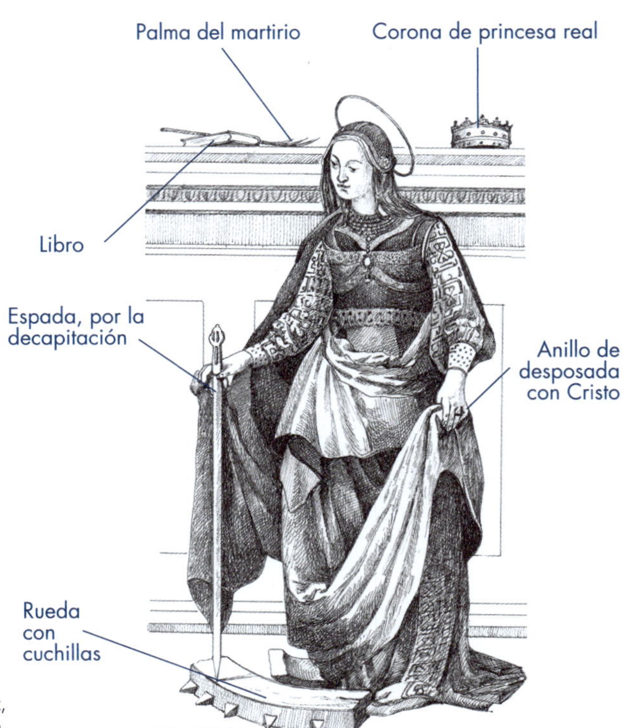

Dibujo del cuadro *Santa Catalina*, Fernando Yáñez, siglo XVI. Madrid, Museo del Prado.

Catalina de Siena

29 de abril

Pura, inmaculada

25 de marzo de 1347, Siena / 29 de abril de 1380, Roma
DOCTORA DE LA IGLESIA*

Nació en una modesta y numerosa familia de Siena; su padre era tintorero y su madre tuvo 25 partos, de los que Catalina hacía el número 23. No pudo asistir a la escuela, pero desde los 7 años se dedicó a la oración y, en secreto, hizo voto de castidad. A los 12 años sus padres quisieron casarla, pero ella se negó y se rasuró la cabeza, que cubrió con un velo. A los 18 años entró en un convento de las dominicas, donde llevó una vida de penitencia y sacrificio que le fue minando la salud. Ayunaba con frecuencia y en una ocasión estuvo casi dos meses comiendo solo las hostias de la comunión. En 1370 tuvo una serie de visiones místicas que le hicieron abandonar el convento. A partir de este momento llevó una intensa actividad pública: mantuvo correspondencia con el papa y con las grandes autoridades de Italia; logró que Gregorio XI abandonase Aviñón y regresase a Roma; apoyó a Urbano VI en el Cisma de Occidente*.

Durante la epidemia de peste de 1374 ayudó sin descanso a los contagiados, y más tarde hizo lo mismo con leprosos y enfermos de cáncer; aseguran que para vencer las náuseas que le producían las supuraciones de los infecciosos llegó a chupar el pus de las llagas.

Escribió el *Diálogo*, que recoge sus experiencias místicas. Son célebres además sus cartas y poemas.

Tuvo también unos desposorios místicos* con Jesús, como su homónima de Alejandría, y en 1375 recibió los estigmas* de Cristo, que eran invisibles pero producían un fuerte dolor. Murió en Roma en 1380.

Atributos posibles

- Arroz
- Calavera
- Corazón que le entregó Cristo
- Corona de espinas que eligió cuando Jesús le presentó también una corona de oro
- Crucifijo
- Estigmas*
- Hábito de las dominicas (túnica blanca y hábito negro)
- Libro
- Lirio (por su pureza)

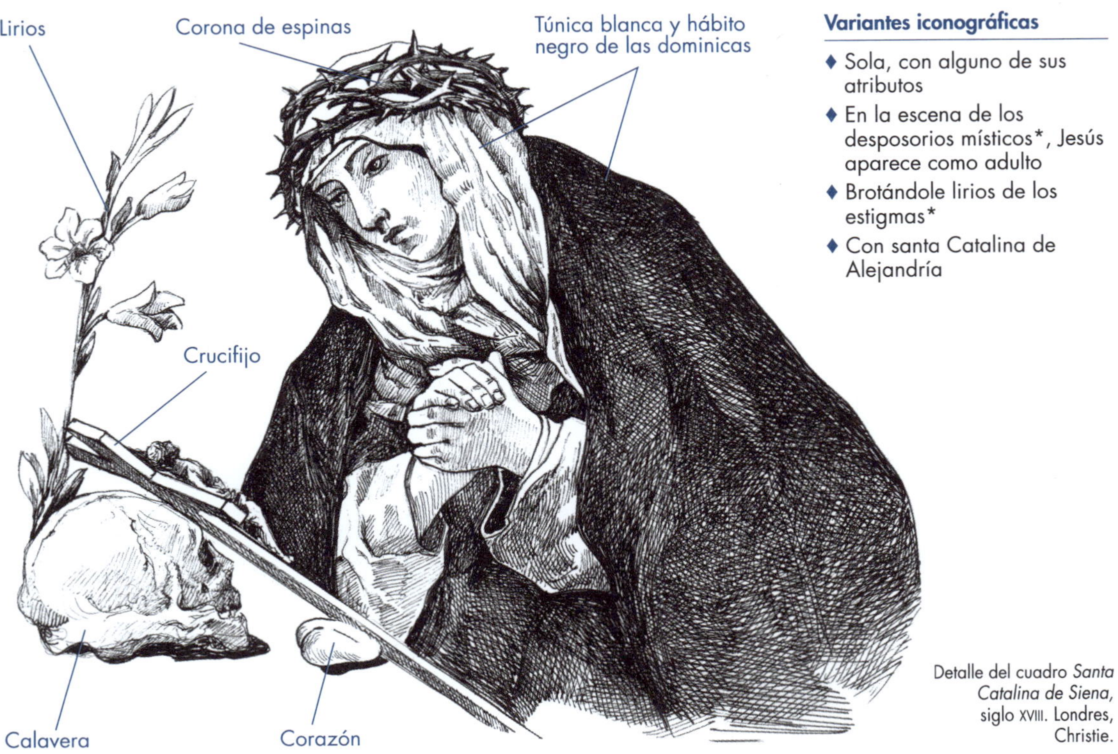

Variantes iconográficas

- Sola, con alguno de sus atributos
- En la escena de los desposorios místicos*, Jesús aparece como adulto
- Brotándole lirios de los estigmas*
- Con santa Catalina de Alejandría

Detalle del cuadro *Santa Catalina de Siena*, siglo XVIII. Londres, Christie.

Cayetano de Thiene

7 de agosto

Alegre, natural de Gaeta

1 de octubre de 1480, Vicenza / 7 de agosto de 1547, Nápoles

SACERDOTE, FUNDADOR DE LOS TEATINOS

Era hijo de los condes de Thiene, que le pusieron Gaetano de nombre en recuerdo de un tío que acababa de fallecer y que había nacido en Gaeta (cerca de Roma). Quedó huérfano durante su infancia porque su padre murió en la defensa de la ciudad. Estudió leyes en la Universidad de Padua y enseguida el papa Julio II lo nombró protonotario apostólico*. Tras unos años en la corte papal, decidió retirarse de la vida mundana. Fue ordenado sacerdote e ingresó en el oratorio de San Jerónimo, donde vivían clérigos pobres, hecho que indignó a sus amigos por considerarlo impropio de su noble origen. Cuentan que un día no tenían nada para comer, así que Cayetano, en sus oraciones, le contó a Jesús la situación y poco después se presentaron unos arrieros con mulas cargadas de provisiones que nunca dijeron de donde venían.

En 1522 construyó en Venecia un hospital para enfermos incurables. En 1524, junto a Juan Caraffa, quien después sería el papa Pablo IV, fundó la orden de los clérigos regulares, más conocida como orden de los teatinos por el nombre en latín de Chieti, la ciudad de la que Caraffa era obispo. Los clérigos regulares eran sacerdotes que vivían en comunidad y no podían poseer ningún bien, ni tampoco pedir limosna, así que se mantenían con lo que la gente les daba. Su objetivo era servir a los más pobres y luchar contra la reforma protestante de Lutero a través de las predicaciones y de una vida humilde y ejemplar.

También fundó el Monte de Piedad para prestar dinero a los pobres sin los intereses abusivos de los prestamistas y banqueros; más tarde se convertiría en el Banco de Nápoles.

Aseguran que a pesar de su avanzada edad seguía durmiendo sobre tablas, y cuando le suplicaron que colocase al menos un colchón, él respondió: «Mi salvador murió en la cruz, dejadme morir a mí sobre un madero». Falleció con 77 años siendo el superior de su orden.

Se le conoce como «padre de la providencia» porque proporcionó alimento espiritual y material a todo el que se le acercó, y quizá por este motivo se le suele representar con unas espigas.

Atributos posibles

- Espigas
- Hábito de teatino: sotana negra y, debajo, vestidura blanca (asoma por el cuello)
- Libro de la regla de los teatinos
- Lirio (pureza)
- Niño Jesús en brazos que le entregan san José o María

Variantes iconográficas

- Solo, con alguno de sus atributos
- Ante la Sagrada Familia

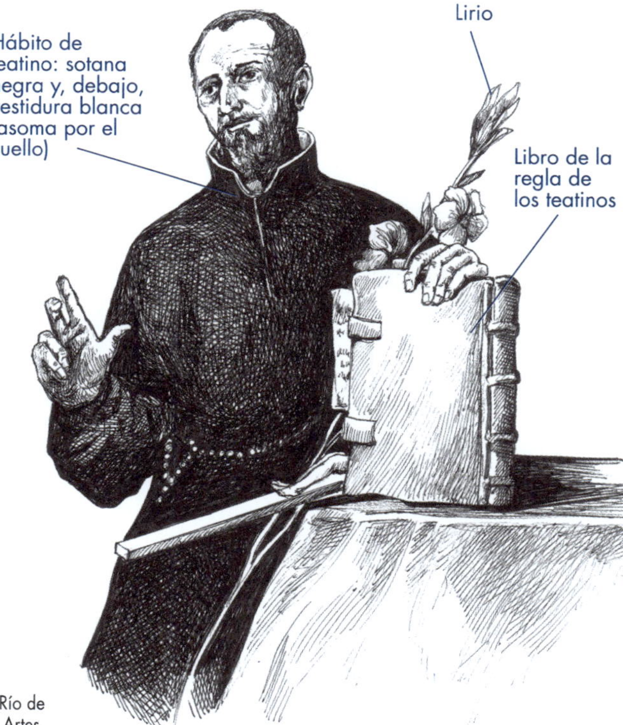

Dibujo basado en *San Cayetano*, Tiépolo, siglo XVIII. Río de Janeiro, Museo Nacional de Bellas Artes.

Cecilia

22 de noviembre

Cieguita

Siglo III, Roma / Roma

VIRGEN, MÁRTIR

Nació en Roma, en el seno de la familia senatorial de los Metelos, en una fecha no precisada. Se convirtió al cristianismo siendo aún una niña. Sus padres la casaron con un noble pagano, Valeriano, pero al llegar ambos al lecho nupcial, Cecilia le dijo a su marido que ella había prometido su virginidad a Dios y que, si la tocaba, un ángel aparecería y lo castigaría con extrema dureza. El novio pidió ver al ángel, quien, tras la purificación de Valeriano, se les apareció y coronó a ambos con rosas. El hermano de Valeriano, Tiburcio, enterado del suceso, pidió igualmente ver al ángel y, tras una conversación sobre la fe con Cecilia, se convirtió igualmente. Ambos hermanos se bautizaron. Por su fe serían martirizados más tarde por orden del prefecto* Turcio. A continuación apresaron a Cecilia, a la que conminaron a hacer sacrificios a los dioses paganos, pero la santa se negó. Fue condenada a morir ahogada por el vapor de un *caldarium** calentado en exceso, pero

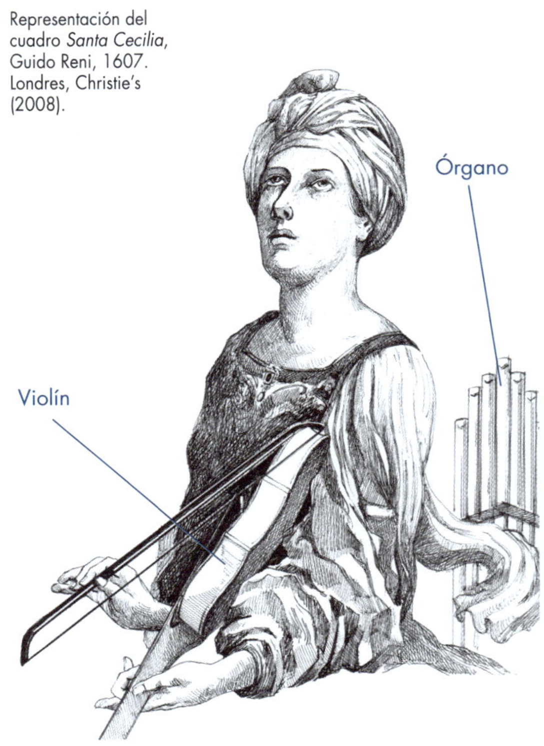

Representación del cuadro *Santa Cecilia*, Guido Reni, 1607. Londres, Christie's (2008).

un rocío del cielo la refrescó y consiguió sobrevivir. Turcio mandó que la decapitasen allí mismo; sin embargo, el verdugo, tras darle tres mandobles con su espada, no pudo separarle la cabeza del tronco. La ley romana prohibía dar en una ejecución más de tres sablazos, así que la dejaron malherida durante tres días, al cabo de los cuales falleció en presencia del papa Urbano I, que la enterró en las catacumbas de Calixto en Roma.

Es patrona de la música por una mala traducción de las actas en las que se cuenta su martirio. En ellas aparecía la frase: *candentibus organis illa decantabat...*, que se traduciría como: «ella cantaba entre instrumentos candentes», pero *candentibus organis* se transcribió por *canentibus organis,* y la frase en cuestión pasó a ser «ella cantaba y se acompañaba de un órgano».

Atributos posibles

- Arpa
- Laúd
- Órgano
- Rosas
- Violín

Variantes iconográficas

- Sola, con alguno de sus atributos
- Ante la aparición del ángel a los esposos
- Un ángel ejecuta la música y ella la escucha
- Muerta, con un tajo en el cuello y una corona de rosas o lirios

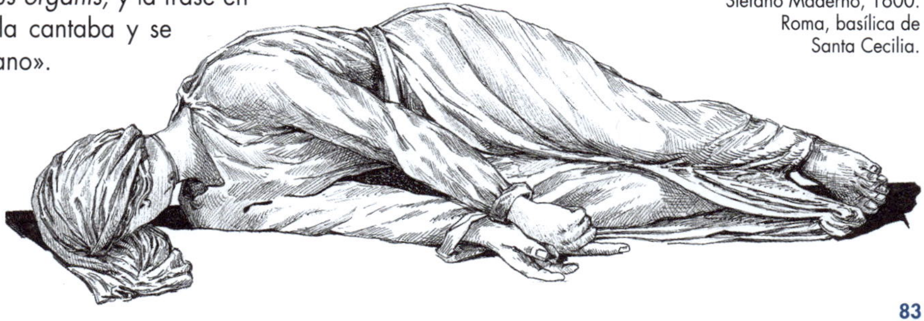

Representación de la escultura *El martirio de santa Cecilia,* Stefano Maderno, 1600. Roma, basílica de Santa Cecilia.

Cirilo de Alejandría

27 de junio

Señorial, referente al señor

372, Alejandría / 444, Alejandría

DOCTOR DE LA IGLESIA*, PATRIARCA* DE ALEJANDRÍA

Nació en Egipto y era sobrino del patriarca Teófilo. Recibió una cuidadosa educación que le permitió conocer a los autores paganos además de los cristianos; vivió durante algún tiempo en el desierto para completar su formación. Viajó con su tío a Constantinopla para participar en el sínodo que depuso al patriarca de la capital, Juan Crisóstomo. En el año 412 muere su tío Teófilo, y Cirilo es elegido para sustituirlo.

En el comienzo de su patriarcado destacó por su postura autoritaria, siguiendo los pasos de su tío. Destacó por una fuerte represión contra los judíos, herejes novacianos* y paganos. Expropió la mayoría de las sinagogas de la ciudad para edificar iglesias cristianas y ordenó el destierro y consiguiente saqueo de los bienes a la comunidad hebrea de la ciudad. En el tema de las confiscaciones entraría en pugna con el prefecto* Orestes por la injerencia que suponía en la administración civil. El enfrentamiento se agudizó tras la muerte brutal de Hipatia, amiga personal de Orestes, por un grupo cristiano, posiblemente alentado por Cirilo. No existen pruebas de su implicación directa, pero tampoco ayudó mucho su postura intransigente con los que no pensaban igual que él.

Pero su principal controversia doctrinal fue la que le enfrentó a Nestorio, patriarca de Constantinopla, a quien acusó de hereje. La diferencia principal fue una disputa de carácter teológico. Para Nestorio, Cristo tenía dos personas, una divina y otra humana, unidas, pero rigurosamente distintas. Las implicaciones de esta afirmación afectaban a la Virgen María, ya que según Nestorio ella solo habría alumbrado a la parte humana y no podía ser llamada Madre de Dios *(Theotokos)*. Cirilo, apoyado por el papa Celestino I, pidió la retractación de Nestorio. La negativa de este llevaría a la solicitud de la mediación imperial de Teodosio II, que convocó en 431 un concilio en Éfeso. En él, aprovechando la ausencia de parte de los integrantes, Cirilo excomulgó y depuso a Nestorio. Allí Cirilo expuso su célebre teoría sobre que María es la madre de Dios, no porque ella existiese antes de Dios o hubiese creado a Dios, sino porque Dios quiso nacer de mujer y la persona que nació de María es divina; por tanto, ella es madre de Dios. Pero al llegar el resto de participantes, afines a Nestorio, lo rehabilitaron y a continuación condenaron a Cirilo. La compleja situación se resolvió encarcelando a ambos. Nestorio renunció a sus cargos, mientras que Cirilo regresó a Alejandría. Desde allí retomó su obra y sus cargos.

Fue un escritor muy fecundo y de gran importancia doctrinal.

Pese a su importancia en Oriente, su figura nunca entró a formar parte del santoral canónico occidental.

Atributos posibles

- Libro
- Obispo griego (ropas de...)
- Pergamino

Variantes iconográficas

- Solo, con alguno de sus atributos

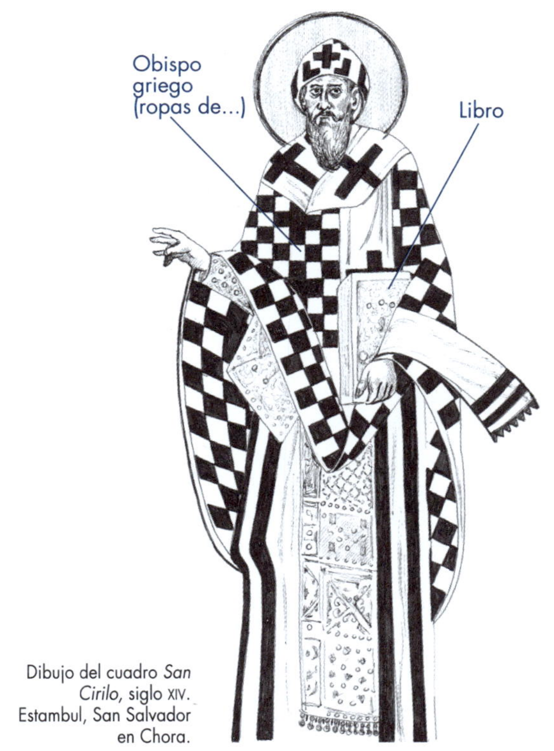

Dibujo del cuadro *San Cirilo*, siglo XIV. Estambul, San Salvador en Chora.

Clara de Asís

11 de agosto

Ilustre, clara, limpia

1194, Asís / 1253, Asís

Fundadora de las clarisas

Nació en Asís, en el seno de una familia noble y muy rica. El triunfo de la naciente burguesía supuso la expulsión y el exilio en Perugia, donde pasó su infancia. Su madre, Ortolana, era una ferviente católica que peregrinó a Roma y Tierra Santa e inculcó en la niña Clara una gran devoción. Desde pequeña mostró un evidente interés hacia la oración, la penitencia y la vida espiritual y un rechazo hacia el lujo y las comodidades. No aceptó diversos matrimonios nobiliarios que se le ofrecieron. A los 18 años oyó al propio san Francisco pronunciar un sermón en la catedral de Asís y, sin dudarlo, abandonó su casa y se presentó ante el santo, a quien le hizo la promesa de renunciar a todas sus riquezas y llevar una vida de oración y pobreza. Francisco cogió unas tijeras, le cortó su espléndida cabellera y ciñó su cintura con el cíngulo franciscano, convirtiendo a Clara en la primera mujer que lo seguía. Poco tiempo después se le sumaron su hermana Inés y su prima Pacífica; se instalan en la capilla de San Damián, donde fundará, junto a san Francisco, la orden de las hermanas clarisas, dedicadas a la oración, el trabajo y la ayuda a los más necesitados. Las normas de la orden eran muy estrictas, pues intentaba establecer un modelo de vida religiosa basada en la pobreza, la humildad, la oración y la mortificación de la carne. Fue la primera mujer que redactó una regla religiosa. El Concilio Lateranense IV, en 1525, prohibió la institución de nuevas formas de vida religiosa y originó una pugna entre ella y la Curia romana que fue resuelta con la obediencia de Clara y su posterior encuadramiento en la tradición benedictina. Pese a todo, nuestra santa intentó mantener siempre la especificidad de su congregación.

Aunque fue nombrada madre de la comunidad, Clara siempre quería hacer los trabajos más difíciles, además de llevar una vida de sacrificio y austeridad porque consideraba que la pobreza era el mejor modo de acercarse a Cristo.

En 1241 los musulmanes atacaron Asís, y cuando se acercaron a saquear el convento de las clarisas, que se hallaba fuera de las murallas, apareció santa

Clara con una custodia en la que llevaba la hostia consagrada y los atacantes huyeron atemorizados.

Un día el papa visitó el convento y la santa le pidió que bendijese los panes que había dispuesto para comer, pero el pontífice le ordenó que los bendijese ella por la extraordinaria devoción y el ejemplo que daba; así lo hizo y al momento todos los panes quedaron impresos con la cruz. Siempre permaneció en este convento, en el que soportó 27 años de enfermedad sin emitir ninguna queja. En la actualidad existen más de 1.200 conventos de clarisas en el mundo.

Es tradición muy extendida que las novias acudan a llevar huevos a estos conventos con el fin de que no llueva el día de su boda.

Atributos posibles

- Báculo*
- Custodia*
- Lirio (virginidad)

Variantes iconográficas

- Sola, con alguno de sus atributos
- Con el hábito de las clarisas (sayal marrón, velo negro, cordón de tres nudos y rosario)

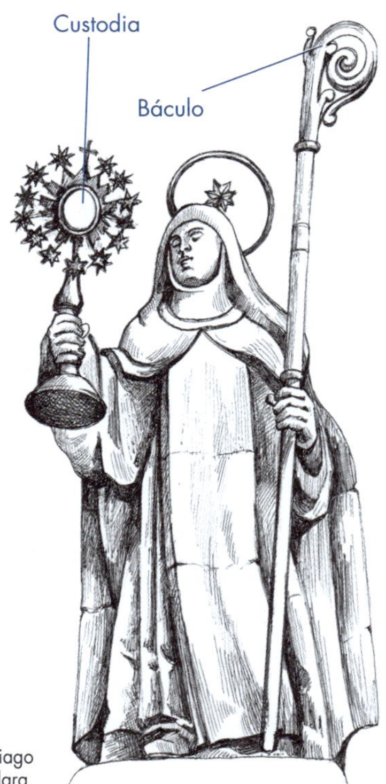

Representación de la estatua de *Santa Clara*. Santiago de Compostela, convento de Santa Clara.

Clemente de Roma — 23 de noviembre

Misericordioso, dulce, benigno

Siglo I, Roma / Ponto
PAPA, MÁRTIR

Cuarto papa, elegido en el año 88 como tercer sucesor de Pedro. Es autor de la célebre Epístola a los Corintios, en la que expone que siempre hay que obedecer al papa de Roma y con la que calmó la rebelión de los cristianos de esta ciudad contra sus diáconos. Al analizar esta carta, algunos expertos creen que su autor procedía de ambientes judíos y que tenía amplios conocimientos filosóficos y del Antiguo Testamento. Otra tradición lo vincula a los ambientes romanos, ligado a la casa Flavia en el poder.

Su esposa lo habría convertido al cristianismo. Debió de conocer a los apóstoles Pedro y especialmente a san Pablo, que le dedicó comentarios elogiosos (Fil. 4, 3). Fue testigo de la persecución de Nerón en el año 64, desencadenada a raíz del incendio de Roma.

Fue nombrado obispo de Roma en el periodo de los emperadores Galba, Vespasiano y Domiciano, sin que en un principio surgieran excesivos problemas con el poder civil, salvo persecuciones limitadas a los cristianos.

Desde el comienzo, como hemos comentado en la Epístola a los Corintios, se destaca por defender la importancia del papa en cuanto sucesor de san Pedro, primer obispo de Roma. Al igual que Pedro, fue el líder de los apóstoles y clave de la Iglesia por designación de Jesucristo. El obispo de Roma deberá ser el primero entre los obispos, con la misión fundamental de presidir la Iglesia.

Pese a las dudas sobre su martirio, los hechos que lo refieren indican que todo comenzó con una sedición popular en Roma. El nuevo emperador, Trajano, lo consideró responsable y lo desterró al Quersoneso (actual Crimea). Condenado a trabajos forzados (picar piedra en una cantera de mármol), allí aprovechó para bautizar a muchos paganos. Cuentan que estos condenados sufrían de una implacable sed porque el agua potable más cercana estaba a unos diez kilómetros; entonces Clemente rezó a Dios y, de forma milagrosa, apareció a su lado una fuente de límpidas aguas que acabó con el problema de la sed. El gobernador romano, furioso, le ordenó hacer sacrificios a

Júpiter, pero Clemente se negó; por este motivo fue lanzado al mar con un ancla colgada del cuello para que se ahogase y los cristianos no pudiesen recuperar y venerar su cadáver; sin embargo, una gran ola devolvió a la playa su cuerpo, que años más tarde fue enviado a Roma, donde se conservan sus restos.

Atributos posibles

- Ancla
- Cruz pontificia*
- Tiara papal*

Variantes iconográficas

- Solo, con alguno de sus atributos
- En el milagro de la fuente
- En su martirio

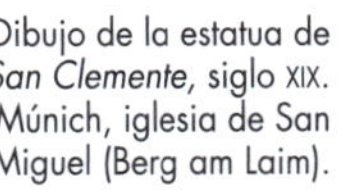

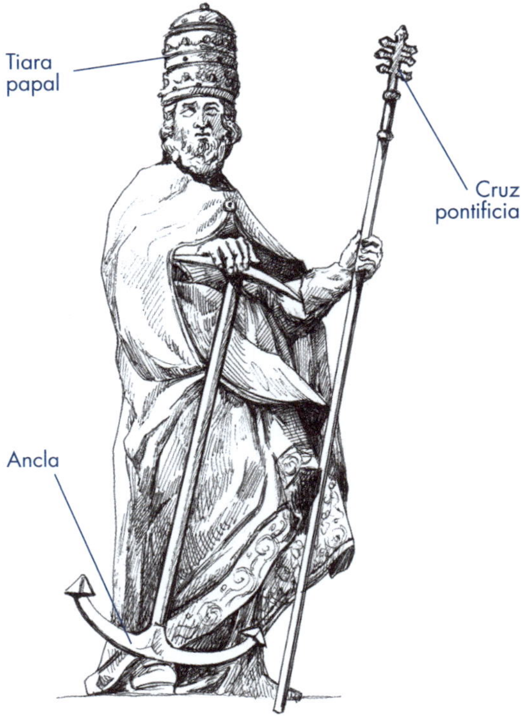

Dibujo de la estatua de *San Clemente*, siglo XIX. Múnich, iglesia de San Miguel (Berg am Laim).

Cosme y Damián

26 de septiembre

Adornado, bello / Domador

Siglo III, Arabia / Cilicia (sur de Turquía)
MÉDICOS, MÁRTIRES

Eran gemelos, y aunque habían nacido en Arabia, eran cristianos. Estudiaron ciencias en Siria y se dedicaron a la medicina. Nunca cobraron nada a sus pacientes, por lo que gozaron de una alta estima y afecto. Aprovechaban sus habilidades médicas para difundir el cristianismo entre los habitantes de Cilicia, donde vivían, y por este motivo, cuando el emperador Diocleciano ordenó la persecución de los cristianos, Cosme y Damián fueron de los primeros en ser detenidos y martirizados. El procónsul* Lisias les ordenó que hiciesen sacrificios a los dioses paganos; como ellos se negaron, el gobernador hizo que los azotasen con extrema dureza. A pesar de ello, los hermanos mantuvieron su rechazo a la idolatría; entonces los ataron con cadenas y los arrojaron al mar, pero un ángel los liberó y los llevó a la orilla. Los acusaron de magia y los condenaron a ser quemados vivos, pero las llamas se volvieron contra sus verdugos; a continuación intentaron lapidarlos sin conseguirlo tampoco. Lisias, desesperado y colérico, mandó que los decapitasen, y así murieron. La espada se exhibe en la actualidad en la catedral de Essen (Alemania). Uno de los milagros más populares que se les atribuye es el de sanar a un sacristán de la iglesia que la ciudad de Roma erigió en honor a ellos mismos. A este sacristán se le gangrenó una pierna; el pobre enfermo rezó a los santos médicos, que se le aparecieron, cogieron la pierna de un hombre negro que acababa de fallecer y se la colocaron al sacristán en lugar de la gangrenada; de este modo se curó, aunque siempre tuvo una pierna blanca y otra negra.

Variantes iconográficas

- Solos, con alguno de sus atributos
- Aparecen juntos ataviados con ricas túnicas y gorros cilíndricos de médico. Suelen llevar en las manos una caja (ungüentos), una redoma, una lanceta, una espátula y un orinal
- En raras ocasiones llevan un peine o tijeras (barberos)
- En el episodio de la pierna trasplantada
- En su martirio
- Junto a la Virgen con el Niño Jesús

Atributos posibles

- Espada
- Instrumentos médicos
- Palma del martirio*

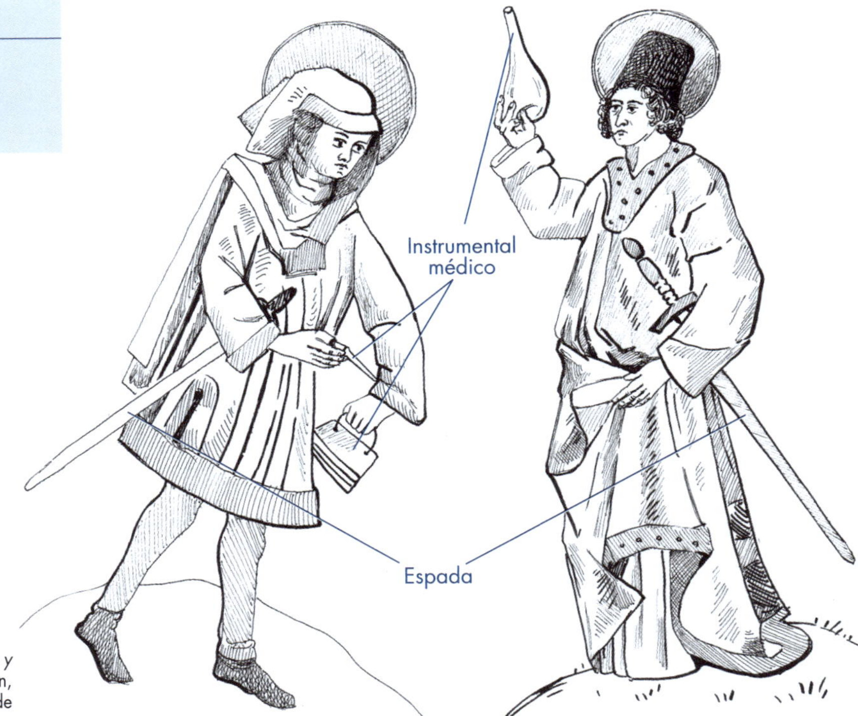

Detalle dibujado de *Cosme y Damián con María*. Groningen, bóveda de la iglesia de San Martín.

Cristóbal

25 de julio

Que lleva a Cristo

Siglo III, Caná / Licia (sur de Turquía)
MÁRTIR

Se llamaba Réprobo y era un gigante de unos 2,3 metros de altura. Tras pasar un tiempo sirviendo al rey de Caná, decidió ponerse a las órdenes del rey más poderoso de la zona; pero un día observó que este monarca tan importante le tenía miedo a Satanás, así que Réprobo pensó que a quien debía servir era al diablo y se puso a buscarlo. Se encontró con una banda de malhechores cuyo jefe le aseguró que era el propio Lucifer y Réprobo se incorporó a la banda. Un día en una encrucijada de caminos vio que el jefe se apartaba, con miedo, de una cruz que habían colocado allí. Entonces se marchó y preguntando por la cruz localizó a un ermitaño que le dijo que la mejor forma de servir a Cristo era aprovechar su colosal fuerza ayudando a las pobres gentes a pasar un río caudaloso sobre el que no había ningún puente. Réprobo así lo hizo durante un tiempo hasta que un día un niño se le acercó y le dijo que quería pasar a la otra orilla; el gigante lo cogió, lo puso en sus hombros y comenzó a cruzar, pero el niño se fue volviendo más y más pesado hasta el punto de que tuvo que apoyarse en la gran rama de un árbol y solo logró llevarlo al otro lado con un esfuerzo inmenso. Al llegar, el gigante le dijo al niño: «¿Quién eres tú que pesas casi como el mundo entero?». Y el niño le contestó: «Tienes razón, has llevado sobre tus hombros al mundo y a quien lo creó, ya has encontrado a quien buscabas y desde este momento te llamarás Cristóbal, el portador de Cristo».

Cristóbal se bautizó y comenzó a predicar su fe cristiana por Asia Menor. Al llegar a Licia, fue encarcelado por orden del rey Dagón, que le instó a retractarse de sus creencias. Cristóbal se negó; entonces le mandó dos cortesanas para que lo sedujesen y atrajesen al culto a los ídolos locales, pero las dos mujeres se convirtieron al cristianismo y murieron mártires. Dagón, entonces, ordenó que lo azotasen con varas de hierro y que lo sentasen sobre una silla de metal debajo de la cual ardía un fuego, pero Cristóbal lo aguantó. A continuación mandó que cuarenta arqueros lo acribillaran con flechas, pero estas se desviaban y ninguna lo hirió; sin embargo, una flecha giró en el aire y se clavó en uno de los ojos de Dagón. Cristóbal, al verlo malherido, le dijo: «Yo voy a morir mañana, así que coge mi sangre, haz con ella barro, aplícatelo en el ojo y sanarás». Dagón, entonces, ordenó que lo decapitasen, pero antes cogió un puñado de tierra que mezcló con la sangre del santo, se lo puso en el ojo herido y se curó. Entonces él mismo se bautizó y ordenó que también lo hiciesen todos sus súbditos.

Con el tiempo, los cristianos comenzaron a creer que quien mirase una imagen de san Cristóbal no moriría ese día, y por este motivo colocaron grandes reproducciones del santo en las puertas de las iglesias para que todos los fieles pudiesen verlo.

En 1970 fue retirado del calendario romano por las evidentes dudas que plantea su existencia; sin embargo, dada su popularidad, la Iglesia acepta su culto local.

Atributos posibles

- Báculo* formado por un árbol
- Niño Jesús a hombros

Variantes iconográficas

- Solo, con alguno de sus atributos
- Aparece como un gigantón llevando al Niño Jesús en brazos y atravesando un río
- A veces se acompaña de un árbol como si se tratase de un bastón

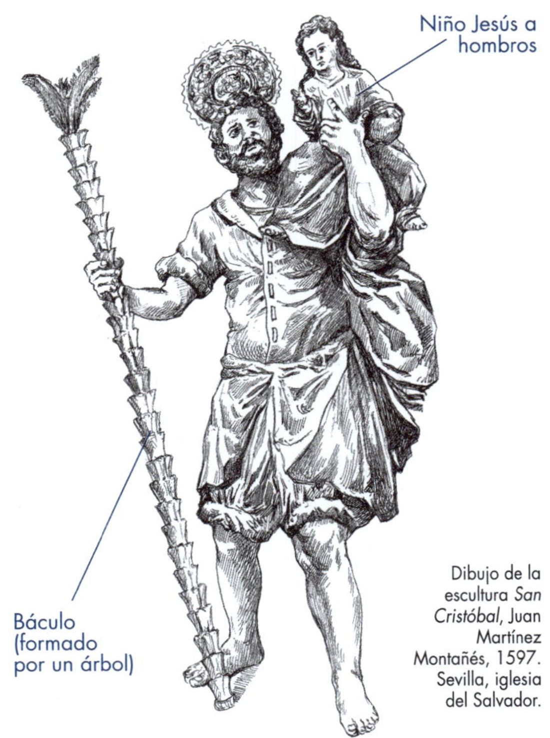

Dibujo de la escultura *San Cristóbal*, Juan Martínez Montañés, 1597. Sevilla, iglesia del Salvador.

Diego de Alcalá

13 de noviembre

Instruido

14 de noviembre de 1400, San Nicolás del Puerto (Sevilla) / 12 de noviembre de 1463, Alcalá de Henares

MISIONERO

Nació en una familia pobre y desde muy pequeño tuvo que dedicarse a las duras tareas del campo. Ya en estos momentos sintió una firme vocación religiosa que le llevó a entrar siendo aún un niño en el cercano eremitorio* de Albaida. Pasados unos años, ingresó como hermano lego (no sacerdote) en el convento franciscano de la Arruzafa (Córdoba), donde fue cocinero y portero. Durante su estancia en este convento destacó porque se excedía en la mortificación de su cuerpo, con ayunos, penitencias, incluso usando el cilicio* y llevando al extremo la pobreza y obediencia. También en este periodo se cuentan algunos milagros que hizo, como salvar a un niño pequeño que se metió, jugando, en un horno, se quedó dormido y, pese a que poco después encendieron el horno, salió sin una sola quemadura tras la intervención de Diego. También tenía momentos de éxtasis en los que se elevaba en el aire.

En uno de estos episodios místicos unos ángeles le sustituyeron en la cocina y realizaron sus tareas. Igualmente se distinguió por su amor a la Virgen, la eucaristía y el crucifijo.

En 1441 fue enviado como misionero al convento de Arrecife en Lanzarote (Canarias), donde trabajó como portero además de convertir a los guanches. Era proverbial su generosidad, pues alimentaba a cuantos pobres se acercaban al convento. En cierta ocasión algunos frailes vieron que llevaba alimentos en el hábito y lo llamaron para reprenderlo porque ya habían repartido las limosnas del día; sin embargo, al mostrar Diego su hábito, vieron con una enorme sorpresa que aquellos panes se acababan de convertir en rosas.

En 1450 peregrinó a Roma con motivo del jubileo* decretado por el papa Nicolás V; al poco tiempo se desató una terrible epidemia en la ciudad y Diego se dedicó sin descanso a curar a los enfermos con el aceite de una lámpara que alumbraba a la Virgen y sin miedo al contagio.

Regresó a España y en 1456 se trasladó al convento de Santa María de Jesús en Alcalá de Henares (Madrid), donde trabajó como portero y jardinero; aquí falleció. Su cuerpo incorrupto se expone cada 13 de noviembre en la catedral de esta ciudad madrileña. En el pueblo natal aún se conserva la casa donde, según la tradición local, vino al mundo el santo. Aunque él nunca se llamó a sí mismo Diego de Alcalá, su muerte en esta localidad y la especial devoción que se tenía al santo han contribuido a que finalmente se le conozca con este calificativo.

Lope de Vega escribió una comedia sobre su vida llamada *San Diego de Alcalá*.

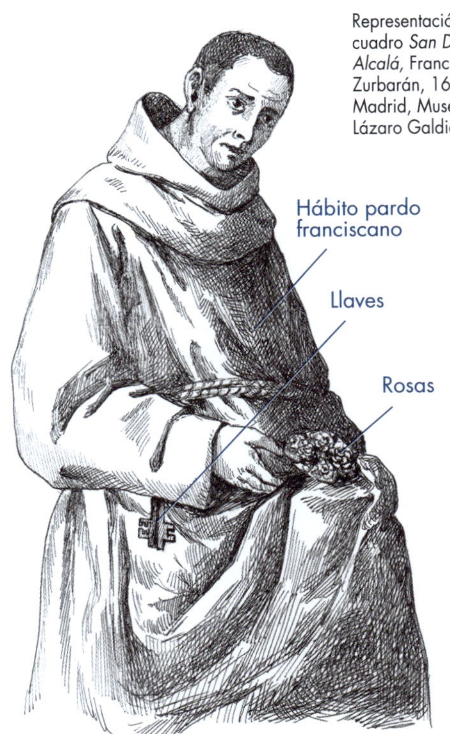

Representación del cuadro *San Diego de Alcalá*, Francisco Zurbarán, 1653. Madrid, Museo Lázaro Galdiano.

Atributos posibles

- Hábito pardo franciscano
- Llaves
- Rosas

Variantes iconográficas

- Solo, con alguno de sus atributos
- Se le suele representar joven e imberbe aunque murió con 60 años
- Su imagen más usual es la del milagro de las rosas
- En éxtasis
- A veces lleva un crucifijo en las manos; también está representado con un puchero o instrumentos de cocina

Dionisio de París

9 de octubre

Baco, Dioniso

Siglo III, Italia / París
OBISPO, MÁRTIR

No se conoce nada de los primeros años de su vida, lo que favorece posibles especulaciones sobre su origen y localización. Incluso se le relaciona con un convertido por Pedro o Pablo, en el siglo I, quizá para dar más realce a la Iglesia de la Galia, al estar unida a los primeros apóstoles, pero ello no coincidiría con las fechas de su persecución y martirio. Solo sabemos que hacia el año 248 el papa Fabián lo envió desde Roma a evangelizar las Galias junto a seis compañeros. En estas tierras Dionisio erigió numerosas iglesias, una de ellas en una isla del río Sena en la ciudad que entonces se llamaba Lutecia Parisiorum (París) y de la que fue elegido primer obispo. En su labor le ayudaron múltiples monjes, entre los que destacan el sacerdote Eleuterio y el diácono Rústico. Posiblemente estos últimos se incorporaron a la leyenda para destacar el número tres frente a los arrianos* y para jugar con la etimología de Dionisos*.

Durante la persecución del emperador Aureliano y hacia el año 272 fue encarcelado. En la prisión se le apareció Cristo para confortarlo dándole la comunión. Posteriormente fue decapitado junto a sus compañeros Rústico y Eleuterio, él con espada y ellos con hacha; pero a continuación Dionisio se levantó, cogió su cabeza y caminó con ella (cefaloforia*) en las manos durante unos tres kilómetros, desde donde lo martirizaron en la colina de Montjoie (monte de la alegría) o Montmartre (monte de los mártires) hasta el lugar donde fue enterrado. En este lugar el rey Dagoberto erigió una iglesia que Carlomagno demolió para hacer un templo y que posteriormente sería sustituida por la actual basílica de San Denis, famosa por haber sido la primera construida en estilo gótico y por albergar las tumbas de los monarcas franceses.

La decapitación del santo presenta dos versiones: los sacerdotes de París afirmaban que el verdugo le había cercenado el cuello; en cambio, los monjes de San Denis aseguraban que solo le habían cortado la bóveda craneal por un torpe hachazo.

Cuentan que después de su martirio se le apareció en sueños al rey franco Dagoberto I (603-639) y liberó su alma de los demonios que la poseían. Para sus contemporáneos, este monarca tuvo una moral demasiado liberal, ya que vivió con tres esposas y numerosas concubinas. Fue el primer rey que decidió ser enterrado en San Denis.

Un soldado que intentó robar una paloma de oro de su relicario se cayó y se ensartó en su propia lanza.

Atributos posibles

- Báculo*
- Cabeza cortada en las manos
- Cadenas (por la prisión)
- Mitra*

Variantes iconográficas

- ♦ Solo, con alguno de sus atributos
- ♦ Enviado por el papa para evangelizar las Galias
- ♦ Destruyendo ídolos paganos en su proceso evangelizador
- ♦ Representado según las dos versiones de la decapitación, con la cabeza entera en las manos o solo con la parte superior del cráneo
- ♦ Suelen acompañarlo dos ángeles para guiarlo, pues no tiene cabeza

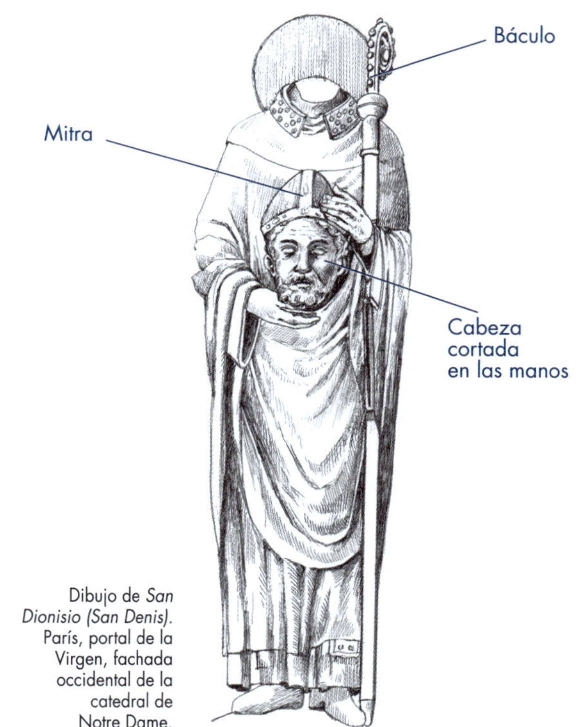

Dibujo de *San Dionisio (San Denis)*. París, portal de la Virgen, fachada occidental de la catedral de Notre Dame.

Domingo de Guzmán

8 de agosto

Día del Señor

1170, Caleruega / 6 de agosto de 1221, Bolonia

FUNDADOR DE LOS DOMINICOS

Nació en la noble familia castellana de los Guzmán, descendientes de los condes fundadores de Castilla. Estando su madre embarazada de él, soñó que daba a luz a un niño con una estrella en la frente, y en la mano un emblema con un perro blanco y negro que sujetaba una vela en la boca. Acudió al cercano monasterio de Santo Domingo de Silos y allí le explicaron el sueño: su hijo iba a ser un faro para las almas que buscan a Cristo, iba a defender la religión como un perro guardián, *Domini canis* (perro del Señor), y extendería el fuego de la fe por el mundo. Su madre, agradecida, le puso a su hijo el nombre de Domingo. A los 14 años marchó a la Universidad de Palencia, donde cursó filosofía, arte y teología. Al terminar permaneció allí cuatro cursos en la cátedra de Sagrada Escritura. Mientras tanto, y llevado por una profunda fe religiosa, se ordenó sacerdote.

El rey Alfonso VIII de Castilla le encargó diversas misiones diplomáticas por Europa y fue durante estos viajes donde conoció la herejía albigense* y decidió luchar contra ella. En 1206 se traslada al Languedoc (Francia) para predicar contra los herejes. Para demostrar la falsedad de la herejía, arrojó al fuego un libro herético y otro ortodoxo, y solo ardió el primero. En 1215 fundó en Toulouse la orden de predicadores (conocida como orden de los dominicos), organizada como la regla de san Agustín. Su vida era ejemplar: cada año ayunaba cuarenta días; solía dormir sobre tablas, acostumbraba a caminar descalzo y siempre estaba preparado para predicar y enseñar el catecismo. Hasta en tres ocasiones rechazó el nombramiento de obispo que le fue otorgado para las sedes de Conserans, Béziers y Comminges. Viajó a Roma, al Concilio de Letrán, y allí hizo numerosos milagros. Murió en Bolonia durante el capítulo general de su orden en el año 1221.

Según los dominicos, el papa Inocencio III tuvo una visión en la que la basílica de Letrán se derrumbaba, pero santo Domingo la sujetó. También afirman que expulsó a un demonio que en forma de mono lo distraía para que no leyese la Biblia e incluso lo azotó y lo obligó a que sostuviese una vela para continuar con su lectura. Además salvó a unos peregrinos que habían naufragado en el río Garona; y también resucitó a un joven que había muerto al caer del caballo.

Fue muy amigo de san Francisco de Asís.

Atributos posibles

- Antorcha
- Azucena blanca
- Báculo*
- Biblia
- Cruz flordelisada*
- Cruz patriarcal*
- Estandarte con una cruz blanca y negra
- Estrella
- Globo terráqueo rematado por una cruz
- Maqueta de una iglesia por la de Letrán
- Perro, con una vela encendida en la boca
- Rosario que le entregó la Virgen María, que le enseñó a recitarlo
- Tres mitras* en el suelo por los obispados a los que renunció

Variantes iconográficas

- Solo, con alguno de sus atributos
- Hábito dominico (túnica blanca y capa negra que representan la pureza y la penitencia)
- De rodillas ante la Virgen

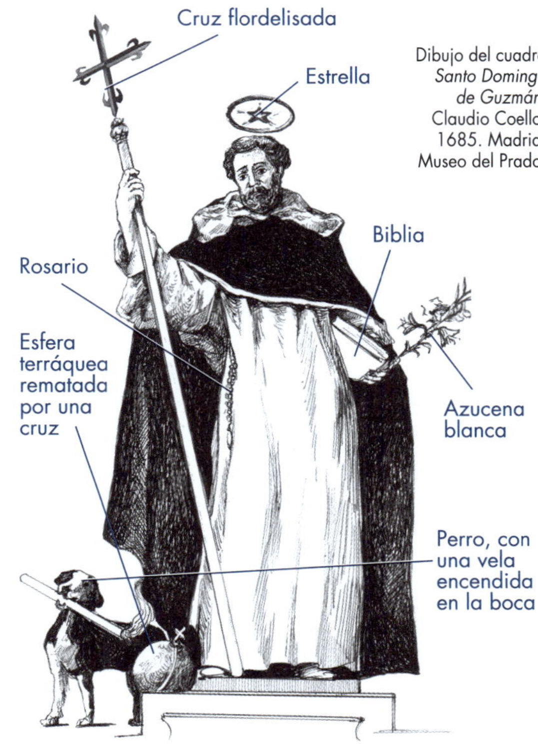

Dibujo del cuadro *Santo Domingo de Guzmán*, Claudio Coello, 1685. Madrid, Museo del Prado.

Domingo de la Calzada

12 de mayo

Día del Señor

1019, Viloria / 1109, Santo Domingo de la Calzada
ERMITAÑO

Se llamaba Domingo García y era hijo de un campesino libre (no siervo) y de escasos recursos. Desde muy pequeño trabajó en las labores agrícolas y cuando murieron sus padres decidió ingresar primero en el monasterio benedictino de Valvanera y después en el de San Millán de la Cogolla, pero fue rechazado en ambos por no poseer recursos suficientes. Entonces se marchó a un bosque de encinas y allí llevó una vida de eremita dedicado a la oración y a la penitencia. Pasado un tiempo, conoció al obispo Gregorio, que había sido enviado a Calahorra por el papa para luchar contra una plaga de langosta que estaba asolando aquellas tierras. Ayudó al obispo en su tarea y este lo ordenó sacerdote. Poco después inició la construcción de una calzada de piedra entre Burgos y Logroño para ayudar a los peregrinos en su camino hacia Compostela, incluyendo la elevación de un puente sobre el río Oja; también edificó un hospital, un pozo y una iglesia para mejorar las duras condiciones de los lugareños. Por esta razón recibe el nombre de santo Domingo de la Calzada, nombre que también se le dio al burgo que allí surgió y en cuya catedral está enterrado.

Son numerosos los milagros que el santo ha concedido a los peregrinos que han visitado su tumba, y sobre todo es muy conocido el milagro del gallo y la gallina: en el siglo XIV un matrimonio alemán y su hijo, Hugonell, pasaban por Santo Domingo de la Calzada, camino de Santiago, y se alojaron en un mesón. La hija del posadero, prendada del apuesto chico, intentó enamorarlo, pero el muchacho la rechazó. Entonces ella, cegada por el desaire, escondió una valiosa copa en el petate del chico y lo denunció a las autoridades. Descubierto el robo, el joven fue encontrado culpable y ahorcado. Los padres, afligidos y trémulos, se acercan al cuerpo de su hijo y este les dice que gracias a santo Domingo continúa vivo; muy contentos, le comunican la gran noticia al corregidor para que descuelgue el cuerpo y este, que estaba comiendo unas aves, les dijo: «Vuestro hijo está tan vivo como este gallo y esta gallina que me voy a comer», y en ese instante los dos animales saltaron del plato y comenzaron a cacarear. Igualmente resucitó a un peregrino arrollado por un carro de bueyes, y a dos albañiles aplastados por unos sillares. Un caminante que apaleó al santo murió en una riña al día siguiente, y luego un perro arrancó la mano del agresor y se la llevó a Domingo. También amansó a unos novillos salvajes que le habían ofrecido para tirar del carro que llevaba los sillares del puente que construyó. De igual forma, cuando suplicaba madera para las obras y se la negaron, pidió que le dieran permiso para llevarse la que pudiera cortar con una hoz; se lo dieron pensando que solo podría cortar ramas, pero Dios le ayudó y pudo cortar árboles enteros.

Atributos posibles

- Gallina
- Gallo
- Hoz
- Puente

Variantes iconográficas

- Solo, con alguno de sus atributos
- Con hábito de monje y un báculo. A veces lleva una hoz

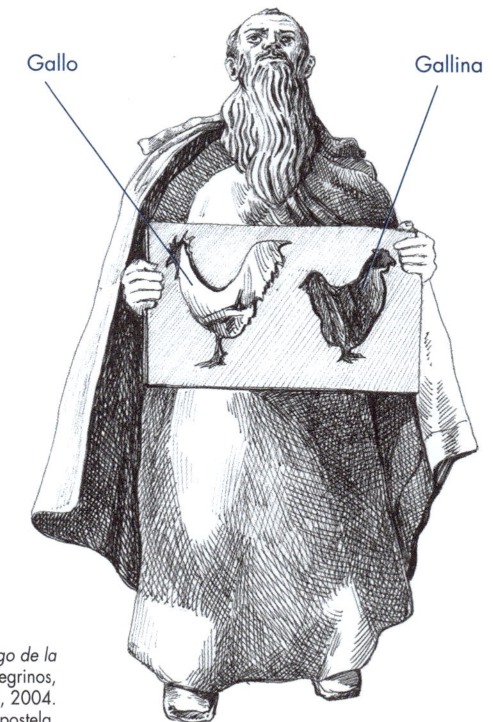

Representación de *Santo Domingo de la Calzada*, monumento a los peregrinos, Cándido Pazos, 2004. Santiago de Compostela.

Domingo de Silos

20 de diciembre

Día del Señor

1000, Cañas / 20 de diciembre de 1073, Silos

ABAD

Nació en una familia acomodada y de noble linaje. Siendo aún niño, estuvo varios años cuidando los rebaños de su padre como pastor y al mismo tiempo comenzó a formarse en la iglesia de su pueblo; más tarde amplió sus estudios en la ciudad episcopal de Nájera y fue ordenado sacerdote. Tras pasar unos años como eremita*, ingresó, a los 30 años, en el monasterio benedictino de San Millán de la Cogolla, en cuya biblioteca completó su formación. Se le encargó la enseñanza de los novicios, pero este privilegio provocó la envidia de algunos monjes, que solicitaron un trabajo más duro o complicado para Domingo. Por ello fue nombrado prior* de Santa María de Cañas. Al llegar se encontró con un priorato arruinado, falto de bienes y de libros y sin organización, así que con paciencia y trabajo logró en poco tiempo que sus monjes pudiesen autoabastecerse y dedicarse a la oración; incluso consiguió edificar una nueva iglesia; tras este éxito, fue nombrado prior de San Millán de la Cogolla.

En 1040 el rey navarro García Sánchez III llegó al monasterio y exigió unos elevados impuestos que el prior se negó a entregar; entonces el monarca logró que lo depusieran de su cargo y lo envió al exilio. Domingo se marchó a Castilla y allí recibió la protección del rey Fernando I de León, quien le encargó la recuperación del deteriorado monasterio de San Sebastián de Silos, del que es nombrado abad. Allí volvió a demostrar su eficacia y consiguió construir la base de la posterior basílica, y del claustro, una de las joyas románicas de España. El monasterio prosperó y él se mantuvo como abad. Realizó múltiples actos extraordinarios o milagrosos, como la conversión de un bandolero que asolaba las tierras del monasterio; curó, con sus oraciones y mediante misas, a muchos enfermos, ciegos, cojos y lisiados; ayudó a los cautivos cristianos fruto de los ataques de los musulmanes, logrando con sus oraciones rescates milagrosos. Falleció en el monasterio a la avanzada edad de 73 años.

En el magnífico claustro descansan sus restos y en la abadía se guarda el báculo de avellano que portaba como abad. En su honor el conjunto religioso lleva el nombre de Santo Domingo de Silos.

Gonzalo de Berceo escribió *Vida de santo Domingo de Silos,* que es un cantar de gesta pero en esta ocasión sobre un héroe religioso y no guerrero.

Atributos posibles

- Báculo*
- Libro
- Mitra*
- Obispo (ropas de...)

Variantes iconográficas

- Solo, con alguno de sus atributos
- Sentado en un trono, rodeado por las siete Virtudes (Fe, Esperanza, Caridad, Prudencia, Justicia, Fortaleza y Templanza)

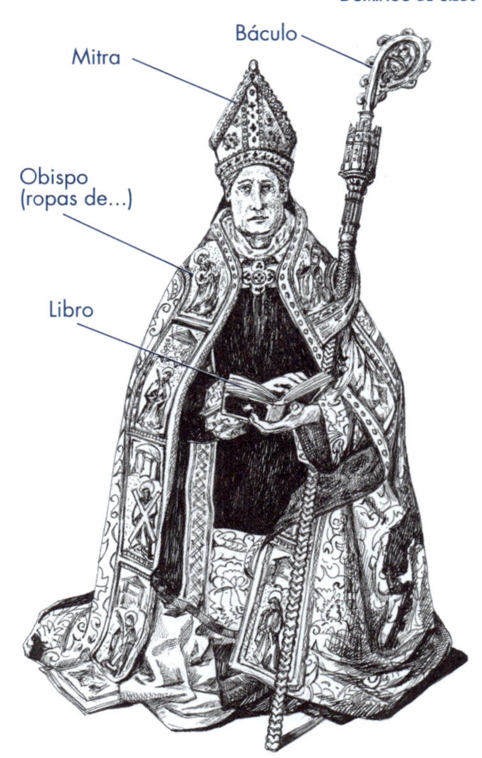

Detalle dibujado de la obra *Santo Domingo de Silos entronizado como obispo,* Bartolomé Bermejo, 1477. Madrid, Museo del Prado.

Elena
18 de agosto

Luz, resplandeciente

250, Drépano / 329, Roma
EMPERATRIZ, MADRE DEL EMPERADOR CONSTANTINO

Sus padres tenían un establecimiento de comidas y allí conoció al joven Constancio Cloro (llamado así por la palidez de su cara), que era tribuno militar* en el ejército romano. Este se enamoró de la guapa Elena, se la llevó como concubina y algunos años después se casó con ella. Fueron los padres de Constantino el Grande, primer emperador que autorizó el culto cristiano y acabó con las persecuciones sufridas por los practicantes de esta religión.

En el año 292 el emperador Maximiano nombró a Cloro gobernador de las Galias y le propuso, además, que se casase con su hijastra porque Elena no tenía origen romano. Constancio aceptó la propuesta, repudió a Elena y contrajo matrimonio con Flavia Maximiana, con la que tuvo tres hijos. Pese a todo, Cloro, que ya era tetrarca*, nombró sucesor a Constantino, el hijo que tenía con Elena, quien unos años más tarde sería elegido emperador, tras un turbulento periodo de guerra civil. Este enseguida trajo a su madre a su lado y Elena lo seguirá en la campaña de Oriente. Durante este periodo Elena se convirtió al cristianismo y ejerció una efectiva influencia sobre su hijo. Cuando llegó a Jerusalén, ordenó construir la iglesia del Santo Sepulcro y la del Monte de los Olivos, aunque después fueron destruidas. También se dedicó a buscar objetos relacionados con Jesucristo, para lo cual hizo excavaciones en numerosos lugares; encontró las tres cruces de la pasión, el rótulo de madera que los romanos pusieron con la inscripción INRI y hasta los tres clavos.

Cuentan que para descubrir la cruz de Jesús (Vera Cruz) de entre las tres, pusieron un cadáver sobre una de ellas y no sucedió nada, luego sobre otra con el mismo resultado, y al colocarlo sobre la tercera cruz, el fallecido resucitó y de este modo encontraron la que estaban buscando. Elena hizo con la Santa Cruz tres trozos: uno lo dejó en la iglesia del Gólgota, otro lo envió a Constantinopla y el tercero lo depositó en la iglesia romana de la Santa Cruz de Jerusalén.

Uno de los clavos lo mandó fundir para elaborar el freno del caballo de Constantino (Bocado Sagrado), que se encuentra en Milán; otro lo incrustó en la corona del emperador para que lo protegiese siempre, y el tercero lo arrojó al mar para calmar una violenta tempestad que la sorprendió durante el viaje de vuelta a Roma.

Falleció a una avanzada edad, mostrando una decidida y generosa fe cristiana.

Atributos posibles

- Clavos
- Maqueta de una iglesia
- Vera Cruz

Variantes iconográficas

- Sola, con alguno de sus atributos
- Anciana, vestida de emperatriz con la corona y el manto imperial
- A veces lleva la cruz en los brazos; en otras, está de pie ante ella
- Junto a su hijo Constantino

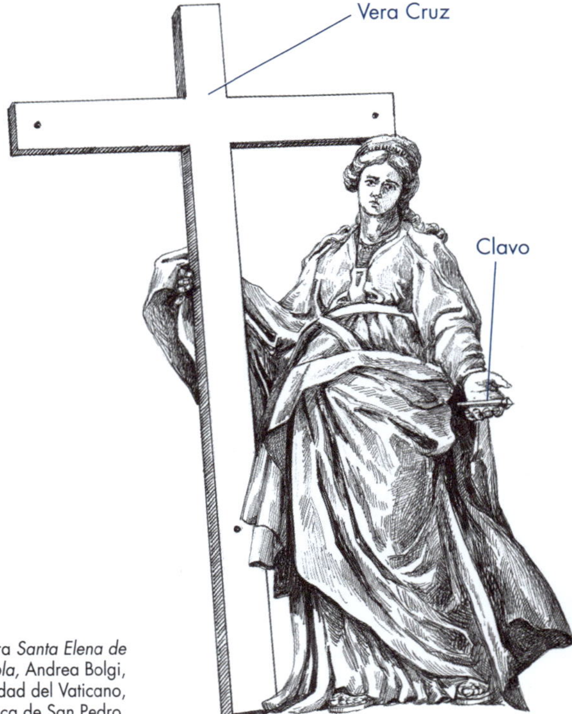

Dibujo de la obra *Santa Elena de Constantinopla*, Andrea Bolgi, siglo XVII. Ciudad del Vaticano, basílica de San Pedro.

Eloy

1 de diciembre

Elegido

588, ducado de Aquitania / 1 de diciembre de 660, Noyon

OBISPO

Entró muy joven en el taller de un orfebre como aprendiz y adquirió una gran destreza en el manejo de los metales preciosos. Un tiempo más tarde se trasladó a París y allí conoció al tesorero del rey Clotario II, quien le encargó la realización de un trono de madera con incrustaciones de oro y plata. Con el material que le entregaron, el joven Eloy fabricó dos tronos magníficos. El rey, admirado por la honradez del orfebre, lo nombró jefe de la Casa de la Moneda, que era la encargada de acuñar las monedas del reino (se conservan aún piezas de la época con la firma del santo). Más tarde, Dagoberto I lo nombró tesorero real e incluso lo envió como embajador a resolver un conflicto con el duque de Bretaña.

Tras la muerte de Dagoberto se ordenó sacerdote y fundó el monasterio de Solignac. Fue un hombre piadoso y de generosidad legendaria. Se cuenta que cuando alguien preguntaba por él, le decían que caminase y siguiese a los mendigos y vería su casa rodeada de multitud de gentes que precisaban su caridad.

Acabó con la veneración de las Trivias, divinidades romanas protectoras de las encrucijadas de los caminos, que el pueblo aún seguía practicando.

Fue nombrado obispo de Noyon, diócesis que abarcaba un extenso territorio y donde convirtió al cristianismo a miles de personas que confiaban en un hombre de tan arraigadas honestidad y rectitud. En sus sermones criticaba las supersticiones y recomendaba que las sustituyesen por frecuentes oraciones a Dios. Siguió siendo generoso y humilde hasta el fin de sus días.

Afirman que antes de ser un consumado orfebre trabajó como herrador de caballos y que un día llegó al taller un hombre con un equino tan arisco que era imposible herrarlo; así que Eloy le cortó la pata delantera, la puso sobre el yunque, le clavó la herradura y después la colocó de nuevo en el animal.

En otra ocasión se le presentó el demonio disfrazado de hermosa mujer, pero el santo lo reconoció al instante y con unas tenazas al rojo vivo lo cogió de la nariz y se las apretó; el demonio huyó despavorido.

Son muy abundantes sus representaciones e imágenes por el poder económico de los gremios a los que patrocina.

Atributos posibles

- Anillo
- Báculo*
- Cáliz
- Martillo de orfebre
- Mitra*
- Obispo (ropas de...)
- Yunque

Variantes iconográficas

- Solo, con alguno de sus atributos
- Aparece de tres maneras básicas: como obispo, orfebre o herrero. Si es obispo, con mitra* y báculo*. Si es orfebre, con cáliz y anillo de boda. Si es herrero, con tenazas, martillo, yunque o pata de caballo. A veces los atributos de dos o más oficios pueden aparecer mezclados: mitra y martillo, por ejemplo

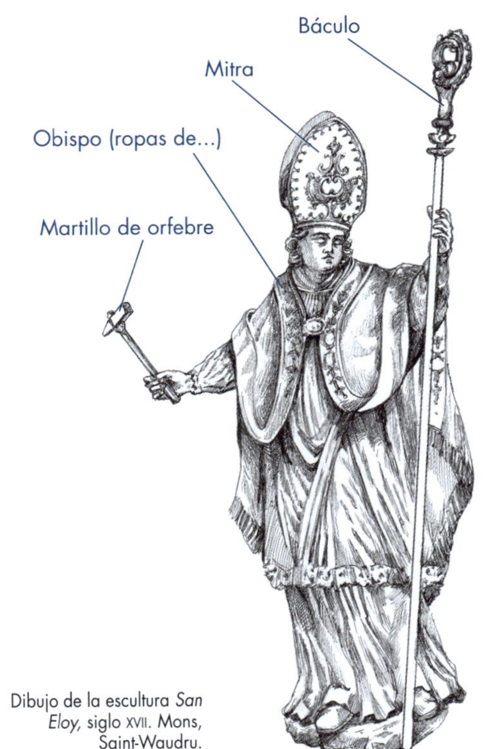

Dibujo de la escultura *San Eloy,* siglo XVII. Mons, Saint-Waudru.

Engracia de Zaragoza

16 de abril

En estado de gracia

Siglo III, Bracara Augusta / 303, Zaragoza
VIRGEN, MÁRTIR

Nació en una familia cristiana. Se convirtió en una joven de indudable belleza y fue prometida en matrimonio a un oficial romano destinado en la Galia (Francia). Hacia estas tierras inició su viaje la virtuosa muchacha acompañada por su tío Lupercio, un criado y dieciséis caballeros que les servían de escolta; por el camino observó la brutal persecución que sufrían los cristianos por orden del emperador Diocleciano y que llevaba a cabo el cruel Daciano, prefecto* romano que residía en Caesar Augusta (Zaragoza). Este había obligado a los ciudadanos a ofrecer sacrificios al divinizado emperador, indicando que los que no lo hiciesen serían respetados, aunque deberían abandonar la ciudad. Cuando los cristianos que se negaron a hacer el juramento abandonaban la urbe, aprovechó para masacrarlos a todos, sin respetar mujeres, ancianos o niños. Cuando la joven Engracia llegó a la ciudad, se dirigió al prefecto y le censuró el castigo a que estaba sometiendo a los cristianos. Este comprendió que la muchacha también profesaba el cristianismo y la halagó con promesas para que renunciara a su fe y sacrificase a los dioses. La negativa rotunda de Engracia supuso su inmediato encarcelamiento. Allí fue sometida a un castigo que pretendía ser ejemplar: fue desnudada y azotada. Igual suerte corrieron sus acompañantes. Al comenzar estos a alabar a Dios, la ira de Daciano se intensificó y se cebó en Engracia, que fue arrastrada por el suelo atada a caballos. Ante la persistencia de Engracia en su fe, fue torturada con garfios y rastrillos de hierro, le cortaron un pecho, le sacaron el hígado con tenazas y, finalmente, le hincaron un clavo en la frente. Así murió Engracia. Su cuerpo fue arrojado fuera de la ciudad para que fuera comido por ratas y bestias, aunque finalmente los cristianos consiguieron hacerse con sus despojos y enterrarla. Los dieciocho acompañantes de la santa también sufrieron martirio y fueron decapitados en las afueras de la ciudad.

En Zaragoza construyeron una iglesia y, dentro de ella, una cripta donde reposan los restos de Engracia y sus dieciocho compañeros mártires, cuyos nombres nos refiere el poeta Prudencio en el Himno IV de su *Peristéfanon:* Lupercio, Evodio, Quintiliano, Casiano, Félix, Januario, Julio, Urbano, Apodemio, Primitivo, Optato, Publio, Ceciliano, Suceso, Matutino, Fausto, Frontón y Marcial.

Con el paso del tiempo se les empezó a conocer como santa Engracia y los innumerables mártires de Zaragoza, ya que Daciano había degollado a muchos cristianos de la ciudad. El día 3 de noviembre se celebra la festividad de todos estos mártires.

Atributos posibles

- Clavo en la frente
- Corona
- Látigo (de púas, bolas u otro)
- Martillo
- Palma del martirio*
- Rastrillo

Variantes iconográficas

- Sola, con alguno de sus atributos
- En ocasiones aparece con corona
- Escenas de su martirio: arrastrada, clavándole el clavo en la cabeza, etc.

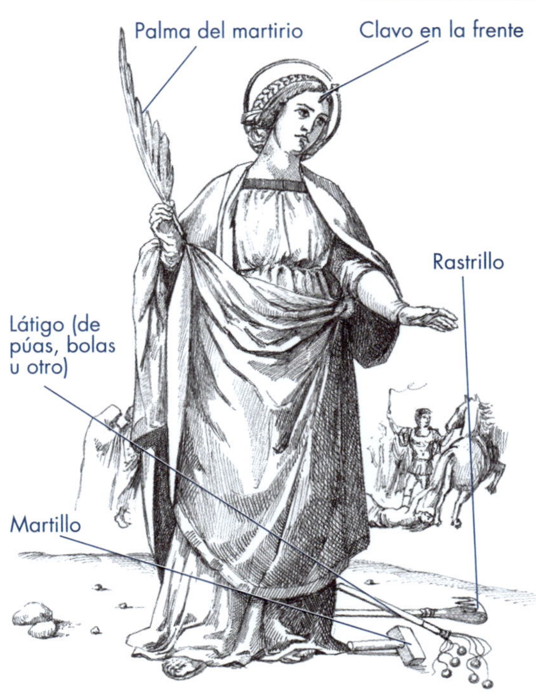

Detalle de la obra *Santa Engracia*, siglo XIX. Zaragoza, basílica de Santa Engracia.

Esteban

26 de diciembre

Laureado, victorioso, coronado

¿?, Jerusalén / 37, Jerusalén

PRIMER MÁRTIR

Es el primer mártir cristiano. Sabemos poco de su vida, solo lo que aparece en Hechos 6 y 7. Se cree que era un judío de origen griego (por su nombre, Stefanos) y que en cierto momento se convirtió al cristianismo. En el Nuevo Testamento se dice que fue elegido junto con otros seis compañeros para repartir comida y asistir a los pobres mientras los discípulos se dedicaban a predicar la palabra de Dios: «... Y eligieron a Esteban, hombre lleno de fe y de Espíritu Santo, a Felipe, a Prócoro, a Nicanor, a Timón, a Pármenas y a Nicolás, a los cuales presentaron delante de los apóstoles, y después de haber orado, les impusieron las manos». Con este acto quedaron nombrados diáconos*, y Esteban, al parecer, era el más notable de ellos.

Continúa Hechos 6: «Esteban, lleno de gracia y de poder, hacía grandes prodigios y señales entre el pueblo...». Estos milagros enfurecieron a muchos judíos, que sobornaron a unos testigos falsos para que lo acusaran de injuriar a Dios y a Moisés y fuera conducido ante el sanedrín* para ser juzgado. Esteban pronunció un magnífico discurso (Hechos 7) en donde habló sobre Abraham, José, Salomón y el Templo, argumentó que Jesús siempre cumplió con la ley judía y acabó de este modo: «¡Gentes de dura cerviz e incircuncisos de corazón y de oídos! Siempre estáis resistiendo al Espíritu Santo. ¿A quién de entre los profetas no persiguieron vuestros padres? Incluso dieron muerte a los que pronunciaban la venida del Justo, de quien vosotros ahora os habéis hecho traidores y asesinos...».

Al oírlo, llenos de rabia, se abalanzaron sobre él, lo sacaron fuera de la ciudad y lo apedrearon mientras el joven diácono rezaba: «Señor, recibe mi espíritu y no les tengas en cuenta este pecado». Poco después expiró. Se cuenta que para lanzar con más comodidad las piedras, los homicidas depositaron sus mantos junto a un espectador que los cuidaba, llamado Saulo, quien estaba de acuerdo con la ejecución. Este Saulo se convertirá pasados unos años en san Pablo.

Son numerosas las iglesias que están dedicadas a este santo protomártir, así como abundantes son las reliquias que del santo se conservan. Mucha gente pone flores sobre los altares dedicados a san Esteban porque luego se usan para curar a los enfermos.

Atributos posibles

- Dalmática* diaconal
- Libro
- Palma del martirio*
- Piedras

Variantes iconográficas

- Solo, con alguno de sus atributos
- Se le representa joven, imberbe y vestido con la dalmática* diaconal
- Desde finales de la Edad Media se añade un libro porque los diáconos* eran los encargados de custodiar el evangelio
- La escena más frecuente es la de la lapidación

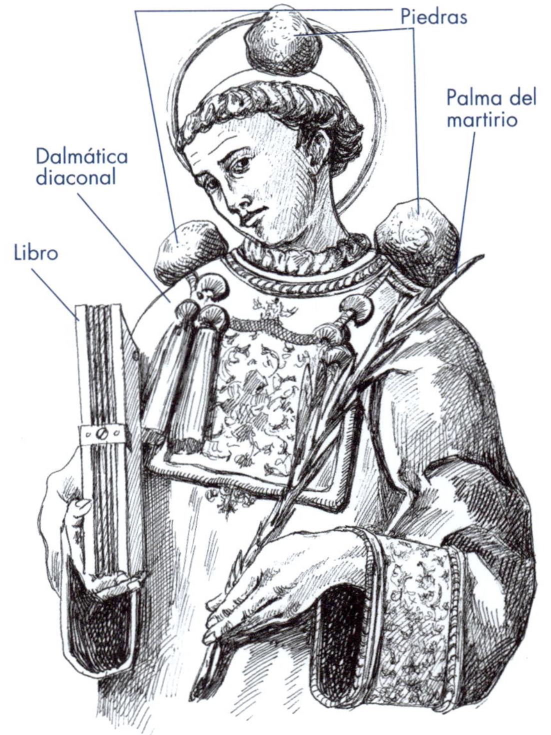

Dibujo del cuadro *San Esteban*, Carlo Crivelli, 1476. Londres, National Gallery.

Eulalia de Barcelona

12 de febrero

Elocuente

290 / 12 de febrero de 304, Barcino (Barcelona)
VIRGEN, MÁRTIR

Nació en una familia cristiana de Barcino (Barcelona). Desde pequeña mostró una profunda fe que la llevó, a los 13 años, a salir de su casa y dirigirse a la residencia del prefecto* romano Publio Daciano para recriminarle la persecución a que sometía a los cristianos.

Este, al verla, le ordenó que adorase a los dioses romanos, pero ella se negó y escupió a los ídolos; entonces, furioso, mandó que le aplicasen trece torturas, una por cada año de su vida.

Primero la encerraron durante varios días en una mazmorra, después la azotaron y continuaron con otros once suplicios: le desgarraron el cuerpo con garfios, le arrancaron las uñas de los dedos, la pusieron sobre brasas ardientes y con las ascuas le quemaron los pechos, frotaron las heridas con afiladas piedras, le echaron aceite hirviendo, le arrojaron plomo fundido y, después, la tiraron a una fosa de cal viva. En el décimo suplicio la metieron desnuda dentro de un tonel en el que habían puesto cristales rotos, clavos y cuchillos y la lanzaron calle abajo. En Barcelona existe aún la calle Baixada de santa Eulalia, donde se cree que sucedió este hecho, y para recordarlo se puede ver una imagen de la santa y unos versos de Verdaguer que la homenajean. En el undécimo suplicio la tiraron a un corral lleno de pulgas y después la pasearon desnuda por las calles hasta la actual plaza del Pedró, donde la clavaron en una cruz con forma de aspa. En ese mismo instante una copiosa nevada cubrió la virginal desnudez de la niña, que expiró alabando a Dios. Las gentes que contemplaban, compungidas, el terrible tormento afirmaron que de la boca de la niña surgió una paloma blanca que echó a volar hacia el cielo.

En el año 878 los restos de la santa, que se encontraban en la iglesia de Santa María de las Arenas, hoy conocida como basílica de Santa María del Mar, fueron trasladados a la que más tarde sería la actual catedral gótica, en cuya cripta se conservan. Durante el traslado sucedió un hecho milagroso: el sarcófago con los restos de santa Eulalia comenzó a pesar cada vez más hasta que el cortejo tuvo que detenerse porque no podían con su peso; entonces apareció un ángel que señaló a uno de los canónigos que se había quedado con un dedo del pie como reliquia; una vez devuelto el hueso, la comitiva pudo seguir hasta la seo. Con motivo de este traslado se compuso la canción de santa Eulalia, que fue copiada por un monje de la abadía de Elnon, cerca de Valenciennes, y que se convirtió en el primer texto literario escrito en francés.

Hay otra santa con el mismo nombre, Eulalia de Mérida, que vivió en la misma época. En la actualidad algunos expertos afirman que ambas santas son en realidad una sola. En el claustro de la catedral barcelonesa viven trece ocas que recuerdan los años y los suplicios sufridos por la santa catalana.

Atributos posibles

- Corona del martirio
- Cruz aspada* o rematada en un disco
- Libro
- Palma del martirio*
- Paloma

Variantes iconográficas

- Sola, con alguno de sus atributos
- En el momento de la crucifixión y con la paloma

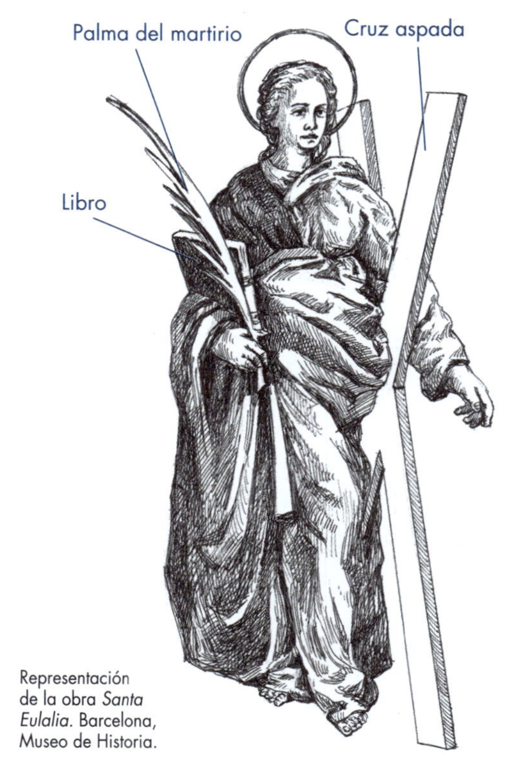

Representación de la obra *Santa Eulalia*. Barcelona, Museo de Historia.

Eulalia y Julia de Mérida **10 de diciembre**

Elocuente / Entereza

Siglo III / IV, Emérita Augusta (Mérida)
MÁRTIRES

Eulalia era una niña de familia acomodada que había sido educada en la fe cristiana por sus padres. Algunos señalan incluso que su padre era un patricio* llamado Liberio, hecho difícil de creer a la vista de las torturas a las que fue sometida.

Su vida se enmarca en el conjunto de persecuciones que se desatan a comienzos del siglo IV por los distintos edictos de los emperadores romanos, principalmente Diocleciano, contra los cristianos en los que se obligaba a hacer sacrificios a los dioses paganos.

A los 12 años Eulalia, junto con su esclava Julia, al conocer las persecuciones no dudó en presentarse al prefecto* de la ciudad, Calpurnio (Daciano en otras fuentes), para recriminarle el mal trato que daba a los cristianos.

Asombrado por la valentía de la niña, el prefecto intentó persuadirla para que adorase a los dioses romanos con halagos y regalos, pero no surtió efecto alguno y la santa se mantuvo en su fe. Ante ello la sometió a diferentes torturas. Fue azotada, desgarraron sus pechos y cuerpo con garfios de hierro, la torturaron en el potro* y quemaron su cuerpo con hachones* y ascuas ardiendo hasta que finalmente se incendió su cabellera y murió abrasada. Otras versiones indican que se preparó una hoguera y fue quemada viva. En cualquier caso, cuando expiró, de su boca salió una paloma que fue volando hasta el cielo mientras una copiosa nevada cubría el cuerpo desnudo de la santa.

En el caso de Julia, algunas versiones no la mencionan y otras aluden a que sufrió los mismos tormentos y final que santa Eulalia.

Existen distintas fuentes que consideran que santa Eulalia de Mérida y la de Barcelona son en realidad la misma persona y que se ha producido un desdoblamiento por las diferentes tradiciones locales. La versión barcelonesa comenzó entre los siglos VII o IX, y no hay constancia anterior del culto, por lo que es posible que surgiese a raíz del descubrimiento de las reliquias de santa Eulalia de Mérida, que habrían sido trasladadas a la ciudad condal ante el temor de que fueran saqueadas por los musulmanes. La mayor relevancia de la Eulalia emeritense se produce con el inicio de su culto en la zona en el siglo IV y la referencia que hace en su obra *Peristephanon* el poeta Prudencio. La similitud de la historia y martirio parece avalar la tesis de que se trata de la misma santa. La aparición de la figura de Julia, esclava de Eulalia, refuerza la historicidad del personaje.

Atributos posibles

- Cruz aspada*
- Hachón*
- Horno
- Libro
- Palma del martirio*

Variantes iconográficas

- Solas, con alguno de sus atributos
- En el ciclo de su martirio con todos los tormentos que sufrieron

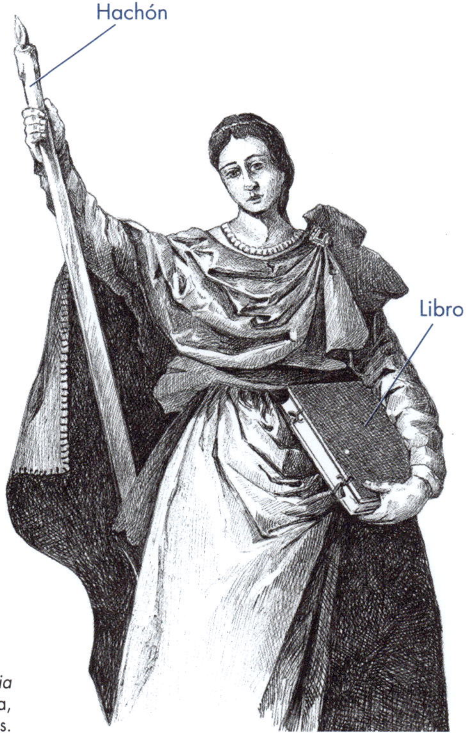

Hachón

Libro

Detalle dibujado de la obra *Santa Eulalia de Mérida*, Francisco Zurbarán, 1650. Sevilla, Museo de Bellas Artes.

Eustaquio de Roma

20 de septiembre

Espigado, buen fruto

Finales del siglo I / 118, Roma

MÁRTIR

En realidad se llamaba Plácido y era un famoso y rico general. Participó en varias batallas bajo el imperio de Trajano. Un día en que estaba de caza, vio a un soberbio ciervo que mostraba entre su cornamenta una resplandeciente cruz y oyó una voz que le dijo: «Plácido, yo soy Jesús, a quien no conoces pero a quien vas a honrar con tus obras». Impresionado por el suceso, se bautizó y adoptó el nombre de Eustaquio. También se bautizaron su esposa Teopista y sus dos hijos, Teopisto y Agapio. A continuación oyó de nuevo la voz, que en esta ocasión le dijo: «Reza mucho y sé fuerte porque voy a hacer de ti otro Job».

Poco tiempo después una epidemia acabó con todo su ganado y sus criados. Unos ladrones, algunos días más tarde, se llevaron lo poco que le quedaba en su casa; así que decidió emigrar a Egipto e iniciar una nueva vida. Durante la travesía por el Mediterráneo fue arrojado al mar junto a sus dos hijos porque no tenía dinero suficiente para el trayecto, mientras que el capitán se quedó con su esposa como compensación por los gastos ocasionados.

El padre y los dos hijos lograron llegar a Alejandría; al internarse en el desierto, un lobo se llevó a uno y un león al otro, pero unos campesinos atacaron a las fieras, los recuperaron y los acogieron en sus casas.

Eustaquio se quedó solo y durante quince años lloró, trabajó y oró a Dios. Pasado todo este tiempo, unos soldados romanos lo reconocieron y lo llevaron a presencia del emperador, que lo puso otra vez al frente de sus legiones; allí, tras una victoriosa campaña, encontró a sus dos hijos, que servían en el ejército, y a su esposa Teopista, que vivía en una ciudad en la que acamparon.

Los cuatro regresaron triunfalmente a Roma, donde los recibió Adriano, el nuevo emperador, que los invitó a celebrar una ceremonia victoriosa en el templo de Apolo. Ellos se negaron alegando que eran cristianos; entonces los arrojaron a las fieras del circo, que de modo milagroso ni los tocaron. Decidieron entonces introducirlos en un toro de bronce que colocaron sobre un fuego, y allí dentro murieron asfixiados aunque se produjo un milagro: los cuerpos permanecieron intactos y no se quemaron.

A finales de la Edad Media apareció la historia de san Huberto, que parece una copia de la suya, y san Eustaquio fue poco a poco cayendo en el olvido.

Atributos posibles

- Cabeza de ciervo con una cruz en la cornamenta
- Cuerno de caza
- Espada
- Horno

Variantes iconográficas

- Solo, con alguno de sus atributos
- En la escena de la cacería y el descubrimiento del ciervo con la cruz en la cornamenta
- Lo distinguimos de san Huberto porque Eustaquio va vestido de soldado de infantería, generalmente romano, mientras que aquel suele ir a caballo y lucir un aspecto más juvenil

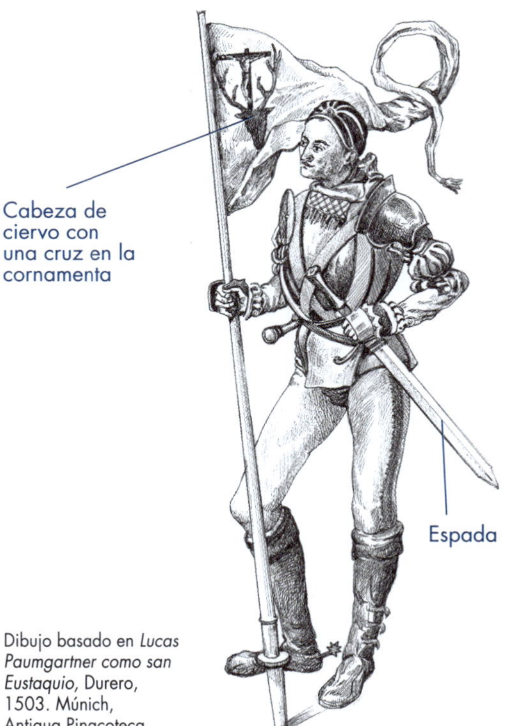

Dibujo basado en *Lucas Paumgartner como san Eustaquio*, Durero, 1503. Múnich, Antigua Pinacoteca.

Felipe (apóstol)

3 de mayo

Aficionado a los caballos

Comienzos del siglo I, Betsaida / 80, Hierápolis
APÓSTOL, MÁRTIR

Sabemos poco de su vida; era pescador en el lago Tiberíades y conoció a Jesús y le siguió. El evangelio de Juan lo cuenta en 1: 43-45: «Al día siguiente, Jesús quiso partir para Galilea. Se encuentra con Felipe y le dice: "Sígueme". Felipe era de Betsaida, la ciudad de Andrés y de Pedro. Felipe se encuentra con Bartolomé y le dice: "Hemos encontrado a aquel de quien escribieron Moisés y los profetas, a Jesús, hijo de José, el de Nazaret"». Aparece también en el episodio de la multiplicación de los panes, en Jn 6: 5: «Jesús le dice a Felipe: "¿Dónde podremos comprar pan para que todos estos coman?". Lo decía para ponerlo a prueba porque bien sabía lo que iba a hacer. Felipe le contestó: "Doscientos denarios de pan no van a bastar para que cada uno reciba un pequeño trozo"».

Felipe era judío pero tenía un nombre griego y, según parece, una cierta relación con la comunidad griega de Israel, porque en Jn 12: 20 se dice: «Había allí unos griegos entre los que habían subido para adorar en la fiesta y se llegaron a Felipe y le preguntaron: "Señor, quisiéramos ver a Jesús", y este junto con Andrés se lo comunicó a Jesús». Es el momento en que el Hijo de Dios anuncia su glorificación por la muerte.

Durante la Última Cena Felipe le pide a Jesús (Jn 14: 8) que les enseñe al Padre porque eso les iba a ser suficiente y Jesús aprovecha la ocasión para hablarles sobre la unión entre el Padre y el Hijo.

Después de Pentecostés a Felipe le correspondió predicar en Frigia (actual Turquía). En una ocasión los lugareños lo llevaron al templo de Marte para obligarlo a venerar a este dios, pero de pronto surgió debajo de la estatua un dragón que con su aliento ponzoñoso mató al hijo del sacerdote pagano y a dos personas más. Felipe mató al dragón, resucitó a los tres muertos y curó a los enfermos que habían acudido, logrando la conversión de todos los presentes.

En otra ocasión estaba predicando en una ciudad que tenía un templo dedicado a las víboras, animales a los que adoraban; el apóstol les recriminó su idolatría y la gente lo arrastró por el suelo y lo azotó. Felipe, entonces, hizo que se abriese una profunda sima en la tierra que se tragó a casi todos los habitantes, y también el templo de la Víbora.

Siguió con su labor evangelizadora hasta que en Hierápolis (Pamukkale, Turquía) fue crucificado cabeza abajo y rematado lanzándole piedras.

Atributos posibles

- Cesta con panes
- Cruz
- Dragón
- Piedras
- Serpiente

Variantes iconográficas

- Solo, con alguno de sus atributos
- En las primeras representaciones aparece joven e imberbe, pero después las imágenes nos lo muestran como un anciano de barba blanca y espesa
- Crucificado cabeza abajo
- Formando pareja con Santiago el Menor

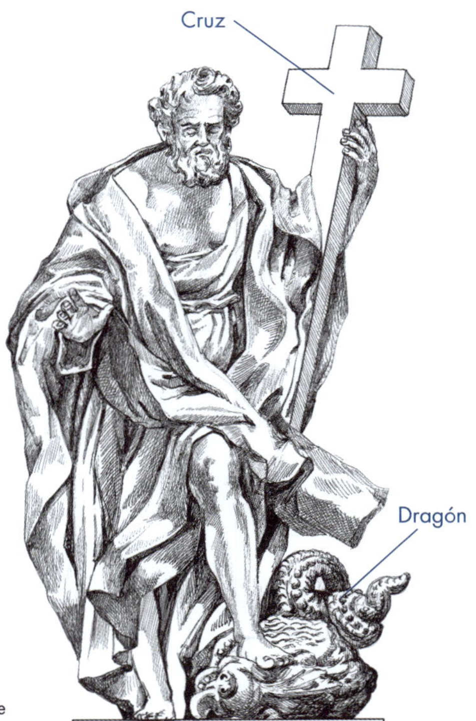

Representación de la escultura *San Felipe*, Giuseppe Mazzuoli, 1712. Roma, basílica de San Juan de Letrán.

Felipe Neri

26 de mayo

Aficionado a los caballos

21 de julio de 1515, Florencia / 26 de mayo de 1595, Roma
FUNDADOR DE LA CONGREGACIÓN DEL ORATORIO (ORATORIANOS)

Hijo de un notario, estudió humanidades y con 16 años lo enviaron cerca de la abadía benedictina de Montecassino, a trabajar en negocios familiares. Aquí, acudiendo a meditar a una ermita de la orden, sintió la vocación religiosa. Decidió irse a Roma y, mientras daba clases, estudió filosofía y teología. La ciudad estaba sumida en el libertinaje tras el saqueo de Roma de 1527 por las tropas imperiales de Carlos V. Felipe se dedica a la oración y comienza a predicar la necesidad de volver a una vida más cristiana. Por este motivo se le conoce como el apóstol de Roma, porque volvió a evangelizar la ciudad.

Se afirma que un día de Pentecostés del año 1544, mientras rezaba, se le apareció el Espíritu Santo para entregarle el amor divino en forma de bola de fuego, que, penetrando por la boca, le dilató tanto el corazón que le rompió dos costillas para que pudiese caber dentro del pecho. Esta herida nunca se le cerró. Los latidos del corazón eran tan intensos que la gente era capaz de oírlos, y también podía ver el resplandor que emanaba de su pecho, sobre todo cuando decía misa.

En 1548 fundó junto a su confesor la confraternidad de la Santísima Trinidad para ocuparse de los peregrinos y enfermos pobres que llegaban a la ciudad y estableció la devoción eucarística de las cuarenta horas.

En 1551 es ordenado sacerdote, y aunque aceptó el cargo de párroco de una iglesia romana, vivía de la caridad junto a varios compañeros. Organizó conversaciones espirituales durante las cuales rezaban, hablaban y leían textos religiosos. Poco a poco fue aumentando el número de simpatizantes y la gente los empezó a llamar oratorianos porque tocaban la campana e invitaban a orar a los fieles. En 1575 el papa Gregorio XIII aprobó la congregación del Oratorio, cuyos miembros son religiosos seculares que viven en comunidad pero sin prometer votos y que tienen como principal objetivo orar, predicar y administrar los sacramentos. Entre los simpatizantes se encontraba el músico Giovanni Palestrina, que compuso e interpretó para ellos varias piezas musicales. De esta manera nació el oratorio como género musical.

Era conocido por su buen humor y su alegría, que contagiaba a todos, aunque en los últimos años de su vida tuvo numerosos achaques y enfermedades. Cuentan que una vez la Virgen María se le apareció, le curó una inflamación vesicular y le dio un maternal abrazo. Eran frecuentes sus arrebatos de éxtasis, como atestiguaban los asistentes a sus misas.

Atributos posibles

- Capelo cardenalicio* a sus pies
- Corazón llameante
- Libro abierto donde se lee *Dilatasti cor meum* (salmo 118: Ensanchaste mi corazón)
- Lirio
- Mitra* a sus pies
- Rosario

Variantes iconográficas

- Solo, con alguno de sus atributos
- Suele aparecer como anciano, con barba blanca, sotana y birrete, y con sus atributos
- En éxtasis
- Celebrando misa

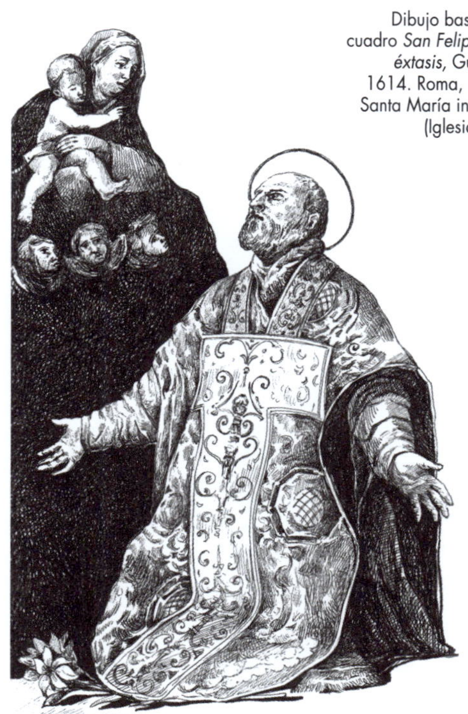

Dibujo basado en el cuadro *San Felipe Neri en éxtasis*, Guido Reni, 1614. Roma, iglesia de Santa María in Vallicella (Iglesia Nueva).

Fernando III

30 de mayo

Aventurado, inteligente

1199, provincia de Zamora / 1252, Sevilla
REY

Hijo del rey Alfonso IX de León y de Berenguela de Castilla. Heredó el reino de Castilla en 1217 al morir su tío Enrique I, y el de León en 1230 tras la muerte de su padre, unificando de este modo ambos reinos. Se casó dos veces y tuvo trece hijos: ocho con su primera esposa, Beatriz de Suabia, y cinco con la segunda, Juana de Ponthieu.

Quiso liberar las tierras españolas del dominio musulmán y luchó sin descanso hasta que recuperó Córdoba en 1236, Jaén en 1246 e incluso Sevilla en 1248. En todas las batallas llevaba consigo una imagen de marfil de la Virgen María enganchada a la silla de su caballo (Virgen de las Batallas), que hoy puede verse en la sacristía mayor de la catedral sevillana.

Siempre favoreció el culto a la Madre de Dios en los lugares que visitaba. Solía rezar todos los días el oficio mariano, que era el antecedente del rosario. Durante el asedio a la capital hispalense erigió una capilla para colocar una imagen de María (la Virgen de los Reyes) que se halla en la propia catedral de la ciudad y que es objeto de gran devoción. A esta imagen le cedió el rey Fernando el privilegio de presidir el desfile triunfal al entrar en la ciudad conquistada.

Ordenó la construcción de la catedral de Burgos y de la Universidad de Salamanca. Respetó la magnífica mezquita almohade de Sevilla, a la que ordenó consagrar como templo cristiano y a la que solo le adosó la capilla real, donde decidió ser enterrado.

Su propio hijo, Alfonso X, relata en su *Crónica de España* su piadosa muerte: «cuando el rey vio que la dolencia aumentaba con rapidez y entendió que le llegaba la hora, mandó venir al arzobispo don Remondo y a toda la clerecía, y, cuando los oyó llegar, se bajó de la cama con gran esfuerzo, tomó un pedazo de cuerda y se la echó al cuello, se puso de rodillas, pidió perdón a Dios por sus pecados y a todos los presentes por las faltas que les pudo ocasionar y comulgó con gran devoción; instantes después, expiró».

Fue tolerante con los judíos pero muy riguroso con los falsos conversos. Favoreció y estimuló la ciencia; inculcó en sus soldados la honestidad y la devoción por la Virgen; protegió la vida monástica y el culto. Fue un ejemplo a seguir en esos tiempos tan convulsos. El papa Gregorio IX lo llamó «atleta de Cristo»; por su parte Inocencio IV lo tildó de «campeón invicto de Jesucristo». Su divisa es «Dios abrirá, Rey entrará».

Atributos posibles

- Corona
- Cruz en el pecho
- Espada
- Estatuilla de marfil de la Virgen
- Globo terráqueo rematado por una cruz
- Llaves (por la conquista de Córdoba y por su divisa, junto a la espada)

Variantes iconográficas

- Solo, con alguno de sus atributos
- A pie o a caballo, ejerciendo de rey
- Moribundo, pidiendo el perdón de sus pecados

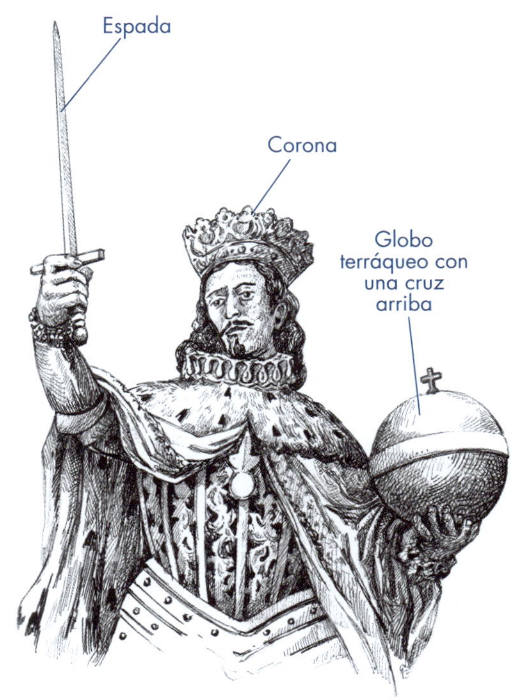

Representación de un detalle de la escultura *Fernando III el Santo*, Antonio de Quirós y Francisco Meneses, 1699. Sevilla, iglesia del Salvador.

Francisco de Asís

4 de octubre

Libre, francesito, franco

1181, Asís / 3 de octubre de 1226, Asís

FUNDADOR DE LA ORDEN DE LOS FRAILES MENORES

Es quizá el santo más popular del mundo cristiano. Su padre era un rico comerciante italiano y su madre era francesa; al niño le pusieron de nombre Giovanni (Juan), pero como hablaba bien francés, su padre le solía llamar Francesco (francesito) y con el tiempo así acabó siendo conocido por todos.

Recibió la educación típica de la época y se convirtió en el perfecto caballero medieval. Llevó una vida libertina y derrochadora y participó en la guerra que libró Asís contra Perugia, en la que fue tomado prisionero y permaneció un año cautivo. Una vez liberado, se enroló en las huestes del papa para enfrentarse al Imperio Germano. Estando en Roma visitando una iglesia, cuenta que notó cómo el propio crucifijo le decía: «Repara mi iglesia que, como ves, está en ruinas». A partir de este momento cambió su modo de vida de forma radical. Vendió todas sus pertenencias y entregó todo el dinero a los pobres a pesar de la fuerte oposición de su padre. Se casó, como él mismo dijo, con «doña Pobreza» e incluso llegó a vender algunas propiedades paternas para restaurar algunas iglesias. Convivió con leprosos y también pasó varios años como anacoreta*. Un día en misa escuchó el evangelio de Lucas, 10: «No llevéis bolsa, ni alforja, ni sandalias...», y salió a predicar una vida basada en la pobreza y en las Sagradas Escrituras. Comenzó a tener varios seguidores que se dedicaban a atender leprosos y ayudaban en los trabajos a los campesinos, iglesias y casas particulares, y siempre sin recibir ningún salario; se alimentaban de las limosnas que recibían. Así nació la orden de los frailes menores. Se alojaron en unos terrenos cerca de Asís que un abad benedictino les entregó, junto a una pequeña capilla, la Porciúncula (Partecita), y que ellos aceptaron pero no como un regalo sino pagando una renta con los peces que pescaban en un río próximo.

Se le aconsejó que se ordenara sacerdote, pero Francisco, todo humildad, lo rechazó y solo aceptó ser nombrado diácono. Hacia 1212, junto a su paisana Clara de Asís, fundó una nueva orden para las mujeres, las damas pobres o clarisas, que es el equivalente, en femenino, de los frailes menores.

Decidió ir a Siria a convertir infieles, pero una tempestad se lo impidió. La orden, mientras tanto, fue creciendo con rapidez y comenzaron a surgir los primeros problemas, como las protestas de algunos frailes que no aceptaban una pobreza tan rigurosa. Francisco se negó a renunciar a sus principios aunque rechazó seguir dirigiéndola y les recomendó que se dedicasen a evangelizar a paganos. Para dar ejemplo, él mismo se dirigió a Tierra Santa. En el delta del Nilo se encontró con los cruzados y advirtió al duque Leopoldo de Austria de que no atacase a los musulmanes porque así se lo había avisado Cristo. Los soldados se rieron de él y embistieron al enemigo, pero sufrieron una terrible derrota. Muchos de los supervivientes ingresaron en la orden.

Francisco, al que ya llamaban todos el *poverello* (pobre), se presentó ante el sultán egipcio Al-Malik y retó a los imanes* a que entrasen con él en una gran fogata para demostrar qué Dios es el auténtico, pero los musulmanes rechazaron la idea; entonces Francisco le dijo al sultán que entraría él y que, si salía indemne, el sultán y todo su pueblo debían convertirse al cristianismo. Al-Malik

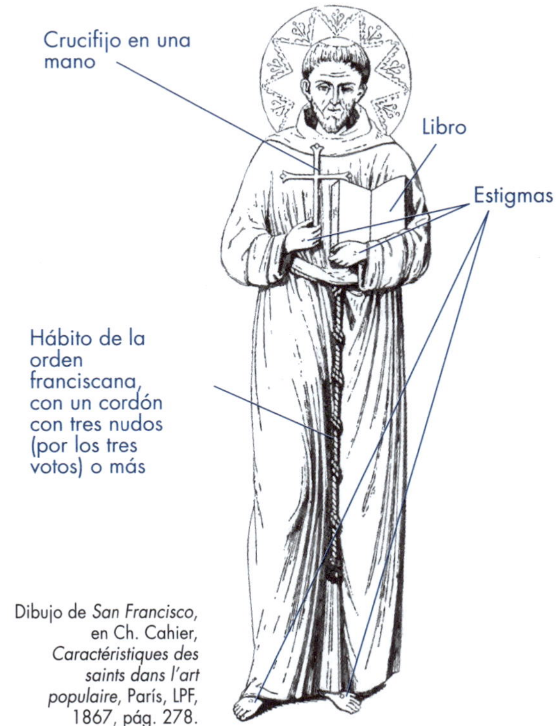

Dibujo de *San Francisco*, en Ch. Cahier, *Caractéristiques des saints dans l'art populaire*, París, LPF, 1867, pág. 278.

no aceptó el trato, aunque, impresionado, le dejó viajar libremente por el país.

Al regresar a Italia, fundó la tercera orden (terciarios), que acoge a los laicos que deseen seguir las pautas franciscanas. En la Navidad de 1223 organizó en Umbría un belén viviente, incluyendo un pesebre, para festejar el nacimiento de Jesús del modo más parecido posible al real. Es el origen de la costumbre tan extendida en nuestro país de colocar un belén de figuras en nuestras casas, iglesias y plazas en Navidad.

Después se marchó a una cabaña en una agreste montaña, donde rezaba, ayunaba y meditaba; uno de los frailes que le llevaba solo pan y agua con los que se alimentaba contó que una bola de fuego bajó tres veces a visitarlo; otros narraron que entraba con frecuencia en éxtasis; pero lo más destacado sucedió el 14 de septiembre de 1224 cuando el santo, postrado de rodillas, rezaba y pedía que pudiese sentir en su propio cuerpo la pasión de Jesús y después morir tras una larga y dolorosa enfermedad; según cuentan, se le apareció Cristo bajo el aspecto de un serafín con seis alas y le imprimió en las manos, los pies y el costado los estigmas* de su crucifixión, que conservó hasta su muerte y que muchos pudieron ver a pesar de que Francisco, por modestia, los intentaba ocultar.

Desde entonces se le conoce como el «hermano seráfico». En este tiempo compuso su aclamado *Canto del Hermano Sol*. Enfermo de gravedad, volvió a su querida Porciúncula, donde falleció convertido en una reliquia viviente.

En su vida se produjeron numerosos hechos maravillosos. Expulsó a unos demonios que tentaban a las gentes de Arezzo y que hubieron de huir por las chimeneas cuando el santo llegó y rezó ante las puertas de la ciudad. En Gubbio, un enorme lobo tenía aterrorizados a sus habitantes; Francisco se le acercó y le habló y el animal, dócil, le tendió la pata y lo acarició. En otra ocasión se le acercó una bandada de pájaros y él les predicó sobre la bondad de Dios, que les proporcionaba plumas y alimento sin que tuvieran que trabajar para conseguirlo, mientras las aves escuchaban en silencio.

En 1776 unos franciscanos españoles fundaron en Estados Unidos la ciudad de San Francisco.

Atributos posibles

- Aves
- Calavera (por la hermana Muerte)
- Crucifijo en una mano
- Estigmas*
- Hábito de la orden franciscana, con un cordón con tres nudos (por los tres votos) o más
- Libro
- Lobo
- Rosario

Variantes iconográficas

- Solo, con alguno de sus atributos
- Hasta el siglo XVI se le presentaba como un joven alegre, pero después fue sustituido por un monje demacrado y torturado, quizá por influencia de los capuchinos, una reforma de los frailes menores
- Ciclo vital: renunciando a sus ropas, ante el papa, recibiendo los estigmas*, etc.
- Aparece con los estigmas y en los diferentes episodios de su vida

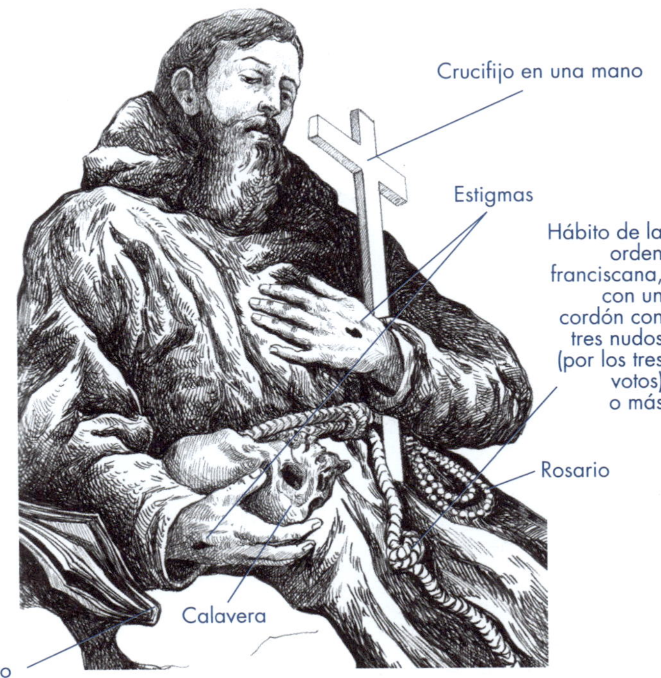

Dibujo basado en el cuadro *San Francisco de Asis en éxtasis*, Antonio van Dyck, 1632. Madrid, Museo del Prado.

Francisco de Borja

3 de octubre

Libre, francesito, franco

28 de octubre de 1510, Gandía / 30 de septiembre de 1572, Roma

CARDENAL*, CONFESOR

Era hijo del III duque de Gandía y de Ana de Gurrea, vizcondesa de Evol, bisnieto de Alejandro VI, el papa Borja, y nieto de Alfonso de Aragón, hijo ilegítimo de Fernando el Católico. Recibió la educación típica de un noble de su tiempo. A los 17 años, su padre lo envió a la corte de Carlos I de España, donde gozó de la amistad del propio rey y de su esposa, Isabel de Portugal. Se casó a los 18 años con Leonor de Castro, con quien tuvo ocho hijos. Al morir su padre, heredó el título de IV duque de Gandía y marqués de Llombay. Por su parte, el propio rey Carlos lo nombró virrey de Cataluña, caballerizo mayor de la emperatriz y gran privado u hombre de confianza del monarca.

En 1539 murió la emperatriz Isabel y Francisco de Borja recibió el encargo de organizar el cortejo fúnebre, que debía llegar hasta la ciudad de Granada, en cuya capilla real iban a descansar los reales restos. Una vez allí, se abrió el féretro para comprobar la identidad del cadáver antes de ser depositado en su tumba y el duque, horrorizado ante el cuerpo en descomposición, dijo: «He traído el cuerpo de nuestra Señora en rigurosa custodia desde Toledo a Granada, pero jurar que es ella misma, cuya belleza tanto me admiraba, me resulta difícil [...]. Sí, juro que es ella, pero juro también no más servir a señor que se me pueda morir». A partir de este momento se dedicó a ayudar a los pobres y a los religiosos y a llevar con su familia una vida cristiana. En 1546 fallece su esposa y entonces entrega sus títulos nobiliarios a sus hijos y decide ingresar en la orden de los jesuitas. Unos años más tarde será nombrado padre general de toda la orden. Participó en importantes negociaciones, como la que ayudaría a formar la Liga Cristiana que triunfaría en Lepanto.

Bajo su mandato aumentaron de modo considerable los colegios de jesuitas, y si en 1556 existían solo unos 50, en 1574 ya funcionaban 163.

Favoreció también las misiones, enviando a voluntarios a los dominios españoles en América, Asia u Oceanía. Igualmente admitió a los nativos como miembros de la compañía.

Fue, además, un excelente músico, autor del *Visitatio sepulchri* sobre el entierro y resurrección de Jesucristo.

Atributos posibles

- Calavera, coronada o no (por el episodio de la reina muerta)
- Capelo cardenalicio*
- Corona en el suelo (abandonada)
- Custodia*
- Hábito de los jesuitas: sotana negra y alzacuello blanco
- Mitra* abandonada en el suelo
- Monograma* de los jesuitas (incluido en la custodia en ocasiones): JHS* o IHS

Variantes iconográficas

- ♦ Solo, con alguno de sus atributos
- ♦ Ante el féretro de la reina Isabel
- ♦ Con moribundos

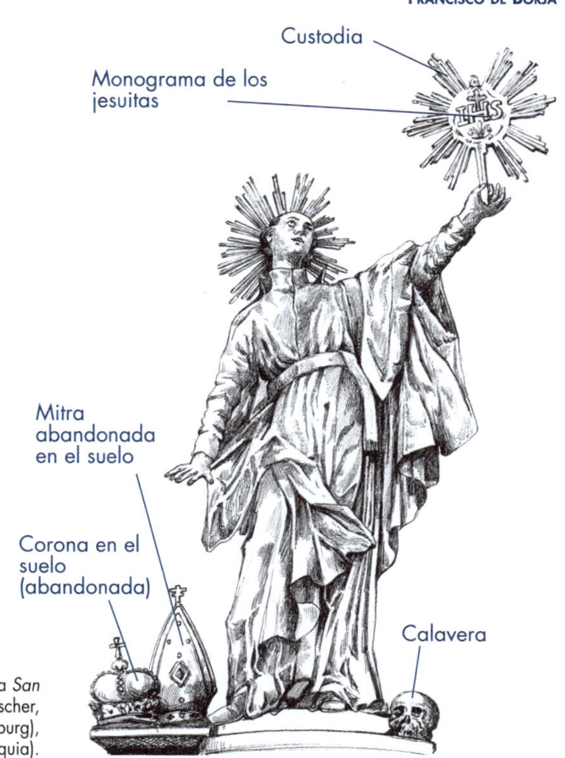

Representación de la escultura *San Francisco de Borja*, J. Michael Fischer, 1767. Bergen (cerca de Neuburg), Heilig Kreuz (parroquia).

Francisco de Paula

2 de abril

Libre, francesito, franco

27 de marzo de 1416, Paola / 2 de abril de 1507, Tours

EREMITA*, FUNDADOR DE LOS MÍNIMOS

Sus padres eran mayores, y como no tenían descendencia, rogaron a san Francisco de Asís para que Dios les otorgase un hijo. Cuando lo tuvieron, le pusieron el nombre de Francisco. Siendo aún muy pequeño, tuvo una grave infección en un ojo y los padres de nuevo le rogaron al santo de Asís y le prometieron que, si se curaba, el chiquillo vestiría durante un año el hábito franciscano. Sanó con rapidez y a los 13 años cumplió la promesa y permaneció un año en el convento de Cosenza. Después, y llevado por una fuerte vocación religiosa, pasó varios años como ermitaño, rechazando el lujo y las comodidades que su familia podía ofrecerle.

La fama de hombre santo se fue extendiendo por la región y comenzaron a acudir al lugar numerosos seguidores, que construyeron con sus propias manos un monasterio, una iglesia y celdas para dormir. En 1474 fue reconocida y aceptada por el papa Sixto IV esta nueva orden religiosa, que más adelante será conocida como orden de los mínimos y que se caracterizaba por que a los tres votos clásicos de pobreza, castidad y obediencia, se añadía un cuarto, el de la humildad.

La reputación de su modestia, sus profecías y sus dotes como sanador llegaron hasta la corte francesa del rey Luis XI, quien, aquejado de una grave enfermedad, lo mandó llamar. Francisco se negó a abandonar su monasterio, pero la intervención del papa le obligó a marchar a París. No logró curar a Luis XI, pero sus sucesores Carlos VIII y Luis XII le pidieron que se quedase, y allí permaneció veinticinco años. Fundó dos monasterios de su orden, en uno de los cuales falleció a una edad muy avanzada. Siempre pedía que la gente demostrase caridad con los demás y que abandonasen los lujos.

Cuentan que fue autor de abundantes milagros: curó el brazo de un niño de unas terribles llagas; desatascó una fuente con un simple bastonazo; hizo que el oro cobrado por el rey de Nápoles por impuestos abusivos soltara sangre; logró con sus oraciones que naciese Susana de Borbón, nieta de Luis XI; profetizó que la ciudad de Otranto sería conquistada por los turcos en 1480 y que poco después sería reconquistada por los cristianos. El milagro más conocido de

Francisco sucedió cuando arribó al estrecho de Mesina con algunos seguidores y el patrón del barco se negó a llevarlos porque no tenían dinero para pagarle; entonces el santo extendió su manto y, sentados en él, cruzaron el estrecho.

Atributos posibles

- Bastón, generalmente con forma de tau*
- Cordero
- Divisa con la palabra *charitas* o *humilitas*, rodeada de rayos
- Hábito franciscano
- Mitra* en el suelo

Variantes iconográficas

- Solo, con alguno de sus atributos
- Como ermitaño, con barba larga, anciano, con capucha
- La divisa aparece en el pecho, en el báculo o cerca de su cabeza
- En el milagro de la capa o manto

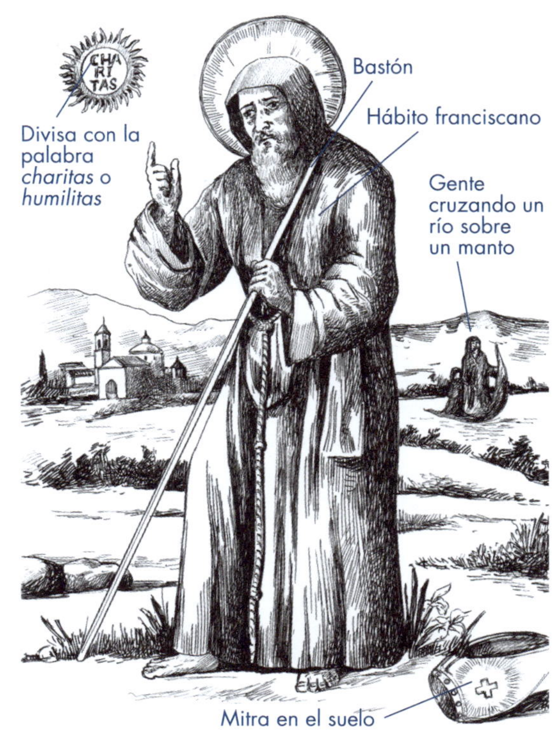

Dibujo del grabado del siglo XIX, basado en la obra *Francisco de Paula*, Juan de Juanes, siglo XVI. Bolbaite, iglesia de San Francisco de Paula. (Original de Juanes en Valencia, iglesia de San Miguel y San Sebastián).

Francisco de Sales

24 de enero

Libre, francesito, franco

21 de agosto de 1567, Sales / 28 de diciembre de 1622, Lyon

OBISPO, DOCTOR DE LA IGLESIA*, FUNDADOR

De familia noble, nació en el castillo de Sales en Saboya (Francia). Su padre quiso dedicarlo a la abogacía y lo envió en primer lugar a París, al colegio de los jesuitas, donde cursó estudios clásicos y filosofía, y más tarde ingresó en la universidad para hacer derecho. Además, Francisco, que siempre había mostrado un evidente interés por el sacerdocio, estudió teología, y después quiso ampliar su formación en la Universidad de Padua.

El joven abogado deseaba ser sacerdote, pero su padre se oponía, así que fue elegido miembro del consejo de la ciudad de Chambéry (capital de Saboya); sin embargo, pasado un tiempo, y sin que el interesado lo supiese, el obispo de Ginebra le pidió al papa que lo nombrara deán* del capítulo* de Annecy (Saboya), ciudad dominada por los calvinistas*. Francisco cuando conoció la noticia creyó que era un mensaje de Dios y abandonó la abogacía y se ordenó sacerdote en 1593. El padre se vio obligado a aceptar la vocación religiosa de su hijo.

De inmediato comenzó a predicar entre los pobres mostrando siempre un carácter alegre y optimista. Él afirmaba que un sacerdote debía poseer una vasta cultura y buen ánimo para llegar a la gente. Después intentó convertir a los calvinistas. En un principio estos lo expulsaron de la ciudad y se vio obligado a vivir en el campo, donde le llegaron a atacar varias veces los lobos; pero nunca se desanimó y con paciencia fue distribuyendo sus predicaciones en forma de folletos, de casa en casa, y con humilde moderación los fue invitando a que reflexionasen, y de este modo logró numerosas conversiones. En cierta ocasión afirmó: «He repetido con frecuencia que la mejor manera de predicar a los herejes es el amor, sin refutar sus ideas».

En 1602 lo nombraron obispo de Ginebra, donde efectuó una inmensa labor, sobre todo con los pobres. En 1604, con su buena amiga Juana de Chantal, fundó la orden de la Visitación de Santa María, para mujeres que quisieran llevar una vida religiosa sin tener que soportar las rigurosas reglas de los conventos.

Se llaman así porque su misión básica es visitar enfermos, aunque se las suele conocer como salesianas.

Fue autor de numerosos libros: *Controversias, Tratado del amor de Dios, Conferencias espirituales*, etc., aunque destacó sobre todos ellos *Introducción a la vida devota*, el libro religioso más popular del siglo XVII.

Se le conoce como «el santo de la amabilidad» por su buen carácter.

Atributos posibles

- Báculo*
- Corazón en llamas, traspasado y, a veces, con una corona de espinas
- Crucifijo
- Libro
- Mitra*
- Obispo (ropas de...)
- Pluma

Variantes iconográficas

- Solo, con alguno de sus atributos
- Siempre calvo, con barba y, a veces, sin mitra, aunque fue obispo
- Suele llevar roquete* y encima una muceta*

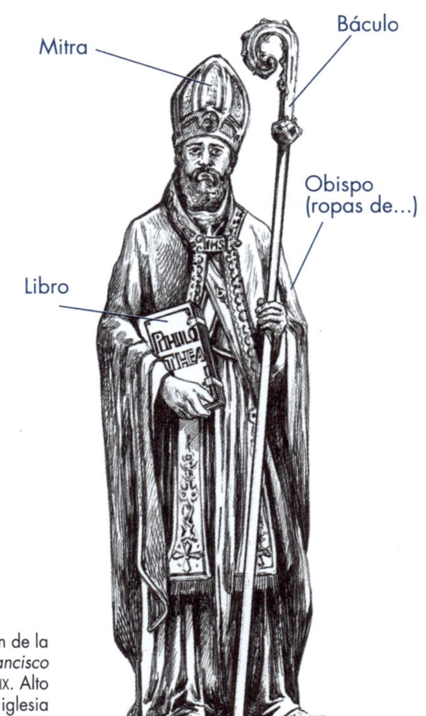

Representación de la escultura *San Francisco de Sales*, siglo XIX. Alto Rin, Ribeauvillé, iglesia de los agustinos.

Francisco Javier

3 de diciembre

Libre, francesito, franco

7 de abril de 1506, castillo de Javier (Navarra) / 3 de diciembre de 1552, China
MISIONERO

Su padre era el presidente del Real Consejo de los Reyes de Navarra, cuando este territorio era aún independiente, y señor del castillo de Javier (en euskera Etxaberri, «casa nueva», de donde derivó a Jaberri y luego a Javier). Unos años más tarde el reino navarro quedó anexionado a España y la familia de Javier, que siempre apoyó al último rey Juan Albret, sufrió las consecuencias: el padre murió en el exilio y sus tres hermanos fueron encarcelados.

El joven Javier se dedicó a estudiar humanidades y sintió una vocación religiosa. Estudió en Pamplona y más tarde en la Sorbona (París), en donde conoció a san Ignacio de Loyola. Fue catedrático de filosofía mientras estudiaba teología. En 1534, junto a Ignacio y otros cinco compañeros, hace voto de pobreza y castidad y se pone a disposición del papa. Este hecho constituye el embrión de la futura Compañía de Jesús. En 1537 es ordenado sacerdote.

En 1539 se entera de que Juan III de Portugal está buscando sacerdotes que evangelicen sus posesiones de Asia y Francisco decide hacerse misionero. El papa Paulo III lo nombró su legado y Javier se marchó a Lisboa. De allí se trasladó a Mozambique, donde protesta por el trato vejatorio que daban a los negros. Al año siguiente llega a Goa (India portuguesa) y comienza la evangelización entre los nativos. Sus dotes como predicador, sus desvelos por los pobres y moribundos y la fama de sanador que le adjudicaron le ayudaron en esta labor. Aprendió el idioma nativo y tradujo los textos católicos. Fundó varios seminarios para sacerdotes indígenas. Predicó en Ceilán, Malaca y las islas Molucas. En 1549 marchó a Japón, donde permaneció dos años y consiguió convertir a numerosos samuráis*. En 1552 decide trasladarse a China, pero enfermó de unas graves fiebres y falleció sin poder intervenir en este país, donde gobernaba la dinastía Ming.

Se le atribuyen varios hechos milagrosos, entre ellos resucitar a un cadáver. El episodio más famoso fue el que se produjo en un viaje a las Molucas. Se desató un temporal que amenazaba con hacer zozobrar la embarcación. Francisco cogió su crucifijo y lo metió en el mar para detener la tempestad, pero una ola enorme lo golpeó, cayó al mar y se hundió. Cuando llegaron a tierra firme, mientras paseaba acongojado por la orilla, se le apareció un gigantesco cangrejo que le entregó en sus pinzas el crucifijo perdido.

Se le conoce como el «apóstol de las Indias». Todos los años, en los primeros días de marzo, se celebra una multitudinaria peregrinación en su memoria al castillo de Javier.

Atributos posibles

- Calavera
- Cangrejo con un crucifijo
- Corazón (inflamado, atravesado, en llamas, etc.)
- Crucifijo
- Libro
- Misión (edificio de...)

Variantes iconográficas

- Solo, con alguno de sus atributos
- A veces se le representa junto a san Ignacio
- Bautizando a nativos
- En el episodio del cangrejo

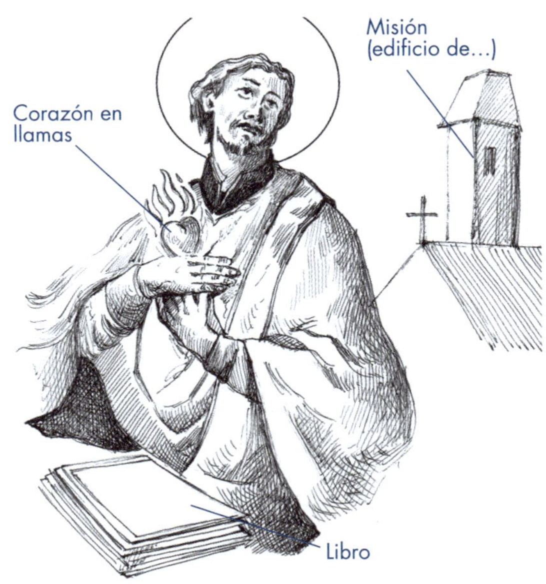

Dibujo de un detalle del fresco *Francisco Javier*, Joseph Cristo. Horgau, iglesia de San Martín.

Froilán

5 de octubre

Señor del país, señorito

832, Lugo / 904, León

OBISPO, FUNDADOR DE MONASTERIOS

Desde muy joven recibió una buena formación cultural y religiosa en la escuela catedralicia de Lugo o en algún monasterio benedictino. A los 18 años, empujado por una gran vocación religiosa, se marchó como ermitaño a las deshabitadas montañas del Bierzo. Pasado cierto tiempo, duda entre seguir en su aislamiento o dedicarse a predicar. Pidió una señal a Dios que lo guiase y para ello se introdujo unas brasas en la boca sin recibir ningún daño; entonces, sintiendo que Dios le había elegido para repartir el fuego de la fe, abandonó su soledad y se dedicó a predicar la doctrina de Cristo por las comarcas leonesas y gallegas. Cuentan que un día un feroz y enorme lobo le atacó y mató a su viejo asno, en el cual transportaba los libros que siempre llevaba consigo. El santo llamó al lobo, que mansamente se acercó y desde ese día cargó con las alforjas de Froilán. En esta época conoce a un sacerdote mozárabe*, Atilano, que también alcanzó la santidad; juntos van a ayudar y predicar a los numerosos mozárabes que llegaban a estas tierras huyendo de las persecuciones que se habían desatado en Al-Ándalus.

Fundó un monasterio en Viseu (Portugal) y enseguida atrajo a numerosos monjes. El rey leonés Alfonso III el Magno, conocedor de la fama de Froilán, le encarga la repoblación de las tierras recién conquistadas en la zona del Duero y con este objetivo funda el famoso monasterio de San Salvador de Tábara (Zamora), al que llegaron unos seiscientos monjes de ambos sexos, y algo más tarde el de Santa María de Moreruela, en la misma localidad.

Un día, mientras buscaba un lugar adecuado para fundar uno de sus monasterios, vio dos palomas en el cielo, una roja como el fuego y la otra, blanca como la nieve, que bajaron volando y se introdujeron en su boca: mientras una le quemaba el alma, la otra la refrescaba.

En el año 900 lo nombran obispo de León a pesar de su resistencia a aceptar el cargo. A su compañero Atilano se le adjudicó la sede zamorana. Su labor en la diócesis fue breve, apenas cuatro años, pero tan satisfactoria para todos que le consideraron santo y le tributaron culto.

Sus reliquias sufrieron diversos avatares en el siglo X. Ante la amenaza de Almanzor, sus restos se trasladaron a Viseu, posteriormente pasaron al célebre cenobio cisterciense* de Moreruela y, finalmente, por decisión papal, se devolvió la mitad a León, donde inicialmente había sido enterrado.

Atributos posibles

- Báculo*
- Bolsa con libros
- Capa
- Lobo (con alforjas)
- Mitra*
- Obispo (ropas de...)
- Palomas

Variantes iconográficas

- Solo, con alguno de sus atributos
- Vestido con el hábito benedictino
- Representado como obispo
- En el episodio del lobo o el de las palomas

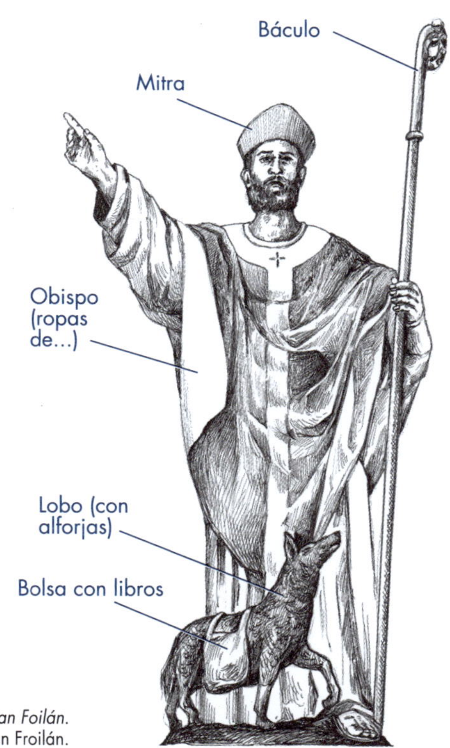

Dibujo de la estatua *San Foilán*.
Lugo, parroquia de San Froilán.

Gabriel

29 de septiembre

Fortaleza de Dios

ARCÁNGEL*

Pertenece a la penúltima jerarquía de ángeles en importancia: los arcángeles. Pese a ello, dos características los hacen destacar desde el punto de vista iconográfico: los siete (es un número sagrado) tienen nombre específico y sus funciones y acciones son igualmente concretas y cercanas al mundo. Su labor genérica, según Santiago de la Vorágine, es proteger a una colectividad de personas, como los habitantes de una ciudad o de un país; y además desempeñan otras labores más específicas, como en el caso de Gabriel, que es mensajero de Dios.

Pese a estas indicaciones de la obra de De la Vorágine, que sitúa a los arcángeles en un lugar bajo en la jerarquía, su importancia es grande, ya que están al lado de Dios o gozan de su presencia, como se testimonia en las diferentes apariciones que se producen en la Biblia (Tob 12: 15, por ejemplo).

En el Antiguo Testamento Gabriel se aparece al profeta Daniel (Dan 8: 15-26, 9: 21-27) y le explica sus visiones apocalípticas. En la primera aparición le provoca un profundo temor: «quedé aterrorizado y caí rostro en tierra [...]. Mientras él hablaba conmigo me desmayé» (Dan 8: 17-18). Tras la explicación, continúa el profeta: «Yo, Daniel, caí desfallecido y estuve enfermo varios días» (Dan 8: 27). Su aspecto es humano, aunque en alguna de las sucesivas apariciones al profeta se le acerca volando (Dan 9: 21).

En el Nuevo Testamento se aparece a Zacarías para anunciarle el nacimiento de Juan el Bautista (Luc 1: 11 y ss.) y le indica (Luc 1: 19): «Yo soy Gabriel, el que está en la presencia de Dios, y he sido enviado para hablar contigo y anunciarte esta buena noticia». Pero el momento más importante es su anuncio a María de que será la madre de Cristo (Luc 1: 28-29): «Salve, superdotada de gracia. El Señor está contigo, [...] darás a luz un hijo a quien pondrás por nombre Jesús. Este será grande y será llamado Hijo del Altísimo».

Es un arcángel pacífico, pese a lo cual comparte con Miguel misiones de protección, por ejemplo de las puertas de las iglesias, donde impide que pasen los demonios. Algunos escritos le identifican en otros momentos como el ángel que se aparece a los pasto-

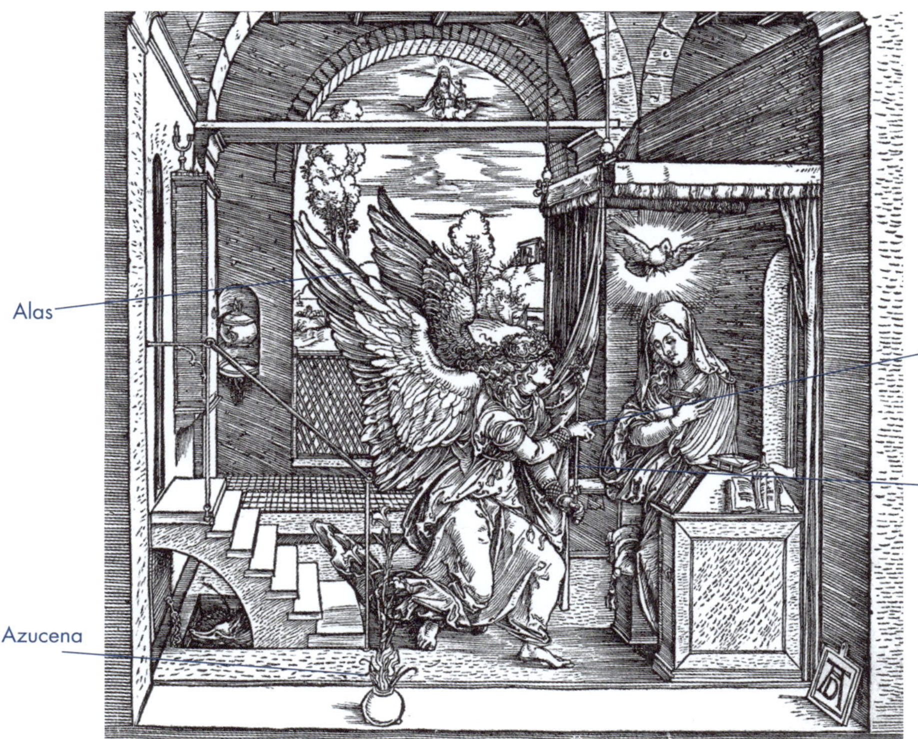

Detalle de *La Anunciación*, grabado de Alberto Durero, 1504. Londres, National Gallery.

res en la natividad o a Jesús en el huerto de Getsemaní; también el que toca la trompeta en el Juicio Final o anunciando su muerte a María. Pero, aunque iconográficamente aparece así en algunas obras, no está respaldada su intervención en estos hechos en la literatura sagrada.

Suele sostener una linterna encendida y un espejo de jaspe verde sobre el que se inscriben las órdenes de Dios.

Gabriel aparece con el título de arcángel en el Libro de Enoc (libro de la Iglesia ortodoxa etíope). Para el judaísmo, es el ángel encargado de destruir Jerusalén (Libro de Ezequiel). En el islam será el encargado de revelar la verdad a Mahoma y dictarle el Corán.

Variantes iconográficas

- Solo, con alguno de sus atributos
- Acompañado por perros que siguen a un unicornio que se refugia junto a la Virgen María
- En la anunciación* a la Virgen María, en el anuncio a Zacarías, etc.
- Con diferentes ornamentos litúrgicos*

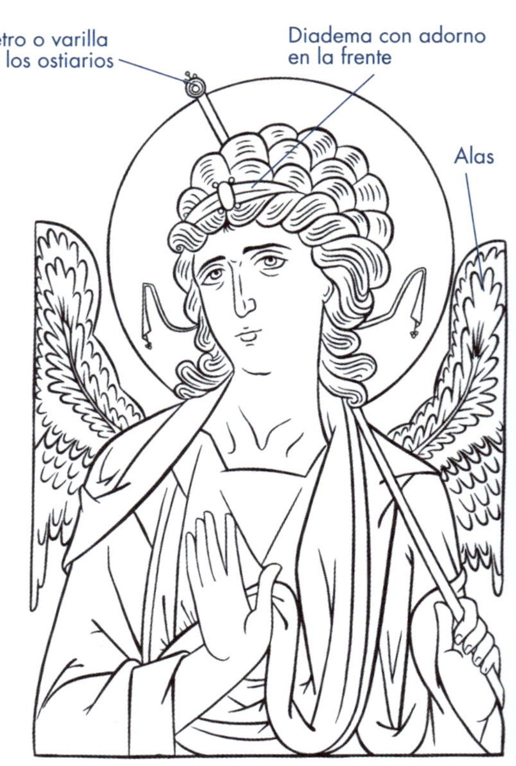

Infografía del *Arcángel san Gabriel*, Andrei Rubliov, siglo XV. Moscú, Galería Tetriakov.

Atributos posibles

- Alas
- Alba*
- Antropomorfo
- Azucena
- Bastón, con empuñadura de mensajero (merilo)
- Cetro
- Dalmática*
- Dedo índice levantado hacia el cielo o señalando
- Diadema con la cruz o adorno en la frente
- Emblema: *Gabriel nuntius, ad Mariam missus* («El ángel Gabriel fue enviado a anunciar a María»)
- Espíritu Santo
- Estola*
- Filacteria* con el lema *Ave Maria gratia plena...*
- Flor de lis
- Lirio
- Llama en la frente
- Palma (cuando anuncia a la Virgen su muerte)
- Rama de olivo (símbolo de paz)
- Trompeta
- Unicornio
- Varilla de los ostiarios*

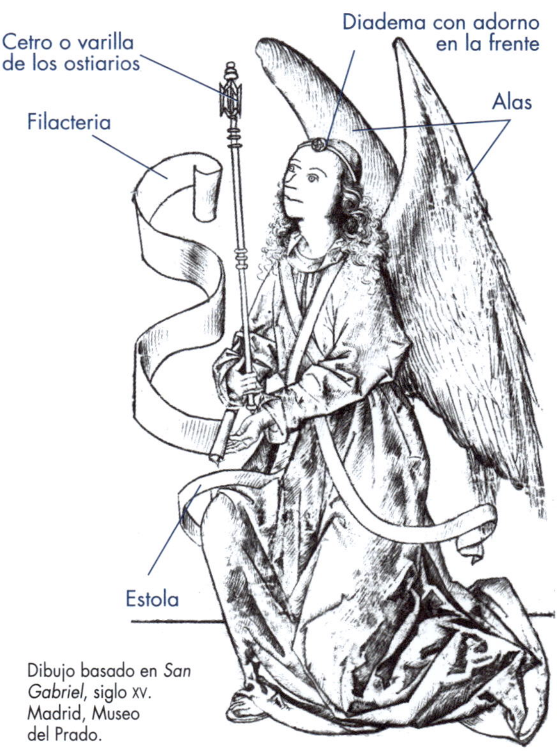

Dibujo basado en *San Gabriel*, siglo XV. Madrid, Museo del Prado.

Genaro o Jenaro

19 de septiembre

Consagrado al dios Jano

¿?, Nápoles / 305, alrededores de Nápoles
OBISPO, MÁRTIR

Se llamaba Próculo y pertenecía a una familia pagana muy rica de la Campania, los Ianuarii, que eran devotos del dios Jano, lo que explica el apelativo de Jenaro. Este es el único dato conocido de su biografía hasta el momento de su martirio.

Cabe suponer que se convirtió a la fe cristiana y que fue elegido obispo de Benevento (Italia). Durante la terrible persecución en el año 305 ordenada por los emperadores Diocleciano y Maximiano (en este periodo existía un gobierno dual debido a la crítica y compleja administración del Imperio Romano) fue detenido y encarcelado por el gobernador romano. Lo torturaron para que abandonase su fe y adorase a los dioses paganos. Genaro se negó y comenzó su martirio. Primero lo metieron en un horno encendido del que logró salir indemne. Sorprendidos los verdugos por este hecho milagroso, al día siguiente lo arrojaron a las fieras junto a otros cristianos, en el anfiteatro de la ciudad. Los animales salvajes, entre los que destacaba un oso, se les acercaron con mansedumbre y les lamieron las manos. El populacho, frustrado y ávido de sangre, exigió con grandes gritos que acabaran con él y con sus compañeros. Las autoridades romanas ordenaron que todos fuesen decapitados.

Sus restos sufrieron sucesivos traslados durante los cuales fueron perdiéndose diferentes partes. La devoción al santo aumentó al descubrirse en el siglo XIV una nueva reliquia: una ampolla en la que se conservaba la sangre del santo.

San Genaro goza de fama mundial porque su sangre se licúa todos los años el día 19 de septiembre, aniversario de su martirio. Ese día un sacerdote coge el frasco donde se conserva la sangre del santo y lo acerca a la urna que contiene los restos de san Genaro mientras los fieles comienzan a rezar; poco después, esa sangre que estaba solidificada y negruzca se vuelve líquida, roja y además aumenta de volumen. Este fenómeno se viene produciendo desde hace unos 400 años y tiene difícil explicación científica. No faltaría una instrumentalización del milagro, considerado un pronóstico favorable o no en diferentes acontecimientos de la vida política napolitana. Para los napolitanos es, sin dudarlo, un milagro muy especial, portador de buena suerte para la ciudad. También aseguran que san Genaro les ha protegido numerosas veces de las posibles erupciones del cercano volcán Vesubio.

Atributos posibles

- Báculo*
- Cabeza decapitada (la suya propia)
- Dos frascos (con su sangre, sobre un libro, mesa o dentro de una custodia*)
- Mitra*
- Obispo (ropas de...)
- Palma del martirio*

Variantes iconográficas

- ♦ Solo, con alguno de sus atributos
- ♦ Vestido de obispo, joven e imberbe
- ♦ Sobre las llamas del Vesubio
- ♦ A veces el báculo* lo llevan unos ángeles
- ♦ Ciclo vital relacionado con su martirio y muerte

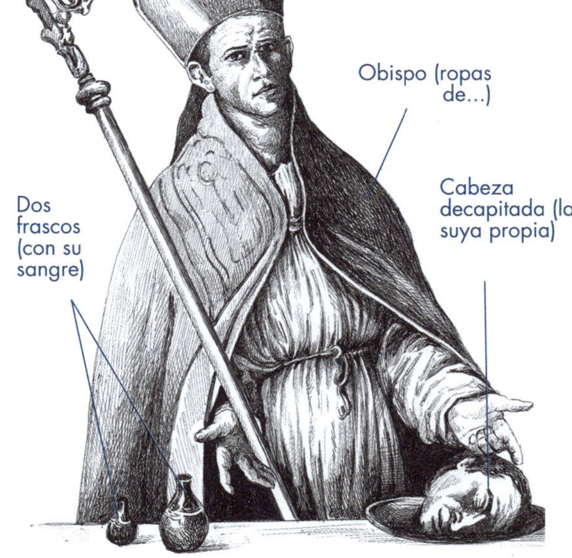

Dibujo del cuadro *San Genaro*, Louis Finson, 1612. Pensilvania, Palmer Art Museum.

Genoveva de París

3 de enero

Ola blanca, buena estirpe

422, Nanterre / 502, París
VIRGEN

De padre romano y madre griega, nació en las cercanías de París. Genoveva, con 6 años, cuidaba las ovejas del padre, y se afirma que con esta edad ya mostraba señales de una gran devoción religiosa, pues solía retirarse a una gruta a rezar, con los brazos abiertos y mirando hacia el cielo. Un día pasó por las inmediaciones el obispo san Germán y quedó tan impresionado por la fe que aquella niña mostraba que cayó del cielo en ese preciso momento una medalla con una cruz, y el santo se apresuró a colocarla en el cuello de la chiquilla.

Unos meses después Genoveva quería ir a rezar a la iglesia, pero la madre se lo prohibió, le dio una bofetada y le ordenó que continuase guardando el rebaño, tras lo cual de inmediato se quedó ciega. La niña cogió entonces un cubo con agua, le hizo la señal de la cruz y lavó los ojos de la mujer, que en un instante recuperó la vista.

A los 15 años organizó a un grupo de jóvenes que se encargaban de ayudar a los más necesitados. Pasaba siempre la Cuaresma rezando en la iglesia, apartada del mundo.

Cuando contaba con unos 30 años, se produjo la invasión de la Galia por Atila con sus temibles guerreros asiáticos; al aproximarse a Lutecia (París), la gente, asustada, acudió a pedir auxilio a Genoveva porque ya gozaba de fama de santidad, y ella les dijo con enorme tranquilidad: «Que los hombres huyan, si lo desean; nosotras, las mujeres, rezaremos tanto a Dios, que Él atenderá nuestras súplicas». Poco después Atila cambió su rumbo y se dirigió a Orleans, con lo que París no sufrió daño alguno.

También salvó en otra ocasión la ciudad cuando en el año 486 el rey franco Clodoveo I la sitió con motivo de su enfrentamiento con el último rey galorromano, Afranio Siagrio, a quien derrotó para apoderarse de su territorio. Cuando París comenzó a sufrir hambre, Genoveva burló la vigilancia de los francos y trajo a la ciudad más de diez barcas llenas de alimentos entre el entusiasmo de sus vecinos. Por este motivo es la patrona de París.

Sin embargo, sus restos fueron profanados durante la Revolución Francesa, y la iglesia que los albergaba, destruida; sobre ese solar ahora se yergue el panteón donde Francia entierra a sus héroes.

Atributos posibles

- Barco
- Cayado
- Cirio encendido
- Huso de hilar
- Medalla al cuello
- Oveja
- Pala ¿de panadero?
- Pan
- Perro pastor

Variantes iconográficas

- Sola, con alguno de sus atributos
- Aparece como una joven pastora rodeada de corderos
- Con el huso y el cirio, que un demonio intenta apagar y un ángel encender
- Leyendo un libro mientras pastan las ovejas

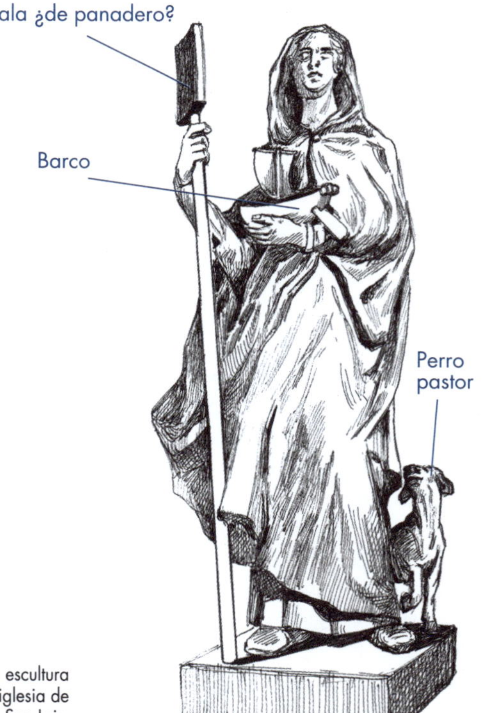

Representación basada en la escultura *Santa Genoveva*. París, iglesia de San Pablo y San Luis.

Gil o Egidio

1 de septiembre

Cabrito, cabrero, protegido

640 / 1 de septiembre de 721, Atenas
ERMITAÑO, ABAD

Nació en una familia rica que le proporcionó una amplia cultura. Sus padres fallecieron siendo aún joven y sintió el ferviente deseo de entregar su vida a Dios. Vendió sus abundantes bienes y entregó toda su fortuna a los pobres, y, según se afirma, recibió a cambio la gracia de hacer milagros, como curar enfermos o calmar tempestades. La gente, al enterarse de estos hechos, acudía en tropel en busca del santo, que, agobiado, decidió peregrinar a Roma. Desde allí se trasladó a la Provenza francesa atraído por la fama de san Cesáreo de Arlés y se convirtió en su discípulo. Transcurrido un tiempo, se marchó a un bosque frondoso porque deseaba llevar una vida más austera y silenciosa, y allí permaneció varios años alimentado, según cuentan, por la leche de una cierva que cada día lo visitaba. Un día llegó de caza el rey visigodo Wamba, vio la cierva y se aprestó a darle muerte; el animal, asustado, buscó protección junto al ermitaño, pero el rey lanzó una flecha que se clavó en la mano del santo. Wamba, afligido por haber herido a aquel hombre tan santo, le ofreció cuantiosos bienes y riquezas, pero él le pidió que edificase a cambio un monasterio, que desde entonces lleva su nombre y del que fue su primer abad, el de Saint-Gilles.

En cierta ocasión un monje puso en duda la virginidad de María; entonces, san Gil escribió sobre la arena tres preguntas: ¿María era virgen antes, durante o después del nacimiento de Jesús? De inmediato tres lirios brotaron junto a las letras confirmando la virginidad de la Madre de Dios. En su peregrinación a Roma, el papa le regaló dos puertas con las imágenes de Pedro y Pablo respectivamente, para su abadía en Saint-Gilles. El santo las arrojó al Tíber, encomendándolas a Dios. Las puertas aparecieron de modo milagroso en la abadía.

Pero quizá el episodio más conocido sucedió cuando Carlos Martel acudió en demanda de ayuda porque había cometido un pecado tan grave que no lo podía confesar y quería la absolución. Al día siguiente, mientras san Gil oficiaba una misa, apareció un ángel con un pergamino en el que estaba escrito el pecado de Carlos y lo colocó en el altar; las letras fueron desapareciendo según rezaba el santo y así quedó absuelto el pecador, con la advertencia de que no lo cometiese nunca más. Empezó a venerársele por ser el único santo que exoneraba de la confesión. Sin embargo, su fama se fue extinguiendo porque el Concilio de Trento fijó como una de sus disposiciones más importantes la obligación de confesar los pecados cometidos y dispuso que este episodio no fuera divulgado.

Atributos posibles

- Cierva herida
- Dos puertas
- Flecha (clavada en su mano)
- Lirio (por el milagro)

Variantes iconográficas

- Solo, con alguno de sus atributos
- Con el hábito negro benedictino
- De abad con báculo y el libro de la regla
- En el episodio de la cierva
- En el episodio del pecado de Carlos Martel

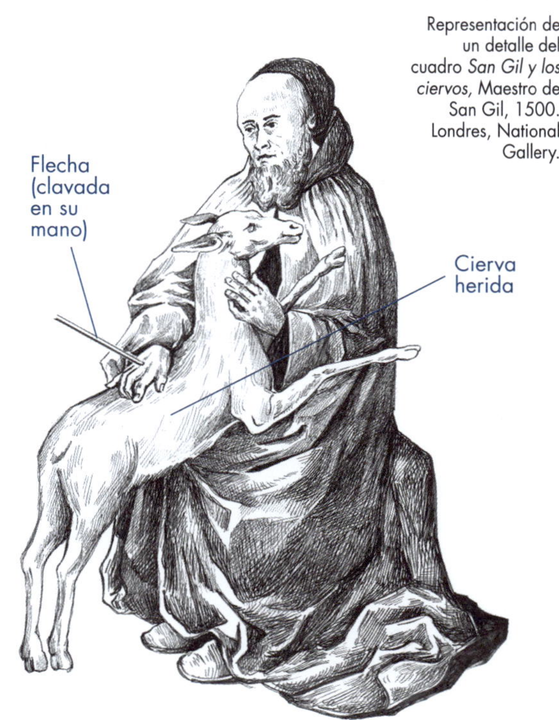

Representación de un detalle del cuadro *San Gil y los ciervos*, Maestro de San Gil, 1500. Londres, National Gallery.

Gregorio Magno o Gregorio I **3 de septiembre**

Que vela, guardián, vigilante

540 / 12 de marzo de 604, Roma

PAPA, DOCTOR DE LA IGLESIA*

Nació en una rica e influyente familia noble romana. Su abuelo fue el papa Félix IV, y Félix III su bisabuelo; sin embargo, Gregorio fue preparado para una profesión no religiosa y llegó a ser prefecto* de Roma. Él, en cambio, deseaba dedicarse a Dios y pronto abandonó este cargo y se hizo monje benedictino. Con la fortuna familiar fundó siete monasterios, el último en su propia casa (ya había fallecido su padre). El papa Pelagio II lo envió como legado pontificio (embajador) a Constantinopla, donde permaneció seis años. Volvió a Roma al morir el papa en el año 590. El pueblo y el clero lo eligieron como nuevo pontífice. Durante su papado salvó a la ciudad de Roma del ataque de los lombardos, con los que negoció un tratado; mejoró las infraestructuras de la ciudad; alimentó y ayudó a los pobres. Un día, mientras paseaba por el mercado, vio a unos esclavos blancos y rubios y preguntó por ellos; le dijeron que eran anglos y en ese momento Gregorio decidió enviar varios misioneros a Inglaterra para que evangelizasen el país.

Escribió numerosos libros, entre los que destacan: *Homilías sobre Ezequiel; Regula pastoralis,* que es un conjunto de recomendaciones para los obispos; *Diálogos,* donde narra la vida de algunos santos y expone su teoría sobre el purgatorio: afirma que las almas de los fallecidos son juzgadas de un modo individual y, si lo merecen, antes de ir al cielo permanecerán algún tiempo en el purgatorio para expiar sus faltas. También recopiló numerosos cantos y oraciones en el *Antifonario* y el *Sacramentario,* que derivaron en el conocido canto gregoriano, que es el oficial de la Iglesia Católica.

Se le representa con una paloma blanca susurrándole porque en las *Homilías sobre Ezequiel* decía: «entiendo al profeta porque oigo en mis oídos lo que os digo, por el don que Dios me envía», y también porque cuando escribía veía en numerosas ocasiones al Espíritu Santo, que le inspiraba lo que debía exponer.

Fortaleció la sede pontificia, reformó el clero y la vida monástica y aportó datos básicos a la doctrina eclesiástica, por todo lo cual está considerado uno de los cuatro doctores de la Iglesia y se le puso el sobrenombre de Magno.

Es un santo famoso porque alivia las penalidades de las almas del purgatorio si los vivos rezan por el fallecido, como narra en *Diálogos IV;* esta prerrogativa se debe a que Gregorio sacó al emperador Trajano del purgatorio por haber sido un hombre justo. Con el tiempo se fue estableciendo la llamada misa de san Gregorio, que consiste en dedicar treinta misas a un fallecido para que llegue antes al cielo.

Atributos posibles

- Cruz papal*
- Libro
- Maqueta de iglesia
- Paloma blanca
- Papa (ropas de...)
- Pluma
- Tiara papal*

Variantes iconográficas

- Solo, con alguno de sus atributos
- Vestido de pontífice con una tiara de tres coronas*, cruz papal* y una paloma blanca cerca
- Con los otros doctores de la Iglesia*
- En la misa de san Gregorio

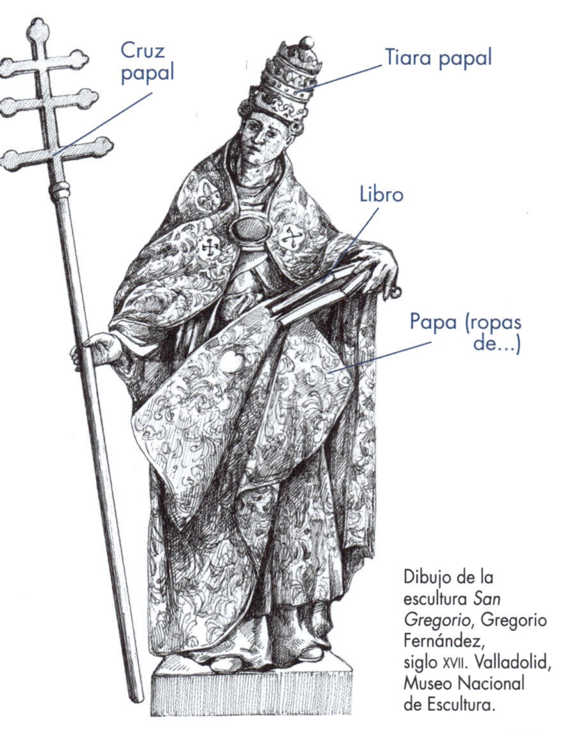

Dibujo de la escultura *San Gregorio*, Gregorio Fernández, siglo XVII. Valladolid, Museo Nacional de Escultura.

Hermenegildo

13 de abril

Quien distribuye a los soldados

564, Medina del Campo / 13 de abril de 585, Tarragona
MÁRTIR

Hijo mayor de los reyes Leovigildo y Teodosia. Como príncipe heredero, fue educado en la fe arriana* que profesaban los visigodos, mientras que los hispanorromanos solían ser cristianos católicos. A los 15 años se casó con la princesa franca Ingunda, que era cristiana, y el joven matrimonio fue enviado por el rey a la Bética como gobernadores. En Sevilla, y bajo el influjo de su esposa y de san Leandro, se convirtió al catolicismo.

Aparecieron así tensiones entre el rey y su heredero por esta cuestión, aumentadas por las intrigas de Goswintha, la segunda esposa de Leovigildo, que odiaba a los cristianos porque el rey franco de Rouen, católico, había asesinado a su esposa Geleswinta, que era hija suya.

Las fricciones, a las que se unió una sospechosa relación de Hermenegildo con los bizantinos asentados en Hispania, desembocaron en un conflicto armado entre padre e hijo que duraría tres años. En la contienda participaron a favor de Hermenegildo bizantinos y suevos. Leovigildo fue controlando la situación y poco a poco consiguió que su hijo fuera abandonado por sus aliados y terminó por sitiarlo cerca de Sevilla. Hermenegildo huyó a Córdoba, donde su hermano Recaredo lo convenció para que se entregara y conservara así la vida. Fue apresado y confinado en Valencia. Su cuñado, el rey de los francos, decidió ayudarle invadiendo la Galia visigoda. Hermenegildo escapó de la prisión para unirse al ejército franco, pero fue capturado en Tarragona y encerrado de nuevo. Leovigildo le ofreció el perdón si renunciaba a su fe católica y regresaba al arrianismo*; como el príncipe se negó y rechazó la comunión que le ofrecía un obispo arriano, fue decapitado, en el año 586.

Su hermano Recaredo, nuevo rey tras la muerte de su padre Leovigildo, tres años después, en el III Concilio de Toledo, abjuró del arrianismo y, junto a varios nobles y altos dignatarios eclesiásticos, se convirtió al catolicismo. Las iglesias arrianas fueron expropiadas y el catolicismo se convirtió en la religión oficial. El pueblo visigodo se convirtió al catolicismo y se produjo la unificación religiosa de la Península.

Atributos posibles

- Cadenas
- Cetro
- Corona
- Cruz
- Escudo
- Espada
- Hacha

Variantes iconográficas

- Solo, con alguno de sus atributos
- Atado con cadenas, abrazado a la cruz
- En una mazmorra

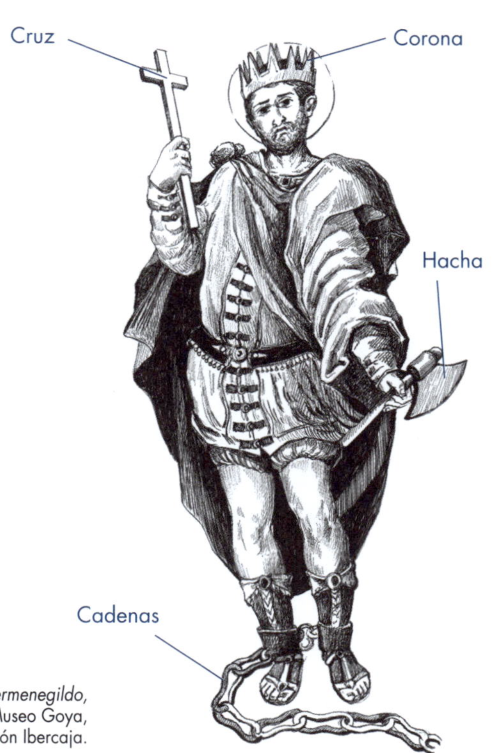

Representación basada en *San Hermenegildo,* Pedro Campaña, 1550. Zaragoza, Museo Goya, colección Ibercaja.

Hugo de Grenoble

1 de abril

Inteligencia, juicio, pensamiento

1053, Châteauneuf-sur-Isère / 1 de abril de 1132, Grenoble
Obispo

Desde muy joven mostró una enorme convicción cristiana y quizá por este motivo quiso estudiar teología. Tras concluir su formación, y como destacaba por su buen carácter y modales, el obispo de Valence lo llevó como secretario a un sínodo de obispos que se celebraba en Aviñón para intentar solucionar los graves problemas que afectaban a la diócesis de Grenoble, que estaba vacante. A lo largo de los debates los obispos decidieron que el joven Hugo era el más indicado para poner fin a los desmanes de la ciudad, pero ni siquiera estaba ordenado sacerdote; él se negó por timidez y porque no se consideraba merecedor de tan alta distinción, pero los obispos lo convencieron y le ordenaron allí mismo sacerdote; a continuación lo enviaron a Roma, donde el papa Gregorio VII lo ordenó obispo y lo envió a la sede de Grenoble, en la que permaneció cincuenta años. Hugo siempre se consideró indigno de este cargo y presentó su renuncia ante cinco papas distintos, pero ninguno la aceptó.

Cuando llegó a la sede, se encontró con una situación muy dura: no había dinero, los sacerdotes y religiosos no se preocupaban por mantener la castidad, los cargos eclesiásticos se compraban y vendían y nadie mostraba interés por la fe de la población. Hugo acabó con todos estos problemas con su afabilidad, comprensión y con frecuentes y diarias oraciones pidiendo ayuda a Dios.

Un verano hubo una mala cosecha y se declaró una fuerte hambruna; entonces el santo vendió todos sus bienes, incluyendo un valioso cáliz de oro, y compró alimentos para la gente. Al ver su gesto, varias familias adineradas también procuraron comida para los vecinos.

Un día tuvo un sueño en el que vio cómo siete estrellas construían un faro que lo llenaba todo de luz; al día siguiente llegó san Bruno con seis compañeros solicitando autorización para fundar un monasterio. Hugo les cedió unos terrenos en una zona montañosa llamada «Chartreuse» (Cartuja), en donde se establecieron en 1084 y fundaron el primer convento de la orden. Y cuentan que, como no encontraban agua para construir el edificio, acudió Hugo y con gran confianza se puso a cavar en el terreno, del que pronto manó un hermoso surtidor de agua.

Sonreía en todo momento a pesar de las graves dolencias que padecía y que aceptaba como regalos de Dios: un dolor de cabeza crónico desde que era joven, problemas estomacales, artritis y otras afecciones que nadie notaba pero que le hacían sufrir con asiduidad.

Atributos posibles

- Cáliz (por la hambruna)
- Cisne (porque lo confunden con san Hugo de Lincoln, que sí lleva un cisne)
- Escoba (por su humildad)
- Maqueta de iglesia
- Obispo (ropas de...)
- Siete estrellas (por la visión)

Variantes iconográficas

- Solo, con alguno de sus atributos
- Vestido de obispo, mostrando parte de la casulla blanca del Císter
- Junto a san Bruno
- Con una maqueta de una iglesia como fundador de los cartujos
- Ciclo vital: con algún detalle de su vida monástica

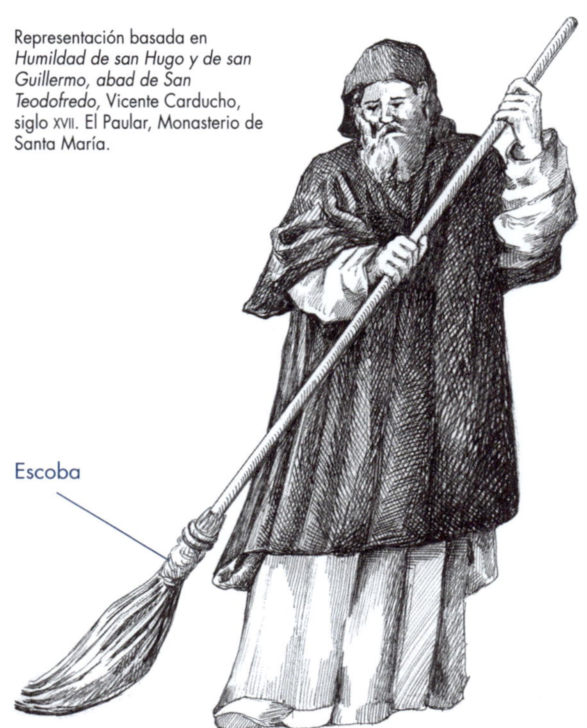

Representación basada en *Humildad de san Hugo y de san Guillermo, abad de San Teodofredo*, Vicente Carducho, siglo XVII. El Paular, Monasterio de Santa María.

Ignacio de Loyola

31 de julio

Ardiente, bravo, fogoso

23 de octubre de 1491, castillo de Loyola (Guipúzcoa) /
31 de julio de 1556, Roma
FUNDADOR DE LOS JESUITAS

Íñigo López de Loyola fue el más pequeño de los trece hijos que tuvieron Beltrán Yáñez de Oñaz y Marina Sáez de Licona, familia noble y acomodada de Guipúzcoa. Cuando contaba 16 años, murió su madre y fue enviado a casa del consejero y contador real Juan Velázquez de Cuéllar y su esposa María, que le proporcionaron una esmerada educación en la corte como correspondía a un joven de su linaje, incluyendo una cierta cultura y un intenso aprendizaje en el arte de la caza y en el adiestramiento de las armas.

Participó en varios conflictos armados apoyando siempre a las tropas castellanas, como en Nájera o en el asedio de Pamplona por el ejército franco-navarro de Francisco I, y aquí, defendiendo el castillo de la ciudad, es herido por una bala de cañón que le alcanza las dos piernas y que le causó una cojera permanente. Durante su convalecencia, leyó varios libros sobre la vida de Jesús y *La leyenda dorada**, de Santiago de la Vorágine. Además afirma que se le apareció la Virgen María con el Niño Jesús. Estos hechos despertaron su vocación religiosa, de modo que abandonó la carrera militar y todas sus pertenencias y, vestido con harapos, llegó a Manresa, donde vivió un año en una cueva como un ermitaño; de esta experiencia procede su obra *Ejercicios espirituales*, que va a ser la base de su pensamiento.

Al acabar su retiro, y tras una peregrinación a Tierra Santa, continuó estudiando. Primero en Alcalá y más tarde en Salamanca, pero en esta ciudad es detenido por sus predicaciones sobre los ejercicios espirituales y se marcha a París, donde durante siete años impartirá clase en su universidad. En esta época tuvo una nueva visión en la que Dios Padre le decía al Hijo: «Yo quiero que tomes a este como servidor tuyo», y Jesús, a su vez, volviéndose hacia Ignacio, le dijo: «Yo quiero que tú nos sirvas». A partir de este momento quiere dedicarse a servir a Dios y al prójimo. En 1534 es ordenado sacerdote en Montmartre, en París, y con el objetivo de servir a Dios crea la Compañía de Jesús, junto a seis discípulos que lo siguen, entre los que se encuentra san Francisco Javier.

Adopta un lema: *Ad maiorem Dei gloriam* (A mayor gloria de Dios) y exige una absoluta entrega hacia los demás y un servicio especial al pontífice de Roma. Viaja a esta ciudad con el fin de embarcarse de nuevo para Tierra Santa, pero no tiene éxito y decide ponerse a disposición del papa. Pablo III confirma la orden e Ignacio redacta la regla de la misma: las *Constituciones*. En ella, a los tres votos normativos de la vida religiosa (pobreza, castidad y obediencia), añade el voto de especial obediencia al papa. Este hecho le va a ocasionar múltiples problemas y enfrentamientos a la orden, ya que provocará la oposición de los monarcas absolutos europeos, los déspotas ilustrados y cualquier gobierno que considere peligroso que su autoridad se vea socavada por la del papa. Este aspecto se mantendrá pasado el tiempo incluso en la Alemania de Bismarck o la Rusia de los zares, y en

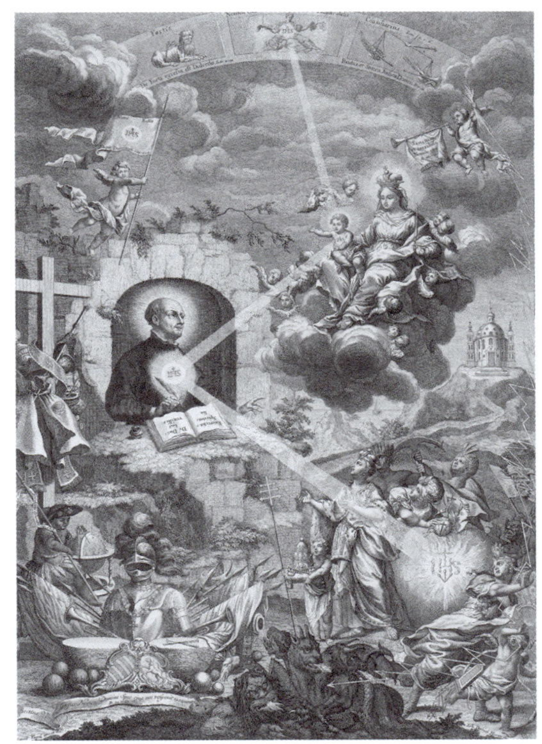

Grabado *Alegoría de san Ignacio de Loyola*, Jacob Vogel, siglo XVIII. Jesús en brazos de la Virgen ilumina el monograma de la orden de los jesuitas. Ignacio aparece con pluma y libro e ilumina a todos los continentes del mundo: Asia, África, América, etc. Los atributos papales (tiara y cruz patriarcal) aparecen al lado de los continentes.

el siglo XX provocará nuevas expulsiones de Francia, Portugal o de la España republicana.

Pero a pesar de las dificultades, esta nueva orden se va extendiendo por el mundo: crean escuelas y seminarios y evangelizan en misiones lejanas respondiendo de sus actos solo ante el papa. Los jesuitas van a ser el elemento clave para detener la hasta ese momento imparable Reforma protestante. Se les considera los artífices de la Contrarreforma. Ignacio enviará a sus misioneros jesuitas a los lugares más difíciles en este momento: Trento, Alemania y América, donde se enfrentarán a las mayores penalidades en selvas y desiertos desarrollando una labor evangelizadora ingente. También llegaron al Extremo Oriente y África.

Ignacio dirigió a la Compañía durante quince años desde Roma, ciudad en la que falleció. Unos años antes decidió cambiar su nombre original, Íñigo, por el de Ignacio por considerarlo más común en los demás países.

Pío XI afirmó que el método ignaciano de oración guía al hombre por el camino de la propia abnegación y le sirve para dominar los malos hábitos y alcanzar las más altas cumbres de la contemplación y del amor divino. Sus *Ejercicios espirituales* son el instrumento del que se ha servido Dios para comunicar su espíritu a innumerables personas y llevarlas a la santidad.

El actual papa Francisco procede de la Compañía de Jesús.

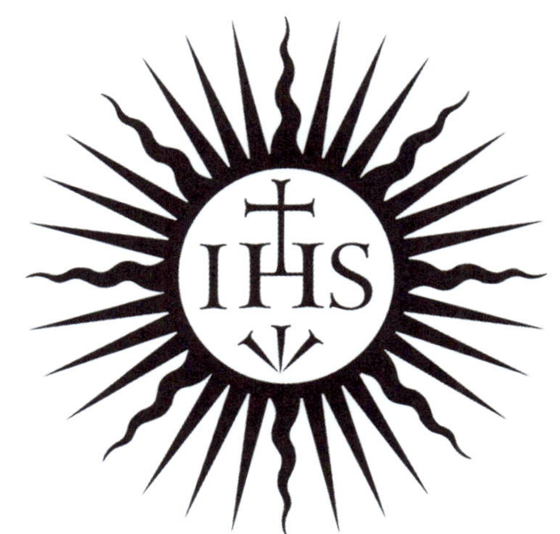

Monograma del nombre de Cristo (IHS), que incluye una cruz y tres clavos, que representan la pasión de Cristo, insertos en un círculo que simboliza el sol, con llamas y rayos que salen de él.

Atributos posibles

- Anagrama de la divisa de la orden de los jesuitas: A.M.D.G.*
- Birrete romano
- Corazón con tres clavos
- Corazón en llamas
- Demonio
- Divisa de la orden jesuita *Ad maiorem Dei gloriam* (A.M.D.G.)
- Globo terráqueo
- Libro de la regla de los jesuitas o de los ejercicios
- Llamas (por Lc 12: 49: «Fuego vine a echar sobre la tierra», dicho muy querido por la orden)
- Lobo
- Maqueta de iglesia
- Monograma IHS*
- Paloma
- Vestidura talar* negra

Variantes iconográficas

- ♦ Solo, con alguno de sus atributos
- ♦ Suele aparecer calvo, mal afeitado, con nariz larga
- ♦ Con el hábito negro de los jesuitas
- ♦ Con casulla* si está diciendo misa
- ♦ En éxtasis

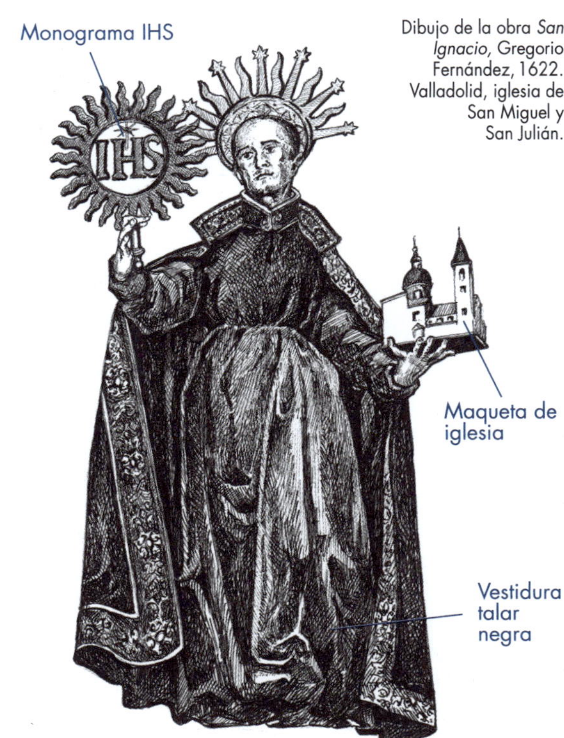

Dibujo de la obra *San Ignacio*, Gregorio Fernández, 1622. Valladolid, iglesia de San Miguel y San Julián.

Ildefonso de Toledo

23 de enero

Guerrero

607, Toledo / 667, Toledo

ARZOBISPO, PADRE DE LA IGLESIA

Su familia tenía parentesco con el rey Atanagildo. Siendo un niño, ingresó en el monasterio de Agali (Toledo) contra la voluntad de su padre, quien llegó a entrar en el monasterio con varios guerreros para evitarlo; Ildefonso tuvo que esconderse y, tras la intervención de su madre y de su tío, el arzobispo de la ciudad, el padre aceptó la vocación de su vástago. Recibió una completa educación y en poco tiempo destacó por su destreza literaria. Nombrado abad del cercano monasterio de San Cosme y San Damián, mostró una gran capacidad de organización, además de una inagotable caridad. Con la herencia que recibió tras la muerte de sus padres fundó un convento para novicias en la ciudad. Participó como abad en los concilios de Toledo VIII y IX. Al morir su tío, el arzobispo san Eugenio III, fue elegido para sucederle, pero Ildefonso, por humildad y modestia, se opuso hasta que el propio rey Recesvinto lo obligó a ocupar la sede vacante.

Siempre manifestó una profunda devoción a María y a su virginidad, como expuso en su tratado *De virginitate perpetua Sanctae Mariae adversus tres infidelis,* donde arremetía contra quienes la negaban. Su ardor mariano tuvo su recompensa: el día 18 de diciembre del año 665, cuando se dirigía a la iglesia junto a unos compañeros a rezar y cantar a la Virgen, al entrar vieron una brillante luz en el altar mayor; se acercaron con temor y pudieron ver, sentada en la silla del obispo, a María, quien le indicó a Ildefonso que se acercara y le dijo: «Tú eres mi capellán y fiel notario; recibe esta casulla* que mi Hijo te envía», al mismo tiempo que la Virgen se la colocaba. Aún se conserva en la catedral la piedra que pisó María al levantarse de la silla episcopal. Este milagro alcanzó tal magnitud que incluso durante la dominación musulmana fue respetado.

Cuentan que el Espíritu Santo le concedió el privilegio de hallar el cuerpo incorrupto de santa Leocadia, que se encontraba desaparecido desde el momento de su martirio en el año 305 y que había sido buscado sin éxito por todos los toledanos. Ildefonso salió con una comitiva fuera de la ciudad, se postró de rodillas rezando y entonces se abrió la tierra y apareció el cuerpo de santa Leocadia, con el rostro cubierto por un velo, del que le permitió que cortase un trozo y lo guardase para él. Otra versión indica que el milagro se produjo en la catedral (cfr. Leocadia).

Fue autor de escritos tan importantes como *Comentario sobre el conocimiento del bautismo, Sobre el progreso del desierto espiritual* y *Sobre los varones ilustres,* además de ciertas aportaciones a la liturgia hispana. Por todos estos méritos es considerado padre de la Iglesia. Está enterrado en la iglesia de Santa Leocadia de Toledo.

Atributos posibles

- Báculo*
- Casulla*
- Libro
- Mitra*
- Palio*
- Pluma

Variantes iconográficas

- Solo, con alguno de sus atributos
- Recibiendo la casulla* de la Virgen
- En la aparición de santa Leocadia

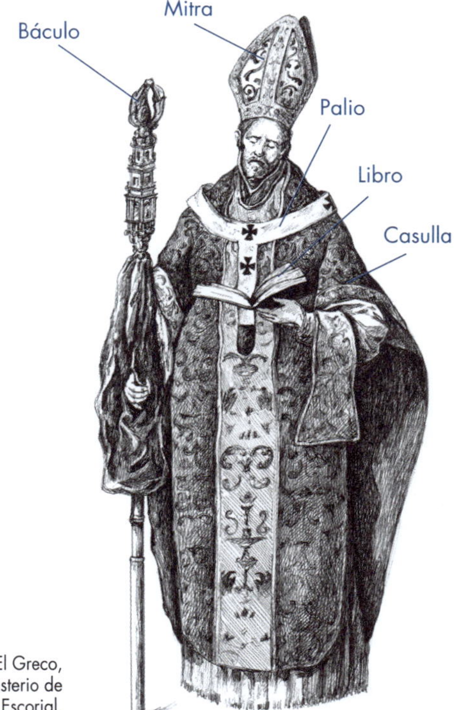

Representación basada en *San Ildefonso,* El Greco, 1609. San Lorenzo de El Escorial, monasterio de San Lorenzo de El Escorial.

Inés (Agnes) de Roma

21 de enero

Pura, casta

291 / 304, Roma

VIRGEN, MÁRTIR

Nació en una distinguida familia romana y desde muy pequeña decidió consagrarse a Dios. Un día, cuando contaba 12 años, y se dirigía acompañada de su nodriza a la escuela, la vio el hijo del prefecto* y, como era tan hermosa, quedó prendado de la joven. Intentó enamorarla con costosos regalos que Inés no aceptó, y además le comunicó que hacía ya tiempo que su único amor era Cristo. El pretendiente, al verse rechazado, la denunció a su padre por ser cristiana. En aquellos tiempos se había desatado la persecución de Diocleciano, que obligaba a todos los ciudadanos a venerar a los antiguos dioses bajo pena de ejecución.

Inés fue arrestada y se negó a hacer sacrificios, y por ello la pasearon desnuda por las calles; sin embargo, su cabello creció de inmediato y tapó su virginal desnudez. Un viandante que intentó ver su cuerpo quedó ciego, y la propia niña a través de sus oraciones le devolvió la vista. El prefecto, enfurecido, ordenó que la arrojasen a una enorme hoguera que habían encendido, pero las llamas se alejaban de la joven y, en cambio, quemaban a los verdugos. Entonces la decapitaron en el estadio de Domiciano (actual plaza Navona). Allí podemos ver la iglesia de Santa Inés en Agonía, del arquitecto Borromini.

Otra versión señala que antes de que le cortaran la cabeza fue enviada a un prostíbulo pero que el primer individuo que intentó tocarla cayó fulminado al suelo, de modo que la niña mantuvo su pureza a pesar de todos los intentos por mancillarla. La ley romana prohibía ejecutar a las vírgenes y por este motivo se practicaban las violaciones rituales antes de asesinarlas.

Suele estar asociada a un cordero blanco por mantener su castidad, porque cuando se les apareció a sus padres ocho días después de su ejecución llevaba uno de estos animales, y, sobre todo, por la raíz de su nombre, Agnes, que pronto se convirtió en Agnus (cordero).

Esta santa gozó siempre de un gran fervor por parte de los romanos, que le erigieron dos iglesias, la ya mencionada de la plaza Navona y otra fuera de las murallas de la ciudad, donde cada 21 de enero se bendicen unos corderos con cuya lana se van a confeccionar los palios* del papa y de los arzobispos y que sirven para mostrar al mundo la relación de los altos prelados del Vaticano con el pastoreo de las almas cristianas. Estos palios se entregan el día 29 de junio, fiesta de San Pedro.

Atributos posibles

- Cordero blanco
- Espada
- Hoguera con las llamas alejándose de la santa
- Palma del martirio*

Variantes iconográficas

- Sola, con alguno de sus atributos
- Aunque fue martirizada con 12 años, se la suele representar como adulta
- A veces se la representa con lujosos vestidos, diadema de perlas en la cabeza y larga estola dorada sobre los hombros porque así se apareció a sus padres
- Otras veces aparece tapada solo con su larga cabellera

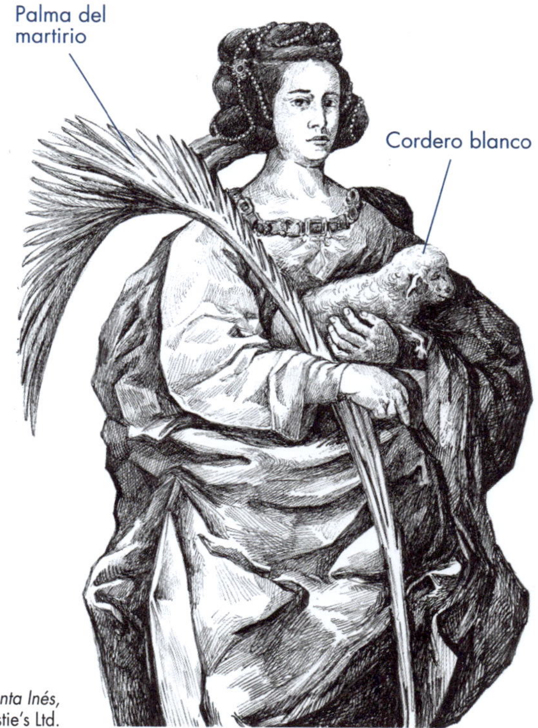

Representación basada en *Santa Inés*, Francisco Zurbarán, 1640. Christie's Ltd.

Isabel de Hungría

17 de noviembre

Juramento de Dios

7 de julio de 1207, Sárospatak / 17 de noviembre de 1231, Marburgo

PRINCESA, FRANCISCANA

Era hija del rey húngaro Andrés II y de su esposa Gertrudis, hermana de santa Eduviges de Silesia. A los 14 años la casaron con Luis, landgrave* de Turingia. Fue un matrimonio feliz y muy religioso. Isabel se dedicó a repartir cuantiosas limosnas entre los pobres y a distribuir alimentos y vestidos con el consentimiento de su marido, que creía que esta generosidad sería correspondida cuando fallecieran. Construyó un hospital para pobres, a los que visitaba y cuidaba cada día. En diciembre de 1227 Luis murió de una infección cuando se dirigía a Tierra Santa dentro de la Sexta Cruzada, dejando a Isabel viuda con solo 20 años. Ella abandonó la corte, se hizo franciscana, entregó todos sus bienes y se dedicó a recorrer campos y aldeas pidiendo limosna para sus pobres del hospital, a los que nunca abandonó, pues vivía en una humilde choza cercana. Incluso trabajó en las labores agrícolas para proporcionarles las medicinas que necesitaban.

Cuentan que cuando aún era princesa la sorprendió su cuñado Conrado repartiendo alimentos del castillo a los necesitados y, en el momento en que iba a reprenderla, los panes se convirtieron en rosas de modo milagroso. En otra ocasión, y antes de la construcción del hospital, mientras paseaba por los alrededores se encontró con un leproso al que nadie se acercaba. Isabel, compadecida y sin saber dónde atenderlo, lo llevó al castillo y lo colocó en la cama de su marido, que estaba ausente. Cuando este regresó y la servidumbre le contó el suceso, subió enfurecido a la habitación, pero al destapar la cama halló un gran crucifijo ensangrentado y comprendió que Jesús recompensa siempre a los generosos.

Murió con 24 años y a su funeral asistió el emperador Federico II Hohenstaufen, que pronunció esta frase: «La venerable Isabel, tan amada de Dios, iluminó las tinieblas de este mundo como una estrella en la noche oscura». Está considerada la mujer más grande de Alemania en la Edad Media.

Su culto se extendió con inusitada rapidez por los numerosos milagros y curaciones que se produjeron al visitar su tumba y rezar por ella, como el de un monje que sufría una enfermedad cardíaca irreversible y sanó al orar ante su sepulcro. El papa la declaró santa cuatro años después de su muerte.

Atributos posibles

▮ Corona	▮ Panes
▮ Dalmática*	▮ Peces
▮ Leproso	▮ Rosas
▮ Mendigo	▮ Tiñoso

Variantes iconográficas

- Sola, con alguno de sus atributos
- Como princesa: corona en la cabeza y un libro con dos coronas en la mano (las tres coronas simbolizan su origen real, su piedad y su recato en el matrimonio); suele llevar un manojo de rosas escondido en un pliegue del vestido; en ocasiones muestra la maqueta de una iglesia
- Como franciscana: con un pan en la mano o con peces (depende de la zona) y un cántaro con los que alimenta a los pobres; cerca suele estar un mendigo, leproso o tiñoso

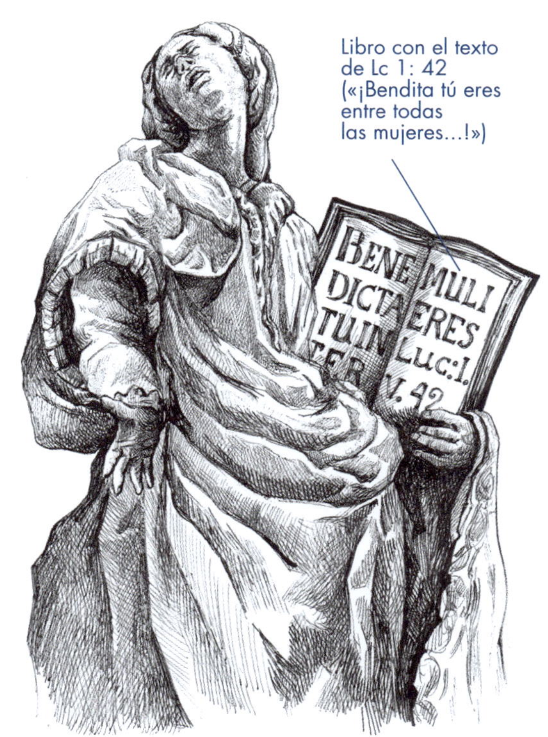

Dibujo de la escultura *Santa Isabel,* Thomas Schaidhauf, 1762. Fürstenfeldbruck, claustro de Fürstenfeld.

Isidoro de Sevilla

26 de abril

Fuerte don, don de Isis

556, Cartagena / 4 de abril de 636, Sevilla

ARZOBISPO, DOCTOR DE LA IGLESIA*

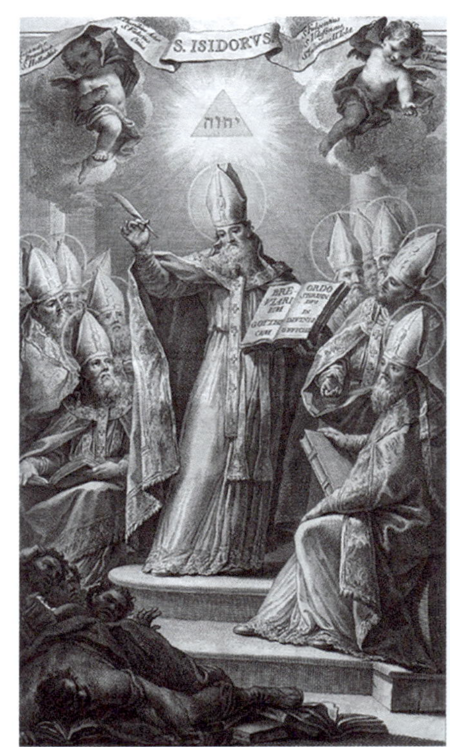

Nació en una acomodada familia hispanorromana de Cartagena que se exilió a Sevilla debido a la conquista bizantina de la zona. Su padre se llamaba Severiano. Fue el pequeño de cuatro hermanos, todos los cuales serían canonizados: san Leandro, san Fulgencio y santa Florentina, quienes, junto a san Isidoro, forman «los cuatro santos de Cartagena», patrones de la ciudad. Algunas fuentes señalan que él ya nació en Sevilla y no en Cartagena.

Una leyenda afirma que cuando el santo tenía solo un mes de vida, llegaron unas abejas a la cuna y depositaron un poco de miel en los labios del pequeño como símbolo de las nutritivas enseñanzas que más tarde saldrían de su boca.

Su propio hermano mayor, Leandro, arzobispo de Sevilla, se encargó de proporcionarle una esmerada y cuidadosa educación, que después demostraría en sus numerosos y encomiables escritos.

Detalle del grabado *Isidoro de Sevilla*, Manuel Salvador Carmona, siglo XVIII.

Sucedió a su hermano al frente de la diócesis hispalense y permaneció en el cargo durante treinta y siete años. Ayudó a convertir a los visigodos, que eran arrianos*, al catolicismo. Presidió en el año 619 el segundo Sínodo de Sevilla, al que asistieron incluso prelados de la Galia y donde se rebatieron los preceptos arrianos. También dirigió el IV Concilio de Toledo, en el año 633, donde exigió a los obispos que fundasen seminarios y escuelas catedralicias para la instrucción de los sacerdotes y de la gente en general. Impulsó de forma notable la cultura en todo el reino y su influencia ha sido evidente y reconocida en toda la Edad Media. Sus obras fueron transcritas en la mayoría de los monasterios europeos, donde fue reconocido como un maestro.

Dominaba el latín, el hebreo y el griego y enseñaba la filosofía de Aristóteles antes de que los árabes la redescubrieran.

Sus escritos más importantes son: las *Etimologías,* auténtica enciclopedia en la que en cuatrocientos cuarenta y ocho capítulos recoge todo el saber de la época; *Hispana,* que es una colección de epístolas episcopales y normas conciliares que se llegó a traducir al árabe;

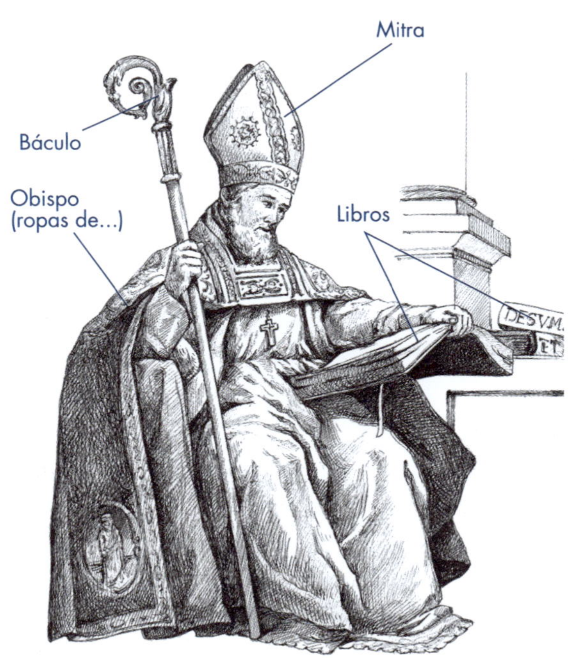

Representación basada en *San Isidoro de Sevilla,* Bartolomé Esteban Murillo, 1655. Sevilla, catedral de Santa María de la Sede.

Historia de los godos, vándalos y suevos, donde se refleja la historia de los pueblos que se asentaron en Hispania durante el siglo V, y *De differentiis verborum,* un tratado teológico sobre la doctrina de la Trinidad.

Era tan gran orador que la gente acudía desde lugares remotos para tener la oportunidad de escuchar sus sermones. Falleció a los 80 años, pero antes de morir entregó todas sus pertenencias para ayudar a los pobres, hizo pública penitencia de todos sus pecados, pidió perdón a quienes pudiese haber ofendido y dio la paz a todos los presentes.

Fue enterrado en Sevilla, pero con el tiempo se perdió su paradero. La escasa importancia que se le dio como santo en un principio puede deberse a que los mozárabes destacaban sobre todo a los santos que habían sido martirizados. Sin embargo, posteriormente, en 1063, el rey leonés Fernando I logró hacer tributario suyo al emir sevillano y le solicitó la entrega de las reliquias del santo porque el obispo que lo acompañaba tuvo un sueño milagroso en el que le fue revelado el lugar exacto donde debían buscar. En efecto, allí encontraron sus restos, que fueron enviados a León a través de la Vía de la Plata. Al acercarse los caballos a la ciudad, y sin que nadie los dirigiera, se encaminaron a la iglesia de los Santos Juan y Pelayo y allí se detuvieron. Es aquí donde reposan sus restos desde entonces, por lo que el templo pasó a llamarse de San Isidoro. A partir de este momento aumentó la devoción al santo y comenzaron a referirse hechos milagrosos que les sucedían a los peregrinos y visitantes de su tumba.

Atributos posibles

- Abejas (colmena)
- Báculo*
- Libros
- Mitra*
- Obispo (ropas de...)

Variantes iconográficas

- Solo, con alguno de sus atributos
- Con sus hermanos
- A caballo como Santiago Matamoros (cfr. Santiago el Mayor)

Isidro

15 de mayo

Fuerte don

1082, Madrid / 1130, Madrid

LABRADOR

Nació en una familia mozárabe* muy pobre. Sus padres, Pedro e Inés, vivían en el arrabal de San Andrés de la villa de Mayrit, Magerit para los cristianos (actual Madrid), cuando esta pertenecía a la taifa* de Toledo. Debe su nombre a la devoción de sus padres por san Isidoro de Sevilla (Isidro sería el apócope de Isidoro).

En 1083 Alfonso VI se apoderó del territorio y lo repartió entre los señores que lo acompañaban. De este modo, el padre de Isidro comenzó a trabajar como jornalero para la familia de los Vargas, pero falleció pronto. Isidro fue acogido por un hombre llamado Vera y se ocupó de diversos oficios, como pocero y peón en las labores agrícolas.

En 1110 los musulmanes, reforzados por la llegada de los almorávides*, atacaron Madrid para intentar reconquistarla. Isidro, como otros muchos jóvenes, se trasladó durante este periodo bélico a la cercana Torrelaguna, donde tenía unos parientes lejanos, y allí continuó con sus labores. Destacó por su trabajo, que era pagado solamente en especie concediéndosele el pegual*. Su vida honrada y piadosa le es recompensada con una generosa cosecha que crea envidias en el dueño, pero Isidro, que no quería problemas, le indicó en una ocasión que tomara el grano, que él se quedaría con la paja.

Allí conoció a la que sería su esposa, la devota María Toribia, quien más tarde sería canonizada como santa María de la Cabeza, por el relicario con forma de cabeza que llevaban los campesinos para solicitar que lloviese.

Hacia 1119 regresó a Madrid, tras las victorias que los reinos cristianos lograron sobre los almorávides (conquista de Zaragoza por Alfonso I el Batallador), y siguió como jornalero agrícola en las tierras de los Vargas, que se hallaban al otro lado del río Manzanares. Cada día Isidro oía misa antes de comenzar su labor y cuentan que lo poco que poseía lo compartía con los más necesitados e incluso dejaba algunas migas de pan a las hambrientas aves que se le acercaban.

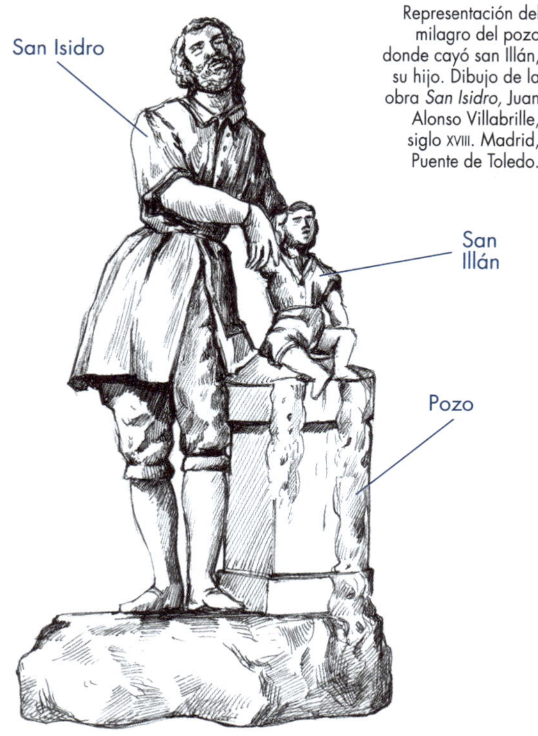

Representación del milagro del pozo donde cayó san Illán, su hijo. Dibujo de la obra *San Isidro,* Juan Alonso Villabrille, siglo XVIII. Madrid, Puente de Toledo.

Durante su vida le sucedieron varios hechos milagrosos:

En el Madrid de su época había pocas iglesias, y como él siempre acudía a alguna de ellas para asistir a misa, solía llegar tarde a su jornada laboral. Los otros peones le acusaron de holgazanería ante el dueño de las tierras, pero cuando acudió el propio Vargas muy temprano a comprobar si era cierto el retraso diario, observó que un ángel araba la tierra con los bueyes hasta que llegaba el propio Isidro.

Un día su hijo (san Illán), siendo pequeño, cayó a un pozo, y el santo comenzó a rezar con tanto fervor que el agua subió y subió hasta que lo pudo rescatar cogiéndolo con sus manos; este pozo se puede visitar en la actualidad en Madrid.

En otra ocasión acudió un indigente a su casa y el santo cogió la olla en la que cocinaba su mujer, pero vio con pesar que estaba casi vacía; sin embargo, al sujetarla, se llenó y hubo comida para todos.

Desde el siglo XII se le venera como santo mediador para conseguir que haya abundantes lluvias en primavera. Su cuerpo incorrupto se encuentra en la real iglesia que lleva su nombre. Es el patrón de Madrid y sus habitantes afirmaban que el agua de la fuente que el propio Isidro abrió y sobre la que se edificó la ermita en la margen derecha del río era milagrosa y curaba numerosas enfermedades.

Atributos posibles

- Aperos de labranza (general)
- Arado
- Azada
- Gavilla de trigo
- Guadaña
- Hoz
- Pala

Variantes iconográficas

- Solo, con alguno de sus atributos
- Arrodillado, con los aperos agrícolas y una gavilla de trigo
- Vestido de campesino arando con una yunta de bueyes
- Rezando mientras unos ángeles aran por él

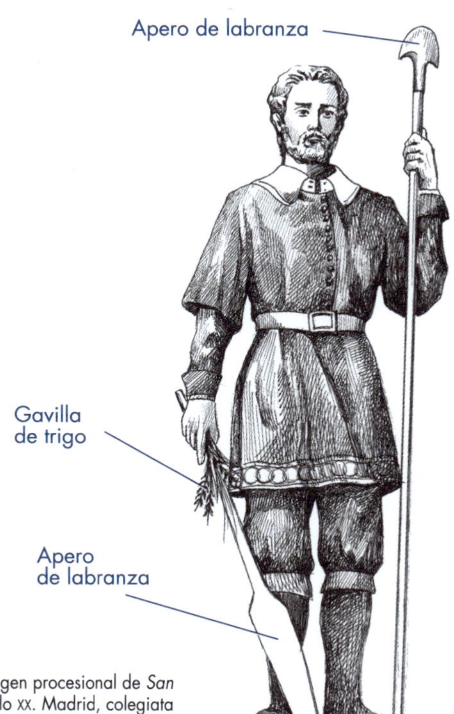

Dibujo basado en la imagen procesional de *San Isidro,* Javier Tudanca, siglo XX. Madrid, colegiata de San Isidro.

Ivo de Bretaña

19 de mayo

Arquero, glorioso

17 de octubre de 1253, Kermartin / 19 de mayo de 1303, Louannec

SACERDOTE, ABOGADO

Era hijo de Helori, noble bretón, señor de Kermartin, y de Azo de Kenquis. Estudió derecho en la Universidad de París. Algunas fuentes indican que allí se graduó en derecho, en la Universidad de la Sorbona, aunque otras aseguran que terminó la graduación en Orleans. Sea como fuere, sí está claro que se trasladó a Orleans, donde se graduaría en derecho canónico.

Al regresar a Bretaña lo nombraron juez eclesiástico* de Rennes, donde adquirió pronta fama por su recta administración de la justicia y por el afán en defender y proteger a los más desfavorecidos, como los pobres, huérfanos y viudas. Le llamaban «abogado de los pobres». Vestía con humildes ropas, no comía carne ni bebía alcohol y todo lo repartía entre los necesitados, incluyendo a los presos, quienes, aunque fueron condenados por Ivo, siempre le mostraron afecto y consideración.

Más tarde fue ordenado sacerdote y durante los últimos quince años de su vida se dedicó a predicar, rezar y seguir con sus obras de caridad, como la que realizó un día en que vio a un pobre que dormía en la calle, se lo llevó a su casa y lo acostó en su propia cama. Logró construir mediante las limosnas un hospital para enfermos indigentes, a los que les entregó todo lo que le quedaba. Cuando le dijeron que debía ahorrar algo para cuando se hiciese viejo, contestó: «¿y quién me garantiza que voy a alcanzar la ancianidad? En cambio lo que sí es totalmente seguro es que el buen Dios me devolverá mil veces más de lo que yo entregue a los pobres». Fue famosa la demanda de un rico que se quejaba por las molestias que un pobre le ocasionaba, ya que todos los días se acercaba a oler la comida de sus cocinas. Ivo falló a favor del rico y dictaminó que el pobre debía pagar una moneda de oro. Una vez que el pobre la consiguió, Ivo la lanzó sobre la mesa, y cuando el rico iba a cogerla, él decretó que el sonido de la moneda indemnizaba cumplidamente al señor por los aromas percibidos por el pobre.

Siguió repartiendo caridad hasta que a los 50 años falleció plácidamente tras recibir la extremaunción. Su calavera se conserva como reliquia en la catedral de Tréguier.

Atributos posibles

- Abogado (túnica de...)
- Bolsa de dinero que repartía entre los necesitados
- Bonete*
- Pergamino enrollado en la mano

Variantes iconográficas

- Solo, con alguno de sus atributos
- En su trabajo de juez
- Como abogado, entre indigentes
- Entre un pobre y un rico con una bolsa de dinero en la mano
- A veces aparecen junto a él una viuda o un niño (huérfano)

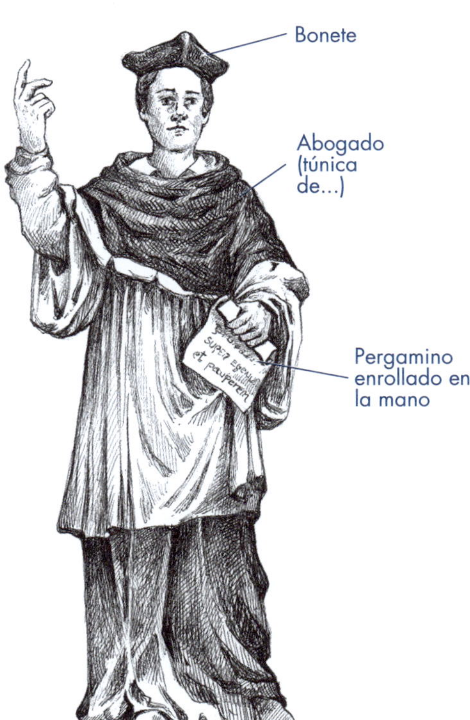

Dibujo de la escultura *San Ivo*. París, iglesia de Saint-Claire de Salle.

Jerónimo

30 de septiembre

Nombre sagrado

347, Estridón (Dalmacia) / 420, Belén

DOCTOR DE LA IGLESIA*

Jerónimo era hijo de una familia acaudalada de religión cristiana. Desde muy joven tuvo una sólida formación intelectual que incluía la retórica y las lenguas clásicas, que comenzó a estudiar en Milán y continuó en Roma, donde estudió con Elio Donato. Tras su bautismo pasó años en Roma, frecuentando tanto las iglesias y catacumbas como los ambientes más frívolos y pecaminosos. Durante un viaje a la Galia, tuvo ocasión de conocer e interesarse por la vida monástica y el ascetismo. En el año 373 viajó a Antioquía a estudiar griego y dos años después, tras sufrir diferentes desgracias sus amigos, se retiró al desierto de Calcis, donde se dedicó a la vida eremítica combinando el estudio de la Biblia y del hebreo con el ascetismo más riguroso. Él mismo, en sus escritos, recoge los esfuerzos que tuvo que hacer para mortificar su carne y resistir las tentaciones.

En 378, tras diferentes disputas teológicas con otros ascetas, volvió a Antioquía, se ordenó sacerdote y viajó a Constantinopla, donde se puso al servicio de Gregorio Nacianceno. En este periodo comenzó su labor como traductor de textos sagrados.

Estuvo varios años en Roma, trabajando en la revisión del Antiguo Testamento para el papa Dámaso, y fue nombrado secretario personal y asesor del pontífice, pero no fue elegido papa a la muerte de este, como en algún momento el propio Jerónimo llegó a pensar.

En 386 se estableció en Belén, tras abandonar Roma, con un grupo de matronas romanas de gran piedad, entre las que destacaba Paula. Allí se dedicó, además de a los estudios de exégesis bíblica, a la fundación de monasterios. Fundaría tres monasterios para mujeres y uno para hombres. Vivió durante treinta y cinco años retirado en una gruta cercana a la cueva de la Natividad.

La figura de Jerónimo tiene también algunos episodios legendarios. El más conocido es el del león que llegó cojeando al monasterio de Belén donde estaba Jerónimo. Este, pese al pavor de los otros monjes, se acercó al animal y le quitó la espina que tenía clavada en la pata. A partir de ese momento el león se quedó en el monasterio como un animal de compañía.

Durante toda su vida Jerónimo fue un ardiente polemista que se enfrentó a paganos y a cristianos, discutiendo por cuestiones teológicas incluso con los que habían sido sus amigos. Su apasionado carácter le granjeó enemistades y fue frecuentemente atacado con invectivas y rumores, sobre todo por su amistad con la piadosa Paula.

Su producción intelectual es de gran trascendencia y está considerado uno de los más importantes doctores de la Iglesia. Escribió sermones y cartas, obras históricas, comentarios de textos bíblicos, hizo traducciones del griego al latín y se enfrentó en sus textos a los arrianos* y pelagianos*.

Sus posiciones radicales y su actitud intransigente le acarrearon numerosos enemigos, e incluso sus amigos criticaron la virulencia con la que respondía y censuraba a sus oponentes. Él mismo se arrepentía

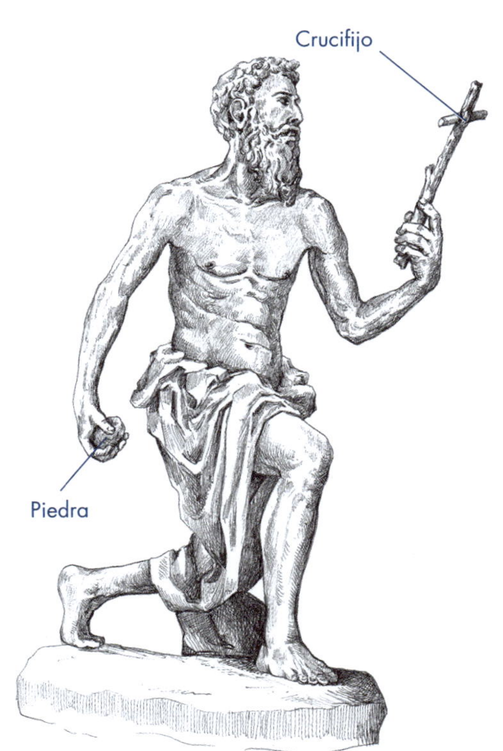

Dibujo basado en *San Jerónimo penitente*, Pietro Torrigiani, *ca.* 1525. Sevilla, Museo de Bellas Artes.

y se golpeaba con una piedra por sus excesos críticos. Fue absolutamente intransigente con las cuestiones referidas a la virginidad, el ascetismo, el ayuno, la penitencia y la importancia del estudio de la Biblia.

Mostró una gran devoción a María y a todo lo relacionado con la natividad, llegando en su celo a polemizar con el patriarca de Jerusalén, al que acusaría incluso de herejía. Todas estas luchas internas provocaron que se prohibiera a su comunidad la visita a la cueva de la Natividad durante un periodo de tiempo.

Murió en Belén el 30 de septiembre del año 420. Inicialmente fue enterrado allí, aunque su cuerpo fue posteriormente trasladado a Roma y actualmente reposa en la basílica de Santa María la Mayor.

Su contribución más importante es la traducción latina de la Biblia. Su dominio de varios idiomas le ayudó en esta tarea. Su versión, conocida como la Vulgata, fue la más utilizada y el Concilio de Trento* la consagró como versión oficial de la Iglesia Católica.

Atributos posibles

- Calavera
- Capelo cardenalicio*
- Cardenal (ropas de...)
- Crucifijo
- León
- Libro
- Maqueta de iglesia
- Pluma

Variantes iconográficas

- ♦ Solo, con alguno de sus atributos
- ♦ Semidesnudo, golpeándose el pecho con una piedra como penitente
- ♦ Vestido de cardenal, con capelo* y sotana roja
- ♦ Como erudito rodeado de libros
- ♦ Azotado por los ángeles para resistir a las tentaciones
- ♦ En el desierto mientras un ángel le anuncia el Juicio Final
- ♦ Tomando su última comunión

Joaquín

26 de julio

Aquel a quien Dios levantó

Siglo I a.C., Nazaret o Jerusalén / siglo I a.C., Jerusalén
PADRE DE LA VIRGEN MARÍA

Era un anciano rico que procedía de la tribu de Leví*. Vivía en Jerusalén junto a su esposa, pero, tras veinte años de matrimonio, no había tenido hijos. Como un hombre sin descendencia era considerado impuro, sus sacrificios eran rechazados por los sacerdotes. Joaquín se retiró al desierto y allí permaneció cuarenta días hasta que se le apareció un ángel para anunciarle que tendría un hijo. Mientras tanto Ana, que nada sabía de su esposo, también recibió la visita del ángel anunciándole la buena noticia. Joaquín regresó con sus rebaños a Jerusalén y Ana salió a recibirle a la Puerta Dorada de la ciudad. Ana concibió y dio a luz a una niña, María, que a los 3 años fue presentada en el Templo y entregada a su servicio.

Al poco tiempo murió Joaquín, a los 80 años. En la actualidad el cuerpo de Joaquín se venera en la llamada tumba de la Virgen en Getsemaní, Jerusalén.

Dibujo de la escultura *San Joaquín*, 1735. Fischbachau, iglesia de San Martín.

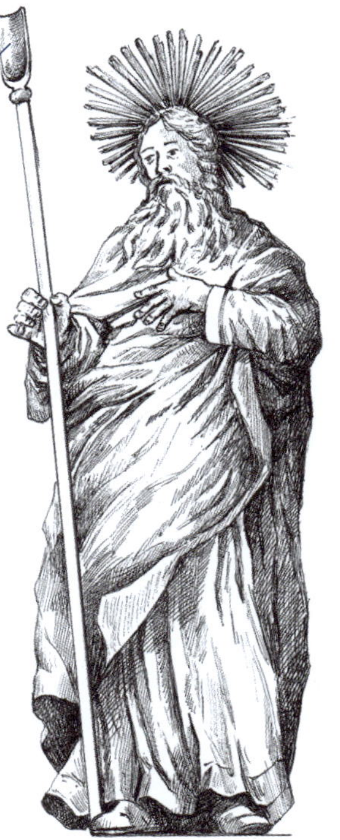

Atributos posibles

- Bastón (a veces en forma de pala)

Variantes iconográficas

- Solo, con alguno de sus atributos
- Ciclo vital: repudiado en el Templo, orando en el desierto, con María y Ana, etc.

Jorge

23 de abril

Agricultor, campesino

Ca. 270, Capadocia / *ca.* 303, Palestina
MÁRTIR

Jorge nació en Capadocia. Era hijo de un oficial romano, Geroncio, de origen persa. A la muerte de su padre se trasladó a Lidda, la actual Lod, en Palestina, con su madre, Policromía, que lo educó en la fe cristiana.

Quizá debido a la influencia de su familia se dedicó a la milicia, donde ascendió rápidamente, pues siendo muy joven era ya tribuno militar* y estaba destinado en la región de Nicomedia. Allí llegaría a formar parte de la guardia personal del emperador Diocleciano. Como no quiso ser partícipe de la persecución a los cristianos decretada por el emperador, Jorge renunció a la milicia y se dedicó a la predicación, repartiendo sus bienes entre los pobres.

El gobernador Daciano (o el mismo emperador, según otras fuentes) ordenó su detención y lo sometió a un número ingente de torturas: fue colgado, desgarrado, envenenado, abrasado con antorchas, entre otros suplicios, sin que Jorge renunciara a su fe. Incluso una variante de la leyenda indica que necesitó ser ejecutado tres veces porque en las anteriores ocasiones había resucitado. En cada caso realizaba una serie de milagros y curaciones. El propio gobernador Daciano vio cómo un viento de fuego arrasaba el templo pagano de la zona y su propia mujer se convertía al cristianismo; pero, pese a todo, no desistió: mandó ejecutar a su propia esposa y decapitar sucesivamen-

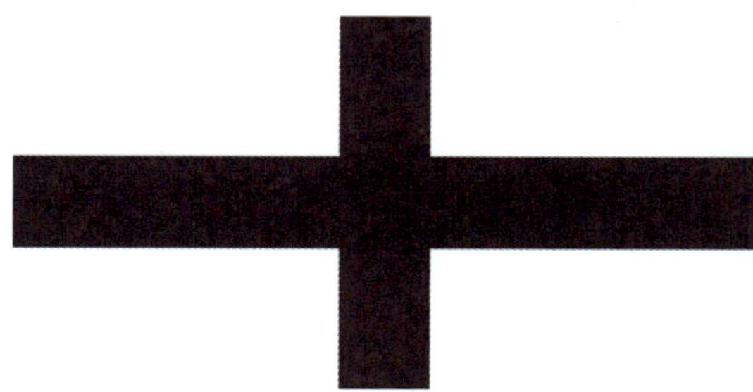

Cruz de San Jorge en la bandera de la República de Génova.
La cruz de San Jorge se hizo muy popular en la heráldica y las banderas. Generalmente es de color rojo sobre fondo blanco. Su forma varía desde la cruz griega* hasta la que vemos en esta imagen. La usaron los genoveses y la imitaron los ingleses en sus navíos cuando surcaban el Mediterráneo.

te a Jorge hasta conseguir darle muerte de manera definitiva. Su cuerpo fue finalmente trasladado a Lidda, donde por fin reposó.

La vida de Jorge alcanzó mucha menos difusión que la leyenda del dragón, que ha sido el origen de casi todas sus representaciones en el arte. Santiago de la Vorágine narró la historia en *La leyenda dorada**. Allí nos cuenta que en la ciudad de Silca, en Libia, dentro de un lago vivía un gigantesco y hediondo monstruo (generalmente representado como un dragón) que exigía como alimento diario una oveja y una doncella. Esta última era elegida por sorteo. El día que le tocó el turno a la hija del rey, esta se encontró en el camino al suplicio con Jorge, que se ofreció a salvarla. La princesa, llorosa, le suplicó que no lo hiciera, pues perecería como todos los caballeros que se habían enfrentado al dragón, pero Jorge insistió en que la salvaría en nombre de Dios. Le dio su cinturón y la doncella pudo amarrar al dragón con él por el

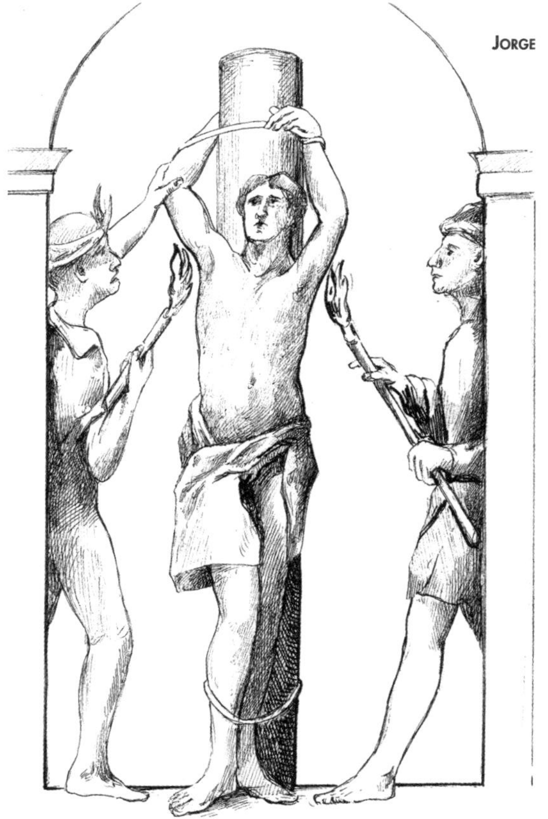

En la escena se aprecia a Jorge siendo torturado con antorchas. Dibujo basado en un detalle del retablo con los martirios de *San Jorge,* 1639. Augsburgo, capilla de San Jorge de la iglesia de San Ulrich y Afra.

cuello. Luego Jorge dijo al rey y a su pueblo que si se convertían los libraría del monstruo, y, tras la conversión masiva de los ciudadanos, dio muerte al dragón con su espada (o lanza, según las versiones). La leyenda tiene algunas pequeñas variaciones, pero en todas aparece el tema de la salvación de la princesa, la muerte del monstruo a manos de san Jorge y la conversión de la ciudad, lo que parece una versión del mito clásico de Perseo y Andrómeda* o una reinterpretación de la figura del arcángel* Miguel en su lucha con el diablo (también representado como un dragón).

El culto a san Jorge tuvo una temprana difusión en Oriente, donde se erigieron muchas iglesias dedicadas a él. En Occidente la leyenda convirtió a san Jorge en un paladín defensor de la fe y de los débiles, en la línea de los caballeros medievales, y fue enormemente popular. Su culto disminuyó con la conquista musulmana de los Santos Lugares, pero la imagen de san Jorge, vestido de armadura, sobre su montura con lanza y espada, iría asociada a la de los cruzados en su lucha contra el Islam y en general a la de los caballeros feudales. La conquista de la zona por los cristianos y la recuperación de las reliquias aumentaron su notoriedad. Muchas familias nobles y órdenes de caballería se pusieron bajo su advocación, entre ellas la familia real inglesa y el propio reino de Inglaterra, desde Ricardo Corazón de León, o el emperador Maximiliano I de Habsburgo. Igualmente, la Corona de Aragón lo adoptó como patrono porque la leyenda lo sitúa al lado de las huestes de sus reyes en batallas de la Reconquista. Jaime I menciona que lo ayudó en la toma de Valencia; este hecho produjo una iconografía similar a la de Santiago Matamoros, rememorando la batalla de Clavijo.

Atributos posibles

- Caballo
- Doncella
- Dragón
- Escudo (con o sin la cruz de San Jorge*)
- Espada
- Estandarte blanco con una cruz roja (cruz de San Jorge)
- Lanza
- Serpiente

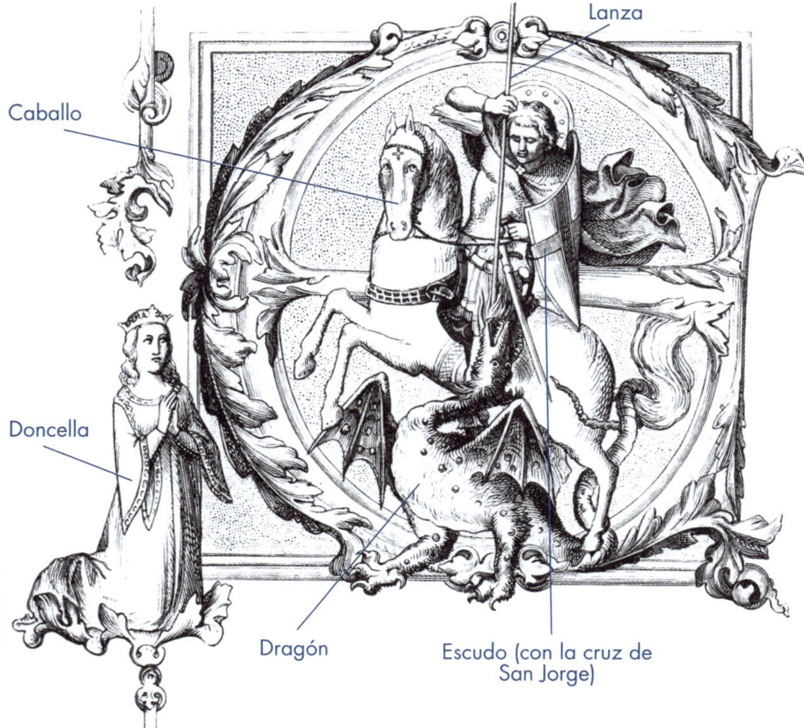

Variantes iconográficas

- Solo, con alguno de sus atributos
- Joven imberbe vestido de militar romano en el arte más antiguo
- Vestido de caballero, con armadura, sobre un caballo, matando a un dragón
- Como el arcángel* san Miguel pero sin alas
- En escenas variadas sobre sus muchos martirios

Miniatura de *San Jorge y el dragón*, Escuela de Giotto, siglo XIV. Misal, figura 48 de los *Manuscritos Iluminados en la Edad Media Clásica, su arte y su técnica.*

José

19 de marzo

Dios añade

Siglo I a.C., Belén / siglo I d.C., Nazaret
ESPOSO DE LA VIRGEN MARÍA

José era un miembro de la casa de David, según se desprende de las Escrituras, aunque el nombre del padre varía según el evangelista que leamos: Jacob (Mt 1: 16) o Helí (Lc 3: 23). Había nacido en Belén pero residía en Nazaret. Su oficio era artesano, posiblemente carpintero, como indica Mateo (Mt 13: 55).

Cuando los sacerdotes del templo quisieron desposar a la joven María, de 14 años de edad y sierva del templo desde los 3 años, con alguien del linaje de David, José se presentó junto a otros candidatos. Él fue el elegido por una señal divina: la vara que llevaba floreció milagrosamente.

A través de los evangelios canónicos vemos a José como un instrumento de la voluntad de Dios, que actúa guiado por las revelaciones de los ángeles, pero no conocemos sus palabras. José está desposado con María, pero aún no ha iniciado la convivencia con ella cuando descubre que está esperando un hijo. Las Escrituras presentan a José como un hombre justo que no quiere denunciar a su esposa por adúltera y exponerla a la lapidación; por ello había decidido repudiarla en secreto. En estos momentos de duda será providencial la intervención del arcángel* Gabriel, que, en sueños, le indica que el hijo que espera María es hijo de Dios y ha sido concebido sin pecado, por obra y gracia del Espíritu Santo. Esto le tranquiliza y le anima a encargarse del cuidado de ambos (Mt 1: 20), poniéndose al servicio del plan divino.

José se trasladó junto con su esposa María a la localidad de Belén. Obedecía así un decreto imperial que obligaba a todos a empadronarse en su lugar de nacimiento. Al llegar allí, se produce el nacimiento de Jesús. A los ocho días, José lleva a su hijo al Templo de Jerusalén para ser circuncidado (Lc 2: 21). Más tarde un ángel le revela las intenciones de Herodes de matar a los recién nacidos, para que con su familia inicie la huida a Egipto.

Pasado el tiempo, un ángel, nuevamente, comunica a José que Herodes ha muerto y el peligro ha pasado. Pero a su regreso, informado de que el sucesor de Herodes en el trono de Judea es Arquelao, José teme por la seguridad de su familia. Se retira a la re-

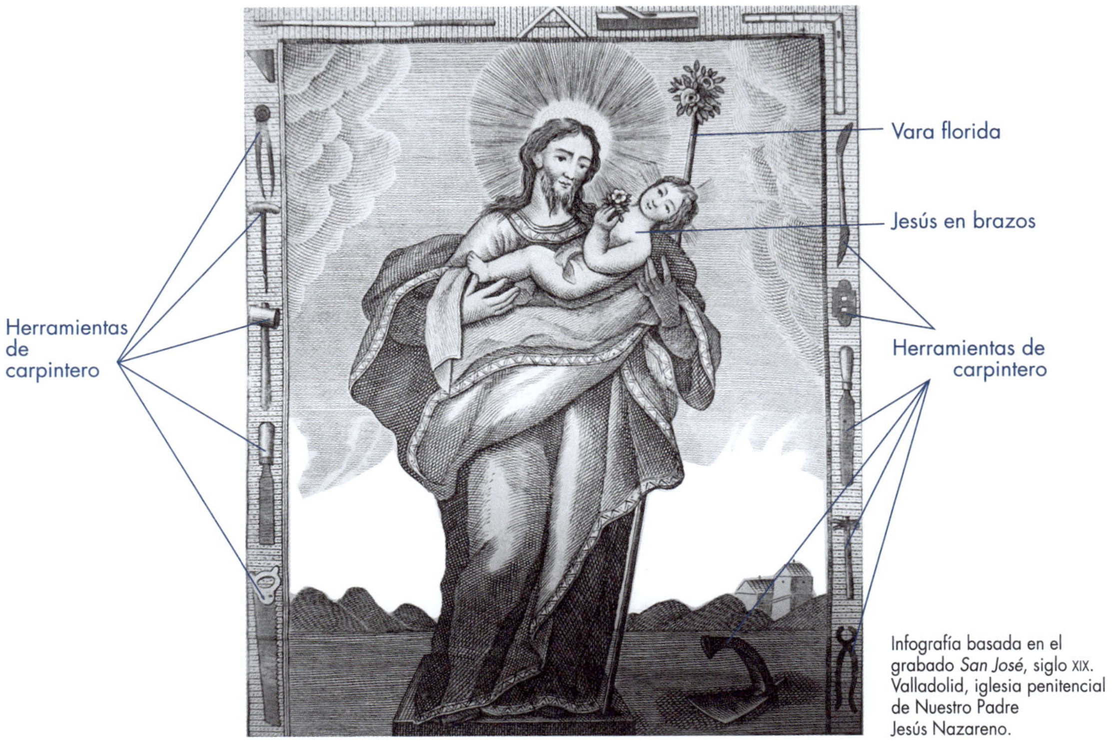

Infografía basada en el grabado *San José*, siglo XIX. Valladolid, iglesia penitencial de Nuestro Padre Jesús Nazareno.

gión de Galilea, a la ciudad de Nazaret, donde se instala definitivamente con Jesús y María. La última referencia que las Escrituras hacen de la figura de José es cuando el Niño Jesús se pierde en el templo y lo busca, junto a su madre, durante tres días.

Su muerte posiblemente sucedió antes del inicio de la vida pública de Jesús.

En los evangelios apócrifos* se dice que José había estado casado previamente y se desposó con María tras enviudar. Tenía varios hijos de su anterior matrimonio, entre ellos Santiago, el llamado hermano del señor o Santiago el Menor. Sin embargo, esta teoría ha sido refutada por numerosos santos como Jerónimo o Tomás de Aquino. Pío X, incluso, admitió el título de virgen para José.

El discreto papel de José dentro de la Sagrada Familia le ha granjeado durante siglos un lugar secundario en las representaciones y en la devoción. Era frecuente que en las imágenes del nacimiento de Jesús en Belén apareciese apartado, o que en la adoración de los Magos ni siquiera figurase. A partir del siglo XVI José fue ganando prestigio, y se le fue considerando un santo modélico. Esto también influyó en su iconografía.

La Iglesia ha presentado a José como el símbolo del padre de familia cristiano, como un varón justo, casto, fiel, afectuoso y discreto. Si bien no es el padre de Jesús, sino su padre putativo, sí es el hombre escogido por Dios para, junto con María, conformar la familia en la que se cría y educa su hijo.

En la actualidad hay toda una rama de la teología en desarrollo dedicada a él, la *josefología*.

José es desde el siglo XIX patrón de los trabajadores, y desde 1955 a su fiesta el 19 de marzo se añadió otra, San José Obrero, el 1 de mayo. Es también el patrono de la buena muerte, pues en su ancianidad murió consolado por el cariño de Jesús y de María.

Atributos posibles

- Báculo*
- Cayado
- Herramientas de carpintero
- Jesús en brazos
- Vara florida (de azucenas o nardos)

Variantes iconográficas

- ♦ Solo, con alguno de sus atributos
- ♦ Diferentes edades: en la iconografía paleocristiana de los primeros siglos aparece joven; en la Edad Media, anciano con barba cana, y desde finales del XVI, como un hombre joven, varonil, con barba
- ♦ Tomando en sus brazos al Niño Jesús
- ♦ En escenas evangélicas junto a Jesús y la Virgen: en el portal de Belén
- ♦ En la huida a Egipto
- ♦ En la presentación en el Templo
- ♦ En escenas cotidianas trabajando como carpintero con Jesús al lado
- ♦ Tentado por el diablo para que abandone a María
- ♦ En sacra conversación con María y el Niño
- ♦ En el momento de su muerte consolado por Jesús y María

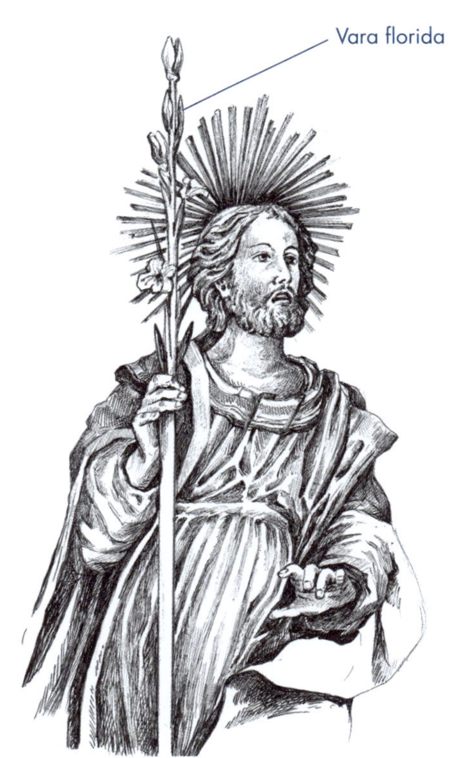

Dibujo de la escultura *San José*, 1735. Fischbachau, iglesia de San Martín.

Juan Bosco

31 de enero

Don del Señor, fiel a Dios

1815, Castelnuovo d'Asti (Italia) / 1888, Turín
SACERDOTE, FUNDADOR

Giovanni Melchiore Bosco nació en I Becchi, cerca de Castelnuovo d´Asti, en el Piamonte, el día 16 de agosto de 1815. Se le conoce como Juan Bosco o don Bosco, fundador de la orden salesiana, pedagogo y escritor. Juan Pablo II lo nombró padre y maestro de la juventud.

Nació en una familia humilde y recibió la influencia y el ejemplo de su madre, Margherita Ochiena, joven viuda que sería determinante en su vocación. Era el menor de los hermanos y con tan solo 2 años quedó huérfano de padre.

Desde muy temprana edad mostró su interés por el sacerdocio, pero tuvo que emplearse en diversos oficios para sufragar sus estudios. Juan Bosco se sintió impresionado por la situación de los niños que trabajaban en condiciones penosas, como consecuencia de los abusos de la Revolución Industrial, y pensó que sería necesario crear algún tipo de institución que favoreciera la escolarización y el aprendizaje profesional de esos niños. Preocupado por la situación de sufrimiento y abandono que padecían, fundó la Sociedad de la Alegría, grupo que se dedicaba a entretener a los niños marginados con malabarismos y juegos de magia.

Juan Bosco se ordenó sacerdote en 1841, muy influido por el modelo de santidad y amabilidad de san Francisco de Sales. Se trasladó a Turín, donde estuvo bajo la influencia espiritual de José Cafasso, que le animó a ejercer un sacerdocio no centrado en la piedad contemplativa y rigorista, sino orientado a paliar los sufrimientos de su entorno. Por ello fundó un oratorio en el que enseñaba catecismo a niños pobres y de ahí surgió la Sociedad de San Francisco de Sales, los salesianos, donde se acogía a niños sin recursos y se organizaban talleres de aprendizaje de diversos oficios. Tras la oficialización de la congregación salesiana, Juan Bosco inspiró la fundación de su rama femenina: las hijas de María Auxiliadora.

Juan Bosco fue autor de numerosos libros. En uno de ellos, *Los sueños de don Bosco,* se recoge, entre otros, un sueño premonitorio que tuvo a la edad de 9 años y en el que la Virgen le orientó sobre su vocación futura. En él unos niños se peleaban alrededor de su casa y no lograba tranquilizarlos de ninguna forma, hasta que una voz le indicó que debía ganárselos con amor. Su labor pedagógica ha sido de gran importancia y se le conoce por ser creador del método de la pedagogía preventiva, basada en el amor, la razón y la religión y alejada de cualquier tipo de violencia. Su lema, «Buenos cristianos y honrados ciudadanos», sigue vigente en los numerosos colegios salesianos repartidos por el mundo.

Atributos posibles

- Bonete*
- Joven (a su lado)
- Sotana de sacerdote

Variantes iconográficas

- Solo, con alguno de sus atributos
- Vestido de sacerdote rodeado de jóvenes
- Junto a Domingo Savio, joven santo salesiano
- En el episodio del sueño premonitorio

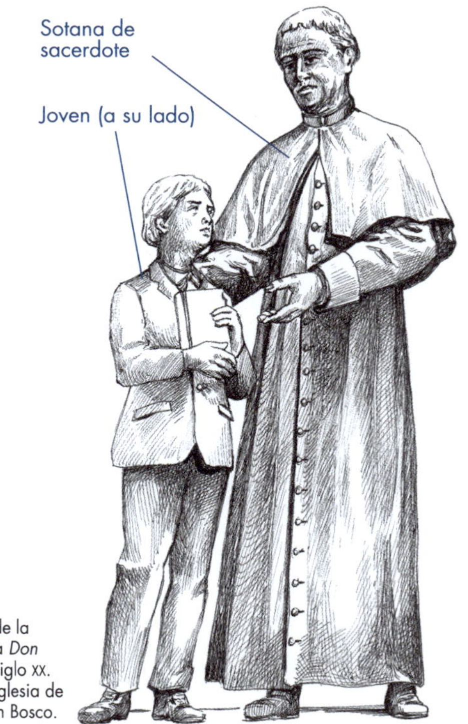

Dibujo de la escultura *Don Bosco*, siglo XX. Taipéi, iglesia de San Juan Bosco.

Juan Crisóstomo 13 de septiembre

Don del Señor (Juan), boca de oro (Crisóstomo)

344, Antioquía / 407, Ponto

OBISPO, DOCTOR DE LA IGLESIA*

Juan de Antioquía fue obispo de Constantinopla y uno de los más brillantes oradores de la Iglesia de Oriente, razón por la cual recibiría el sobrenombre de Crisóstomo, que significa, en griego, «boca de oro». Es uno de los cuatro doctores de la Iglesia de Oriente*.

Nació en Antioquía hacia el año 344 y era hijo de Segundo, un oficial sirio, y Antura. Cuando murió su madre, que había ejercido una fuerte influencia sobre él y le había inculcado la fe cristiana, se retiró al desierto, pero la vida de privaciones afectó a su salud, por lo que regresó a Antioquía y fue nombrado diácono y, posteriormente, sacerdote. Juan tenía una sólida formación teológica y filosófica, pero sobre todo destacaba por sus cualidades como predicador. Su sobrenombre, Crisóstomo, «boca de oro», aludía a su extraordinario talento para los sermones. Una leyenda afirmaba que el propio demonio había vertido tinta en su boca y tras mojar su pluma en ella la retiró llena de oro. Su facilidad de palabra ha sido representada a veces mediante un panal de abejas que sale de su boca.

Vehemente, apasionado y polémico, Juan Crisóstomo se ganó muchos enemigos con sus sermones. Durante el imperio de Arcadio fue nombrado obispo de Constantinopla. Allí se dedicó a la reforma de las costumbres del clero, lo que le valió el enfrentamiento con Teófilo, obispo de Alejandría. Sus disputas se extendieron también a cuestiones de ortodoxia, ya que Juan defendió la doctrina de Orígenes* frente a Teófilo, que la tildaba de herejía. Juan Crisóstomo también predicó contra la emperatriz Elia Eudoxia y su estilo de vida, lo que le llevó a estar desterrado en varias ocasiones. De hecho, murió en el exilio y su cuerpo fue trasladado primero a Constantinopla, en época de Teodosio II, y posteriormente al monte Athos, donde es venerado. La leyenda dice que a su muerte una fuerte granizada cubrió la ciudad de Constantinopla.

Juan Crisóstomo fue autor de una gran cantidad de escritos, entre los que destacan *Sobre el sacerdocio, Sobre la virginidad* y *Sobre la vanagloria y la educación de los hijos,* en los que se refleja su celo reformador y pedagógico. También escribió cartas, y se le atribuye la liturgia seguida hasta la actualidad en el rito bizantino. Pero, sobre todo, Juan era orador, y muchos de sus sermones se han conservado transcritos. Son de gran riqueza estilística, llenos de ejemplos y alusiones, y en ellos explicaba las Escrituras, se encargaba de la catequesis de los nuevos bautizados y también polemizaba contra los judíos, el emperador o sus rivales de Alejandría. Se le considera el predicador de mayor contenido social de toda la Iglesia Griega.

Atributos posibles

- Abejas (panal)
- Cruz
- Libro
- Obispo (ropas de...)
- Pergamino (rollo de...)

Variantes iconográficas

- Solo, con alguno de sus atributos
- Junto a san Basilio y a san Gregorio Nacianceno

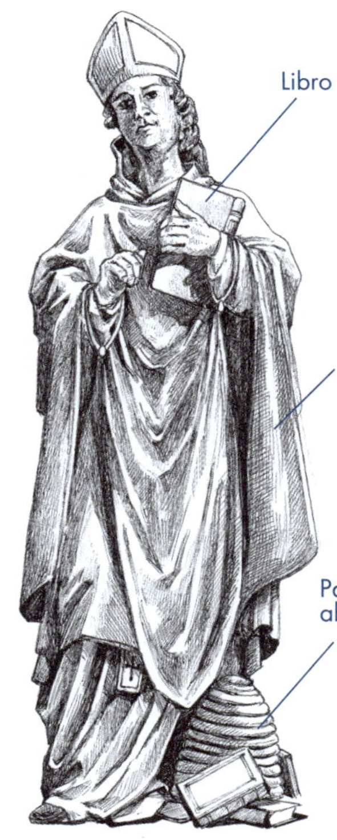

Dibujo basado en la obra *San Juan Crisóstomo*, Theodor Schnell el Joven, siglo XVIII. Ravensburg, iglesia Liebfrauen.

Juan de Dios

8 de marzo

Fiel a Dios, don del Señor

8 de marzo de 1495, Montemor-o-Novo / 8 de marzo de 1550, Granada

FUNDADOR DE LA ORDEN HOSPITALARIA DE SAN JUAN DE DIOS

Nació en Portugal. A la edad de 8 años abandonó su casa, por motivos desconocidos, provocando la muerte de dolor de su madre por la pérdida y que su padre se hiciera sacerdote y se trasladara a Torralba de Oropesa para servir de pastor. Posteriormente se alistó en el ejército del emperador Carlos I de España. Allí llevó una vida disipada y participó en numerosos enfrentamientos contra los franceses. Fue expulsado por negligencia en el cuidado del dinero, salvándose por poco de ser ejecutado. Se alistó de nuevo en el ejército de Carlos I y sirvió contra los turcos en Viena. Al disolverse la compañía de la que formaba parte, comienza a deambular por Portugal, África y Andalucía. En Gibraltar tuvo un sueño en el que se le aparecía Jesús niño, que, tras enseñarle una granada con una cruz en el centro, le decía: «Juan de Dios, Granada será tu cruz». Se trasladó a Granada, donde abrió un negocio de libros y estampas a la edad de 43 años. Allí oyó un sermón de san Juan de Ávila que le transformó. Destruyó sus libros y anduvo como un loco. Acabó en el Hospital Real, junto a enfermos y mendigos, y allí tomó la decisión de dedicar su vida a servirlos. En Granada se esfuerza por atender a los indigentes y enfermos. Finalmente monta una casa en Lucena (Córdoba). Al crecer su fama, el obispo de Granada le pone el sobrenombre de Juan de Dios. Creará otros hospitales en Granada, Toledo o Madrid, mejorando la asistencia hospitalaria. En cierta ocasión, al recoger a un enfermo, observó que tenía las llagas de la cruz y comprendió que se trataba de Cristo, que le dijo: «Juan, todo lo que haces por mis pobres lo recibo yo como si me lo hicieras a mí; sus llagas son las mías y lavas mis pies siempre que lavas los suyos». Durante un incendio en el Hospital Real salvó a numerosos enfermos arriesgando su vida. Intentando rescatar a un joven que se estaba ahogando en el río acabaría contrayendo una pulmonía que le llevaría a la muerte. Aunque no pensó crear una orden ni escribió una regla con su ejemplo, tuvo numerosos seguidores a los que Sixto V reconoció como orden propia: la orden hospitalaria de San Juan de Dios, cuya obra está presente, hoy en día, en más de cincuenta países.

Atributos posibles

- Calavera
- Corona de espinas
- Crucifijo
- Enfermos
- Espuerta (para recoger alimentos)
- Granada abierta, con o sin una cruz
- Hábito de su orden: túnica oscura o negra, mangas anchas, escapulario, capuchón, cinturón de cuero que pende del lado diestro
- Recipientes para medicinas (redomas, botellas, cuencos, etc.)
- Vendas

Variantes iconográficas

- Solo, con alguno de sus atributos
- Recogiendo y ayudando a enfermos, asistido o no por ángeles
- Salvando enfermos y enseres en el incendio del Hospital Real de Granada
- En alguna de sus visiones

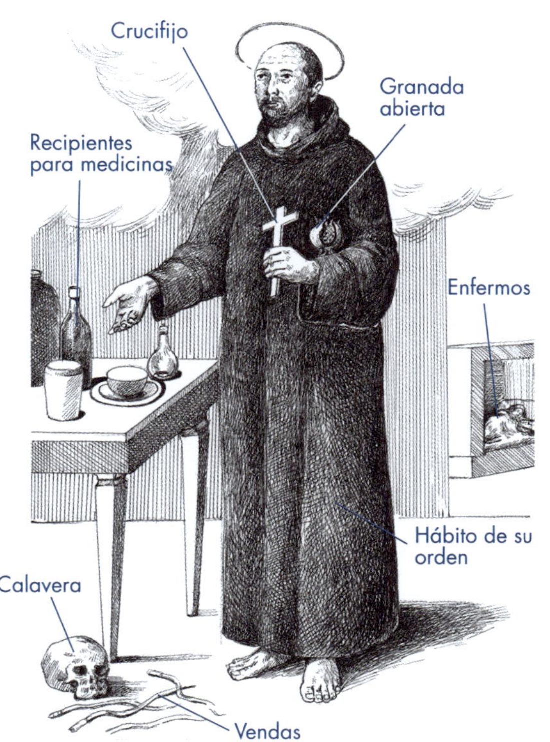

Representación basada en *San Juan de Dios*, Manuel Caro, siglo XVIII. Cuernavaca, Museo de Arte Sacro.

Juan de la Cruz

14 de diciembre

Fiel a Dios, don del Señor

24 de junio de 1542, Fontiveros / 14 de diciembre de 1591, Úbeda

DOCTOR DE LA IGLESIA*, COFUNDADOR DE LA ORDEN DE LOS CARMELITAS DESCALZOS

Se llamaba Juan de Yepes Álvarez. Nació en el seno de una familia de conversos. Su padre se dedicaba a los tejidos y murió cuando él era muy niño, dejando a la familia en una difícil situación. Se trasladaron a Medina del Campo. Al ser pobre de solemnidad, recibió una escasa formación académica, aunque aprendió rudimentos de carpintero, sastre, tallista y pintor. La fortuna familiar cambió por el buen matrimonio de su hermano y eso le llevó a estudiar con los jesuitas, aunque debía colaborar en el hospital local de Nuestra Señora de la Concepción. A los 21 años ingresó en el convento de los padres carmelitas de la localidad y cambió su nombre por el de Juan de San Matías. Se trasladará posteriormente a Salamanca, donde alcanzará el grado de bachiller en artes. Se plantea la vida eremítica e ingresa en la orden de los cartujos, pero al regresar a Medina del Campo para ser ordenado presbítero* conoció a Teresa de Jesús, que estaba en la ciudad para fundar una nueva sede de la orden de los carmelitas descalzos. Teresa convenció a Juan de que se uniera a su nueva congregación. En 1568 creará el primer convento de la rama masculina de esta orden en Duruelo (Ávila), basándose en la regla inicial de san Alberto. Allí cambia otra vez su nombre por el definitivo Juan de la Cruz. Tras varias fundaciones en diferentes sitios, se establecerá como rector en Alcalá de Henares de un colegio de la orden. Más tarde se trasladará al convento de la Encarnación de Ávila, de las carmelitas, donde permanecerá cinco años como vicario y confesor de las monjas, acompañando a Teresa de Jesús en la fundación de numerosos conventos.

En este periodo el enfrentamiento en el seno de la orden del Carmelo, entre los descalzos y los calzados, será constante. En este contexto, tanto Teresa de Jesús como Juan de la Cruz sufrirán diferentes encierros y juicios en un intento de suprimir al grupo de los descalzos. Incluso deberá fugarse de la reclusión en Toledo. Aunque la orden del Carmelo descalzo se reconocerá finalmente, los enfrentamientos continuaron. Será nombrado en Granada prior de los mártires y, fruto de su cargo, viajará por Portugal y Andalucía. Obtendrá otros honores, pero finalmente las controversias internas harán que sea destituido de todos sus cargos en 1591. Regresará a Segovia, pero en el camino caerá enfermo y será trasladado a Úbeda, donde fallecerá. Tras su muerte se iniciaron los pleitos entre Úbeda y Segovia por conservar sus restos. Finalmente sus restos mutilados serán trasladados clandestinamente a Segovia, donde reposan. Pío XI, en 1526, lo proclamará doctor de la Iglesia.

Atributos posibles

- Calavera
- Crucifijo
- Filacteria* con el lema *Deus, vitam meam annuntiavi tibi*
- Hábito carmelita: marrón, con capa blanca
- Libro
- Lirio
- Pluma

Variantes iconográficas

- Solo, con alguno de sus atributos
- En diálogo con Cristo
- Con otros santos (santa Teresa, etc.)

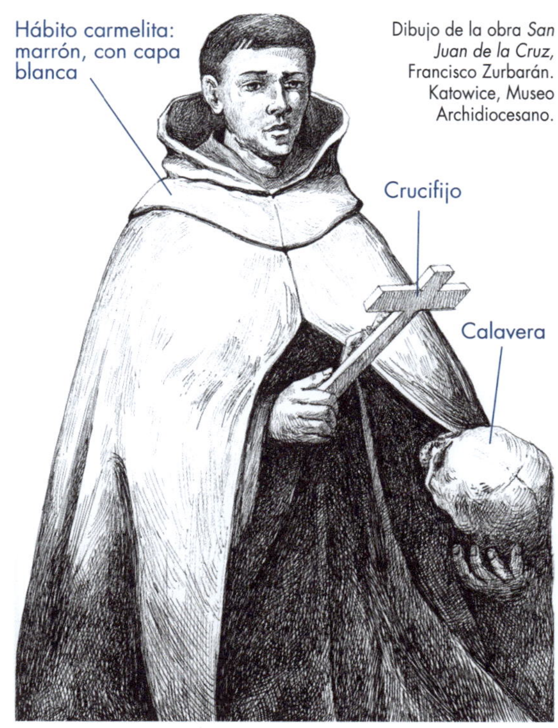

Dibujo de la obra *San Juan de la Cruz,* Francisco Zurbarán. Katowice, Museo Archidiocesano.

Juan el Bautista 24 de junio / 29 de agosto

Fiel a Dios, don del Señor

Siglo I a.C., Ein Karem / siglo I d.C., Maqueronte

PRECURSOR, PROFETA

«Hubo un hombre enviado de Dios, de nombre Juan. Este vino como testigo, para dar testimonio de la luz, a fin de que todos creyeran por él» (Jn 1: 6-7).

Estas palabras al comienzo del evangelio de san Juan ponen de manifiesto la innegable importancia de la figura de Juan el Bautista.

Juan era hijo del sacerdote Zacarías y de Isabel, de la casa de Aarón. Su concepción y su nacimiento estuvieron teñidos de elementos milagrosos. Después de muchos años de matrimonio estéril, y ya en la ancianidad, Zacarías recibió la visita del ángel Gabriel, que le anunció que tendría un hijo que precedería al Señor, y que sería similar al profeta Elías. Como prueba del poder de Dios, Zacarías quedó mudo en ese instante. Su esposa, que era prima de la Virgen María, concibió y poco tiempo después recibió la visita de esta. En ese momento el niño dio pruebas de su carácter profético, pues brincó de alegría en el seno materno al reconocer la presencia de la madre de Dios. Cuando se produjo el nacimiento, Zacarías escribió el nombre de Juan en una tablilla para que le impusieran ese nombre, porque así se lo había indicado el ángel y, hecho esto, recuperó la voz.

La vida pública de Juan, ya adulto, se desarrolló en el desierto cerca del Jordán. Allí llevaba una vida ascética. Se le describe como alguien vestido con pelo de camello y un cinturón, que se alimentaba de langostas y miel silvestre. Su actividad era fundamentalmente la predicación y el bautismo. Como predicador era apasionado y vehemente, y no le importaba molestar a los que él llamaba raza de víboras. Anunciaba la llegada del reino de Dios y él mismo se consideraba una voz que clamaba en el desierto para preparar el camino del que había de llegar. Bautizaba a las gentes en el Jordán y muchos lo tomaban por el Cristo que estaban esperando, pero Juan siempre dejó muy claro su papel de precursor. Cuando sus discípulos le indicaron que había otro (Jesús) que hacía lo mismo que él y bautizaba, les respondió que el hombre solamente puede tener lo que Dios le haya dado: «Yo no soy el

Mesías, sino que he sido enviado como su precursor» (Jn 3: 27-28).

Esta relación entre Juan y Jesús se puso de manifiesto el día del bautismo del Mesías. Juan no se consideraba digno de bautizar a Jesús, pero este insistió señalando que «no hay nadie entre los hijos de mujer mayor que Juan» (Lc 7: 28), reconociéndolo así como precursor suyo y profeta. En el momento del bautismo descendió el Espíritu Santo en forma de paloma y una voz señaló a Jesús: «Tú eres mi hijo, el amado, en ti me complazco» (Lc 3: 22).

Su coincidencia en el espacio y en el tiempo con la comunidad de Qumran*, así como las similitudes ideológicas y de estilo de vida, han llevado a contemplar la posibilidad de que Juan Bautista fuera de la secta de los esenios*. Parece cierto que hubo relación entre ellos, pero Juan fue más bien un simpa-

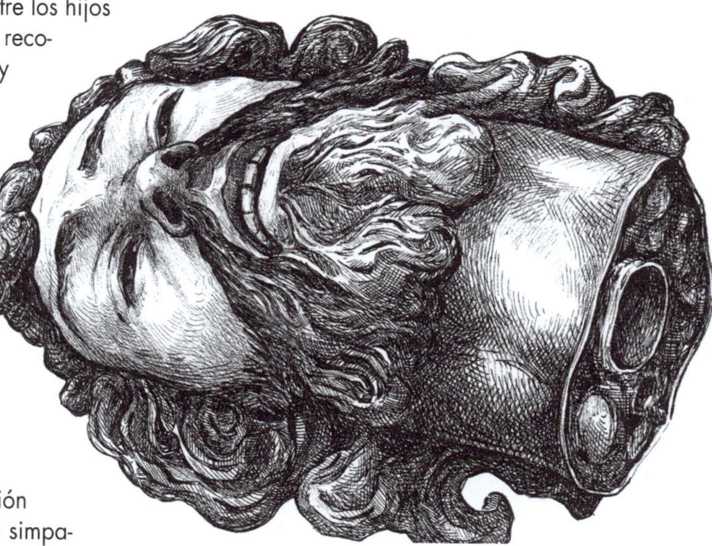

Dibujo basado en la escultura *Cabeza de san Juan Bautista*, Juan de Mesa, 1625. Sevilla, catedral de Santa María de la Sede.

tizante con libertad de criterio, que actuó de forma independiente. Por otro lado, en el evangelio de san Lucas, Jesús indica que no es ni un esenio (hombre vestido de manera elegante) ni tampoco un zelote* (caña agitada por el viento); es simplemente un profeta: «Jesús se puso a hablar de Juan ante la gente: "¿Qué saliste a ver en el desierto? ¿Una caña agitada por el viento? [...]. ¿Un hombre lujosamente vestido? [...]. ¿Un profeta? Sí, incluso más que un profeta"» (Lc 7: 24-26).

Juan era crítico con el tetrarca* de Perea y Galilea, Herodes Antipas, al que censuraba el hecho de haberse casado con Herodías, la mujer de su hermano, para lo cual había repudiado a su esposa. Las críticas desprestigiaban al tetrarca ante el pueblo, que veneraba al Bautista como a un profeta. Por ello, a pesar de que le respetaba y temía, Herodes mandó apresar a Juan. El día del cumpleaños del tetrarca, Salomé, hija de Herodías, bailó ante él con tal sensualidad que Herodes le ofreció como regalo cualquier cosa que pidiera. Salomé, instigada por su madre, pidió la cabeza del Bautista en una bandeja, y Herodes, a su pesar, tuvo que entregársela para cumplir lo que había prometido. Estas trágicas circunstancias que rodean la muerte de Juan han sido objeto de abundantes representaciones artísticas y literarias, a veces desprovistas de todo sentido religioso.

Los discípulos de Juan rescataron su cuerpo y lo sepultaron. Desde entonces Juan Bautista es uno de los santos más venerados, especialmente en la Iglesia de Oriente. Se le considera, incluso antes que al protomártir Esteban, el primer mártir del cristianismo. La Iglesia, excepcionalmente, celebra dos fiestas en su honor, la de su nacimiento y la de su muerte.

Atributos posibles

- Alas
- Árbol (tronco de)
- Concha de bautizar
- Cordero con filacteria* en la que pone *Ecce Agnus Dei,* con nimbo cruciforme y una bandera entre las patas
- Cruz hecha con caña, de gran longitud
- Espíritu Santo
- Penitente (ropas de...): piel de camello o cordero

Variantes iconográficas

- Solo, con alguno de sus atributos
- Recién nacido en el lecho con su madre Isabel, asistida por María, mientras Zacarías escribe
- Niño de aspecto dulce (san Juanito) que juega con el Niño Jesús
- En actitud orante
- Adulto penitente con barba, vestido con pieles y cinturón
- Bautizando a Jesús
- Señalando a Jesús con el dedo, ya sea de niño o de adulto
- Señalando a un cordero que representa a Jesús
- En la escena de su muerte, mientras le cortan la cabeza
- Con sus atributos y una bandeja con su cabeza cortada
- Tras su muerte, apareciendo su cabeza cortada, sola o sobre la bandeja en que se ofrece a Salomé

Dibujo basado en la obra *Bautismo de Cristo,* Andrea Sansovino, 1505. Florencia, baptisterio de San Juan.

Juan el Evangelista

27 de diciembre

Fiel a Dios, don del Señor

10 d.C., Betsaida (Galilea) / 98, Éfeso

APÓSTOL, EVANGELISTA

El apóstol Juan es una de las figuras más señaladas del cristianismo por distintos motivos: como miembro del grupo de los apóstoles está presente en los momentos culminantes de la vida de Jesús, pero además es reconocido por este como el discípulo amado. Se atribuye también a Juan la autoría del cuarto evangelio, de varias epístolas y del libro del Apocalipsis.

Juan había nacido en Galilea, probablemente vivía en la ribera del lago Tiberíades, en el siglo I, y era hijo de Zebedeo y Salomé. Su madre sería una de las pocas mujeres que estaría al pie de la cruz en el calvario de Jesús. Él era pescador, como su padre y su hermano Santiago. Juan y Santiago, luego conocido como Santiago el Mayor, fueron llamados por Jesús para que le siguieran y formaron parte del grupo de apóstoles más cercanos al Maestro, junto con Pedro. De carácter impetuoso y decidido, Jesús llamaba a los dos hermanos *Boanerges,* que quiere decir en arameo «hijos del trueno».

Juan compartió los momentos más significativos de la vida pública de Jesús como las bodas de Caná, la resurrección de la hija de Jairo o la transfiguración. Junto con Pedro, fue uno de los encargados de la preparación de la Última Cena, en la que ocuparía un lugar de honor y desempeñaría un papel importante, ya que, sentado a la derecha de Jesús, como discípulo favorito de este, apoyó la cabeza en su hombro y le preguntó quién le iba a traicionar (Jn 13: 23 y ss.).

Acompañó a Jesús en el huerto de Getsemaní y es el único que estuvo presente en la crucifixión. Estando Juan al pie de la cruz con la Virgen María, Jesús, agonizante, les encomendó que se acompañasen mutuamente y, desde entonces, Juan cuidó a la Virgen como si fuera su propia madre (Jn 19: 25-27). Según la tradición, Juan se hizo cargo de la Virgen María los veintitrés años que esta sobrevivió a Jesús, llevándola consigo a Éfeso. Cuando María murió, Juan se encargó de llevar ante su féretro la palma que los ángeles le entregaron. Fue de los primeros en recibir la noticia de la resurrección de Jesús de labios de María Magdalena y el primero que llegó al sepulcro vacío, renovando su fe en el mismo instante. Estuvo también presente en el momento de la ascensión de Jesús a los cielos y en Pentecostés*.

Juan era el más joven de los apóstoles y vivió sesenta y siete años más que Jesús. Anunció el evangelio en Judea y Asia Menor, principalmente en Éfeso, según afirman diversas fuentes. Permaneció virgen toda su vida.

Fue el único de los apóstoles que no murió mártir. Sin embargo, tuvo ocasiones de hacerlo. La leyenda cuenta que el emperador Domiciano le condenó ante la Puerta Latina de Roma a morir en una tinaja de aceite hirviendo, pero salió de ella como si de un baño se tratase. Más tarde, en Éfeso, fue obligado a beber de una copa envenenada por los sacerdotes del templo de Diana, sin que le hiciese el menor efecto. La copa donde le habrían echado el veneno del que salió ileso haciendo la señal de la cruz, se en-

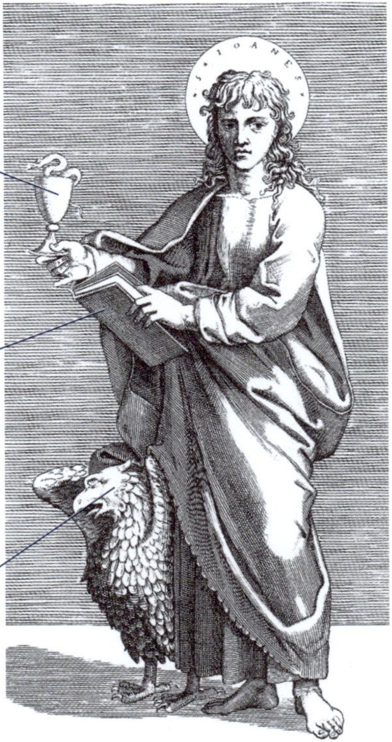

Grabado de *San Juan Evangelista*, siglo XVI. Madrid, Biblioteca Nacional de España.

cuentra actualmente como reliquia en la basílica romana de San Juan de Letrán.

Fue exiliado a Patmos y solo regresaría a Éfeso con la muerte de Domiciano, durante el imperio de Nerva. Murió casi centenario en tiempos de Trajano.

La tradición atribuye a Juan un papel muy importante como escritor de textos sagrados, entre los que destaca el Apocalipsis y el cuarto evangelio. El Apocalipsis habría sido escrito durante su destierro en la isla de Patmos, y es un conjunto de profecías sobre el fin de los tiempos de difícil interpretación. El cuarto evangelio, el que lleva el nombre de san Juan, lo habría escrito al final de su vida, a su regreso a Éfeso tras su destierro, siendo muy anciano. Según se cuenta en *La leyenda dorada**, Juan se retiró a un lugar tranquilo para escribirlo y hasta la lluvia y el viento cesaron para no perturbar la paz del evangelista. El evangelio de Juan es el texto de un testigo presencial de la vida de Jesús, que estuvo originalmente escrito en hebreo o arameo, pero del que solo se conserva la traducción griega, con un estilo sencillo en la forma pero de alto carácter simbólico en el fondo. Históricamente parece estar demostrado que el apóstol, el evangelista y el autor del Apocalipsis son tres personas diferentes, aunque se veneren como si fuese una sola. Las tres epístolas de Juan siguen la misma idea central de mostrar a Jesús como un Dios del amor, un Dios de luz que nos ayudará a vencer a las tinieblas y la oscuridad.

El inicio del culto a Juan arranca en Éfeso, sobre su tumba. Su muerte es en sí misma un tema milagroso. Se difundió la idea de que Juan no iba a morir y que sería trasladado en cuerpo y alma a los cielos, como la Virgen. Juan se acostaría en una tumba que había mandado cavar y desde allí sería transportado al cielo por los ángeles. Otra versión dice que sobre él descendió una luz vivísima y fue cubierto por una lluvia de fina arena. Desde Éfeso su culto se trasladó a Roma, y de ahí se difundió por toda la cristiandad. En cualquier caso, se desconoce dónde descansan sus restos, y es el único apóstol del que no se conservan.

Se le representa como un águila porque es el evangelio más espiritual y elevado.

Atributos posibles

- Águila
- Alas
- Caldero (de aceite hirviendo)
- Copa (con una serpiente o un dragón que simboliza el veneno)
- Libro
- Palma*
- Pluma

Variantes iconográficas

- Solo, con alguno de sus atributos
- Joven sin barba en Occidente
- En Oriente, anciano con barba
- Vestido generalmente con una túnica blanca o azul (símbolo de su virginidad) y manto rojo
- Como águila en el tetramorfos*
- Al pie de la cruz, a la izquierda de Jesús, con la Virgen al otro lado
- En la Última Cena apoyando la cabeza en el pecho de Jesús
- Dentro de un caldero ante la Puerta Latina
- Con san Juan el Bautista
- En Patmos, recibiendo la revelación del Apocalipsis
- Con la palma en algunas representaciones con la Virgen

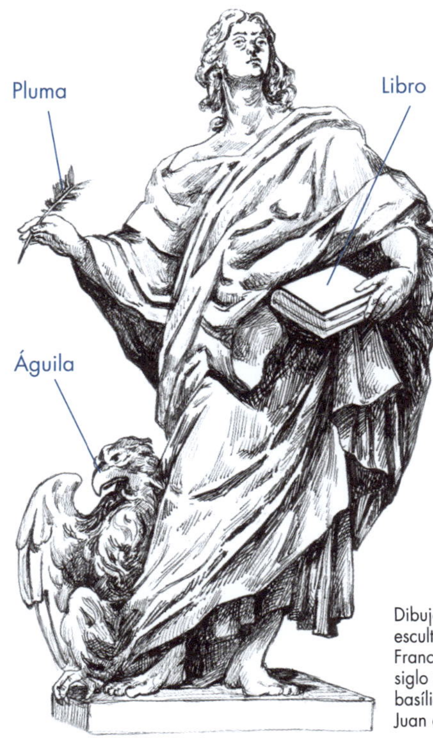

Dibujo basado en la escultura *San Juan*, Francisco Rusconi, siglo XVII. Roma, basílica de San Juan de Letrán.

Juan Nepomuceno

16 de mayo

Fiel a Dios, don del Señor

Ca. 1340, Pomuk / 1393, Praga
MÁRTIR

Posible hijo de Welfin, alcalde o juez de la localidad de Pomuk. Conocemos poco de su infancia. Estudió en la Universidad de Praga e hizo un curso de derecho canónico en la Universidad de Padua.

A los 30 años ocupaba diversos cargos en la diócesis de Praga, entre ellos el de notario público. Fue ordenado sacerdote en 1380, y nombrado párroco de San Galo de Praga.

En esta ciudad continuó acumulando cargos, como los de canónigo* en las colegiatas de San Eligio, San Pedro y San Pablo de Vyserhad. Pero el más importante fue el de vicario* general del arzobispo Janstejn. En el momento de su nombramiento, el rey de Bohemia Wenceslao IV intentaba controlar a la Iglesia Bohemia y hacerse con sus bienes apoyando al papa de Aviñón, lo que le llevó a un enfrentamiento abierto con el arzobispo, que apoyaba al papa de Roma.

Las quejas de Janstejn fueron contestadas por el rey con el asesinato de varios clérigos afines al arzobispo con el fin de sustituirlos por partidarios suyos.

Juan, ejerciendo como vicario, en representación de Janstejn, excomulgó al chambelán del rey, Segismundo Huler, acusándolo de herejía y públicas blasfemias. El rey reaccionó intentando apresar al arzobispo, que huyó a Roma. Juan y algunos funcionarios eclesiásticos fueron apresados y torturados con antorchas para que confesaran el paradero de Janstejn. Juan murió en las torturas y su cuerpo fue arrojado durante la noche desde el puente de Carlos IV al río Moldava. Su cuerpo fue hallado y acabaría siendo enterrado como un santo en la catedral de San Vito de Praga.

El arzobispo Janstejn acusó al rey del asesinato ante el papa de Roma Bonifacio IX y señaló como causa de la muerte la negativa de Juan a violar el secreto de confesión; se creó así una leyenda según la cual Juan Nepomuceno era confesor de la reina Sofía de Baviera, esposa de Wenceslao IV, y se había negado a revelar al rey las confesiones de su esposa.

Su culto se extendió por el centro de Europa y España y llegaría a tener muchos devotos en México.

Atributos posibles

- Crucifijo
- Dedo en la boca indicando silencio (por su silencio respecto a la confesión)
- Demonio
- Estrellas (cinco, formando una aureola)
- Nenúfar
- Palma del martirio*
- Vestidura talar*

Variantes iconográficas

- Solo, con alguno de sus atributos
- Venciendo las tentaciones del demonio
- En su tortura y martirio, arrojado por el puente
- Ciclo vital con los principales hechos

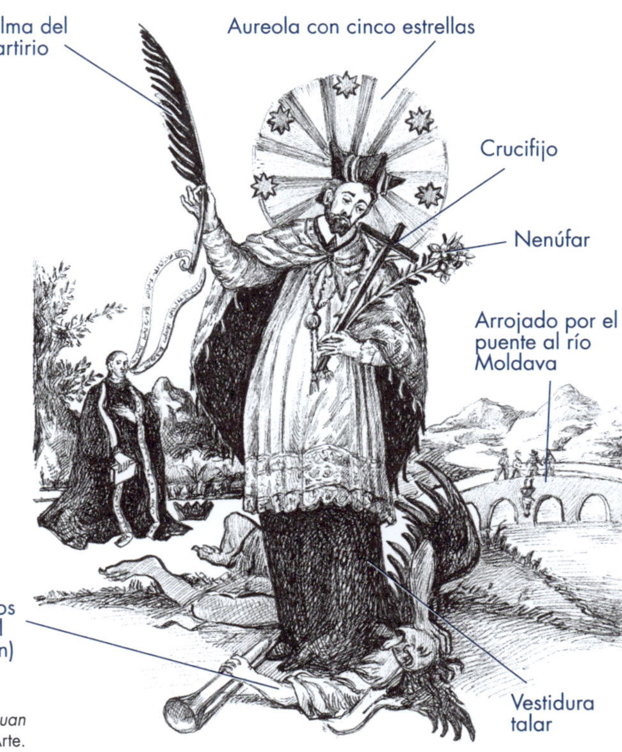

Dibujo basado en la obra *San Juan Nepomuceno*. Filadelfia, Museo de Arte.

Juana de Arco
30 de mayo

Piedad de Dios

Ca. 1412, Domrémy / 30 de mayo de 1431, Rouen
MÁRTIR

Nació en un pueblecito del reino de Francia en el periodo de la Guerra de los Cien Años, que enfrentaba a este país con Inglaterra. El delfín* de Francia, futuro Carlos VII, aún no había sido coronado y no podría serlo, ya que el camino hacia la catedral de Reims, donde se entronizaba a los reyes de Francia, estaba controlado por los enemigos.

A la edad de 13 años Juana oyó voces que le instaban a liberar a Francia del dominio inglés y ayudar al heredero de Francia a llegar a Reims. Estas voces las asoció a santa Catalina, santa Margarita y al arcángel* san Miguel.

Con 16 años las voces le indicaron que debía comenzar por romper el asedio inglés a la ciudad de Orleans y Juana se dirigió al comandante de la guarnición local más cercana, Vaucouleurs, para que le proporcionara una escolta hacia Chinon, que era donde estaba el delfín. La insistencia de Juana hizo que consiguiera su propósito de llegar ante el heredero real, que, desconfiado, se hizo pasar por un noble y vistió con sus ropas a otra persona. Juana descubrió el engaño y consiguió convencer al delfín de que la apoyara en sus demandas. Tras ser examinadas su fe y su virginidad, lo que daría pie al apelativo de Juana la Doncella, partiría hacia Orleans. Una vez en la ciudad, participó en los combates, en uno de los cuales fue herida. Pese a las dificultades, los franceses alcanzaron victorias decisivas sobre los ingleses, con lo que se consiguió liberar la ciudad. Esto permitió cumplir el primer objetivo, que era la coronación del delfín en la catedral de Reims en 1429. A partir de este momento comenzaron las primeras disensiones entre Carlos, más partidario de una política de pactos con los ingleses, y Juana, más radical en sus planteamientos respecto al enemigo. Su fama, que asustaba a Carlos, comenzó a ser cuestionada por el fracaso de su ataque a París. La continuación de la guerra llevaría a la captura de Juana y a su entrega a los ingleses, que la juzgaron en Rouen y, acusándola de brujería y blasfemias, la condenaron a morir en la hoguera. Fue ejecutada el 30 de mayo de 1431. Carlos VII, veinte años después, terminaría la Guerra de los Cien Años y pediría al papa Calixto III una revisión del proceso, que, finalmente, la exculparía de todo pecado. Fue canonizada en el siglo XIX.

Atributos posibles

- Armadura (variada, del siglo XV, XVI, etc.)
- Espada
- Estandarte real de Francia
- Hisopo*
- Óleos sagrados* (en frascos o cajitas)
- Relicarios
- San Miguel
- Soldado (ropas de...)

Variantes iconográficas

- Sola, con alguno de sus atributos
- En su martirio en la hoguera
- Ciclo vital: revelaciones del arcángel* san Miguel, presencia en la corte ante el rey, batallas y asedios variados, entre los que destaca el de Orleans

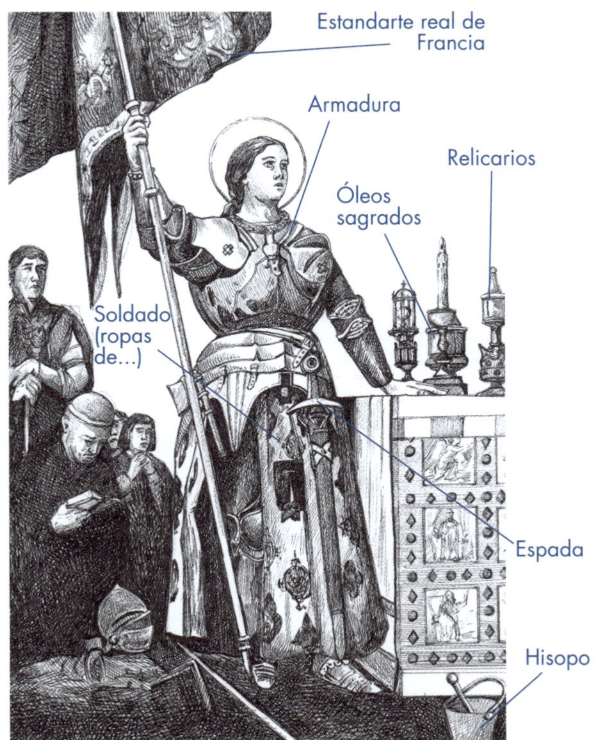

Representación basada en un detalle de *Juana de Arco en la coronación de Carlos VII*, Jean Auguste Dominique Ingres, 1854. París, Museo del Louvre.

Judas Tadeo

28 de octubre

Alabanzas sean dadas a Dios, valiente, magnánimo

Siglo I, Qana / Suamir o Edesa
APÓSTOL, MÁRTIR

Nació en Qana, Galilea. Es uno de los doce apóstoles, al que suele añadirse siempre un sobrenombre, ya sea Tadeo (Mt 10: 3), «el de Santiago» (Lc 6: 16) o «Lebbeo» (el de corazón tierno), con el fin de distinguirle claramente de Judas Iscariote, el traidor del grupo, aspecto que se aclara siempre, como vemos en Jn 14: 22: «Judas, no el Iscariote». Se le relaciona en parentesco con Santiago el Menor, siendo, por tanto, pariente cercano, *hermano,* del propio Jesús (Mt 13: 55).

Participó con el resto de apóstoles en la vida pública del Mesías y es uno de los protagonistas en la Última Cena al preguntar a Cristo: «Señor, ¿y cómo es eso que te has de manifestar a nosotros y no al mundo?» (Jn 13: 22).

Tras la muerte y resurrección de Jesús, será uno de los apóstoles que defenderá más la vía judaizante del cristianismo, pese a lo cual predicará en vastas regiones incluyendo a los gentiles.

Tras Pentecostés* se encargará de la evangelización de Libia y Mesopotamia. En Persia coincidirá con Simón. Allí se produjeron diversas muestras de su poder, como la información que dieron al general de los ejércitos persas, Baradach, al que vaticinaron su victoria frente los indios. Convirtieron al cristianismo al rey Acab de Babilonia. También domaron serpientes y, por ejemplo, hicieron hablar a un niño recién nacido para que exculpara a un diácono* cristiano acusado falsamente de ser padre de la criatura. Asimismo expulsaron a unos demonios que moraban dentro de unos ídolos.

Se le ha identificado con el mensajero que llevó una imagen de Jesús al rey de Edesa, Abgar, y con ello le curó de la lepra.

Finalmente acudieron a Suamir, donde fueron apresados. Allí se les intentó obligar a que hicieran sacrificios a los dioses locales y, ante su negativa, fueron torturados y martirizados. A Simón lo aserraron por la mitad y a Judas le partieron la cabeza con una maza y lo decapitaron con un shamsir*.

Sus reliquias, junto a las de Simón, se extendieron por el mundo. Inicialmente los cuerpos fueron recuperados por el rey de Babilonia Acab, que los llevó a Babilonia. Al ser conquistada la ciudad por los musulmanes, se llevaron los restos a Roma. El papa León III donó una parte a Carlomagno, que los guardó en la basílica de San Saturnino de Tolosa. La Iglesia Ortodoxa, sin embargo, considera que los restos se llevaron inicialmente a Armenia y de allí a otros lugares de Oriente.

Atributos posibles

- Alabarda*
- Espada
- Hacha
- Lanza
- Libro
- Maza
- Medallón con la imagen de Jesús (por Edesa)
- Shamsir*
- Triángulo

Variantes iconográficas

- Solo, con alguno de sus atributos
- En su martirio
- Diversos milagros, como la curación de la lepra del rey Abgar, la expulsión de diablos de los ídolos paganos, etc.

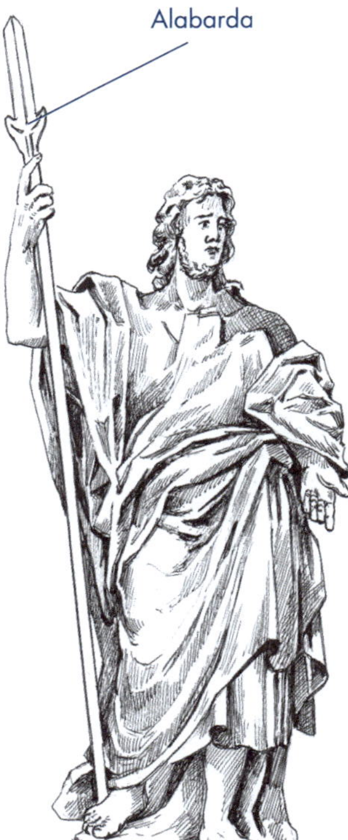

Dibujo basado en la escultura *San Tadeo*, Lorenzo Ottoni, siglo XVII. Roma, basílica de San Juan de Letrán.

Justa y Rufina

19 de julio

Femeninos de Justo y Rufino / justo, rojizo

Siglo III-IV, Sevilla / Sevilla
MÁRTIRES

Eran dos hermanas que vivían en el arrabal sevillano de Triana, donde tenían una tienda de cacharros de cerámica. Ambas habían sido educadas en la fe cristiana y dedicaban gran parte de sus ganancias a la caridad.

Un día en que se celebraban las fiestas de Salambó* en la ciudad, una procesión que llevaba la imagen de la diosa pasó cerca de la tienda y les solicitaron unos jarrones para colocar las flores que adornarían la imagen. Ante la negativa de las hermanas, que no querían contribuir al culto de un dios pagano, los miembros de la procesión comenzaron a romper vasijas de la tienda, a lo que las hermanas respondieron furiosas rompiendo la imagen que portaban los procesionarios. Estos reaccionaron agrediendo a ambas hermanas y llevándolas atadas hasta el gobernador de la Bética en aquel momento: Diogeniano.

Este intentó convencerlas de que renunciaran a su fe y repararan este sacrilegio contra el culto pagano. Les impuso, como castigo, que participaran en una procesión a Salambó con los pies descalzos para desagraviar a los adoradores de la diosa. La negativa de ambas hermanas provocó su encarcelamiento y posterior tortura. Se las sometió al potro*, sus cuerpos fueron desgarrados con garfios de hierro, las colgaron desnudas del techo de la cárcel, atadas a sus cabellos, y las azotaron hasta que se desmayaron, les arrancaron las uñas y las obligaron a andar descalzas por una zona pedregosa de Sierra Morena, uncidas a un carro. Luego las devolvieron a la prisión. Justa murió por las torturas en la mazmorra y su cuerpo fue arrojado a un pozo. Rufina fue llevada al anfiteatro, donde se le soltó un león que, en vez de atacarla, le lamió las heridas. Finalmente fue decapitada y posteriormente incinerada. Sabino, obispo de la ciudad de Sevilla, rescató sus restos y los enterró.

Algunas fuentes afirman que sujetaron la Giralda en los terremotos de 1504 y 1755 evitando que se desplomara.

Atributos posibles

- Cerámica (piezas de...)
- Espada
- Giralda
- Ídolos rotos a sus pies
- León
- Libro de los evangelios
- Palma del martirio*
- Puente de Triana
- Rastrillo de púas

Variantes iconográficas

- Solas, con alguno de sus atributos
- En el ciclo de su martirio con todos los tormentos que sufrieron
- En la escena en que el obispo Sabino rescata sus cadáveres

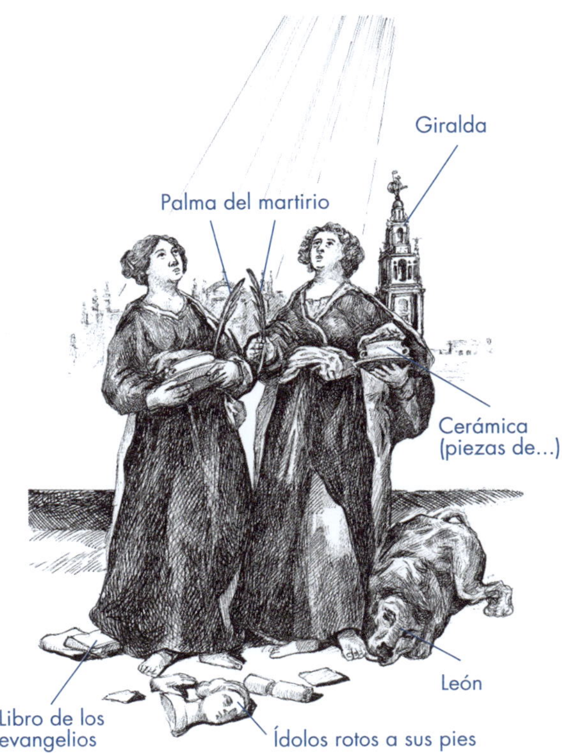

Representación basada en el cuadro *Santa Justa y Santa Rufina*, Francisco de Goya, 1817. Sevilla, catedral de Santa María de la Sede.

Justina de Padua

7 de octubre

Femenino de Justino, justo, íntegro

Siglo III-IV, Padua / Padua

MÁRTIR, VIRGEN

Justina nació en una familia cristiana formada por Vitaliano, prefecto* de la ciudad de Padua, y su esposa Prepedigna. Ya desde muy pequeña fue modelo de virtudes cristianas.

A los 16 años consagró su virginidad a Cristo, haciendo voto secreto de castidad.

Cuando estallaron las persecuciones de Diocleciano a los cristianos, el nuevo prefecto de la ciudad, Maximiano, instaló un tribunal en el Campo de Marte y allí se dedicaba a obligar a hacer sacrificios a los dioses. Los cristianos que se negaban eran inmediatamente arrestados, torturados y ejecutados. La crueldad de las torturas y martirio provocaría un éxodo masivo de cristianos, que prefirieron el exilio a la ejecución. No fue este el caso de Justina, que se mantuvo, junto a su familia, en la ciudad. Arriesgando su vida, visitaba a los encarcelados, confortándolos y socorriéndolos con alimentos y dinero. Esta actitud, lógicamente, no pasó desapercibida a las autoridades, que terminaron por apresarla y conducirla ante el tribunal de Maximiano. Al ser detenida, pidió a sus captores que le concedieran un momento de oración, solicitud que le fue aceptada. Justina hincó las rodillas en una dura piedra y rezó. Al levantarse, dice la tradición, quedaron las marcas de sus rodillas en la roca. Cuando Maximiano la tuvo ante sí, atraído por su belleza, intentó conquistarla con halagos y promesas, incluso ofreciéndole casarse con ella, pero exigiendo que ofreciera sacrificios a los dioses. Justina se negó, y por ello fue condenada a morir siendo atravesada por una espada. Al oír la sentencia, se postró de rodillas y oró al Señor. El verdugo le clavó una espada en el pecho o en el costado. Ella permaneció desangrándose una hora y después expiró. Su cuerpo fue recogido por los cristianos y sepultado fuera de la ciudad, cerca del teatro romano.

La versión medieval la sitúa como discípula de san Pedro el apóstol. Según esta fuente, san Pedro habría enviado a Padua a predicar el evangelio al que luego sería el obispo de la ciudad, san Prosdócimo. Este se habría convertido en el padre espiritual de la santa. Sin embargo, las fechas no pueden precisarse, por lo que no parece claro que coincidieran con las persecuciones de Nerón, sino más bien con las de finales del siglo III y comienzos del IV, es decir, las de Diocleciano.

Atributos posibles

- Corona
- Cruz
- Demonio
- Escudo
- Espada en el pecho
- Lanza
- Libro
- Lirio
- Palma del martirio*
- Unicornio

Variantes iconográficas

- Sola, con alguno de sus atributos
- Con una espada en el pecho
- Con los pechos perforados
- Yacente
- Como monja
- Con otros santos
- En su martirio, en varios momentos, incidiendo especialmente en su larga agonía de rodillas

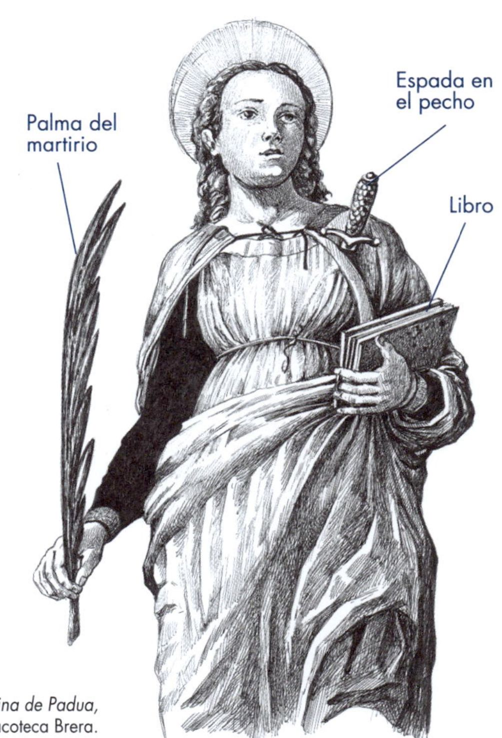

Representación basada en *Santa Justina de Padua,* Andrea Mantegna, 1454. Milán, Pinacoteca Brera.

Justo y Pastor

6 de agosto

Íntegro / Pastor

Siglo III-IV, Alcalá de Henares / Alcalá de Henares
MÁRTIRES

Los dos niños, hermanos, habían nacido en Complutum (Alcalá de Henares), en el seno de una familia cristiana, durante el mandato del emperador romano Diocleciano. Este había establecido en el año 302 un decreto de persecución general contra los cristianos para lograr la eliminación de los templos y acabar con sus sacerdotes más destacados. En este contexto aprobó un nuevo edicto en el año 304 ordenando que quienes se negaran a sacrificar a los dioses serían torturados y muertos.

En Hispania, el gobernador que se encargó de llevar a cabo el edicto fue Daciano, que lo aplicó con especial crueldad.

Los dos niños, Justo, de 7 años, y Pastor, de 9, se hallaban en la escuela cuando recibieron la noticia de las persecuciones. Rápidamente decidieron presentarse al gobernador y ofrecerse al martirio. Como en otros muchos casos, Daciano intentó, con halagos y promesas, convencerles de que cambiaran su actitud y sacrificaran a los dioses. Ellos persistieron en su fe, por lo que Daciano decidió azotarlos. Los niños se mantuvieron firmes y se daban ánimos sin importarles el martirio. Daciano les condenó a muerte y fueron decapitados. El castigo se aplicó fuera de la ciudad, quizás temiendo una reacción contraria de la población.

Los cristianos recogieron sus cuerpos y los enterraron, aunque se perdió la localización exacta de la tumba. En el año 391, cuando ya el cristianismo gozaba de la protección oficial, el obispo toledano Asturio tuvo una revelación divina y buscó y encontró los dos cadáveres. Su culto se extendió por Hispania, la Galia y Cerdeña.

Aunque sus restos fueron trasladados con la dominación musulmana a Huesca y al sur de Francia, finalmente volvieron a su lugar de origen en 1568.

Atributos posibles

- Corona de laurel
- Custodia*
- Flores
- Libro
- Palma del martirio*
- Tablilla escolar en la mano
- Uvas

Variantes iconográficas

- Solos, con alguno de sus atributos
- En su martirio
- Caminando juntos
- Con aspecto adolescente en lugar de niños
- En la gloria, rodeados de nubes

Palma del martirio

Palma del martirio

Corona de laurel

Tablilla escolar

Dibujo de un bajorrelieve de los *Santos Justo y Pastor.* Alcalá de Henares, puerta metálica de la capilla de las Santas Formas de la iglesia de los Jesuitas.

Leandro de Sevilla

13 de noviembre

Hombre leonino, hombre del pueblo

534, Cartagena / 600, Cartagena

OBISPO, DOCTOR DE LA IGLESIA*, PADRE DE LA IGLESIA

Hijo de Severiano, gobernador visigodo de Cartago Nova. Era el mayor de cuatro hermanos. Su madre inicialmente profesaba el arrianismo*, aunque después se convirtió al catolicismo e influiría de modo notable en la formación de Leandro. La familia huyó a Sevilla tras la ocupación bizantina de la ciudad. Tras la muerte de sus padres, Leandro se ocupó de la educación de sus hermanos, entre los que se encontraba san Isidoro. Fue nombrado obispo de Sevilla e influyó en la conversión de Hermenegildo al catolicismo, lo que provocaría el enfrentamiento con su padre, el arriano* rey Leovigildo, y la posterior ejecución del hijo. Su lucha contra el arrianismo le llevaría al destierro en el año 580. Marchó a Constantinopla, donde conoció a Gregorio Magno, que era en aquellos momentos representante del papa en la ciudad. Allí forjaron una gran amistad, y cuando Gregorio pasó a ser papa, le envió el palio*, símbolo de su dignidad arzobispal. Fue el primero en obtenerlo en Hispania. Tras la muerte de Leovigildo, el nuevo soberano, Recaredo, se convirtió al catolicismo. Ello supuso la vuelta de Leandro a Sevilla. Consiguió la proclamación oficial del catolicismo como religión oficial del reino visigodo en el III Concilio de Toledo. Siguiendo el ejemplo del rey, la conversión de los visigodos al catolicismo se hizo prácticamente sin resistencia.

Con Leandro se sentaron las bases del posterior impulso intelectual sevillano, en el que destacaría su sucesor, san Isidoro. Dirigió el I Concilio Provincial de Sevilla, en el que se trató sobre el patrimonio eclesiástico y la cohabitación de los clérigos con las mujeres.

Creó la Escuela de Sevilla, foco cultural y de investigación.

Su producción literaria fue breve; se conservan algunas cartas de su correspondencia con san Gregorio Magno y las obras que escribió contra los arrianos en su destierro: *Duos adversus haereticorum dogmata libros* y *Opuscuculum adversus instituta;* algunas composiciones musicales para la misa, y su *De institutione virginum,* dedicado a su hermana Florentina.

Murió de manera admirable, según su hermano san Isidoro.

Atributos posibles

- Báculo*
- Corazón
- Letrero con el lema *Credite o ghoti consubstantialem Patri** (contra el arrianismo*)
- Libro (de doctor)
- Mitra*
- Obispo (ropas de...)
- Pluma
- Triángulo (como defensor de la Trinidad)

Variantes iconográficas

- Solo, con alguno de sus atributos
- Junto a su hermano san Isidoro

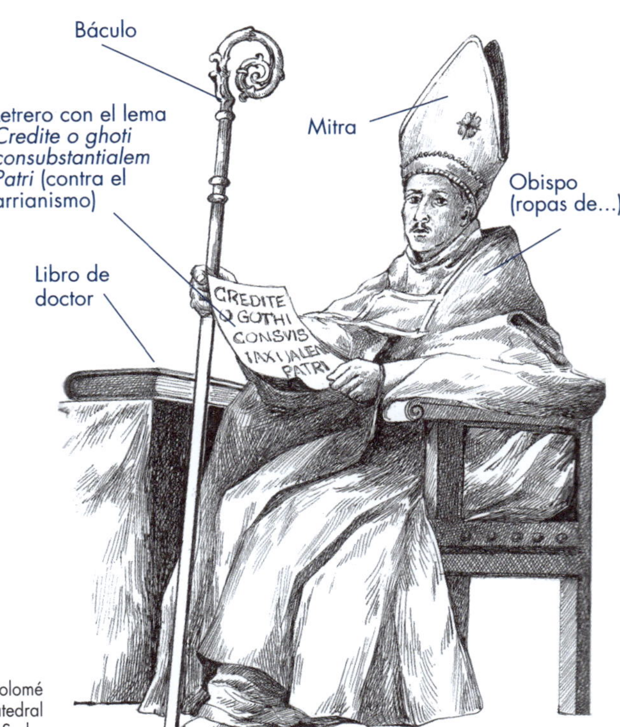

Dibujo de *Leandro de Sevilla*, Bartolomé Esteban Murillo, 1655. Sevilla, catedral de Santa María de la Sede.

Leocadia

9 de diciembre

Blanca

Siglo IV, Toledo / Toledo

VIRGEN, MÁRTIR

Nació en Toledo de una noble familia. La ciudad tenía una floreciente comunidad cristiana organizada, que coexistía con la comunidad pagana sin problemas. Desde joven, Leocadia fue miembro destacado de un grupo de vírgenes consagradas a Dios que desempeñaban un papel especial en el culto y la asistencia a los hermanos cristianos. Solo llevaba vestiduras negras, como símbolo de austeridad. La convivencia con el paganismo en la ciudad se vio alterada con las persecuciones del emperador Diocleciano, al comienzo del siglo IV. El prefecto* romano de Hispania, Daciano, llevará a cabo una virulenta persecución que conducirá a Leocadia a prisión. Su fama de mujer virtuosa e importante dentro de la comunidad cristiana llevaría a los romanos a intentar utilizarla como ejemplo. Por ello trataron, sin éxito, de que abjurase del cristianismo, primero mediante halagos; más tarde, y ante su negativa, la desnudaron y flagelaron con varas y *plumbea**, pero ella resistió, por lo que fue confinada en un calabozo. Allí pasaba sus días rezando ante una cruz que ella misma había hecho —unos dicen que con su sangre, otros que con las cadenas y otros que simplemente con sus dedos— y que quedó impresa de modo milagroso en la roca. Encerrada, murió por las heridas causadas y por la pena al enterarse de la prisión y torturas de una niña, santa Eulalia de Mérida, lugar al que se habría trasladado Daciano en su campaña para acabar con el cristianismo.

Su resistencia ante las presiones y la firmeza de su fe servirán de ejemplo entre las comunidades cristianas hispanas. El culto a la santa alcanzará su mayor apogeo tras la conversión de los visigodos al catolicismo en el año 589. El rey visigodo Recesvinto había solicitado al arzobispo de Toledo, futuro san Ildefonso, una reliquia del velo de la santa que se hallaba enterrada en la catedral, mientras se oficiaban los ritos; al abrirse la tumba, la santa se reanimó y felicitó al santo por su devoción mariana. Este, para asegurarse de la veracidad del hecho, cortó un trozo de velo de la santa que aún se conserva en la catedral de Toledo.

La destrucción de la basílica que contenía sus restos por parte de Abd al Rahman I iniciará una compleja historia respecto a sus reliquias que acabará con la vuelta de estas, presuntamente, traídas por Felipe II desde la abadía de Saint-Ghislain, en Bélgica.

Atributos posibles

- Cadenas (con las que se la encarceló)
- Corona del martirio
- Cruz (en alusión a la de la roca de la prisión)
- Palma del martirio*
- Torre (donde fue encerrada)
- Varas (con las que fue flagelada)

Variantes iconográficas

- Sola, con alguno de sus atributos
- Ante el pretor*
- Haciendo la cruz en la roca de la prisión con sus dedos
- Rezando ante la cruz de su celda
- Apareciéndose a san Ildefonso en la catedral de Toledo

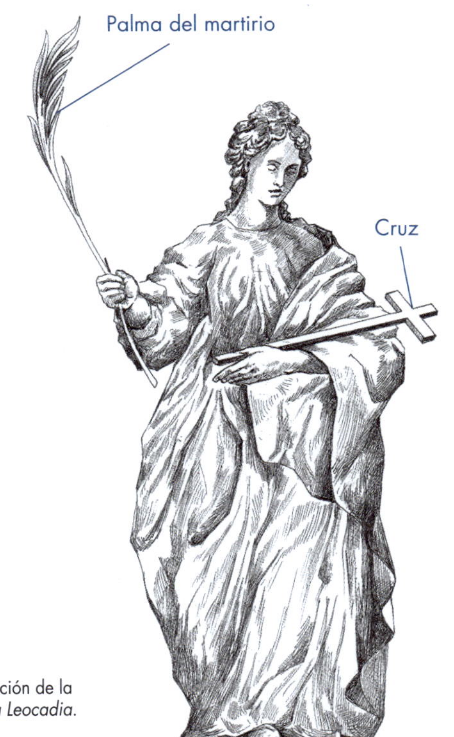

Representación de la obra *Santa Leocadia*. Toledo.

León Magno

10 de noviembre

León, nobleza, valor

Siglo V, Roma / Roma

PAPA, DOCTOR DE LA IGLESIA*

Nació en Roma. Emprendió desde joven la carrera eclesiástica. Sus brillantes estudios le llevaron a ser rápidamente diácono, alcanzar un prestigioso lugar en la Iglesia Romana y convertirse en un referente en las disputas existentes en el seno de las distintas comunidades cristianas, incluso las de Oriente. Intervino en las controversias intelectuales contra diversas herejías, como las de los nestorianos*, pelagianos*, maniqueos*, monofisistas*, priscilianistas*, etc. Tuvo un papel relevante en las discusiones y debates entre diferentes prelados y cargos, como, por ejemplo, el enfrentamiento entre Cirilo de Alejandría y Juvenal, patriarca de Jerusalén. Mientras mediaba en una disputa en la Galia, murió el papa Sixto III y fue elegido pontífice por unanimidad. Fue un firme defensor de la primacía del obispo de Roma respecto del resto de obispos y patriarcas. Tuvo por ello numerosos enfrentamientos, entre los que destaca el mantenido con Constantinopla y el monofisismo. Pese a las múltiples polémicas, finalmente el Concilio de Calcedonia del año 451 reafirmó la ortodoxia católica defendida por León I y, lo más importante, se reconoció que por boca de León «había hablado Pedro y los apóstoles habían expresado su doctrina», con lo que quedaba reconocida su vinculación directa a la supremacía de san Pedro y su carácter decisivo a la hora de señalar la ortodoxia cristiana. No obstante, el poder y la preeminencia de Roma serían de nuevo cuestionados por diferentes sedes como Antioquía, Alejandría o Constantinopla. En el plano dogmático, aunque su triunfo fue amplio y supuso el control de casi todas las doctrinas heterodoxas, no impidió que las heridas del monofisismo se cerrasen y se mantuviesen, creando importantes disensiones que afectarían a la unidad del Imperio Bizantino. Hoy en día determinadas iglesias siguen separadas, como por ejemplo la copta, la siriaco-jacobita o la armenia.

Su hecho más carismático fue su intervención en la invasión de Italia por Atila, rey de los hunos, en el año 452. León salió a su encuentro y le impresionó de tal manera (la tradición indica que Atila vio en el cielo a los apóstoles Pedro y Pablo, con las espadas desenvainadas) que Atila abandonó su marcha sobre Roma. No pudo, sin embargo, evitar el saqueo de la ciudad por Genserico en 455, aunque atemperó sus resultados.

A su muerte fue muy venerado, incluso en la Iglesia de Oriente, por sus obras y virtudes.

Atributos posibles

- Cruz patriarcal*
- Llaves (como sucesor de Pedro)
- Papa (ropas de...)
- Tiara papal*

Variantes iconográficas

- Solo, con alguno de sus atributos
- Junto a otros doctores y padres de la Iglesia
- En su encuentro con Atila
- Durante el saqueo de Roma por Genserico

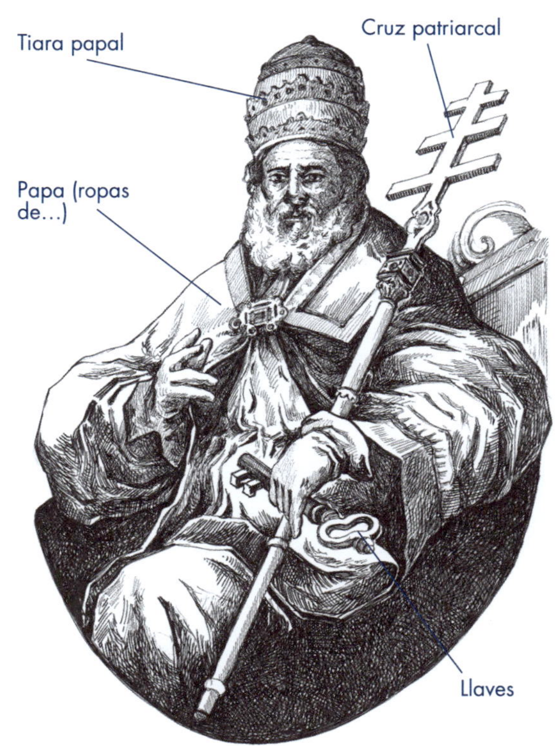

Dibujo basado en el cuadro *El papa san León I Magno*, Francisco de Herrera el Mozo, siglo XVII. Madrid, Museo del Prado.

Librada

18 de enero / 20 de julio

(Liberata, Débarras, Kummernis, Munia, Vilgefortis o Wilgefortis)

Libre, liberada

Siglos I a III (¿?), Bayona (Gallecia / Lusitania)

VIRGEN, MÁRTIR

La historia de la santa es compleja, ya que el conjunto narrativo que la menciona mezcla versiones hispanas y centroeuropeas; de ahí las diferencias en las fechas (siglo I o III), los lugares (Bayona, Gallecia, Lusitania, etc.) e incluso en la forma del martirio (crucifixión o decapitación).

Era hija del gobernador romano Catelio y de Calsia, ambos paganos. Estando su marido ausente, Calsia dio a luz nueve gemelas. Temerosa de que su marido dudase de su fidelidad, mandó matar a las niñas. La nodriza encargada de ello, sin embargo, las distribuyó entre familias cristianas. Al crecer, las hermanas decidieron informar a su padre de la verdad. Este las recibió jubiloso y les prometió riquezas y buenos matrimonios si renunciaban a su fe cristiana. Posiblemente en este momento se produjeron las persecuciones del emperador Domiciano a los judíos. De los cristianos existía poco conocimiento en el imperio, e incluso se les acusó de seguir «usos judaicos» y por ello de «ateísmo» (en la época esta acusación se refería a no admitir la divinidad imperial).

Para evitar el matrimonio y no renunciar al cristianismo, Librada pidió a Dios que la trasformara en un ser repulsivo y por ello le creció barba, lo que provocó el rechazo de su prometido. Su padre, sintiéndose burlado, la hizo matar, crucificándola o decapitándola. Otras versiones indican que huyó y fue encontrada por paganos que acabaron con ella. Sus restos descansan en la catedral de Sigüenza.

En la versión centroeuropea, santa Wilgefortis aparece crucificada y con barba, en ocasiones con el pie derecho descalzo y un músico a sus pies. Este aspecto se debe a la leyenda del músico acusado de robar la sandalia a la santa en la cruz. El artista acusado alegó que Librada se la había lanzado mientras tocaba; para probarlo, pidió tocar de nuevo ante la mártir, momento en que ella le lanzó de nuevo el calzado, con lo que quedó demostrada su inocencia.

Las dudas sobre su existencia provocaron su eliminación del santoral en 1969, aunque se mantuvo el derecho a su veneración y representación.

Variantes iconográficas

- Crucificada, con o sin barba
- Decapitada
- Con un músico a sus pies y una sola sandalia

Detalle dibujado de la escultura *Santa Librada*, Luis Salvador Carmona, 1760. Valladolid, Museo Nacional de Escultura.

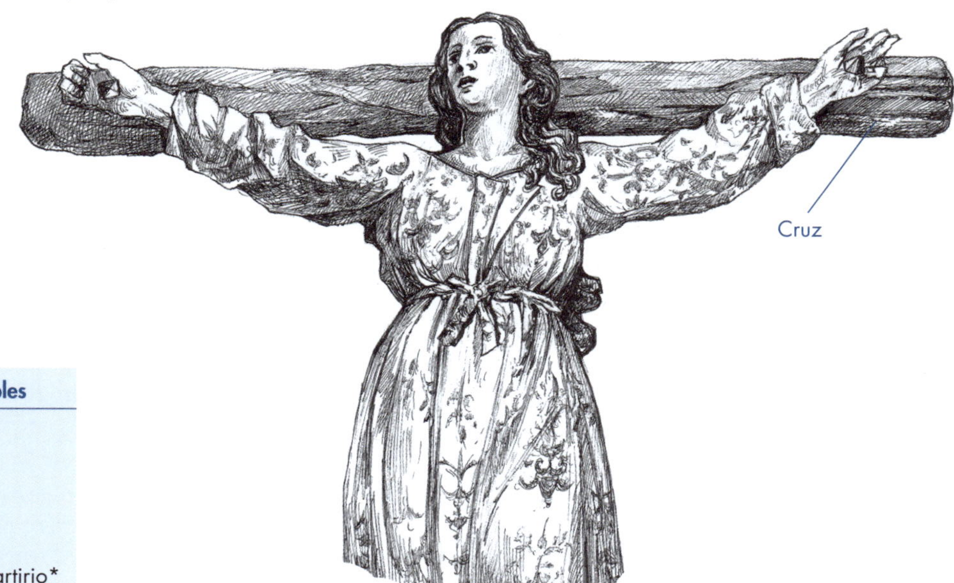

Atributos posibles

- Barba
- Corona
- Cruz
- Espada
- Libro
- Palma del martirio*

Lorenzo

10 de agosto

Laurel, laureado

Siglo III, Huesca / Roma
DIÁCONO*, MÁRTIR

Nació en Hispania. Era hijo de los santos Orencio y Paciencia. La tradición general ubica su nacimiento en Huesca, aunque otras fuentes señalan Valencia. En una visita a Hispania, el papa Sixto II conoció a Lorenzo e, impresionado por sus cualidades, lo llevó consigo a Roma, donde lo nombró diácono regionario* de la ciudad y le encargó que administrase los bienes de la Iglesia y atendiese a los pobres. Vivió en tiempos del emperador Decio, que proclamó un edicto contra los cristianos en el que se obligaba a todos los ciudadanos romanos a acreditar su fidelidad al culto imperial. El papa Sixto II intentó huir, pero fue apresado. Antes impidió que Lorenzo le acompañara, avisándole, no obstante, de que lo seguiría en tres días. Igualmente le encargó la distribución de los bienes de la Iglesia entre los pobres. Lorenzo, a la par que realizaba esta tarea, efectuó diversas curaciones y milagros, sanando enfermos y devolviendo la vista a un ciego. Decio mandó decapitar al papa. Lorenzo presenció la ejecución porque, una vez repartidos los tesoros, le había pedido a Sixto II que le llevara consigo. A continuación el propio Lorenzo fue apresado y conducido ante el emperador, que lo trasladó al prefecto* de Roma (Valeriano). Este lo encerró con otro oficial, Hipólito, para que lo vigilara. En prisión Lorenzo realizó el milagro de devolver la vista a un ciego, lo que hizo que Hipólito se convirtiera al cristianismo. Posteriormente Valeriano le ofreció salvarse de la ejecución si le revelaba el escondite de la fortuna de la Iglesia. Lorenzo respondió que necesitaba tres días para reunir todos los bienes. Acabado el plazo, se presentó con una multitud de indigentes, que según él eran el tesoro de la Iglesia. También se negó a adorar al emperador. Decio ordenó torturarle, atándolo a la *catasta**, con garfios de hierro y escorpiones*. También le aplicaron placas incandescentes en los costados, sin conseguir nada. Lorenzo fue devuelto a prisión, donde realizó varias conversiones. Ante esta actitud, el emperador decidió ejecutarlo de modo ejemplar. Lo acostaron en una gran parrilla de hierro bajo la cual colocaron brasas y carbones encendidos, mientras, con horcas de hierro, presionaban su cuerpo para que estuviera en contacto permanente con el fuego. Aun así, consiguió reunir fuerzas para decir a su verdugo: «Esta parte ya está asada; dame la vuelta y come»; después oró a Dios y expiró.

El monasterio de San Lorenzo de El Escorial fue mandado edificar, en el siglo XVI, por Felipe II para conmemorar la victoria sobre los franceses en la batalla de San Quintín, acaecida el 10 de agosto de 1557. Múltiples elementos: estatua, parrillas, pinturas, etc., nos recuerdan al santo.

Una leyenda indica que el Santo Grial fue entregado a san Lorenzo, junto al resto de tesoros de la Iglesia. Este lo puso a salvo antes de ser encarcelado. La reliquia llegaría a Hispania, donde vivían familiares del santo. En la Península sufrió diferentes traslados y avatares. Una de las crónicas indica que en 1437 la reliquia fue, finalmente, entregada para su custodia a la catedral de Santa María de Valencia.

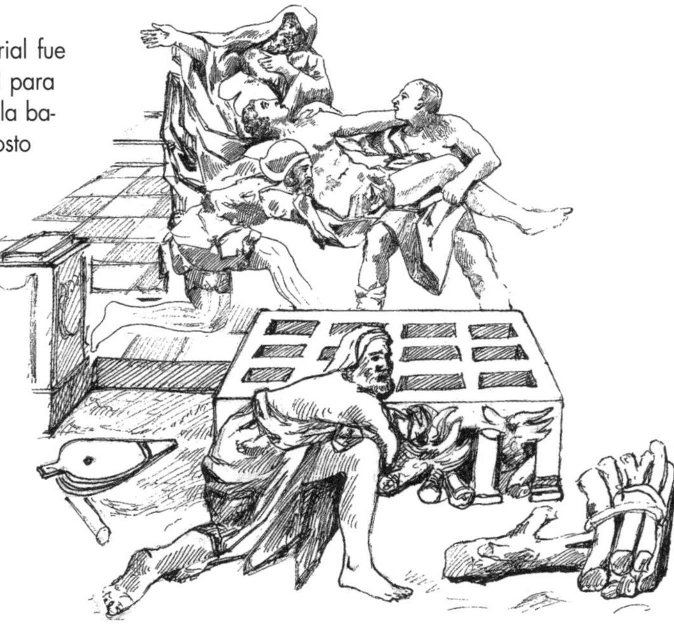

Representación del *Martirio de san Lorenzo*, detalle, Juan de León, 1758. Madrid, Real Academia de Bellas Artes.

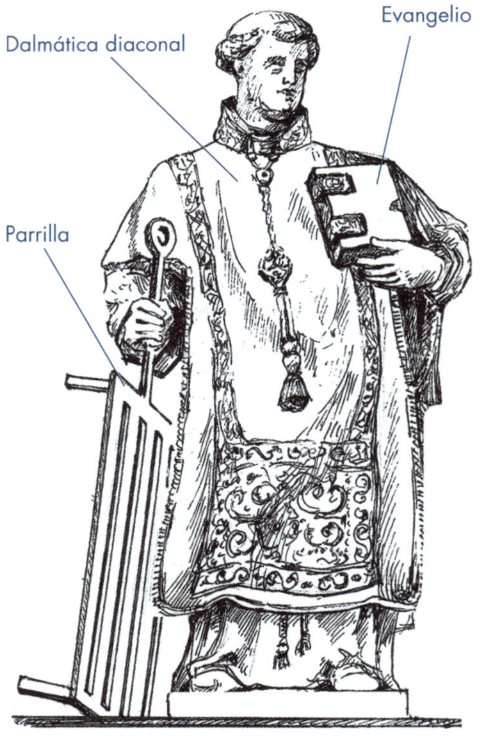

Atributos posibles

- Bolsa
- Cáliz lleno de piezas de oro
- Cofre
- Cruz procesional*
- Dalmática* diaconal
- Evangeliario*
- Manípulo*
- Parrilla

Variantes iconográficas

- Solo, con alguno de sus atributos
- Repartiendo limosna a los pobres
- Ante el emperador, con los pobres
- Torturado con látigos y garfios
- Asándole en una parrilla
- Con la cabeza coronada de Valerio a sus pies
- Con otros santos (Esteban o Vicente generalmente)
- Apariciones *post mortem* a distintos santos
- Apoteosis (en la gloria)

Dibujo basado en la escultura *San Lorenzo*, Juan Bautista Monegro, *ca.* 1592. El Escorial, monasterio de El Escorial.

Lucas

18 de octubre

Luz

Siglo I, Antioquía / Patrás
APÓSTOL, EVANGELISTA

Nació en Antioquía, de origen gentil*. Médico de oficio y también pintor. Autor del tercer evangelio. No se le considera discípulo directo de Cristo. Tras su conversión, cumplió fielmente los mandamientos y su comportamiento fue ejemplar. Acompañó a san Pablo en sus predicaciones, contribuyó a cuidarle y a extender el cristianismo. En sus viajes conoció a la Virgen y a muchos apóstoles, lo que le permitió redactar su evangelio basándose en testimonios de primera mano. Se le asigna una de las cuatro figuras del profeta Ezequiel, el toro, porque, según san Jerónimo, fue el que con mayor relevancia expuso el carácter sacerdotal de Cristo, y de todos es conocida la importancia de este animal en las ofrendas rituales. Lucas, además, relata con detalle el sacrificio de Jesús en la pasión. Pintó numerosos cuadros de la Virgen. La tradición indica que murió a los 84 años, martirizado en Patrás, junto a san Andrés.

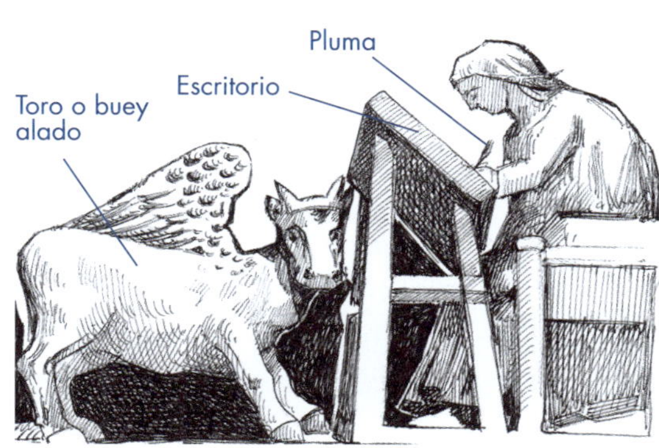

Detalle dibujado de *San Lucas*, como hombre y con su representación simbólica de buey alado, siglo XIII. Burgos, puerta del Sarmental, catedral de Santa María.

Atributos posibles

- Alas
- Escritorio
- Evangelio
- María (la Virgen)
- Pluma
- Toro, alado o no

Variantes iconográficas

- Solo, con alguno de sus atributos
- Junto a san Pablo o san Andrés
- Escribiendo el evangelio
- Retratando a la Virgen
- Muerte y enterramiento

Lucía de Siracusa

13 de diciembre

Luminosa, nacida al alba

283, Siracusa / 304, Siracusa

VIRGEN, MÁRTIR

Según algunas fuentes, su padre era Lucio y su madre Eutiquia. Nacida en el seno de una familia rica y noble, su padre murió cuando Lucía era aún muy joven. Su madre sufría hemorragias y por ello peregrinó a la tumba de santa Águeda. Allí pidieron por la mejoría de su madre. Lucía se quedó dormida durante el rezo y soñó que veía a Águeda que le indicaba que su madre estaba curada por su fe y le pedía que se consagrara a Dios. Al despertarse se lo contó a su madre y ambas decidieron consagrar su vida al servicio de Dios y los pobres.

Al regresar a su casa comenzaron a vender los bienes de la familia y a entregar lo obtenido a los necesitados. El prometido de Lucía, al enterarse de la noticia, irritado, se presentó ante el cónsul* Pascasio y acusó a la joven de ser cristiana y de no cumplir las leyes de los emperadores, aprovechando que se había desatado la brutal persecución de Diocleciano contra los cristianos. El cónsul la invitó a que realizara sacrificios ante el emperador. La negativa de Lucía provocó las amenazas de Pascasio, que pretendió llevarla a un prostíbulo para que su cuerpo no fuera así templo del Espíritu Santo. La respuesta desafiante de Lucía hizo que decidiera atormentarla públicamente. Pero cuando intentaron moverla, no pudieron, ya que el Espíritu Santo había fijado sus pies al suelo. Ni siquiera lo consiguieron mil hombres tirando primero y mil parejas de bueyes después. Se utilizaron magos que la asperjaron con orina hirviendo para romper posibles maleficios. Le echaron plomo fundido en las orejas. Pero todos estos intentos fueron infructuosos, por lo que acumularon leña a su alrededor, la cubrieron de pez y azufre y le prendieron fuego, aunque la leña se consumió sin dañar a Lucía. Los amigos de Pascasio, viendo la situación, le atravesaron la garganta con un puñal o una espada. La santa, antes de morir, tuvo tiempo de comulgar y vaticinar el fin de Pascasio y Diocleciano. Otra versión indica que fue decapitada.

Respecto a la extracción de sus ojos, *La leyenda dorada** no menciona el tema. Una tradición oral medieval, confusa, indica que se arrancó los ojos para no ver el mundo y sentir solo a Dios, o que se los envió a su prometido como signo de desprecio por lo mundano. La Virgen la dotó de otros aún más bellos. Una variante indica que le fueron arrancados en uno de los suplicios a los que fue sometida. Por todo ello se la considera protectora de la vista.

Atributos posibles

- Cirios encendidos
- Corona
- Corona de cirios
- Espada o puñal (en la mano o atravesándole el cuello)
- Lámpara
- Libro de las Sagradas Escrituras
- Llamas en sus pies
- Ojos en una bandeja, cegada o no
- Palma del martirio*

Variantes iconográficas

- Sola, con alguno de sus atributos
- En la tumba de santa Águeda
- En cualquiera de las fases de su tormento, ante Pascasio, tirada con cuerdas o bueyes, degollada, comulgando antes de morir, etc.
- Con otras santas: Apolonia, Cecilia
- Enterramiento de la santa

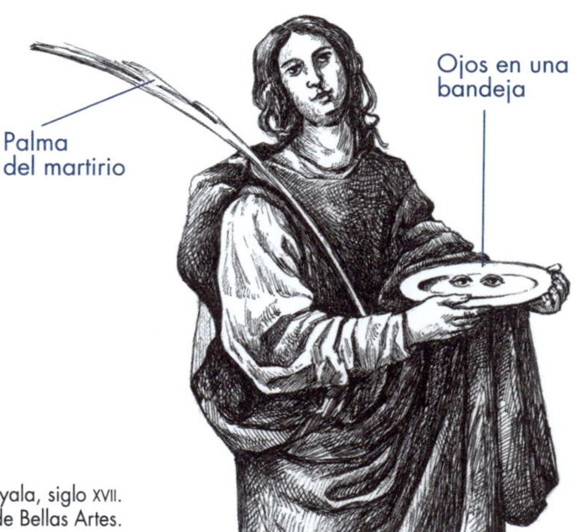

Dibujo basado en la obra *Santa Lucía,* Bernabé de Ayala, siglo XVII. Sevilla, Museo de Bellas Artes.

Marcos

25 de abril

Sublime en lo mandado, seguro y modesto. Martillo

Siglo I, Jerusalén / Alejandría
EVANGELISTA, DISCÍPULO

Se le atribuye la redacción del segundo de los evangelios canónicos, escrito entre los años 65 y 75. A pesar de no haber sido testigo directo de los hechos, estos le habrían sido transmitidos por Pedro, considerado su padre espiritual y al que, según la tradición, acompañó a Roma. El evangelio de Marcos está escrito para los gentiles* convertidos de la Iglesia de Roma y, por tanto, se centra en reivindicar la divinidad de Jesús. Los testimonios del Nuevo Testamento parecen indicar que Marcos fue colaborador de Pablo. Contribuyó a la expansión del cristianismo por Alejandría, donde se dice que llegó a ser obispo. Está considerado el fundador de la Iglesia Copta*, que reivindica el carácter apostólico de la diócesis de Alejandría basándose en el prestigio del evangelista. Según la leyenda, murió mártir cuando los idólatras lo arrastraron por la ciudad atado al cuello con una cuerda. Sus reliquias fueron trasladadas a Venecia en el siglo IX por unos comerciantes venecianos y desde entonces protege a esa ciudad, de la que es patrono. Su símbolo es el león, ya que este animal representa la resurrección, tema central de su evangelio.

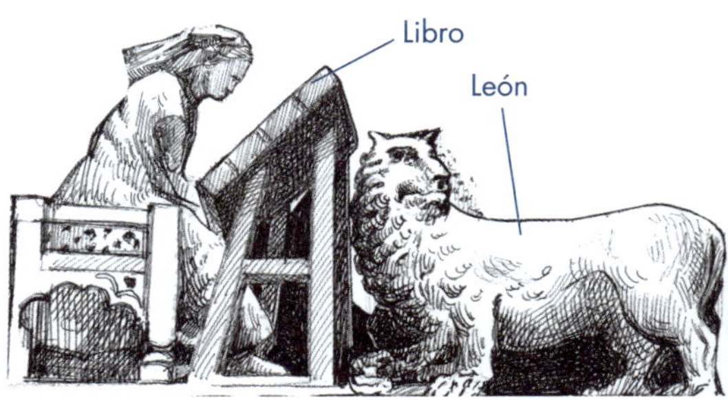

Detalle dibujado de *San Marcos*, como hombre y con su representación simbólica de león, siglo XIII. Burgos, puerta del Sarmental, catedral de Santa María.

Atributos posibles

- Alas
- León (por la resurrección, tema central de su evangelio)
- Libro (por el evangelio)

Variantes iconográficas

- Solo, con alguno de sus atributos
- Ciclo vital: predicando en Alejandría; Cristo se le aparece; martirio
- Junto a los otros evangelistas en el tetramorfos*

Margarita de Antioquía

20 de julio

Perla

Siglo III, Antioquía / Antioquía
VIRGEN, MÁRTIR

Hija de un sacerdote pagano y huérfana de madre, fue educada en la fe cristiana por su nodriza, por lo que fue repudiada por su padre. El prefecto* Olibrio se enamoró de ella cuando la vio pastoreando ovejas y quiso que se casaran, pero ella lo rechazó porque se había consagrado a Dios. Ante su negativa, el prefecto la hizo encarcelar y torturar, desgarrándole la carne con unos garfios. Posteriormente fue decapitada. Margarita, durante su prisión, tuvo que vencer las asechanzas del Diablo, que se le presentó en forma de dragón y al que contuvo mediante la señal de la cruz. Su culto se extendió con rapidez en la Iglesia Oriental y en Occidente a partir del siglo VII.

Atributos posibles

- Cruz
- Dragón
- Garfio
- Pastora (ropas de...)

Variantes iconográficas

- Sola, con alguno de sus atributos
- Ciclo vital: rechazando a Olibrio, en la cárcel, torturada, decapitada

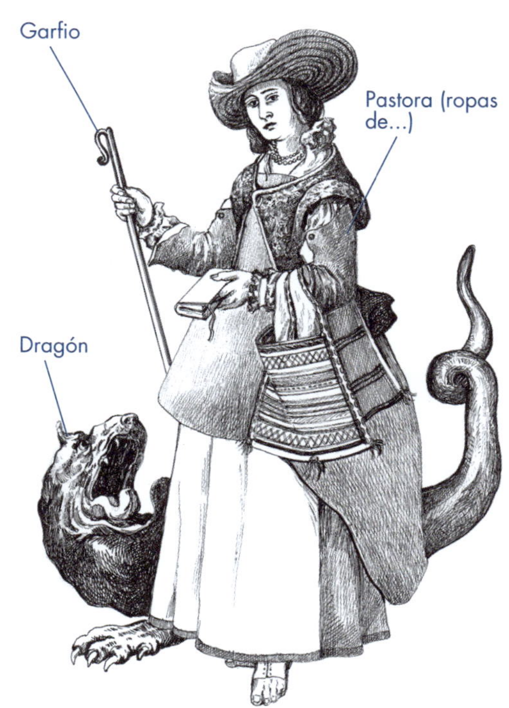

Dibujo de la obra *Santa Margarita*, Francisco Zurbarán, 1640. Londres, National Gallery.

María (la Virgen) **Múltiples fechas**

Hermosa, espejo, señora

Siglo I a.C. y I d.C., Nazaret / ¿Éfeso, Jerusalén?
MADRE DE DIOS

Poco sabemos de su infancia. La mayor parte de las informaciones aparecen en los evangelios y textos apócrifos*. Sus padres fueron Joaquín y Ana. Ambos tenían muchos problemas para tener descendencia, pero el ayuno y la oración, unidos a un *casto beso* en la Puerta Dorada, consiguieron la llegada de María. En los textos apócrifos se nos indica que fue llevada al templo con 3 años y allí subió sola la escalinata de acceso. Permaneció en aquel lugar hasta los 12 años, alimentada por ángeles o con alimentos «angélicos».

Apenas llegada a la pubertad, fue entregada a José, del linaje de David, de edad avanzada, en un *matrimonio espiritual*. Este fue elegido entre diversos candidatos que debían presentar cada uno una vara; como solo floreció la de José, se le consideró a él «el distinguido».

Ya en el evangelio canónico* de Lucas se nos presenta joven, perteneciente a la casa de David, desposada con José y virgen (Lc 1: 34). Aparece por primera vez en el momento de la Anunciación* del arcángel* Gabriel. Allí conoció que sería madre del Hijo del Altísimo (Lc 1: 34). Su embarazo provocará los naturales recelos de su esposo, pero fue avisado por un ángel de la situación y aceptó la virtud de María. Esta, posteriormente, visitará a su pariente Isabel, que estaba embarazada del futuro Juan el Bautista. Permaneció con ella tres meses. El decreto de César Augusto ordenando un censo obligaría a María y José a trasladarse al lugar de origen de la casa de David, Belén. En este sentido Mateo menciona la línea genealógica de José, que era descendiente del rey David y esposo de María, de la cual nacerá Jesús, concebido por obra del Espíritu Santo (Mt 1: 19). Llegaría allí el momento del alumbramiento, y al no encontrar posada, tuvo al niño en un pesebre. María estará presente en el momento de la huida a Egipto y en la presentación de Jesús en el templo; también en la desaparición de Jesús y su búsqueda, que finalizará tres días después cuando lo encuentran en el templo.

En la vida pública de Jesús aparece puntualmente en algún momento, como en las bodas de Caná. Únicamente san Juan la sitúa al pie de la cruz en su relato de la pasión. Igualmente aparecerá con los apóstoles el día de Pentecostés.

Tras su muerte, aparecerá unida al grupo de seguidores de Cristo (Hechos de los Apóstoles 1: 14). Nuevamente los apócrifos nos relatan detalles de la vida de la Virgen tras la ascensión de Jesús a los cielos. Nos hablan de curaciones milagrosas, de predicaciones, de instrucciones a los apóstoles sobre cómo transmitir la palabra de Jesús, etc. María aparecerá de modo velado incluso en el críptico libro del Apocalipsis (capítulo 12).

Los apócrifos señalan diferentes lugares para su muerte y sepultura, Éfeso o Jerusalén. A partir del siglo VI se profesa la doctrina de la asunción de María a los cielos, mientras que la Iglesia Oriental habla de la «dormición de María».

Las implicaciones teológicas relativas a la Virgen María suelen englobarse en los denominados estudios marianos o mariología. Abarca no solo aspectos históricos de su vida sino el alcance de su papel en la cristiandad, su veneración en el mundo cristiano y los dogmas y las referencias que aparecen en el Nuevo y Antiguo Testamento. Estos aspectos influirán en su representación artística.

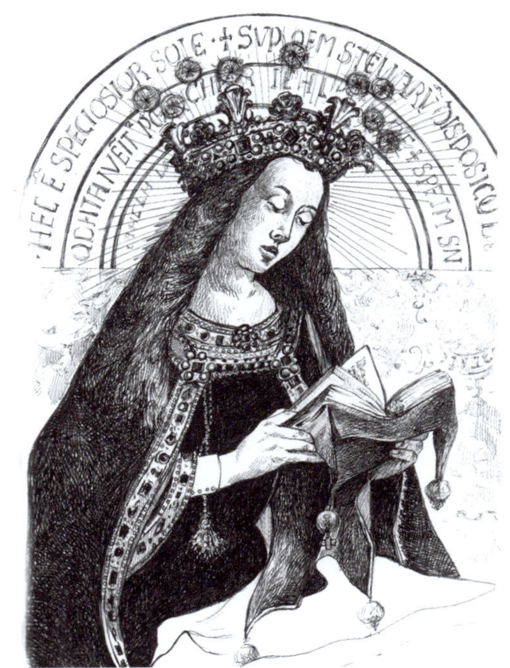

Dibujo basado en un detalle del altar con la imagen de la *Virgen María,* Jan van Eyck, 1429. Gante, catedral de San Bavón.

Atributos posibles (básicos)

- Corona real, de estrellas, etc.
- Manto (que cubre la cabeza)
- Monograma MP-OY*
- Nimbo
- Niño Jesús en brazos
- Velo (que cubre la cabeza)

Variantes iconográficas

Las variantes en la representación de la Virgen son demasiado numerosas como para agotarlas en este libro. Dado el volumen, nos limitaremos a un breve perfil de sus principales modelos.

Puede aparecer sola, con alguno de sus atributos o en algunos de los momentos de su vida. Aparecen todos los hechos relacionados con su existencia, incluyendo los que se mencionan en los evangelios apócrifos y los que hacen referencia a la vida pública de Jesús en los momentos en que se muestra junto a María: natividad de la Virgen, niña subiendo las escalinatas del Templo, anunciación*, visitación, natividad, huida a Egipto, presentación de Jesús en el Templo, bodas de Caná, crucifixión, Pentecostés, dormición, asunción, etc.

En estos momentos la Virgen aparece representada como una mujer con una edad acorde con el hecho representado. La variación en los ropajes es notable, ya que

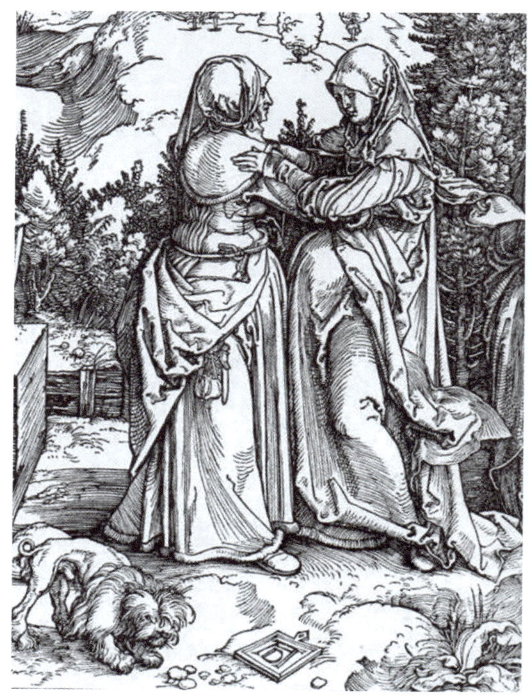

Ciclo vital. Detalle del grabado *Visitación*, Alberto Durero, siglo XVI. Madrid, Biblioteca Nacional.

nos encontramos desde modelos más o menos fieles a los vestidos del siglo I en Galilea hasta otros que toman como referencia la indumentaria del momento en que se realiza la obra de arte. Así se puede ver, por ejemplo, a una Virgen ataviada con lujosos vestidos flamencos del siglo XIV o con ropajes barrocos del XVII.

Igualmente podemos indicar una serie de modelos arquetípicos. Los modelos ortodoxos y católicos se van mezclando (los ortodoxos aparecerán en cursiva en este trabajo). Algunos modelos son:

MODELO 1. Sola, con alguno de sus atributos

Aparece sola, joven o de edad madura, con cabello suelto y un vestido sencillo que termina con un velo o manto sobre la cabeza. En ocasiones aparece con un monograma que puede ser una M de María, o, en los iconos ortodoxos, MP-Y *(Madre de Dios)*.

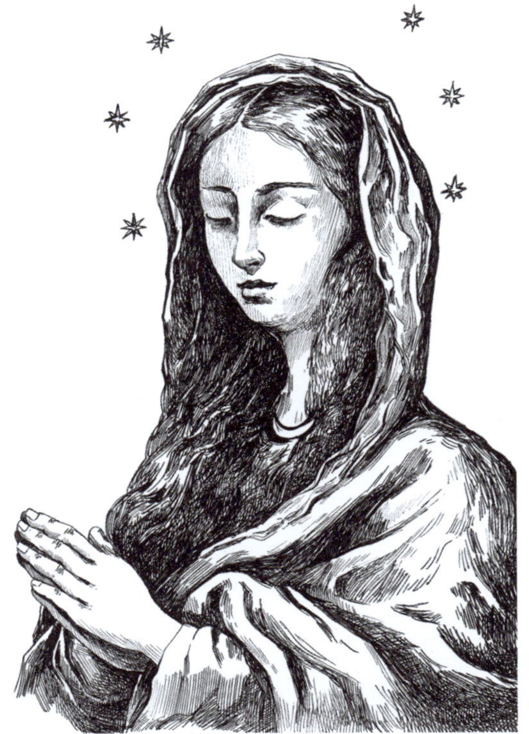

Modelo 1. Virgen sola. Dibujo de *La Virgen María*, Pedro Atanasio Bocanegra, siglo XVII. Madrid, Museo del Prado.

MODELO 2. Virgen con el Niño Jesús en brazos

(Brephocratousa: la que lleva al niño). La Virgen porta al niño en el brazo, con dos variantes: *aristocratousa*, lo lleva con el brazo izquierdo, y *dexiocratousa*, lo lleva con el brazo derecho. El niño puede aparecer igualmente de pie sobre la pierna de la Virgen o en su regazo.

La actitud y relación entre madre e hijo varían. Esto nos lleva a distinguir dos modelos.

2.1. Madre de Dios *(Theotocos)*. En el primero, más enfático, la Virgen aparece triunfal, mostrando al niño. Ambos están distantes, no mantienen relación y lo que se muestra es uno de los papeles más importantes de la Virgen como *Madre de Dios (Theotocos)* o anunciadora de que Jesús es el camino *(Hodigitria: la que muestra el camino)*.

Señala con su mano derecha al niño, que lleva en el brazo izquierdo y que bendice con la mano derecha.

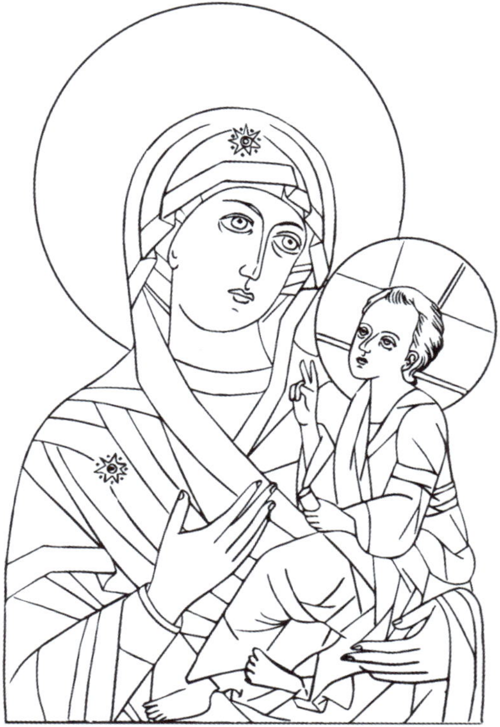

Modelo 2.1. Madre de Dios *(Hodigitria)*. Dibujo de Virgen *Hodigitria*, icono del siglo XIV. Moscú, iglesia Iveskaya.

2.2. Virgen madre. En el segundo modelo la Virgen y el niño interactúan y se nos muestra una relación de amor entre ellos, propia de una madre y un hijo. Dentro de este modelo genérico distinguimos dos submodelos: la Virgen de la ternura y la Virgen de la leche.

2.2.1. Virgen de la ternura. *(Eleusa: de la ternura).* La madre o el niño se muestran afecto, ya sea acariciándose, apoyando la mejilla en la cara del otro o jugando entre sí.

2.2.2. Virgen de la leche. *(Galactotrofusa: la que alimenta).* Aparece amamantando al niño o mostrando el pecho, generalmente el izquierdo, al aire.

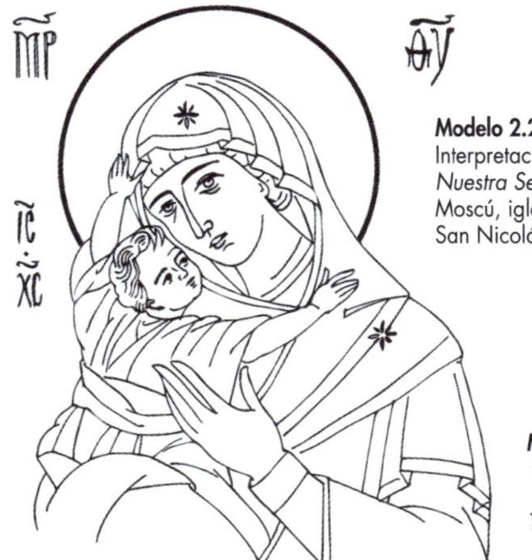

Modelo 2.2.1. *Eleusa.* Interpretación del icono *Nuestra Señora de Vladimir.* Moscú, iglesia de San Nicolás.

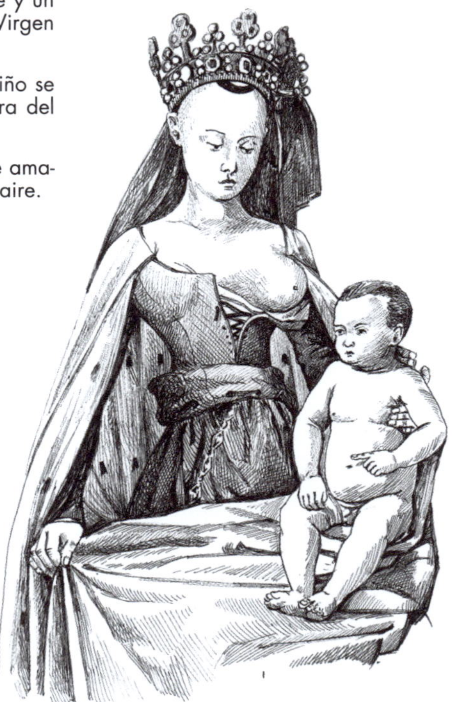

Modelo 2.2.2. *Virgen de la leche.* Detalle de la Virgen de Melun, Jean Fouquet, 1450. Amberes, Museo de Bellas Artes.

MODELO 3. Virgen orante o del signo

La Virgen aparece en actitud de oración.

La imagen puede ser sencilla, de pie, con los brazos o las manos extendidos.

La variante de los iconos orientales incluye la presencia de Jesús; se trata de la *Platytera (más grande que los cielos)* o *Panagia (la más grande)*. Con los brazos extendidos y en su pecho, en forma de persona o medallón, el Niño Jesús. Éste se encuentra en el regazo, bendiciendo con la mano derecha y con un libro de las Escrituras en la derecha.

En otras ocasiones el niño imita a la madre y extiende los brazos hacia el cielo en actitud suplicante. Pueden aparecer los monogramas de la Virgen MP-OY (madre de Dios, *Mater Theoi)* y en el nimbo el del niño IC XC, que son las iniciales y finales de la palabra griega que designa a Jesucristo. Es similar al modelo orante denominado *Blajernitissa* (que toma su nombre de la iglesia de Blajerna en Constantinopla).

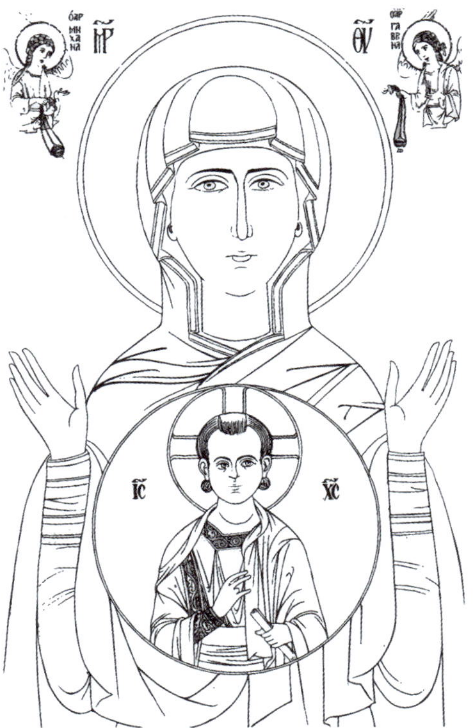

Modelo 3. Virgen orante o del signo. Representación de la *Virgen del Signo,* icono del siglo XIII. Sinaí, monasterio de Santa Catalina.

MODELO 4. Virgen en majestad

(Nikopoia: la que da la victoria). Sentada con el niño de pie en el brazo en un trono y rodeada de ángeles y santos (imagen copiada en Occidente como las *Vírgenes en majestad)*. El modelo es similar al *Theotocos*, pero añade mayor solemnidad, con el trono, la decoración y el posible acompañamiento de parte de la corte celestial.

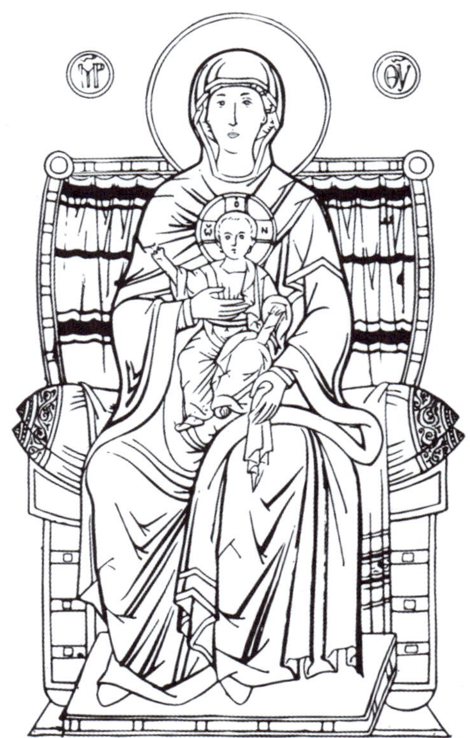

Modelo 4. Maestá. Dibujo basado en *La Virgen María*, de la obra de Ch. Cahier, *Caractéristiques des saints dans l'art populaire*, París, LPF, 1867, pág. 543.

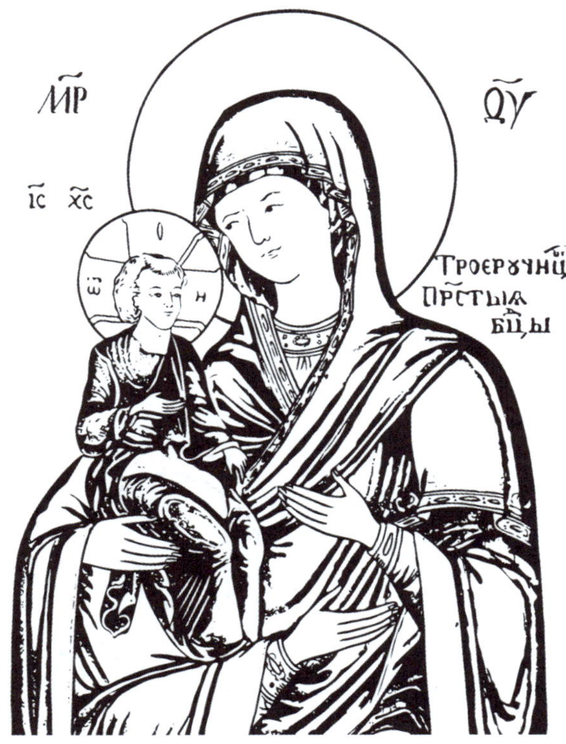

MODELO 5. Virgen de las tres manos

(Tricherousa: con tres manos). Basada en la historia de Juan Damasceno, al que cortaron la mano como castigo por una falsa delación. Rezó a la Virgen y esta se la devolvió colocando él un exvoto de su mano en un icono de la Virgen. El modelo inicial se reprodujo pintando una tercera mano.

Modelo 5. Con tres manos. Dibujo del icono de la *Virgen Vrefokratousa*. Moscú, Puerta de la Resurrección (Plaza Roja).

MODELO 6. Intercesora. Misericordiosa

En este conjunto podemos incluir a la Virgen que reza mostrando una actitud suplicante para ayudar a los que se lo piden. Puede mostrar distintas variantes: Virgen *orante* en posición de intercesión *(Hagioritissa);* Virgen *misericordiosa:* protegiendo bajo su manto a los fieles, o en *Deesis*, donde aparece junto a san Juan Bautista, al pie de la cruz, o en torno a Jesús en un trono, ambos en actitud implorante.

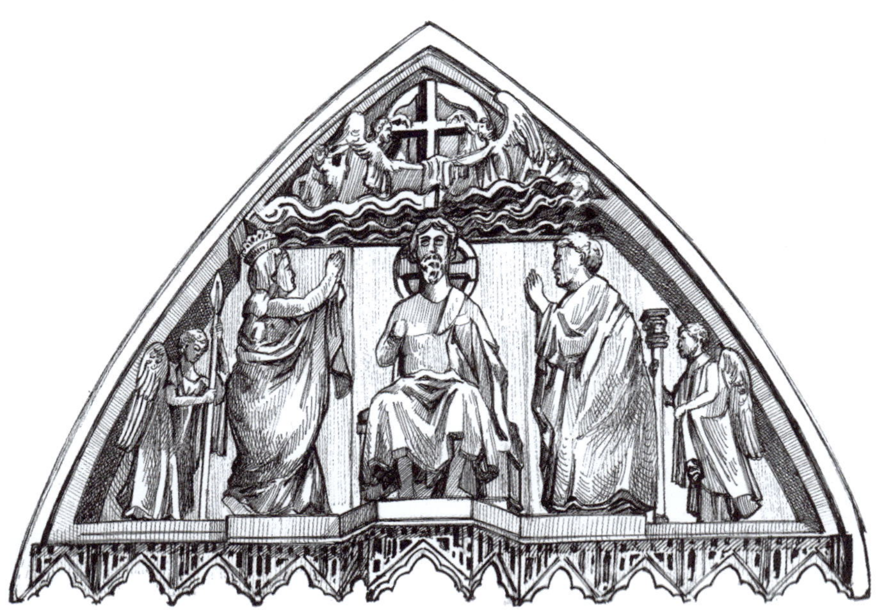

Modelo 6. Cristo en el centro; a su derecha, la Virgen María, y a su izquierda, san Juan. *Deesis* en el tímpano de la portada de la Coronería. Burgos, catedral de Santa María.

MODELO 7. Virgen coronada, reina del cielo y la tierra

Sus principales atributos son: diadema, collar o corona y túnica cuajada de estrellas y piedras preciosas. Coronada por Dios, puede incluir la Trinidad (Padre, Hijo y Espíritu Santo). También puede aparecer sola, entre nubes; los ángeles sujetan una corona sobre su cabeza, o la porta en solitario, y un cetro en la mano. Muchas de las Vírgenes locales pueden aparecer coronadas si la localidad o la devoción son importantes.

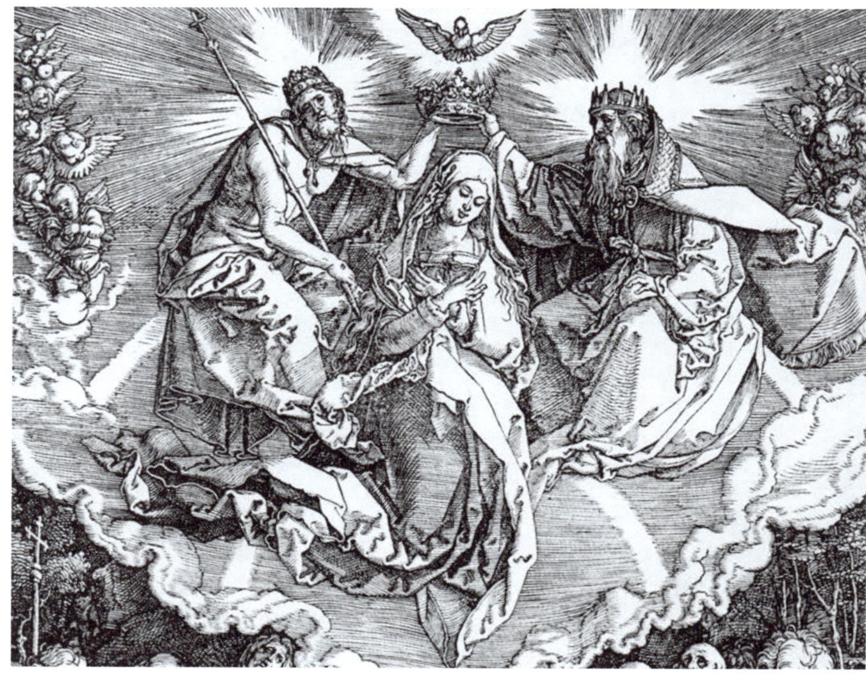

Modelo 7. Virgen coronada. El padre, a su derecha; el hijo, a su izquierda, y el Espíritu Santo, arriba, participan de la coronación de la Virgen, en este caso tras su asunción a los cielos. Detalle superior del grabado *Asunción de María*, Alberto Durero, siglo XVI. Madrid, Biblioteca Nacional.

MODELO 8. Inmaculada Concepción (Purísima)

El modelo básico incluye los siguientes elementos: coronada de estrellas, vestido blanco, de pie, sobre nubes y un cuarto creciente lunar a sus pies.

Posteriormente se incluyen atributos del Apocalipsis 12: 1-10 (mujer encinta que aplasta al dragón o serpiente que representa el mal) y del Cantar de los Cantares 6: 10 y el Libro de la Sabiduría 7: 29 (luna, sol y estrellas). En conjunto, la Virgen puede aparecer rodeada de elementos alegóricos: sol, luna, fuente, puerta cerrada (o dorada), torre de David, etc.

El nimbo es, en ocasiones, un conjunto de angelotes *(putti)*.

El modelo de Murillo: mujer joven, cabello suelto, actitud de oración, rodeada de ángeles, en medio de nubes, túnica blanca y manto azul flotante, corona de estrellas y aplastando a una serpiente con el pie, en ocasiones media luna, se ha convertido en un referente clásico. Autores posteriores, como Giambattista Tiepolo, tomarán el modelo y añadirán algunos elementos del Apocalipsis de modo más explícito, como el dragón-serpiente o el orbe. El Espíritu Santo completa la escena.

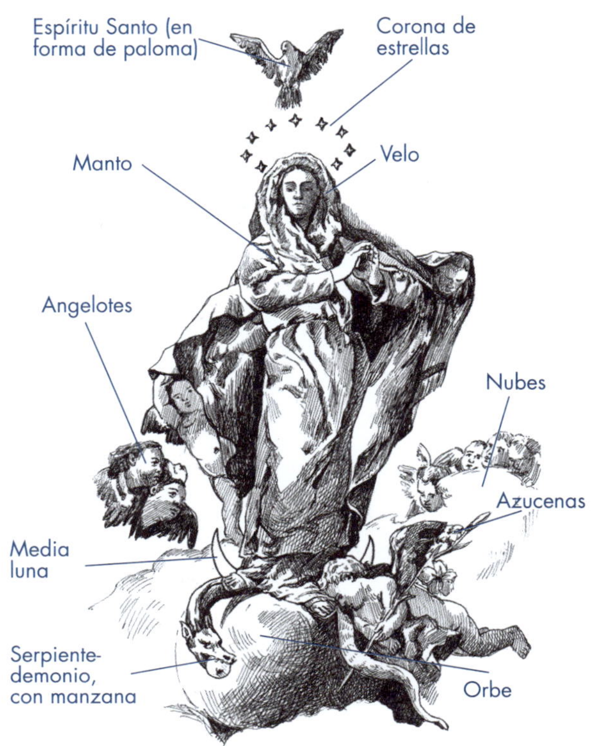

Modelo 8. Dibujo de la obra *Inmaculada Concepción*, Giambattista Tiepolo, 1769. Madrid, Museo del Prado.

MODELO 9. Virgen de la Piedad

María recibe a Cristo en sus rodillas, muerto, descendido de la cruz. Es un gesto de ternura, con la madre acercando la mejilla al hijo o contemplándolo. Este también puede aparecer yacente a los pies de María. El modelo tiene semejanzas con Eos recogiendo el cadáver de Memnón que aparece en la copa de Douris en el Louvre.

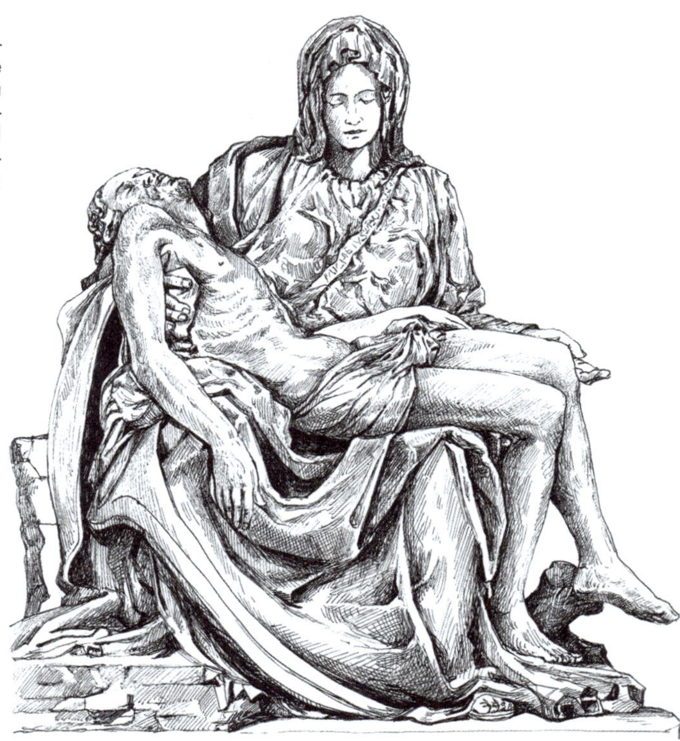

Modelo 9. La Piedad. La Virgen sostiene en sus brazos a Jesús, muerto y descendido, tras la crucifixión. Dibujo de *La Piedad* (o *Pietà*), Miguel Ángel. Ciudad del Vaticano, basílica de San Pedro.

Modelo 10. Dolorosa o de la Soledad

Pueden ser dos modelos diferentes iconográficamente, pero muestran el momento de la aflicción máxima de la Virgen. Indican el instante en que María se queda sola, con su dolor, tras el entierro de Cristo. Presenta variantes, desde la que muestra su corazón atravesado por una espada hasta la que la representa con siete espadas o puñales clavados (los «siete dolores de la Virgen»: la profecía de Simeón, la huida a Egipto, la búsqueda de Jesús perdido a los 12 años, el vía crucis, la crucifixión, el descendimiento de la cruz, la deposición en el sepulcro).

Otros modelos destacan el momento tras el entierro y se centran únicamente en la Virgen y su dolor: lágrimas, rostro apesadumbrado, abatido, cabeza inclinada hacia abajo o manto negro son algunos atributos.

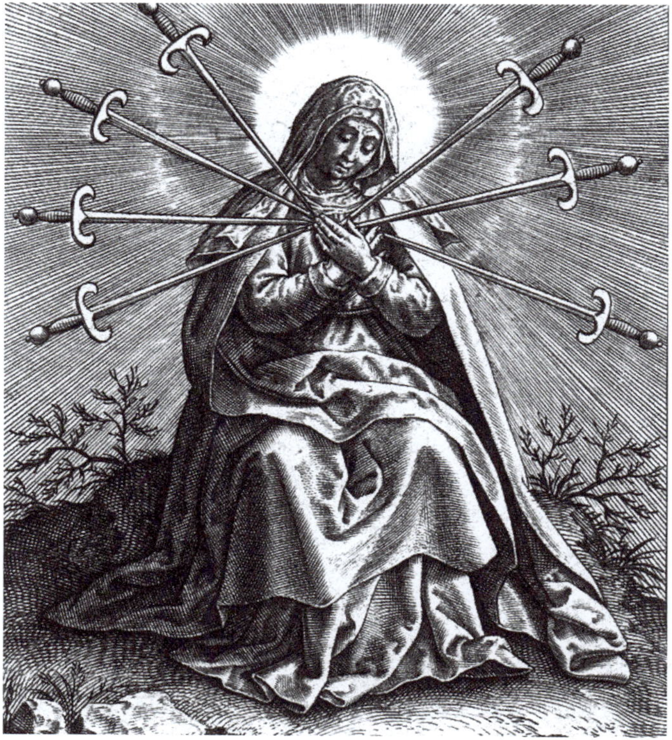

Modelo 10. Virgen dolorosa o de la Soledad, grabado de Hieronymus Wierix, siglo XVI. Madrid, Biblioteca Nacional.

MODELO 11. Virgen y el apocalipsis. (Beatos)

La referencia velada o críptica que se hace de María en el Apocalipsis (capítulo 12) se representará con profusión en los beatos y libros miniados medievales. El modelo continúa en el mundo moderno con los grabados de, por ejemplo, Durero. La Virgen aparece con las referencias que se dan en el capítulo apocalíptico: rodeada de sol, la luna bajo sus pies, corona de doce estrellas sobre su cabeza, embarazada, monstruo de siete cabezas, etc.

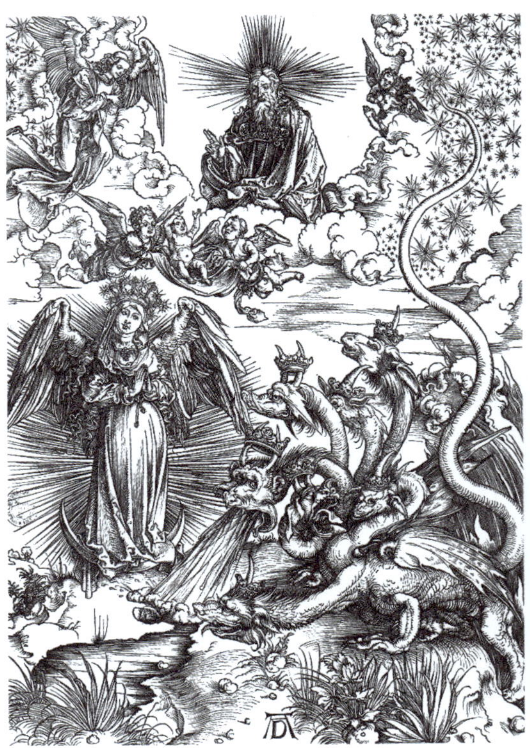

Modelo 11. La Virgen y el Apocalipsis. Detalle del grabado *La mujer vestida de sol y el dragón de siete cabezas*, Alberto Durero, siglo XVI. Madrid, Biblioteca Nacional.

MODELO 12. Modelos locales

La devoción a la Virgen María ha provocado que en muchas localidades exista una advocación especial. Suele ser una imagen aparecida en la localidad con su iconografía y atributos específicos. Aparecen ligadas a la zona y representan a la ciudad. Ejemplos son: la Virgen de Covadonga, del Pilar, del Rocío, de Montserrat, de la Paloma, de Guadalupe (España o México), etc. Algunas variantes iconográficas son:

Nuestra Señora de Montserrat (Moreneta): Virgen negra* con el niño, en majestad; cada uno sostiene un globo terráqueo.

Nuestra Señora del Pilar: Virgen con el niño en brazos, en lo alto de un pilar.

Virgen de Guadalupe: con variantes española y mexicana. La primera, *Reina de las Españas,* con el niño, ambos vestidos con gran riqueza y con corona real. La mexicana aparece en una aureola, con un vestido recamado y un manto azul estrellado, en actitud orante, con cinta o faja negra en la cintura, sobre una media luna, sostenida por un ángel.

Virgen de la Almudena: María aparece como reina con túnica rojiza y rico manto recamado, con vuelta en azul. Sostiene al Niño Jesús, desnudo, con ambas manos. Está sentada en un trono y rodeada de angelotes y una media luna a sus pies, con corona superpuesta.

Virgen de la Paloma: modelo de Virgen de la Soledad. Coronada con rayos y estrellas, manto negro sobre vestido blanco, con rosario.

Virgen del Rocío: la Virgen aparece en majestad, coronada, con un vestido dorado que la cubre entera, flores y el niño sujetado con ambos brazos, igualmente coronado.

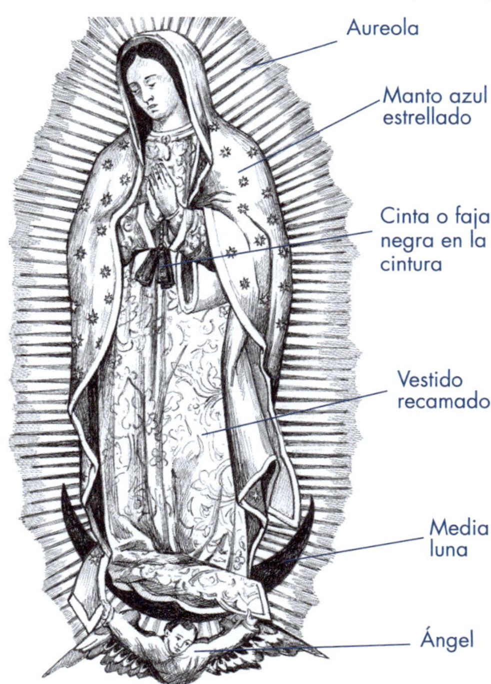

Modelo 12. Virgen de Guadalupe (en México). Dibujo de la obra *Virgen de Guadalupe.* Cerro del Tepeyac, basílica de Guadalupe.

MODELO 13. Las apariciones

En la iconografía de María se la representa en múltiples ocasiones mostrándose a diferentes santos. La mayoría de las Vírgenes locales antes mencionadas fueron fruto de una aparición, de la imagen o de la Virgen en sí misma. En los siglos XIX y XX las apariciones de la Virgen crearon nuevos focos de devoción, como es el caso de la Virgen de Fátima, Lourdes, etc., las cuales cuentan con elementos iconográficos propios.

Sirvan de ejemplo las dos que se indican aquí.

Virgen de Fátima (Portugal): sobre nubes, con velo y túnica blancos, rosario en las manos y corona real en la cabeza. Con variantes de un corazón ardiente en el pecho rodeado de una corona de espinas. Con un velo blanco de bordes dorados. Cabeza inclinada y coronada. Manos unidas. Corazón en el pecho y cinto blanco, o sin corona ni corazón.

Nuestra Señora de Lourdes (Francia): con velo y túnica blancos, las manos juntas; rosario pequeño en el brazo; gran cinto azul; dos rosas de oro en los pies. En la aureola se leen las palabras con las que la Virgen se presentó a Bernardita Soubirous: «Yo soy la Inmaculada Concepción».

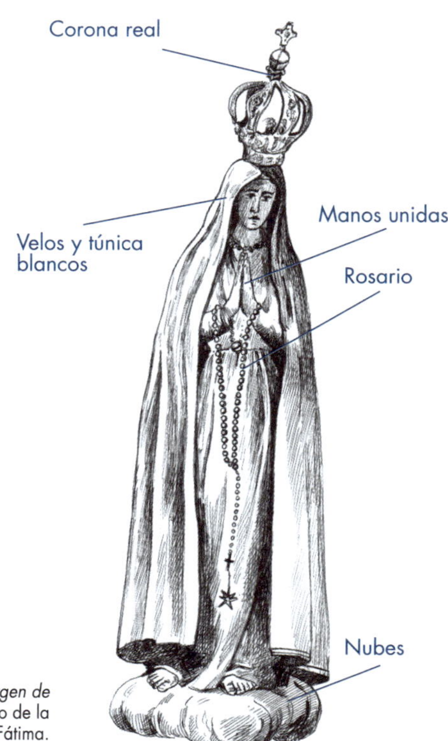

Dibujo de la obra *Virgen de Fátima*. Fátima, santuario de la Virgen de Fátima.

Otros variantes (a modo de ejemplo)

- Aparición de Cristo resucitado a María
- En el *hortus conclusus*. La Virgen aparece en un huerto o jardín cerrado, rodeado por un muro o espesura
- Inmaculado Corazón de María: corona real y aureolas con siete estrellas. Corazón sobre el pecho, perforado por una espada
- María bendiciendo a Cristo, de rodillas
- Nuestra Señora de la Concepción: manos unidas. Sobre una nube, rodeada de serafines
- Nuestra Señora de la Consolación: con el Niño Jesús, que sujeta un globo terráqueo. Ambos coronados. Ella con un cetro en la mano
- Nuestra Señora de la Guardia: coronada, con el Niño Jesús. Sujeta un corazón en la mano
- Nuestra Señora de la Liberación: coronada, con el Niño Jesús, con un cetro en la mano
- Nuestra Señora de la Merced: con túnica blanca, escapulario. Coronada. Con el corazón en el pecho y un látigo en la mano
- Nuestra Señora de la Salud: coronada, con el Niño Jesús
- Nuestra Señora de la Asunción: con túnica blanca y pañuelo azul. Manos cruzadas sobre el pecho. Pies sobre una nube. Angelotes
- Nuestra Señora de las Nieves: con velo y túnica blancos. Manos abiertas
- Nuestra Señora de las Victorias: con el Niño Jesús, ambos coronados. El niño está de pie sobre un globo estrellado
- Nuestra Señora del Buen Socorro: con el Niño Jesús, ambos coronados. El niño con un globo terráqueo, coronado por una cruz. A veces sujeta un cetro
- Nuestra Señora del Consuelo: con manto largo que protege a varias personas
- Nuestra Señora del Monte Carmelo: con el Niño Jesús, ambos coronados. El niño sostiene un escapulario
- Nuestra Señora del Perpetuo Socorro: Virgen con el Niño Jesús, ambos coronados. Rayos alrededor de la cabeza
- Nuestra Señora del Rosario: con el Niño Jesús, ambos coronados. El niño sujeta un pequeño rosario
- Nuestra Señora del Sagrado Corazón: con velo, túnica blanca y manto azul. Corazón en el pecho. De pie, con el Niño Jesús
- Nuestra Señora del Santo Sacramento: el Niño Jesús sostiene un cáliz y la hostia encima. También la Virgen sola, con las manos delante del cáliz, con la hostia encima
- Nuestra Señora de las Tres Avemarías: coronada en el limbo. Señalando hacia el sol y rodeada por tres grupos

de querubines con filacterias* que contienen palabras. Corazón en el pecho, del que brotan tres rayos: uno se dirige hacia Jesucristo con la palabra «sabiduría», otro vuela hacia el Padre con la palabra «poder» y el tercero se dirige al Espíritu Santo con la palabra «misericordia»

- Nuestra Señora María Auxiliadora: con una aureola de estrellas. Con el Niño Jesús, ambos coronados y ella sujetando un cetro en la mano
- Virgen con un ramo de rosas
- Virgen del escapulario: la Virgen del Carmelo entrega el escapulario, como signo de perdón de las penas del purgatorio, a san Simón Stock
- Virgen del Rosario: la Virgen, con el niño, entrega el rosario a santo Domingo
- Virgen encinta: aparece embarazada, generalmente de pie

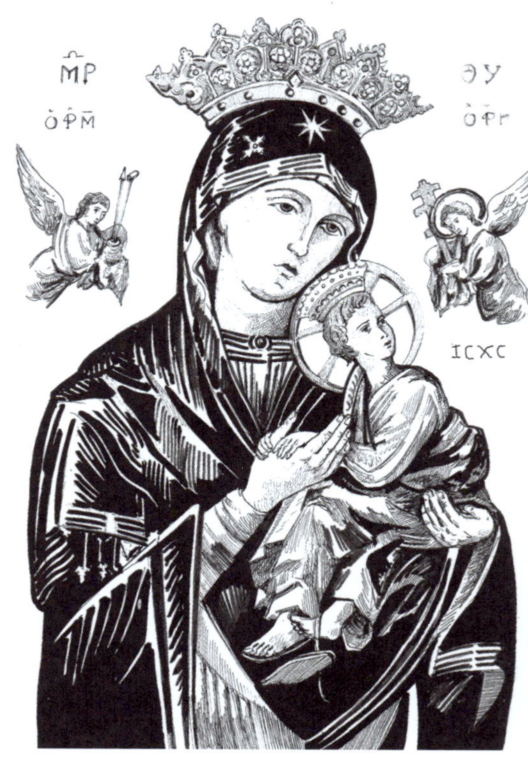

Virgen del Perpetuo Socorro. Dibujo basado en el icono del siglo XI de la iglesia de San Alfonso Esquilino, Roma. Es una *panagia strastnaia* (madre de Dios de la Pasión). El Niño Jesús observa los ángeles que incluyen elementos de su futura pasión: la cruz, la lanza y la esponja. Una sandalia está suelta.

María Egipciaca

2 de abril

Señora (María en hebreo)

Siglo III, Egipto / Egipto
PENITENTE

María nació en Egipto, donde se dedicó a la prostitución desde su juventud. Un día oyó hablar de la Santa Cruz de Jerusalén y convenció a unos marineros para que la llevaran allí. Arrepentida de sus pecados, se retiró al desierto a hacer penitencia con tres panes que había comprado con las monedas obtenidas como limosna. Vivió cuarenta y siete años en el Jordán alimentándose con esos tres panes, junto a una gruta, y allí la encontró el abad Zósimo. Este se encargó de visitarla una vez al año y llevarle la eucaristía hasta que la encontró muerta y la enterró con ayuda de un león. En la tradición y la iconografía, este personaje se mezcla y confunde, en ocasiones, con María Magdalena.

Atributos posibles

- Cabellos largos
- Calavera
- Cruz
- Panes (tres...)
- Vestido rudimentario de penitente

Variantes iconográficas

- Sola, con alguno de sus atributos
- Como una anciana que cubre su desnudez con sus largos cabellos y con los tres panes
- Tentada por los demonios en su cueva
- Con san Zósimo
- Desde el siglo XI hay representaciones de ella similares a las de María Magdalena y viceversa

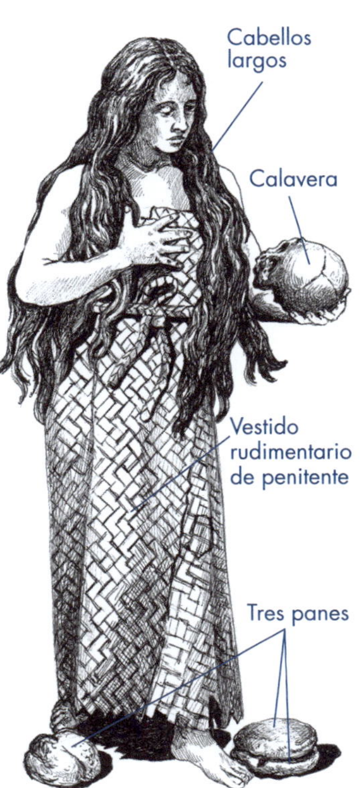

Representación de la obra *Santa María Egipciaca*, Luis Salvador Carmona, siglo XVIII. Valladolid, Museo Nacional de Escultura.

María Magdalena

22 de julio

Señora (María en hebreo) de Magdala

Siglo I, Magdala / ¿Provenza?
MÁRTIR, DISCÍPULA, PENITENTE

Es un personaje complejo, ya que la tradición clásica y medieval ha reunido en esta persona a diversas mujeres que aparecen en el entorno de Jesús. Es, por tanto, una suma de identidades femeninas que se confunden en una sola persona. Así, se muestra como prostituta o adúltera («ha amado mucho») arrepentida que, entre lágrimas, vierte un frasco de perfume a los pies de Jesús y los seca con sus cabellos (Lc 7: 36-50); su nombre no se indica. Quizá el hecho de que María, la hermana de Lázaro, también perfumara a Jesús los pies y los secara con sus cabellos (Jn 12: 1-3) ha provocado la confusión.

Sí se menciona claramente en Lc 8: 2: «María la llamada Magdalena, de la cual habían salido siete demonios». A partir de ese momento se convierte en una fiel discípula, que a veces se identifica también con María de Betania, la hermana de Lázaro y de Marta. Como seguidora de Jesús, es testigo de la crucifixión, participa en el descendimiento de la cruz y

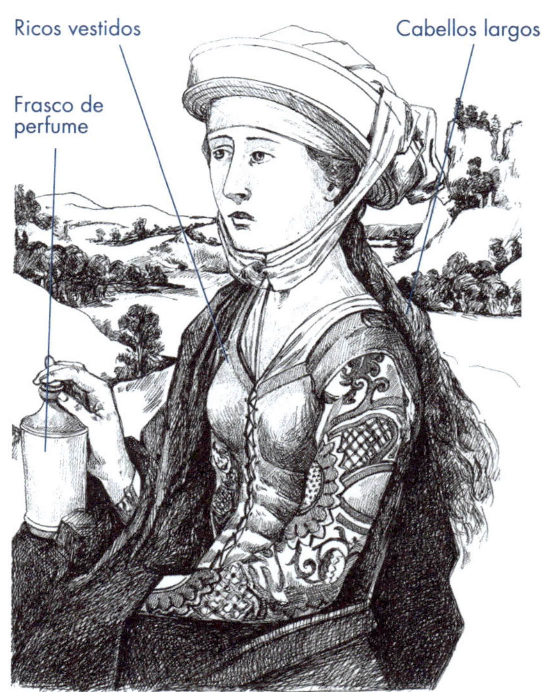

Dibujo del cuadro *Santa María Magdalena*, Roger van der Weyden, 1452. París, Museo del Louvre.

en el entierro de Cristo. Es la primera que conoce la resurrección, pues encuentra la tumba vacía, y posteriormente Jesús se le presenta llamándola por su nombre.

Tras Pentecostés*, la leyenda dice que María, Lázaro y Marta fueron desterrados en un barco que, navegando sin rumbo, llegó a las costas de Marsella. Allí contribuye a la evangelización del sur de Francia, y es venerada en Provenza y en Borgoña, donde se constituyeron focos de peregrinación en su honor. Cierta tradición incluso ha añadido detalles de otra María, la Egipciaca, uniéndola al conjunto de mujeres que representa María Magdalena, por lo que sus elementos iconográficos se mezclan.

Variantes iconográficas

- Sola, con alguno de sus atributos
- En diversas escenas del evangelio: vestida elegantemente con el frasco de perfume, al pie de la cruz manifestando su dolor, etc.
- Desnuda tapada con sus cabellos como penitente

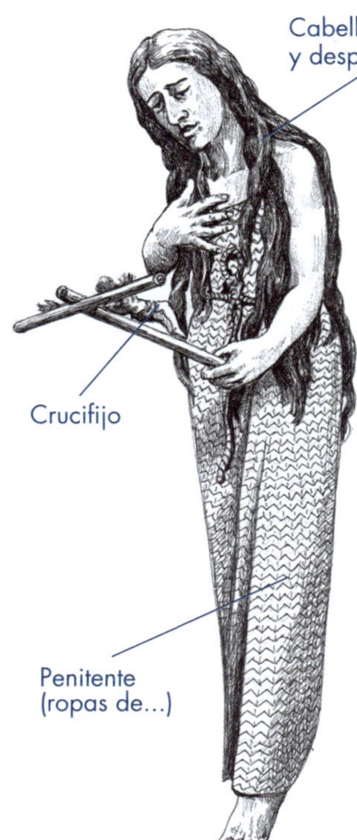

Representación de la escultura *Magdalena penitente*, Pedro Mena. Valladolid, Museo Nacional de Escultura.

Atributos posibles

- Cabellos largos y despeinados
- Calavera
- Corona de espinas
- Crucifijo
- Espejo
- Frasco de perfume
- Libro
- Penitente (ropas de...)
- Vestidos ricos

Marta

29 de julio

Señora, ama

Siglo I, Palestina / Provenza
DISCÍPULA

Hermana de Lázaro y de María Magdalena. En su casa de Betania se aloja en varias ocasiones Jesús, que amaba mucho a los tres hermanos. Aparece en los evangelios, en tres momentos.

En dos de ellos se relata una visita de Jesús a la casa de Lázaro. En el primero, Marta se muestra como una mujer hacendosa, ocupada en las tareas domésticas y esforzada en las labores de anfitriona. Siempre aparece en segundo plano con respecto a María, que se dedica a escuchar la palabra de Jesús. Incluso el propio Jesús prefiere expresamente la atención de María antes que la laboriosidad de Marta. En la segunda visita de Jesús a su casa, Marta, de nuevo, se dedica a servir, mientras María se centra en Jesús lavándole los pies.

Marta está presente en la resurrección de Lázaro. Es la primera que sale al encuentro de Jesús y le comunica la noticia de su muerte, pidiéndole que lo resucite. Manifiesta una fe y confianza totales en Jesús.

Su situación y su actitud la convertirán en el cristianismo en la representante de la vida activa, en comparación con la contemplativa que se asigna a su hermana María.

La leyenda la presenta junto con sus hermanos viajando a Francia, tras la ascensión de Cristo, y evangelizando Provenza. Allí fue capaz de vencer a un monstruoso dragón fluvial, llamado Tarasca, que vivía en el Ródano, enseñándole la cruz y rociándolo con agua bendita. Marta ató al monstruo con su cinturón y, como un perro, lo llevó a Arlés, donde lo mataron. También se le asigna el milagro de resucitar a un joven que se había ahogado en el Ródano mientras acudía a oír un sermón de la santa. El resto de su vida lo pasó en un monasterio llevando una existencia austera. Murió en un lecho de cenizas en presencia de san Frontón.

A partir del siglo XII se extendió su culto, partiendo de la zona provenzal, y en Tarascón se venera su tumba en la iglesia dedicada a ella.

Atributos posibles

- Acetre*
- Demonio
- Dragón [Tarasca (monstruo fluvial)]
- Escoba
- Hisopo*
- Incienso
- Manojo de llaves
- Panes
- Vasija

Variantes iconográficas

- Sola, con alguno de sus atributos
- Con Jesús y María, su hermana, en la casa
- En la resurrección de Lázaro
- En una balsa, en travesía hacia Marsella
- Dominando a un dragón o demonio asperjándolo con el hisopo*
- Con una cruz y el dragón a sus pies
- Con utensilios de limpieza y cocina

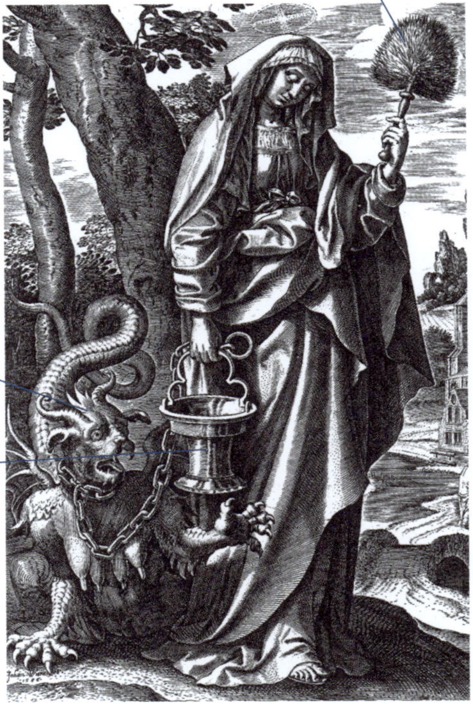

Hisopo

Demonio (Dragón, Tarasca)

Acetre

Detalle del grabado *Santa Marta*, Johan Wieriecx, 1586. Madrid, Biblioteca Nacional.

Martín de Tours

11 de noviembre

Dedicado a Marte

Siglo IV, Panonia / Candes

OBISPO

Nació en Panonia alrededor del año 315, hijo de un alto oficial romano, y se educó en Pavía. Formó parte del ejército romano y mientras intervenía en una campaña militar cerca de Amiens se produjo el hecho que, según la leyenda, cambió su vida. A las puertas de la ciudad se encontró a un mendigo semidesnudo; Martín cortó en dos su capa y dio la mitad al mendigo para que se abrigara. Esa noche soñó que era el propio Jesús el que se ponía su capa. A partir de ese momento se bautizó, dejó el ejército y se dedicó a la predicación uniéndose a los discípulos de Hilario de Poitiers. En el año 371 fue nombrado obispo de Tours por aclamación popular. Aceptó, pero continuó viviendo como un monje. Fue fundador del monasterio de Marmoutier y activo evangelizador en algunas áreas rurales de Francia, arriesgando su vida en esta misión, como cuando cortó un árbol que era venerado o se enfrentó a los arrianos*. Defendió siempre la caridad y el ascetismo. Se dedicó activamente a combatir las herejías del momento, en especial el priscilianismo*, pero su lucha ideológica no le impidió intervenir ante el papa para evitar, sin éxito, la ejecución de Prisciliano. Esta actitud le llevó a un enfrentamiento abierto con Hidacio, obispo de Chaves, partidario de la represión violenta de la herejía.

Se le atribuyen numerosos hechos extraordinarios y milagrosos: en su evangelización fue asaltado por unos ladrones a los que convirtió; revivió a un hombre que se había ahorcado; resucitó muertos, curó a una niña muda y a muchos enfermos; reconoció en una aparición al Diablo con aspecto de Cristo; detuvo incendios; expulsó demonios; hablaba a los animales e indicó a unos pájaros que no comieran unos peces que estaban escuchándole; una luz milagrosa se apareció sobre él cuando decía misa, etc. También predijo su propio fallecimiento.

A su muerte en Candes, en 397, fue rápidamente venerado y uno de sus discípulos, Sulpicio Severo, puso por escrito su vida. Sus restos se trasladaron a Tours, donde se edificó una basílica y monasterio. La festividad de San Martín goza desde la Edad Media de gran importancia, pues era la fecha utilizada para cerrar los asuntos judiciales y financieros del año y para la matanza del cerdo.

La media capa de san Martín fue objeto de veneración y el edificio donde se guardaba recibió el nombre de *chapelle* o capilla. Ahora ese término se utiliza genéricamente para designar cualquier lugar de oración.

Atributos posibles

- Báculo*
- Capa
- Mitra*

Variantes iconográficas

- Solo, con alguno de sus atributos
- A caballo, o pie, vestido como un soldado y cortando la capa para el mendigo
- Ciclo vital: bautismo, Cristo con la capa, atacado por los ladrones a los que convierte; predicando; bautizando a su madre; en sus muchos hechos milagrosos; prediciendo su muerte; en la gloria; etc.

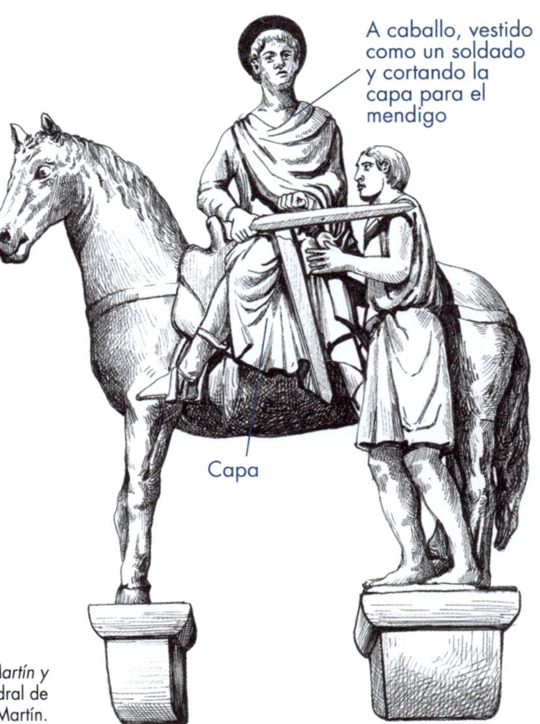

Dibujo de la escultura *San Martín y el pobre*, 1210. Lucca, catedral de San Martín.

Mateo

21 de septiembre

Don de Yahvé

Siglo I, Jerusalén / Etiopía

EVANGELISTA, APÓSTOL

Mateo, o Leví según se le llama en los evangelios de Marcos y Lucas, era un hebreo que trabajaba recaudando impuestos para los romanos cuando recibió la llamada de Jesús. Dejó entonces su trabajo como publicano* y se convirtió en uno de los más fieles seguidores de Jesús, formando parte de los doce apóstoles. Llama la atención su conversión inmediata, pues bastó un «Sígueme» de Cristo (Mt 9: 9) para empujar a Mateo tras el Maestro.

Es también el autor del primer evangelio, escrito en arameo para los judíos convertidos al cristianismo, en la segunda mitad del siglo I. Recoge principalmente las enseñanzas y las palabras de Jesús. Por ello su núcleo se centra en lo doctrinal, en los grandes discursos o sermones, las parábolas o el final de los tiempos. Es importante su interés en mostrar la continuidad y conexión de Jesús con el Antiguo Testamento, lo que remarca la idea de que estaba dirigido principalmente a los judíos convertidos al cristianismo.

Las referencias posteriores sobre Mateo son legendarias. Unas mencionan que, tras su evangelización en Palestina, se dirigió a Etiopía, pero también se mencionan Persia, Ponto, Siria o, incluso, Irlanda. Sobre su muerte, varían las posibilidades, desde la acaecida de forma natural hasta el martirio. La versión de Etiopía nos narra una vida evangelizadora llena de hechos prodigiosos. Allí derrota a dos magos, con sus dragones, que se hacían adorar como dioses y resucita a la hija del rey Hegesipo que, a raíz de esto, se convierte. Finalmente será asesinado por orden del rey Hitarco, mientras celebraba una misa, por oponerse al matrimonio del monarca con una sobrina suya. Las posibles maneras del martirio son también variadas: decapitado, quemado vivo o lapidado.

Santiago de la Vorágine señala cuatro razones por las que la figura de Mateo es muy venerada: por su obediencia al mandato de Cristo, por su largueza, ya que organizó un gran banquete para celebrar su conversión, por su humildad y por la aceptación que su evangelio ha tenido en la Iglesia.

Atributos posibles

- Alas
- Balanza para pesar el oro
- Bolsa de dinero (por su trabajo de recaudador)
- Espada
- Hombre, alado o no (como parte integrante del tetramorfos* le corresponde la figura humana)
- Lanza
- Libro (por el evangelio)

Variantes iconográficas

- Solo, con alguno de sus atributos
- Como evangelista aparece escribiendo acompañado de un ángel o sustituido por este (figura humana con alas, como todos los integrantes del tetramorfos*)
- Como apóstol lleva la bolsa de las monedas
- En el momento de recibir la llamada de Cristo: tema de la vocación de san Mateo
- Dando una lujosa cena en su casa para festejar su conversión

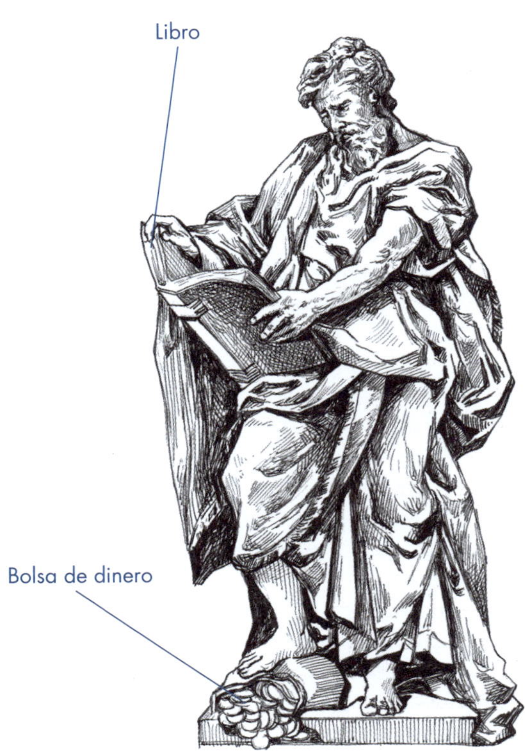

Representación de la escultura *San Mateo*, Camillo Rusconi, siglo XVIII. Roma, basílica de San Juan de Letrán.

Matías

14 de mayo

Don de Dios

Siglo I, Judea / 80, Cólquida
APÓSTOL

Según Clemente de Alejandría, Matías era uno de los discípulos de Jesús que había sido testigo de su vida pública desde sus inicios, a partir del bautismo de Juan, y formaba parte del grupo de setenta o setenta y dos discípulos enviados personalmente por Jesús a predicar.

Tras el suicidio de Judas Iscariote, Pedro indicó que debía ser nombrado otro discípulo para ocupar su lugar en el grupo de los doce apóstoles, basándose en el Libro de los Salmos (109: 8). Judas, con su traición, dejaría de estar nombrado *ad infinitum**, como estaban el resto de los apóstoles, pero era necesario mantener el número de doce para juzgar a las doce tribus de Israel al final de los tiempos (Mt 19: 28). Matías y José Barsabás eran los dos candidatos. Las condiciones para ser elegido eran ser un discípulo de «primera hora» (desde el inicio de la vida pública de Jesús) y haberle seguido hasta la ascensión, con objeto de dar un testimonio directo. Él resultó elegido tras un sorteo. Este sistema era un antiguo método judío que implicaba que se dejaba todo en manos de Dios, lo que de alguna manera legitimaba al elegido. Otras versiones posteriores, sin embargo, santificaron aún más la elección del nuevo apóstol señalando que se había producido el día de Pentecostés*, cuando un rayo que emanaba del Espíritu Santo lo iluminó.

Como apóstol predicó en Judea y posteriormente en Capadocia y en las costas del mar Caspio, y murió como mártir en Cólquida. Otras fuentes señalan Etiopía como su zona de evangelización y Judea como el lugar donde finalmente murió lapidado. Otra versión de su martirio indica que se le había decapitado con un hacha ante el Templo de Jerusalén.

Ha sido menos representado que el resto de los apóstoles, fundamentalmente porque, como sustituto de Judas, los artistas han preferido a san Pablo, el apóstol de los gentiles*.

Se le atribuye falsamente la autoría de varios textos, entre ellos un evangelio apócrifo* que fue muy popular en el siglo II.

Se le da culto en Tréveris porque, según la leyenda, santa Elena mandó trasladar allí sus restos. Es la única tumba de apóstol al norte de los Alpes y sirvió para reforzar la importancia medieval de la diócesis de Tréveris en Alemania. Su fiesta está vinculada a ritos del comienzo de la primavera.

Atributos posibles

- Alabarda*
- Cruz
- Espada
- Hacha
- Libro

Variantes iconográficas

- Solo, con alguno de sus atributos
- Con un libro en la mano como apóstol
- En la versión de la muerte por decapitación, tiene diferentes elementos que representan este martirio: hacha, espada o una alabarda*

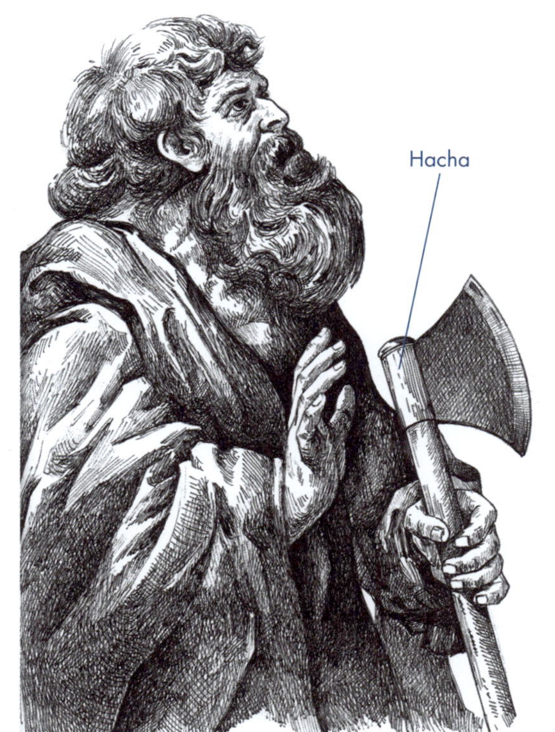

Dibujo basado en la obra *San Matías,* Pedro Pablo Rubens, 1612. Madrid, Museo del Prado.

Mauricio

22 de septiembre

Oscuro, sombrío. Procedente de Mauritania

Siglo III, Tebas / Martigny
MÁRTIR

Era el comandante en jefe o legado de una de las legiones imperiales en el siglo III. La ciudad de Tebas, en Egipto, había reclutado una legión formada mayoritariamente por cristianos para la defensa del imperio siguiendo las órdenes de los emperadores Maximiano y Diocleciano, que compartían en aquellos momentos el título de emperador. Esta legión, denominada «la legión tebana», fue enviada al norte de los Alpes para, junto a otras, reprimir la rebelión de los *bagaudas**, que se producía en la Galia en torno al año 285.

Tras atravesar los Alpes, cuando llegaron al punto de concentración de tropas, en Octodurum, en la región de Valais, actual Suiza, Maximiano ordenó a todo el ejército allí reunido realizar un sacrificio a los dioses y un juramento de combate. Mauricio y sus oficiales se negaron a participar en los sacrificios a los dioses y retrocedieron a Agauno. Para forzar su obediencia, el emperador ordenó castigar a la legión con la *decimatio**, lo que suponía la muerte de uno de cada diez soldados. A pesar del castigo, estos se mantuvieron firmes en su fe y Maximiano ordenó que la legión fuese diezmada por segunda vez. Los supervivientes se mostraron decididos a mantener su postura, por lo que finalmente el emperador envió al ejército para exterminarlos. Mauricio fue decapitado con un grupo de compañeros, algunos de los cuales fueron: Cándido, Constantino, Exuperio, Inocencio, Urso, Víctor o Vidal. En total fueron ejecutados más de seis mil.

Algunos consiguieron escapar y se dispersaron por el mundo predicando el cristianismo. Solutor, Adventor y Octavio marcharon a Turín y serían también martirizados allí. Lo mismo le sucedió a Alejandro en Pérgamo.

Otra versión indica que se les exterminó al negarse a perseguir o luchar contra los cristianos que había en el movimiento de los *bagaudas*.

Sus restos fueron hallados siglos después y se trasladaron a una nueva iglesia creada en Agauno. Esta edificación sería la base de la posterior abadía de Saint-Maurice fundada en el siglo VI.

Años después Mauricio sería nombrado patrono de Borgoña y del Sacro Imperio con los Otones.

En Italia existe la orden de caballería de San Mauricio.

Atributos posibles

- Armadura con una cruz
- Enseña con una cruz
- Espada
- Palma del martirio*

Variantes iconográficas

- Como soldado, a veces negro, con espada, palma y estandarte
- Como caballero con armadura medieval y una cruz roja en el pecho
- El Greco lo representa junto a sus oficiales, con coraza del XVI, dejando el martirio en segundo plano

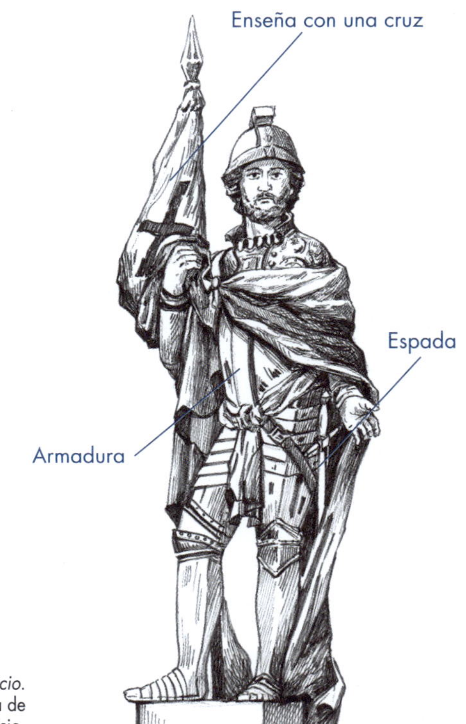

Representación de *San Mauricio*. Mülheim-Kärlich, parroquia de San Mauricio.

Miguel

29 de septiembre

¿Quién como Dios?

ARCÁNGEL*

Representación de la escultura *San Miguel*, de la obra del castillo de Sant'Angelo, de Pierre van Verschaffelt, siglo XVIII. Roma.

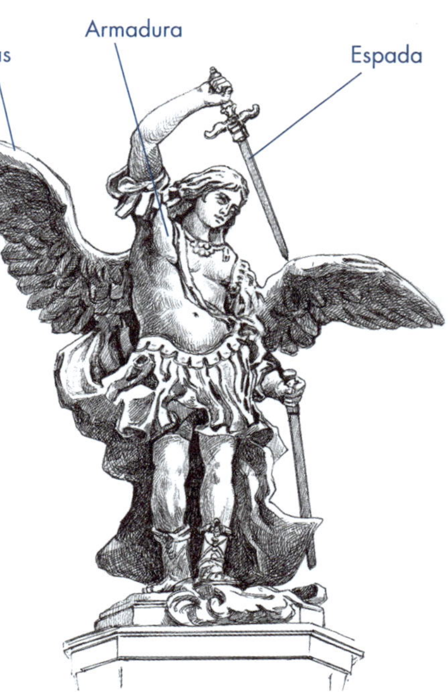

Pertenece a la penúltima jerarquía de ángeles en importancia: los arcángeles. Pese a ello, esta categoría va a destacar sobre otros ángeles en la devoción y la producción iconográfica. Existen dos razones que justifican este hecho: tienen un nombre específico y sus funciones y acciones son igualmente concretas y cercanas al mundo y los fieles, lo que facilita el contacto y el conocimiento de los mismos.

El número varía según las fuentes, pero los más conocidos son siete (número sagrado): Gabriel, Miguel, Rafael, Uriel, Baraquiel, Jehudiel y Sealtiel. Los más destacados son los tres primeros. Todos llevan el sufijo -el que significa «Dios».

Según Santiago de la Vorágine, su principal labor es proteger a una colectividad de personas, como los habitantes de una ciudad o de un país, pero sobre todo se distinguen por su lucha contra los demonios, además de realizar otras labores más específicas.

Miguel es el jefe de los ejércitos de Dios, es un guerrero en continua batalla contra el Diablo. A esta función fundamental de defensa directa respecto del enemigo más encarnizado de Dios y la Iglesia se añade otra igualmente importante, ya que asume las funciones de psicopompo*, conductor de los muertos, cuyas almas pesará en el Juicio Final (psicostasis*).

En el Antiguo Testamento se aparece a Josué (Jos 5: 13-15) y le menciona el profeta Daniel (Dan 10: 13-14, 21, y 12: 1), que destaca su fortaleza frente al mal. En el Apocalipsis (12: 7 y ss.) aparece especialmente protegiendo a la «mujer de sol», embarazada, que representa a la Virgen María, a la que defiende del dragón y de sus ángeles, junto con su tropa. Aunque casualmente no es mencionado en la derrota final de Satanás.

*La leyenda dorada** y los apócrifos* narran otros sucesos en los que Miguel cobra importancia y que son los que han ayudado a reforzar su papel principal en el mundo de la Iglesia. Entre ellos destacan varios. El primero es su victoria sobre Lucifer y sus ángeles en la rebelión que estos protagonizan al comienzo de los tiempos. El príncipe de los ángeles rebeldes es vencido personalmente por Miguel, que lo arroja, junto a sus compañeros, al infierno.

Igualmente importantes son sus apariciones. Entre ellas destacan las acaecidas en el monte Gárgano (sur de Italia), donde se producen distintos episodios. En el primero un hombre llamado Gárgano, como el monte, poseedor de muchos rebaños, persigue a un buey huido, lo encuentra refugiado en una gruta y le dispara una flecha envenenada que, casualmente, vuelve a él y le hiere. Preguntado el obispo de la zona por el suceso, san Miguel se le aparece y le explica que él fue quien provocó el incidente para informarles de que moraba en este monte y dicho lugar estaba bajo su protección. San Miguel curó a Gárgano y establecieron allí un santuario. En la segunda aparición ayuda a los vecinos del monte (los sipontinos) en su enfrentamiento contra los godos o hérulos del rey Odoacro, que intentaba conquistarlos; en el momento del ataque, rayos, truenos y relámpagos detienen a los godos que huyen. En la tercera venida mostró que la gruta donde vivía debía ser consagrada. La cuarta fue para proteger a la zona de la peste.

Otra aparición importante es al obispo de Avranches, en el año 710, que provocará la construcción de la iglesia de Tumba, en el actual Monte Saint-Michel, a petición del arcángel. Allí salvará milagrosamente a una mujer y su hija que habían ido en peregrinación y estaban amenazadas por las aguas que subían y de las que no habían podido salvarse por hallarse la mujer encinta.

La aparición en el mausoleo de Adriano (Roma) se produce durante el pontificado del papa Gregorio, que le pide ayuda contra la peste que asola la ciudad. La ayuda de san Miguel provocará la advocación del castillo de Sant'Angelo en su honor.

Existen igualmente variadas narraciones sobre curaciones milagrosas atribuidas al arcángel.

Así como en el comienzo de los tiempos derrota a Lucifer, también al final será quien derrote al Anticristo, que aparece sentado en el monte Olivete cuando san Miguel carga contra él.

Aparece también como figura importante en el Juicio Final, no solo con la balanza que pesa las almas, clara reminiscencia egipcia, sino también mostrando los atributos de la pasión: clavos, corona de espinas, cruz o lanza.

Para los católicos es el patrono y protector de la Iglesia y, sobre todo, su ángel custodio*. Muy similar a san Jorge, del que se distingue porque este último aparece siempre a caballo y, sobre todo, no tiene las alas del arcángel.

Es considerado el jefe de los ejércitos de Dios en las religiones islámica, judía y cristiana (católica, ortodoxa, copta y anglicana). Su culto fue especialmente intenso en el mundo ortodoxo, y también entre los lombardos y posteriormente los carolingios; es considerado protector de Francia, Inglaterra o Alemania.

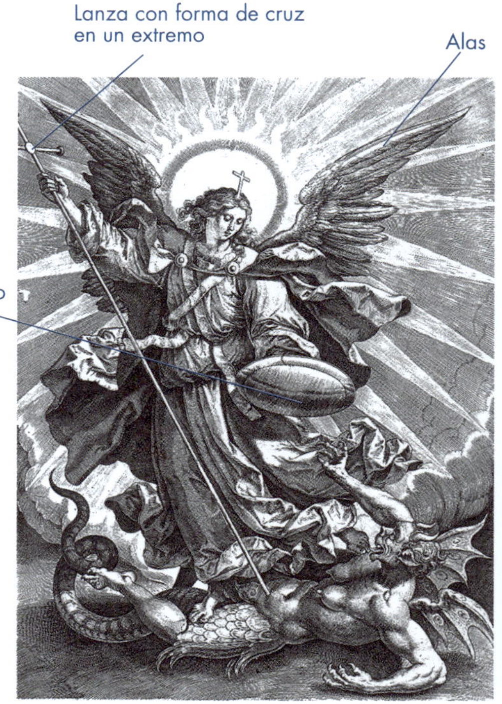

Grabado *San Miguel aplastando al diablo*, Hieronymus Wierix, siglo XVI.

Atributos posibles

- Alas
- Armadura
- Balanza
- Conchas (por su peregrinación marítima al monte Saint-Michel)
- Demonio
- Dragón
- Escudo con una cruz o el lema *Quis ut Deus*
- Espada, normal o flamígera
- Filacteria* con la inscripción *Quis ut Deus* («Quién como Dios») o sus iniciales
- Lanza, en ocasiones con forma de cruz en un extremo
- *Loros**

Variantes iconográficas

- Solo, con alguno de sus atributos
- Armado, con diferentes tipos de armaduras adaptadas a las distintas épocas y lugares
- Suele aparecer de pie, en pocas ocasiones a caballo
- Matando al dragón
- Pesando almas
- Precipitando al Diablo desde el cielo
- Dirigiendo los ejércitos celestiales
- En sus tres apariciones en el monte Gárgano, Saint-Michel y el mausoleo de Adriano (castillo de Sant'Angelo)
- En alguno de sus milagros

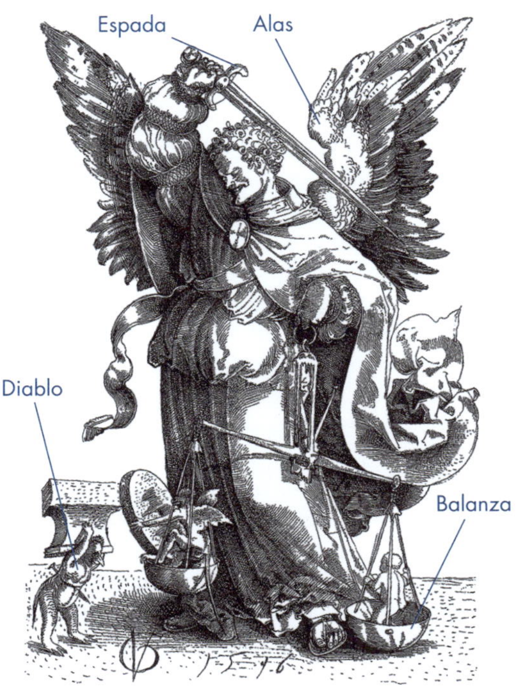

Grabado *El arcángel san Miguel pesando almas*, Graf y Schongauer, siglo XVI.

Nicolás de Mira (o de Bari) 6 de diciembre

Protector y defensor del pueblo

280, Patara / 345, Mira

OBISPO

La figura de Nicolás de Mira es, posiblemente, el resultado legendario de la mezcla de dos personalidades históricas, la del obispo de Mira en Licia y la del abad Nicolás de Sion, obispo de Pinora. Nació en Patara, región de Licia, y fue hijo único de una familia adinerada y piadosa. Los rasgos de santidad que se le atribuyen comienzan ya en su infancia, pues siendo recién nacido ya practicaba el ayuno mamando solo una vez al día los miércoles y los viernes. Entró joven en un monasterio y posteriormente fue ordenado sacerdote por su tío san Nicolás Zio. Posteriormente se trasladó a Mira, actual Dembre (Turquía). En estas fechas había muerto el obispo de la ciudad y los habitantes decidieron que el primer sacerdote que entrara en la ciudad sería consagrado obispo de la misma. Nicolás fue el primero en entrar, así que fue elegido obispo de Mira en el año 314. Destacó por su celo pastoral y por sus muchos milagros. Se dice que salvó de ser decapitados a tres militares, que habían sido acusados injustamente, interviniendo a su favor, por lo que se le considera patrón de los abogados. Otro relato narra la intervención de Nicolás en el rescate de tres vírgenes que habían sido vendidas por su padre por falta de recursos. Para prestarles su ayuda, Nicolás les entregó secretamente tres bolas de oro (que cayeron en sus calcetines, colocados en la chimenea para secarse) que les servirían como dote y las salvarían de la servidumbre. También se le atribuye la resurrección de tres jóvenes clérigos que habían sido asesinados por un hospedero. Se dice que salvó de naufragar durante una tormenta a Luis de Francia y su familia cuando regresaban de la Séptima Cruzada, lo que le convirtió en protector de los navegantes. Igualmente, salvó a tres escolares que un hospedero había descuartizado y puesto en adobo dentro de un tonel para servirlos como comida, por lo que es protector de la infancia. Ya después de muerto liberó al niño Adeodato de su cautiverio en tierra de moros. Por ello desde el siglo XVI los alumnos de las escuelas monásticas lo celebran como su patrono y en torno a su fiesta se desarrolla la costumbre de recibir la visita de Nicolás, que premia a los niños con regalos, origen de figuras posteriores como Santa Claus o Papá Noel.

Las reliquias de Nicolás de Mira fueron trasladadas en 1087 a Bari, lo que explica el nombre de Nicolás de Bari con el que también es conocido. Su culto se extendió por la Iglesia Oriental, motivo por el cual Grecia y Rusia lo tienen como patrono. También es un santo muy popular en Occidente, ya que sus reliquias están aquí.

Atributos posibles

- Báculo*
- Bolas de oro (tres)
- Libro
- Mitra*
- Naranjas (tres, variante de las bolas)
- Obispo (ropas de...)

Variantes iconográficas

- Solo, con alguno de sus atributos
- Como anciano, con barba blanca, vestido de obispo
- En alguno de sus milagros: niños, militares, clérigos, doncellas, naufragio, etc.
- En la gloria, con alguno de sus atributos
- Con larga barba blanca llevando regalos a los niños

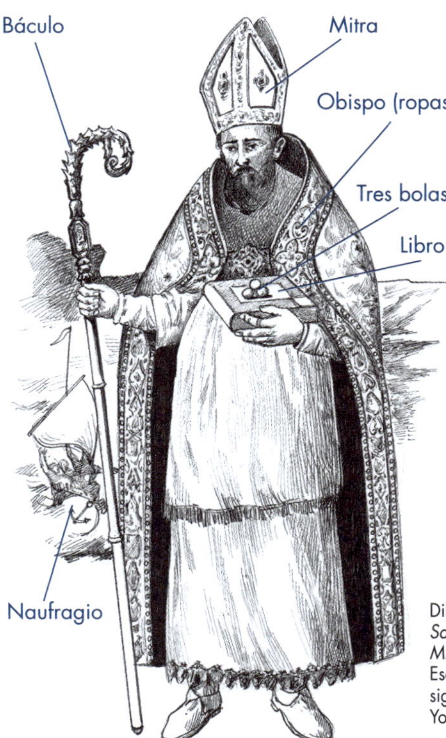

Dibujo basado en *San Nicolás de Mira (Bari)*, Escuela Peruana, siglo XIX. Nueva York, Christie's.

Pablo de Tarso

29 de junio

Pequeño, débil

Siglo I, Tarso / 67, Roma
APÓSTOL

Pablo de Tarso es una de las figuras esenciales del cristianismo, responsable sobre todo de convertir una secta judía en una religión universal, diferenciada del judiaísmo y abierta a todos. Por ello, aunque no forma parte del colegio apostólico, ha recibido el título de apóstol de los gentiles*.

Su nombre original es Saulo. Era un judío de la diáspora*, nacido en Tarso, Cilicia, hijo de un fabricante de tiendas de campaña que gozaba de la ciudadanía romana. Pablo o Saulo reúne por tanto la triple condición de judío por su religión, griego por su cultura fuertemente helenizada y romano por sus derechos ciudadanos.

Durante su juventud estudió con el rabino Gamaliel en Jerusalén, donde aprendió el ideal fariseo* y se convirtió en un encarnizado perseguidor de los adeptos a Jesús. Se considera que estuvo presente de forma activa en la lapidación de Esteban, el primero de los mártires cristianos, encargándose de custodiar las capas de los verdugos. Pero esta fase de su vida terminó el día que, camino de Damasco, fue cegado por una fuerte luz, cayó de su caballo y escuchó la voz de Jesús que le decía: «Saulo, ¿por qué me persigues?» (como se refleja en los Hechos de los Apóstoles 8). Fue recogido y llevado a Damasco, donde estuvo tres días sin ver, comer ni beber. Tras esa revelación, Saulo cambió su nombre por Pablo, cuyo significado reflejaba con humildad su pequeñez, se retiró un tiempo al desierto a meditar y, a su regreso, se dedicó a predicar el cristianismo.

Comenzó su predicación en Damasco, de donde tuvo que marchar, hostigado por los judíos, a Jerusalén. Allí contactó con Pedro y con Santiago gracias a Bernabé, que fue su introductor entre los apóstoles y su compañero de predicación en su primer viaje por Chipre y Asia Menor. A la vuelta de este viaje Pablo tuvo una intervención decisiva en el Concilio de Jerusalén: allí se produjo una disputa entre los partidarios de imponer la ley judía a los convertidos al cristianismo (dando a entender que este era solo una variante más del judaísmo) y los que defendían la fe en Cristo como único requisito para formar parte de la comunidad. Pablo, defensor de

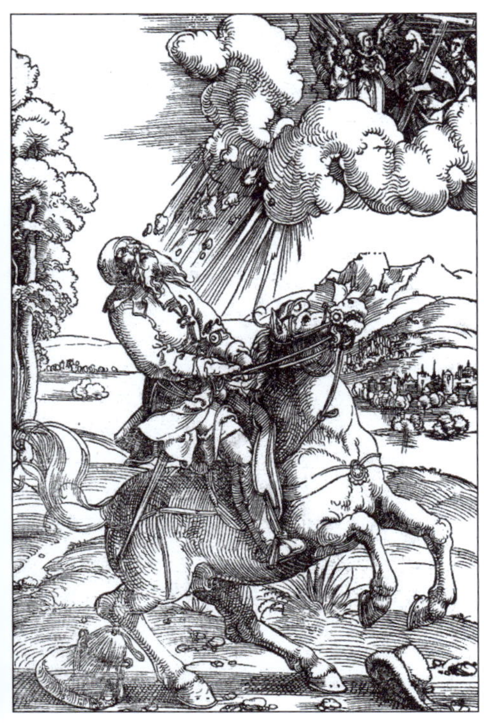

esta tesis, que resultó vencedora, contribuyó a que el cristianismo se extendiera como una religión diferente del judaísmo, arraigada también entre las comunidades de gentiles.

Tras el concilio, Pablo hizo su segundo viaje de predicación por Cilicia, Frigia, Galacia y Macedonia, donde fundó importantes iglesias, como la de Filipos y Tesalónica. Intentó sin éxito predicar en Atenas y acabó en Corinto, aproximadamente en el año 50. Su tercer viaje partió de Antioquía y acabó en Éfeso en el año 54. Las predicaciones de Pablo no fueron fáciles, pues tuvo que hacer frente a la hostilidad de judíos y de paganos. En Éfeso fue expulsado por la revuelta del platero Demetrio, porque su predicación ponía en peligro el culto a Ártemis y el consiguiente negocio de las estatuillas a la diosa. En Jerusalén, donde llegó hacia el año 57, fue sacado a golpes del Templo por ir contra la ley mosaica y estuvo a punto de ser linchado. Como ciudadano romano que era, las autoridades romanas lo mantuvieron preso durante varios años, en Cesarea y en Roma. Durante ese viaje a Roma sufrió un naufragio y en Malta salió indemne de la picadura de una víbora. Él mismo nos refiere sus penalidades en la Segunda

Grabado de *San Pablo*, que muestra su conversión,
Taller de Durero, 1508.

Epístola a los Corintios (2 Corintios 11: 24-28): «De los judíos recibí cinco veces los cuarenta azotes menos uno; tres veces fui azotado con varas; una fui apedreado; tres naufragué, pasando un día y una noche en medio del mar. En frecuentes viajes: peligros de ríos; peligros de bandoleros; peligros de parte de mis compatriotas; peligros de parte de los gentiles; peligros en ciudades; peligros en despoblados; peligros en el mar; peligros entre falsos hermanos; en trabajo y agotamiento; sin poder muchas veces dormir; en hambre y sed; con frecuencia sin poder comer; en frío y desnudez».

Cuando por fin fue liberado en el año 63, emprendió un viaje a España y posteriormente un último viaje a Oriente. Fue nuevamente apresado en Roma y decapitado en el año 67. En el lugar de la ejecución se construyó la llamada iglesia de las tres fuentes por las tres veces que rebotó su cabeza al ser cortada.

Los Hechos de los Apóstoles son la principal base para conocer su vida, pero su obra nos es transmitida en primera persona con las epístolas. Estas son cartas que se dirigían a las incipientes comunidades cristianas, como la de Roma, Corinto, Éfeso, Filipos, Colosas o Tesalónica. También escribe cartas pastorales dirigidas a sus discípulos, como Timoteo o Tito.

A pesar de su importancia para la configuración del cristianismo como religión de carácter universal y no como secta judía, la figura de Pablo no ha sido excesivamente considerada por las manifestaciones de piedad popular. Las iglesias a él dedicadas, las manifestaciones iconográficas y los patrocinios son poco numerosos en comparación con otros santos de mucha menor entidad teológica. Pese a todo, sí existen múltiples representaciones de su figura en el momento principal de su caída y posterior conversión al cristianismo.

Suele ir asociado a la figura de Pedro y su festividad se celebra conjuntamente. También se celebra la conversión de san Pablo el 25 de enero.

Atributos posibles

- Epístola
- Espada
- Libro

Variantes iconográficas

- Calvo, con barba, túnica verde y manto rojo, con una espada, en las representaciones medievales
- En las representaciones posteriores a Trento, tiene pelo y barba muy poblada y lleva una espada de gran tamaño (mandoble)
- En compañía de san Pedro
- En la lapidación de san Esteban
- En el momento de la conversión: vestido de forma diversa (como un soldado romano, con ropas gentiles, vestidos adaptados a diferentes épocas, etc.), caído del caballo y rodeado de una luz intensa
- Junto a los doce apóstoles
- Escribiendo las epístolas
- Con otros santos
- En el martirio cortándole la cabeza, que brilla con luz propia, y rebota

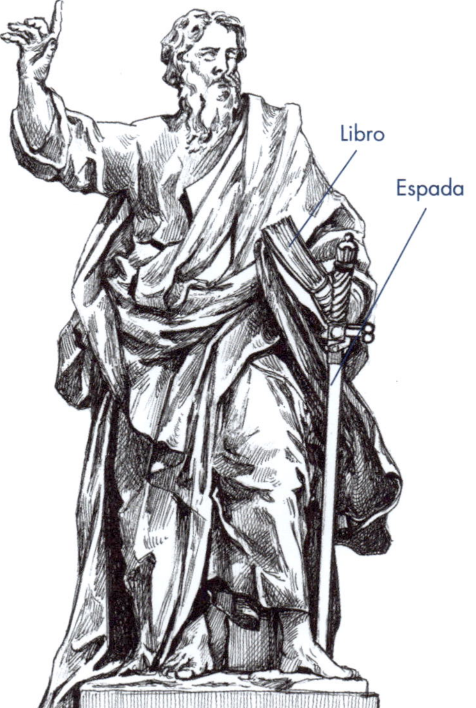

Representación de la escultura *San Pablo*, Pierre-Étienne Monnot, siglo XVIII. Roma, basílica de San Juan de Letrán.

Pablo el Ermitaño

15 de enero

Pequeño, de baja estatura (Paulus)

Ca. 229, Tebas / *ca.* 342

EREMITA*

Pablo nació en la Tebaida en el siglo III, de familia acomodada y cristiana. En su adolescencia se dedicó a los estudios, en los que destacó dominando con soltura los elementos de la cultura griega y egipcia. Durante las persecuciones de Decio contra los cristianos fue denunciado por un cuñado suyo que ansiaba apoderarse de sus riquezas. Huyó al desierto, donde permanecería noventa años. En el desierto encontró una cueva, al pie de la montaña, y una palma, cerca de la cual brotaba una fuente. Hasta los 53 años vivió allí, refugiándose en la caverna, vestido con las hojas trenzadas de la palma y alimentándose de los dátiles. Pasado ese tiempo, su alimento le llegó de la misma forma que al profeta Elías, pues un cuervo le llevaba diariamente medio pan en el pico, mientras oraba.

San Antonio, que también vivía en el desierto de la Tebaida, supo mediante un sueño de la existencia de Pablo y conoció así que había un ermitaño que llevaba más años que él en esa situación. Antonio quiso visitarlo y, guiado por una serie de encuentros milagrosos con un lobo, un sátiro* y un centauro*, consiguió encontrarlo. Al principio Pablo no quiso recibirlo, pues deseaba mantener su estado de aislamiento y oración, pero, tras muchos ruegos de Antonio, lo hizo y se sentaron a conversar. En ese momento llegó el cuervo con el alimento cotidiano, pero en vez de llevar medio pan, apareció con un pan entero para alimentar a los dos eremitas. Pablo, sintiendo próximo el fin de sus días, pidió a san Antonio que le enterrara envuelto en el manto que le había regalado Atanasio de Alejandría. Mientras san Antonio iba a buscar el manto, vio cómo el alma de Pablo subía al cielo. Cuando volvió a la cueva, lo encontró muerto, lo envolvió en el manto y lo enterró en una fosa, ayudado por dos leones. Tenía 113 años.

Su culto se desarrolló en la Iglesia Copta* desde el siglo IV. En Europa su figura se difunde desde el siglo XIII, gracias a la fundación de una orden monástica húngara, los paulinos.

La vida de Pablo el Ermitaño es conocida a través de san Jerónimo, que escribe su biografía y lo reivindica como el iniciador de la vida monástica y el primero de los eremitas cristianos. En realidad, la biografía que Jerónimo escribe está inspirada en la vida de san Antonio, por lo que la historicidad de Pablo el Ermitaño es dudosa.

Atributos posibles

- Calavera
- Crucifijo
- Cruz
- Cuervo (con medio pan en el pico)
- Leones
- Libro
- Rosario
- Túnica de hojas de palmera trenzadas

Variantes iconográficas

- Solo, con alguno de sus atributos
- Como anciano, con barba blanca, semidesnudo
- Con hábito
- Haciendo penitencia ante su cueva, junto a un cuervo con pan en el pico
- Conversando con san Antonio mientras un cuervo lleva el pan entero en el pico
- Escena del enterramiento con los dos leones

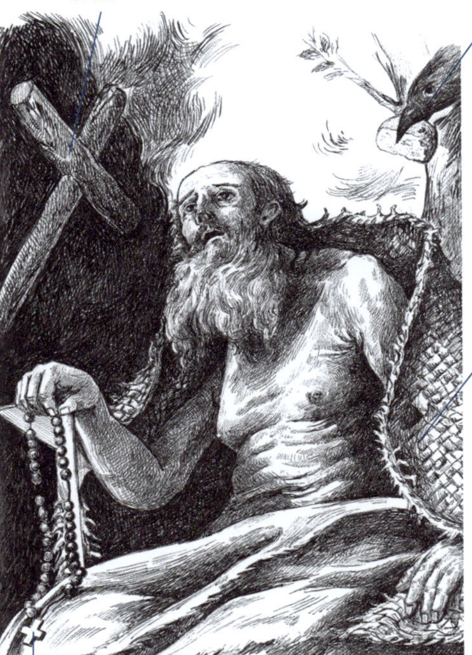

Dibujo de *San Pablo el Ermitaño*, Mattia Preti, siglo XVII. Barcelona, MNAC.

Pancracio

12 de mayo

El que lo sostiene todo

289, Sinnada (Turquía) / 304, Roma
MÁRTIR

Nacido en Sinnada, Frigia, de padres ricos, al quedar huérfano asumió su custodia su tío Dionisio, con el que viajó a Roma. Allí se convirtieron ambos al cristianismo. Durante la persecución de Diocleciano fue llevado a la presencia del emperador, que mantuvo una interesante disputa con el joven Pancracio. El emperador intentó convencerlo para que abandonase el cristianismo, pero el joven no quiso renunciar a su fe y fue decapitado en la Vía Aurelia a la edad de 14 años. Su cuerpo fue recogido por una mujer piadosa y sobre su sepulcro, en las catacumbas de la Vía Aurelia, se construyó una basílica en tiempos del papa Símaco, a comienzos del siglo VI.

El culto a Pancracio comenzó en época de Gregorio Magno y se extendió por muchos lugares de Europa. En Inglaterra su figura fue difundida por Agustín de Canterbury. En Alemania, en el siglo IX, fue invocado por el emperador antes del asalto de una ciudad y desde entonces es patrón de los caballeros y se le representa vestido como tal. En Francia es el patrón de los niños, especialmente los llorones. En España su culto va unido a la religiosidad popular, y a su alrededor se ha desarrollado un curioso ritual: su imagen, en pequeñas estatuillas, se coloca en los negocios y en los hogares para pedir salud, trabajo y éxito profesional. Se le añade perejil y, en algunas ocasiones, se le ponía una moneda en el dedo.

Pancracio está considerado uno de los catorce santos sanadores y sus facultades protectoras se extienden a los afligidos, a los que sufren pobreza, a los que juegan o a las cosechas. También es invocado contra el perjurio; la leyenda dice que, ante su tumba, los que levantan falso testimonio o enloquecen y son atrapados por el Diablo, o mueren. Por ello, los que querían probar su inocencia juraban públicamente sobre las reliquias del santo.

La vida de Pancracio es, posiblemente, legendaria. Su pasión fue escrita en el siglo VII, quizá copiada de la de san Sebastián. Las fechas que se le atribuyen son confusas y en algunos casos contradictorias. Santiago de la Vorágine sitúa su muerte en el año 287.

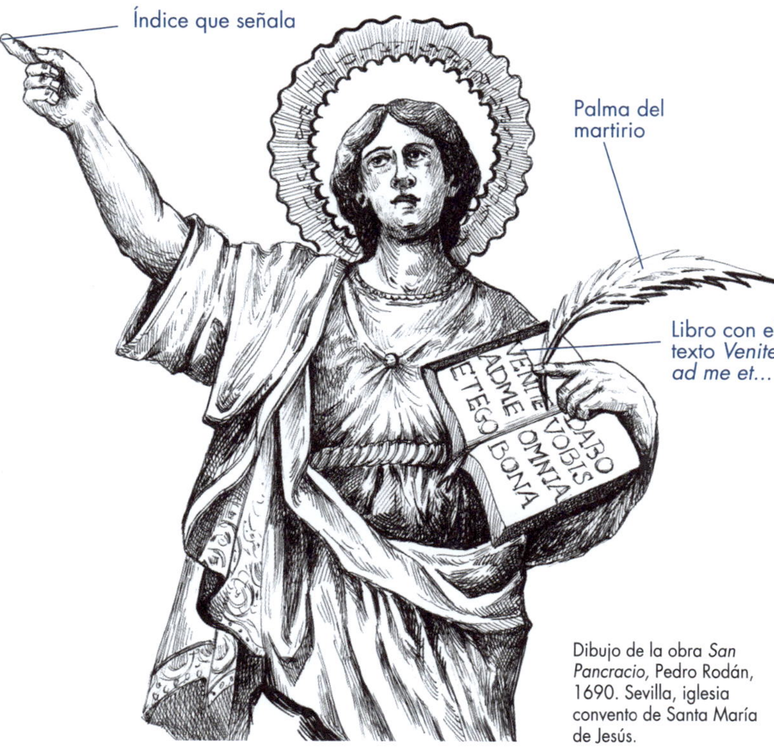

Dibujo de la obra *San Pancracio*, Pedro Rodán, 1690. Sevilla, iglesia convento de Santa María de Jesús.

Atributos posibles

- Espada
- Índice que señala
- Libro con el texto *Venite ad me et ego dabo vobis omnia bona* («Venid a mí y se os darán todos los bienes»)
- Palma del martirio*
- Pantera (atributo procedente de la novela *Fabiola* de Wiseman, 1854)

Variantes iconográficas

- Solo, con alguno de sus atributos
- Como un joven romano, con la palma y la espada
- Como caballero, con coraza, escudo y espada

Pantaleón

27 de julio

El que se compadece de todos

275, Nicomedia / 305

MÁRTIR, MÉDICO

Pantaleón o Panteleemon era hijo de un senador pagano, Eustorcio, y de una cristiana, Eubula, y nació y vivió en Nicomedia. Fue discípulo aventajado del famoso médico Eufrosino. Su dominio del arte médico le llevaría a ser muy estimado por el emperador Maximiano.

Se convirtió gracias a las enseñanzas del presbítero Hermolao y, a partir de ese momento, hizo milagros en nombre de Cristo que le valieron la animadversión de sus colegas médicos. Curó a un ciego y resucitó a un niño que había sido picado por una víbora, con la simple invocación del nombre de Cristo. Tras este hecho, se hizo bautizar. Sus curaciones, por las que no cobraba, consiguieron que su padre se convirtiera igualmente al cristianismo. No obstante, también provocarían la envidia de sus colegas médicos, que le denunciaron ante el emperador. Llevado a su presencia, les propuso un reto consistente en ver quién podría curar a un paralítico. Ellos invocaron a Esculapio, Galeno e Hipócrates sin conseguir sanarlo. Pantaleón simplemente invocó a Cristo y el enfermo sanó.

El emperador, pese a ello, intentó que renunciara a Cristo, primero con halagos y finalmente enviándolo al suplicio.

Fue condenado a muerte y su martirio fue extraordinariamente complejo, pues padeció varios tormentos de los que salió indemne: fue quemado con antorchas, sumergido en un caldero de plomo fundido, arrojado al mar con una piedra al cuello, expuesto a ser devorado por las fieras, desgarrado con una rueda dentada... Finalmente consiguieron decapitarlo tras atarlo a un olivo con las manos clavadas sobre la cabeza, aunque en un primer intento la espada se rompió. De sus heridas no brotó sangre, sino leche, y el olivo se cargó de frutos.

Se cuenta a Pantaleón entre los catorce santos sanadores. A su alrededor se ha desarrollado una tradición muy arraigada. Su sangre, recogida en ampollas, se licúa anualmente el día de su martirio, lo que ha generado mucha devoción popular, sobre todo en Italia, y especialmente en Nápoles. En España, en el convento de la Encarnación de Madrid se conserva una ampolla con su sangre y se mantiene el supuesto milagro de la licuefacción el día 27 de julio.

Forma parte del conjunto de santos médicos, como los santos Cosme y Damián, que no cobran dinero por sus servicios *(anárgiros)*. Con ellos comparte elementos iconográficos y modelos de martirio.

Atributos posibles

- Ampolla con la sangre
- Caja (de ungüento)
- Clavos
- Espátula de médico
- Frasco (de medicina)

Variantes iconográficas

- Atado a un tronco con las manos clavadas sobre la cabeza
- Resucitando a un niño muerto por una picadura de serpiente
- Ciclo vital: curaciones, escenas de su suplicio, etc.

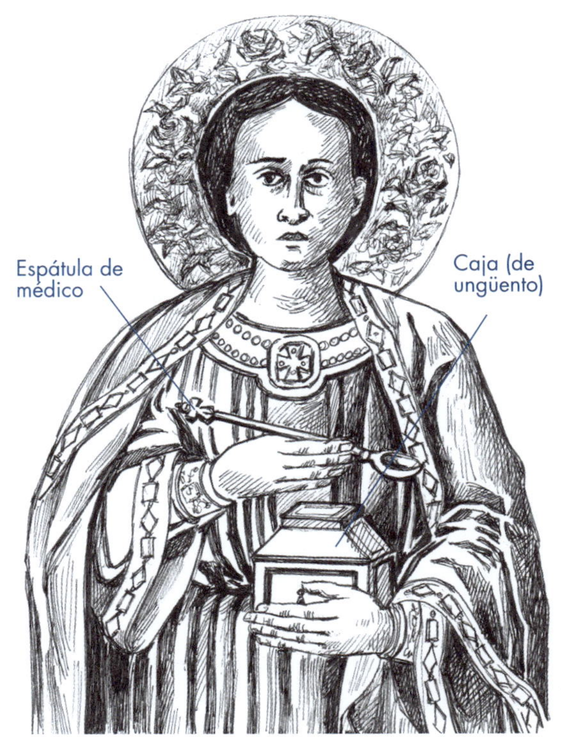

Representación basada en el icono de *San Pantaleón*. Arnaia, iglesia de San Esteban.

Pascual Bailón

17 de mayo

Relativo a la Pascua

1540, Torrehermosa (Zaragoza) / 1592, Villarreal
FRANCISCANO

Pascual era miembro de una familia humilde. Sus padres, Martín e Isabel, eran muy piadosos. Como el niño nació el día de Pascua, le llamaron Pascual. Desde los 7 años hasta los 17 se dedicó a pastorear ovejas. Aprendió a leer siendo pastor y ejerció su oficio en diversas tierras. Renunció incluso a que le adoptase un rico hacendado, su amo Martín García, por su vocación hacia la vida religiosa y la austeridad. Se decía que cuando cuidaba el rebaño en Alconchel de Ariza, Zaragoza, veía a lo lejos la ermita de Nuestra Señora de la Sierra y dirigía sus ojos hacia ese lugar para rezar. Como no podía acudir personalmente a la iglesia por culpa de su trabajo, rezaba con fervor en medio del campo y la leyenda dice que los propios ángeles rasgaban el cielo para mostrarle el cáliz y la custodia y darle la comunión.

Entró en contacto con frailes alcantarinos*, franciscanos descalzos, y logró ingresar en el convento de Orito, en Monforte de Cid, Alicante, en 1564. No obstante, su extrema humildad le llevó a rechazar el sacerdocio y a ser siempre un hermano lego que desempeñaba las tareas más penosas, entre ellas la de limosnero y portero del convento. Fue también cocinero y encargado del refectorio; por ello los cocineros lo invocan como su patrón.

Realizó otras labores más importantes pero de peligro: fue encargado de llevar como correo documentos al general de la orden, que estaba en Francia, para lo cual tenía que atravesar territorio hugonote* y a veces sufrir los ataques de estos. Incluso estuvo a punto de morir apedreado al defender la eucaristía frente a los herejes. Se le atribuyen milagros como la multiplicación del pan para los pobres y la curación de enfermos.

Nunca le abandonó su devoción por la eucaristía. Incluso se le conoce como el «serafín de la eucaristía». Se dice que durante su funeral, estando su cadáver en el féretro abierto, abrió los ojos en el momento de la consagración. Fue canonizado en 1690 y en 1897 León XIII lo nombró patrón de las congregaciones eucarísticas.

Atributos posibles

- Azada
- Cáliz
- Cayado
- Cruz
- Custodia*
- Hábito franciscano
- Lego (ropas de...)
- Limosnas
- Llaves
- Rosario atado al cordón del hábito
- Sombrero de pastor

Variantes iconográficas

- Solo, con alguno de sus atributos
- Vestido de franciscano, arrodillado ante un ángel que le ofrece la eucaristía
- Vestido como pastor, en edad juvenil, adorando la sagrada forma

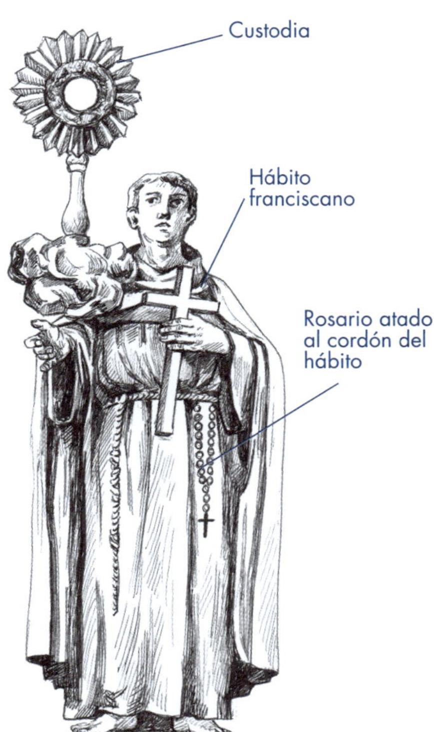

Dibujo de la obra *San Pascual Bailón*. Pontevedra, iglesia de San Francisco.

Patricio

17 de marzo

De noble familia

385, Britania / 461, Irlanda

APÓSTOL DE IRLANDA

Figura de gran importancia para Irlanda, pues es su santo patrón y, sobre todo, un símbolo de su identidad nacional. Gran parte de la devoción que suscita está teñida de matices nacionalistas.

Su vida está llena de datos legendarios y en algunos episodios su biografía se confunde con la de Paladio, misionero que llegó a Irlanda a mediados del siglo V y fue nombrado obispo. Hay dos obras que pueden atribuirse a Patricio, la *Confessio* y la *Epistola ad milites Corotici*. Patricio nació en Britania, en Bennhaven Taberniae, lugar cercano al muro de Adriano. Su familia parece ser galorromana y a su madre se le atribuye parentesco con Martín de Tours. Quizá por esto, otras fuentes sitúan el lugar de nacimiento de Patricio en Boulogne sur Mer.

A los 15 años fue secuestrado por unos piratas y vendido como esclavo en Irlanda del Norte, donde permaneció seis años. Tras huir, recibió en sueños el encargo de evangelizar a los irlandeses, pero antes, en Auxerre, entró en contacto con el obispo Germán (su mentor).

Patricio llegó a Irlanda en 432 y fundó la abadía de Armagh, principal centro irradiador del cristianismo irlandés. Supo ganarse a los jefes de las tribus de la isla para su causa, e incluso amenazó con las penas del infierno a los britanos que les atacaban. Fue nombrado obispo y, a su muerte, alrededor de 461, fue enterrado en el Ulster, en Dowpatrick.

Su leyenda es un compendio de episodios tomados de la Biblia y de la tradición pagana irlandesa. Se dice que con su cayado expulsó a las serpientes de la isla, que fue capaz de detener el sol durante doce días a su muerte o que reaparecerá en el Juicio Final. Asociado a la primavera, como su festividad, Patricio hacía arder el hielo con sus dedos, que se encendían como antorchas, convertía la nieve en leche y mantequilla y donde él se ponía el suelo siempre estaba seco. Se le atribuía también el milagro de mostrar las llamas del purgatorio a través de un agujero en el suelo que él hacía, por lo que se creía que tenía capacidad para librar de él a las almas de los irlandeses. También se pensaba que el día del Juicio Final Patricio se encargaría personalmente de juzgar a los católicos de Irlanda.

A pesar de la importancia de su culto, extendido desde Irlanda hasta Estados Unidos gracias a las migraciones, su imagen en el arte no ha sido especialmente significativa. Su figura aparece usualmente con un trébol, que, según la tradición, el santo utilizaba para explicar el misterio de la Trinidad.

Atributos posibles

- Báculo*
- Cruz de doble travesaño
- Llamas del purgatorio brotando del suelo
- Mitra*
- Obispo (ropas de...)
- Serpientes pisoteadas o enlazadas en el báculo
- Trébol (hoja de...)

Variantes iconográficas

- Solo, con alguno de sus atributos
- Como obispo con báculo* y mitra*, con el trébol y las serpientes a sus pies

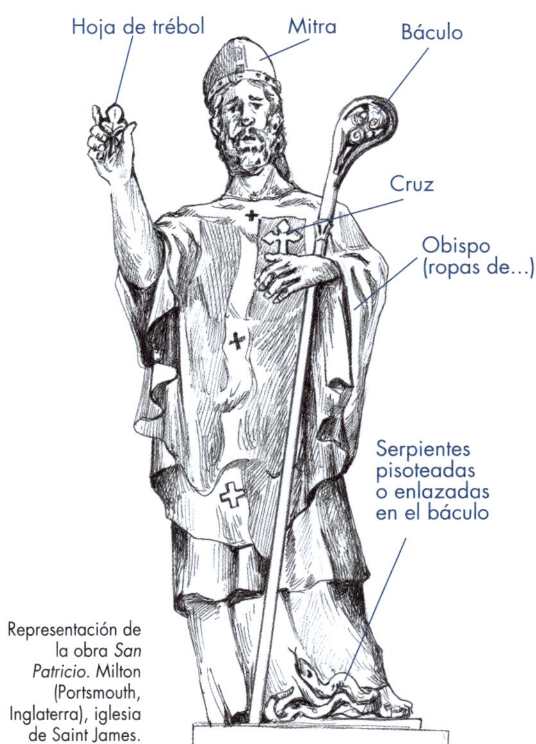

Representación de la obra *San Patricio*. Milton (Portsmouth, Inglaterra), iglesia de Saint James.

Paula de Roma

26 de enero

De baja estatura

347, Roma / 404, Belén
VIUDA, FUNDADORA

Paula era hija de una noble familia romana que pertenecía al círculo senatorial, acostumbrada a llevar una vida rodeada de lujos. Se casó a los 15 años con otro noble, Toxocio, y, madre de cinco hijos, a los 32 años quedó viuda. A partir de este momento se vio influida por Marcela, matrona romana de gran virtud, que había reunido un círculo de nobles damas romanas en el que se ha dado en llamar «cenáculo del Aventino*». Allí mujeres como Paula, Fabiola o la propia Marcela se dedicaron al estudio bíblico, la oración, las obras de caridad y la vida piadosa.

Paula conoció a Jerónimo en 382, cuando este visitó Roma en compañía de los obispos de Antioquía y Chipre. Quedó profundamente impresionada y decidió dedicarse al estudio de las Sagradas Escrituras y mantener una vida ascética. Dos años más tarde se empeñó en marchar a Tierra Santa con su hija Eustoquia, también canonizada, para colaborar con él. Embarcó en el puerto de Ostia, dejando en tierra a sus hijos pequeños, para consagrarse a una vida de pobreza, caridad y estudio. Tras recorrer diversos lugares de peregrinación, se detuvo en Egipto, donde comprobó cómo vivían los anacoretas* en el desierto, y finalmente se instaló en Belén.

Su solidez intelectual es destacable. Fue colaboradora de Jerónimo en sus trabajos bíblicos, ya que conocía el hebreo y el griego. Intervino como mediadora en algunas de las disputas teológicas entre Jerónimo y el obispo Juan de Jerusalén. También hay que reseñar su ascetismo y su caridad, que sus contemporáneos tachaban de exagerada, ya que llegó a arruinarse en el empeño de dar todo a los pobres. No obstante, su mayor logro fue la actividad monástica, ya que junto a su hija fundó un monasterio femenino. En él las mujeres vivían recluidas en una casa, siguiendo unas normas de disciplina, y se juntaban para la realización de oficios litúrgicos.

A su muerte fue enterrada en Belén, en la gruta de la Natividad, y Jerónimo en su epitafio dejó muestras de su afecto: «¡Adiós, Paula! Ayuda con tus oraciones a este pobre viejo, ya tan anciano, que tanto te veneró y tanto te recuerda».

Paula es mucho más que una viuda romana dedicada a la vida piadosa. Es una colaboradora de san Jerónimo y activa fundadora de comunidades monásticas en Tierra Santa.

El propio Jerónimo escribió los detalles de su vida y muerte en un texto muy emotivo.

Atributos posibles

- Abadesa (hábito de...)
- Crucifijo
- León (por san Jerónimo)
- Libro

Variantes iconográficas

- Sola, con alguno de sus atributos
- Como peregrina
- Como abadesa
- Acompañada de Jerónimo y Eustoquia
- Socorriendo a los pobres
- Embarcando hacia Tierra Santa

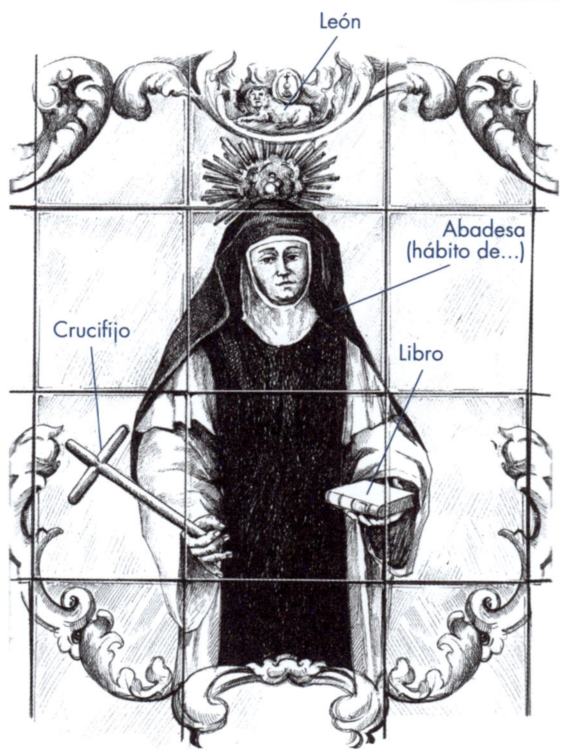

Dibujo del alicatado de *Santa Paula*. Sevilla, convento de Santa Paula de las jerónimas.

Pedro (apóstol)

29 de junio

Piedra, roca

Siglo I a.C., Betsaida (Galilea) / 67, Roma

APÓSTOL, PAPA, MÁRTIR

Pedro es uno de los santos cristianos más importantes, el más directo seguidor de Jesús y sobre el que se fundamenta la Iglesia y la idea del papado.

Su verdadero nombre era Simón Bar Iona, pero se le conoce por el apelativo que Jesús le dio: *Petros* (piedra) o, en griego, *Kefas,* que significa roca, piedra angular. Simón (Pedro) y su hermano Andrés eran pescadores en el lago Tiberíades (Genesaret) y vivían en Cafarnaún, donde Pedro estaba casado. Fueron convencidos por Jesús para unirse a su causa: «Venid conmigo y os haré pescadores de hombres» (Mt 4: 19) y desde ese momento Pedro aparece vinculado al Maestro en todos los episodios importantes del evangelio. La vida de Pedro y la de Jesús transcurren desde entonces muy unidas: Pedro asiste a la resurrección de la hija de Jairo; en la transfiguración, acompañó a Jesús en el monte Tabor, junto a Santiago y a Juan; caminó junto a Jesús sobre las aguas del Tiberíades; fue el primero al que Jesús lavó los pies en la Última Cena, y el que en el prendimiento cortó la oreja de uno de sus captores para defenderlo. Pero Pedro es también el hombre que flaquea y niega conocer a Jesús tres veces, hasta que con el canto del gallo reconoce su error y llora arrepentido. A la muerte de Jesús, se hace responsable del grupo de discípulos y está presente en Pentecostés, y en el momento del tránsito de la Virgen*.

Hasta el año 44 estuvo en Palestina, donde participó en el Concilio de Jerusalén apoyando a Pablo en la idea de extender el cristianismo a los gentiles*. En su evangelización sufrió numerosas persecuciones; incluso Herodes lo encarceló para satisfacer a los judíos, que estaban en contra de lo que consideraban la secta de los cristianos. Pedro abandonó la cárcel ayudado por un ángel que lo liberó de sus cadenas y lo hizo salir sin ser molestado por los guardias. También se registra su actividad en Asia Menor. En el periodo de la predicación se le atribuyen numerosos milagros, entre los que destaca la resurrección del hijo de Teófilo, prefecto* de Antioquía, que, agradecido, le mandó construir una cátedra*. En esa época se inicia su enfrentamiento con Simón el Mago, que había querido comprar a Pedro el secreto de sus poderes, dando origen al pecado conocido como simonía*.

Su actividad a partir del año 44 tiene tintes mucho más inciertos y legendarios. La estancia en Roma de Pedro no aparece en los Hechos de los Apóstoles, pero la tradición y la fe acabaron por confirmar su presencia en la capital imperial.

La tradición que coloca a Pedro en Roma nos indica que allí volvió a enfrentarse a Simón el Mago y salió victorioso. Santiago de la Vorágine presenta al mago en la corte de Nerón, ejerciendo una fuerte influencia sobre él. Simón era capaz de hacer milagros muy llamativos con sus trucos de magia y desafió al apóstol Pedro a que hiciese lo mismo. Pedro, entre otras muestras del poder de Dios, resucitó a un joven y Simón, furioso, emprendió un vuelo ayudado de los demonios, que, conjurados por Pedro, lo dejaron caer. La muerte del mago irritó a Nerón, que mandó

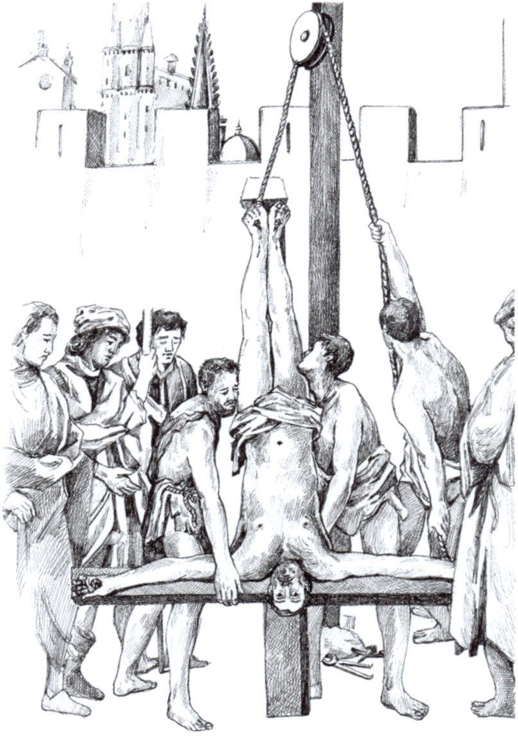

Dibujo basado en un detalle del *Martirio de san Pedro*, Filippo Lippi, siglo XV. Florencia, capilla Brancacci.

encarcelar a Pedro en la prisión Mamertina. Pese a todo, consiguió fugarse gracias a los carceleros, Proceso y Martiniano, a los que había convertido y bautizado con el agua que había hecho manar milagrosamente del muro de la prisión. Cuando abandonaba Roma para salvarse, se encontró en la Vía Apia con Jesús, que cargaba con la cruz. Pedro le preguntó *Quo vadis, Domine?* («¿Adónde vas, Señor?») y la respuesta de Cristo le hizo desistir de su huida, de modo que el apóstol retornó a Roma.

En el año 67 tuvo lugar su martirio junto con el de Pablo, aunque de distinta manera. Pablo, ciudadano romano, fue decapitado, mientras que a Pedro se le crucificó. Por humildad, no quiso morir igual que su maestro y pidió ser crucificado con la cabeza hacia abajo. Aunque el emplazamiento del martirio es discutido, suele aceptarse que fue en la colina del Janículo, donde se levanta la iglesia de San Pietro in Montorio de Bramante. Sus reliquias se depositaron en el año 336 en el Vaticano y sobre ellas se construyó la basílica de San Pedro.

Aunque la actividad romana está poco documentada, se acepta que Pedro murió y fue enterrado en Roma basándose en el culto que muy pronto se desarrolló allí y en la tácita aceptación del hecho por parte de las Iglesias de Oriente.

Además de apóstol y mártir, Pedro está considerado cabeza de la Iglesia y el primero de los papas. El fundamento se encuentra en Mt 16: 18-20: «Yo te digo que tú eres Pedro y sobre esta piedra edificaré mi Iglesia...», al igual que la entrega simbólica de las llaves del reino de los cielos. Este hecho está relacionado con su nombramiento como portero en el paraíso. Su muerte y su enterramiento en Roma convirtieron a la ciudad en la principal de las sedes apostólicas, cabeza de la cristiandad y lugar de residencia de los sucesores de Pedro al frente de la Iglesia.

Además de la fecha de su martirio el 29 de junio, la Iglesia celebra con otras dos fiestas la figura de Pedro: la cátedra de san Pedro el 18 de enero, que ensalza su primado sobre la Iglesia, y la de San Pedro *ad vincula,* que festeja su liberación de la prisión, el 1 de agosto.

Atributos posibles

- Barco
- Cadenas
- Cruz de triple travesaño o pontificia* (representa la dignidad papal)
- Cruz invertida o de San Pedro*
- Gallo
- Libro
- Llaves, a veces dos, una de oro y una de plata (celestial y terrenal)
- Pez

Variantes iconográficas

- Solo, con alguno de sus atributos
- Con cabeza redonda, pelo rizado y calvo
- Como anciano de pelo y barba canosos
- Con túnica azul y manto naranja
- Junto a san Pablo, solos o enmarcando a Cristo
- Como pontífice con símbolos papales
- Crucificado con la cabeza hacia abajo
- Sentado en su cátedra
- Ciclo vital inspirado en el evangelio: andando sobre las aguas, la entrega de las llaves, las negaciones, llorando arrepentido, el ángel visitándole en la prisión, etc.
- En escenas de sus milagros: curación de enfermos, venciendo a Simón

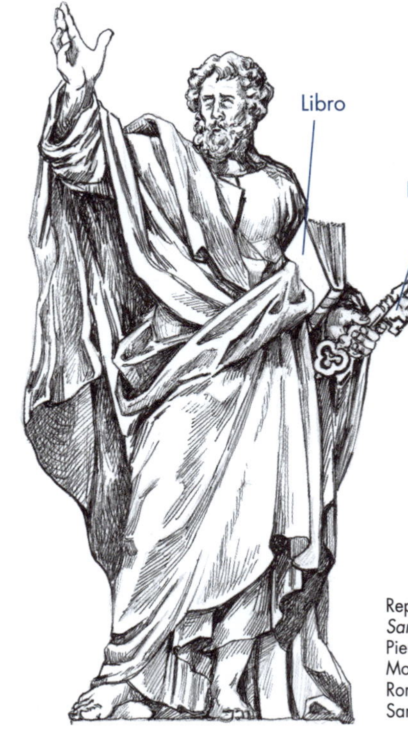

Representación de *San Pedro*, Pierre-Étienne Monnot, siglo XVIII. Roma, basílica de San Juan de Letrán.

Pedro mártir o Pedro de Verona

29 de abril

Piedra

1203, Verona / 1252, Farga (cerca de Milán)

MÁRTIR, INQUISIDOR

Pedro de Verona fue el primer mártir de la orden de los predicadores (dominicos) y por ello es una figura de referencia dentro de ella. Nació en Verona en el seno de una familia de cátaros*. Consiguió librarse de la influencia familiar y entró pronto en el convento de dominicos de Bolonia, cuando aún vivía su fundador Domingo de Guzmán. Fue prior en diferentes conventos de la orden de predicadores y participó activamente en la fundación de cofradías. Así ocurrió durante su estancia en Florencia, en Santa María Novella, donde fundó la cofradía de la misericordia en honor a la Virgen.

La actividad herética en el siglo XIII era intensa en el norte de Italia, y Pedro la combatió con rigor gracias a sus cualidades como predicador y polemista. Su actividad le llevó por todo el norte de Italia, Bérgamo, Mantua, Pavía, etc., contribuyendo a la pacificación de la zona de Las Marcas y Romagna, que estaban en constantes enfrentamientos internos.

La principal labor que desempeñó fue la de inquisidor, cargo para el que fue nombrado en 1251 por el papa Inocencio IV, que deseaba eliminar la influencia de los cátaros y patarinos* en Lombardía. Comenzaría por Cremona y extendería su actividad hacia Milán y Como, por orden papal. Merece especial atención el episodio de su muerte. Carino de Balsamo le atacó, cuando hacía el camino entre Como y Milán, clavándole un machete en el cráneo y, como aún respiraba, un puñal en el pecho. Esta muerte parece más un asalto que un martirio, pero los dominicos incidieron en una serie de hechos para dotar a la muerte de Pedro de un sentido religioso que redundara a favor de la obra. Por ello se presenta a Carino como el ejecutor de una conspiración urdida por herejes cátaros contra el celoso inquisidor. Se dice también que Pedro oraba por su asesino mientras agonizaba bañado en sangre, y que con esta escribió en el polvo del camino las palabras *Credo in Deum*. El asesino, arrepentido, se hizo dominico e ingresó en el convento de Forli, donde el propio hermano de Pedro, que también estaba allí, le perdonó. Carino, tras una vida piadosa, llegó a ser beatificado.

Pedro fue canonizado al año de su muerte, y sus restos, trasladados al convento de San Eustorgio en Milán, ciudad de la que es patrono. Santiago de la Vorágine atribuye al santo numerosos milagros tanto en vida como después de muerto.

Atributos posibles

- Hábito dominico
- Hacha en la cabeza
- Libro
- Machete en la cabeza
- Maqueta de iglesia en la mano
- Palma del martirio* con tres coronas
- Puñal en el pecho

Variantes iconográficas

- Solo, con alguno de sus atributos
- Con hábito de dominico y la cabeza sangrando con la hoja del machete clavada y otra herida en el pecho, con el libro y la palma
- En el momento de su muerte arrodillado y escribiendo con su sangre *Credo in Deum*

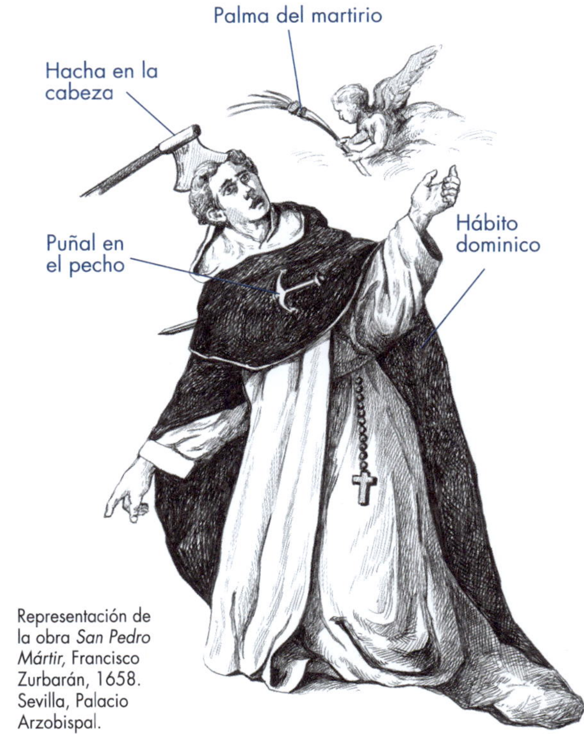

Representación de la obra *San Pedro Mártir,* Francisco Zurbarán, 1658. Sevilla, Palacio Arzobispal.

Pedro Nolasco

6 de mayo

Piedra

Ca. 1181, Saintes Puelles (Narbona) / 1245, Barcelona
FUNDADOR DE LA ORDEN DE LA MERCED

Pedro Nolasco tiene un origen incierto. Algunas fuentes sitúan su nacimiento en Francia y lo consideran sobrino de los condes de Tolosa, a los que abandonó por su cercanía con los cátaros* para trasladarse muy pronto a Barcelona. Otros sitúan su nacimiento en Barcelona, en el seno de una familia de mercaderes, lo que le permitió entrar en contacto con el problema de los cristianos cautivos en tierras musulmanas. Durante años se dedicó con un grupo de laicos a mediar en rescates para devolver la libertad a los cristianos cautivos. Este grupo, de gran espiritualidad, estuvo quince años dedicándose a la labor redentora hasta que en agosto de 1218 Pedro tuvo una revelación. Se le apareció la Virgen para explicarle un sueño, en el que él mismo impedía que unos leñadores talasen un olivo lleno de frutos. Pedro sería el defensor de la Iglesia (el olivo) frente a sus enemigos sarracenos. Le contó la visión a Raimundo de Peñafort, su confesor, y descubrieron que ambos habían tenido la misma revelación. Así que decidieron fundar una orden destinada a rescatar a los cautivos y la dotaron de una regla, la de san Agustín. La orden de la Merced se creó el 10 de agosto de 1218, sobre la tumba de santa Eulalia en la catedral de Barcelona, con el reconocimiento del rey Jaime I, y fue confirmada por el papa Gregorio IX en 1229. La orden tenía como finalidad la visita y liberación de los cristianos cautivos. Para ello los frailes se encargaban de recaudar limosnas de los fieles para pagar los rescates y se ofrecían como rehenes en caso de que el dinero no alcanzase.

Ya en vida de su fundador, la orden llegó a contar con dieciocho conventos por Aragón y el sur de Francia y fue capaz de liberar a casi cuatro mil cautivos. Pedro Nolasco falleció en 1245 en Barcelona y su cuerpo fue sepultado en el convento de la Merced. Se le atribuyen algunos milagros, como el de la aparición del apóstol san Pedro en la cruz cuando él oraba, entristecido, porque no podía ir en peregrinación a Roma. Fue beatificado en 1628 y canonizado en 1655.

Atributos posibles

- Báculo*
- Cadenas
- Cruz patriarcal*
- Emblema de los mercedarios
- Grilletes
- Hábito mercedario
- Libro
- Maqueta de iglesia
- Rama de olivo

Variantes iconográficas

- Solo, con alguno de sus atributos
- Vestido de mercedario con hábito blanco y escapulario
- Orando mientras se le aparece san Pedro en la cruz
- Embarcándose para redimir cautivos

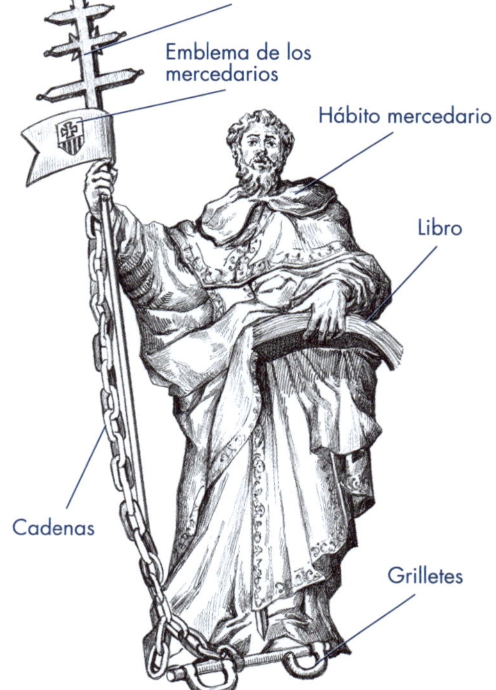

Dibujo de la escultura *Pedro Nolasco*. Valencia, iglesia de Nuestra Señora del Puig.

Quintín

31 de octubre

Quinto

Siglos III-IV, Roma / Augusta Veromanduorum, actual San Quintín
MÁRTIR

Hijo de un senador romano. A comienzos del siglo IV se dirigió a la Galia y allí se dedicó a predicar y a sanar a los enfermos, imponiéndoles las manos. En Amiens, en el año 303, fue mandado encarcelar por el prefecto* Ricio Varo. Este ordenó que le azotaran y encadenaran, pero, milagrosamente, sus cadenas se rompieron y pudo salir de la prisión. Al día siguiente continuó predicando, por lo que fue apresado y sometido a torturas: le pusieron clavos al rojo en la cabeza, los hombros y bajo las uñas de los pies. Luego se le decapitó y su cuerpo fue arrojado al río Somme. En el año 358 se encontraron sus restos en perfecto estado de conservación. Fue enterrado y sobre su tumba se edificó una basílica en la actual ciudad de San Quintín.

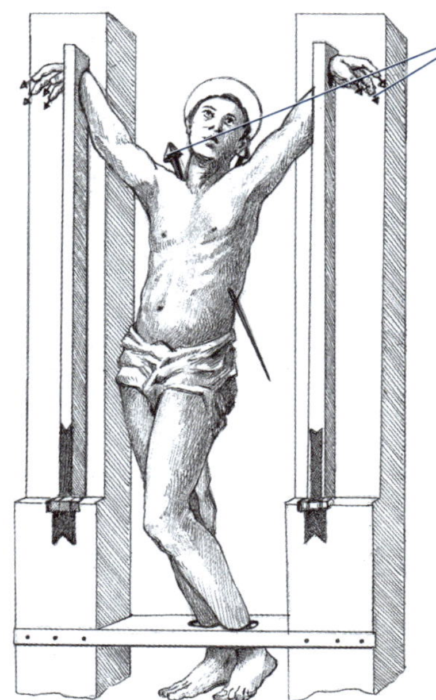

Dibujo basado en la obra *San Quintín*, Jacopo Pontormo, 1518. Sansepolcro, Pinacoteca Comunale.

Variantes iconográficas

- Solo, con alguno de sus atributos
- Caballero, joven e imberbe
- En diversas torturas

Atributos posibles

- Clavos en la cabeza, los hombros y bajo las uñas

Rafael

29 de septiembre

Remedio de Dios (Dios te sana)

ARCÁNGEL*

Pertenece a la penúltima jerarquía de ángeles en importancia: los arcángeles. Pese a ello, esta categoría va a destacar sobre otros ángeles en la devoción y la producción iconográfica. Existen dos razones que justifican este hecho: tienen un nombre específico y sus funciones y acciones son igualmente concretas y cercanas al mundo y los fieles, lo que facilita el contacto y el conocimiento de los mismos.

El número varía según las fuentes, pero los más conocidos son siete (número sagrado). Los nombres también varían, pero básicamente son tres (número sagrado igualmente) los que destacan sobre los demás: Gabriel, Miguel y Rafael.

Según Santiago de la Vorágine, su principal labor es proteger a una colectividad de personas, como los habitantes de una ciudad o de un país; pero además desempeñan otras labores más específicas, que son las que les han dado a conocer dentro de la Iglesia.

Rafael aparece en el Antiguo Testamento, en el Libro de Tobías. En él se narran las peripecias de Tobit, un israelita creyente que se halla cautivo en Nínive con su hijo Tobías y su mujer Ana. Tobit se queda ciego y, pensando que solo le queda la muerte, decide dejarlo todo a su hijo Tobías. También recuerda que le deben dinero en Ragués de Media. Dada su situación, no puede acompañar a su hijo a cobrar el dinero que le adeudaban.

Es en este punto cuando aparece el arcángel Rafael, que se presenta como Azarías, hijo de Ananías (Tob 5: 18), y se compromete, por un salario, a acompañar a Tobías en su peligroso viaje. Esta labor de acompañamiento y protección que ejerce sobre Tobías será su principal signo y trabajo como ángel, similar al de los ángeles de la guarda* o custodios, y será la más reflejada en las representaciones del arcángel. Pese a todo, su misión en el Libro de Tobías es triple: curar a Tobit de la ceguera, ayudar a casar a Sara con Tobías y encadenar al demonio Asmodeo (Tob 3: 16). Durante el camino Tobías se baña en el Tigris y está a punto de ser devorado por un pez, pero Rafael le señala que debe sacarlo a tierra y utilizarlo.

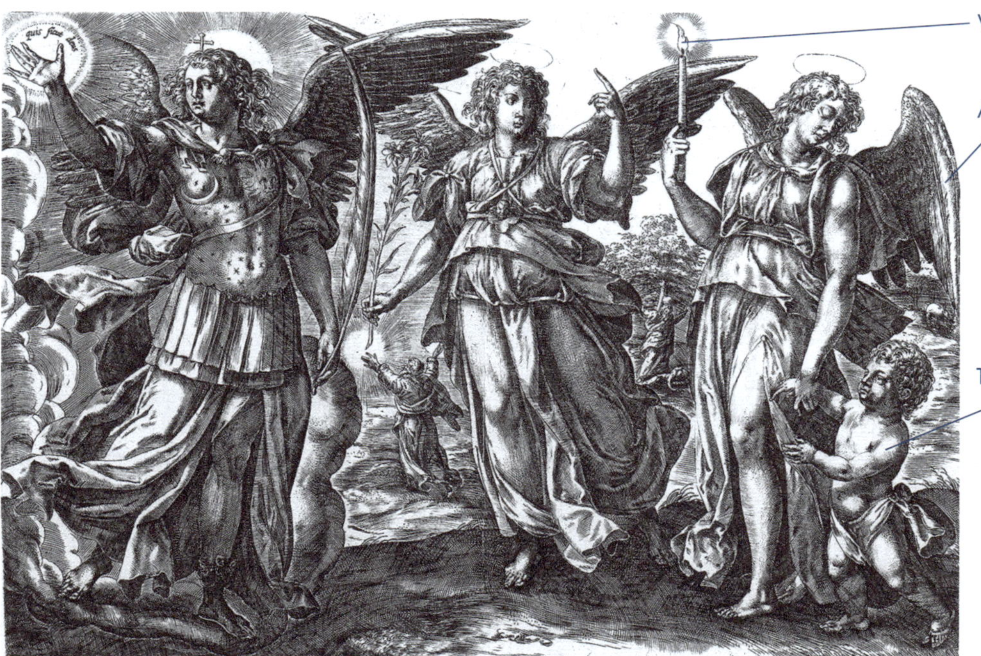

Grabado de los *Arcángeles Miguel, Uriel y Rafael,* Martin de Vos, 1585. Los tres aparecen con sus atributos. A la izquierda, Miguel; el del centro se dice que es Uriel, aunque tiene los atributos de Gabriel, con su dedo señalando al cielo y su varita de lirios o azucenas que simboliza la pureza y la virginidad. Rafael, a la derecha, aparece guiando a Tobías, con una vela en la mano.

El corazón y el hígado deberán quemarse en presencia de los atormentados por un demonio y la hiel curará la ceguera (en el caso de su padre, Tobit). Además, el ángel va a propiciar que Tobías conozca a la joven Sara. Esta estaba en una situación desesperada, ya que, pese a haberse casado siete veces, nunca había consumado el matrimonio porque un demonio, de nombre Asmodeo, que la deseaba, mataba a sus maridos antes de que eso llegase a ocurrir. Tobías consiguió casarse con Sara y, utilizando los consejos del arcángel, quemando el hígado y el corazón del pez, logrará espantar al diablo Asmodeo, que «huyó al alto Egipto y el ángel lo ató» (Tob 8: 3).

Posteriormente cobrará la deuda y regresará a casa, donde curará a su padre de la ceguera con la hiel del pez. Al final Rafael se da a conocer y cuenta que cuando pidieron ayuda a Dios él estaba presente y atendió sus ruegos, ya que: «Yo soy Rafael, uno de los siete santos ángeles que presentan las oraciones de los santos y que entran a la presencia de la gloria del santo» (Tob 12: 15). También señala que toda su ayuda se debe a la voluntad de Dios, que es a quien deben estar realmente agradecidos. Resalta también un aspecto de los ángeles sobre los alimentos: «no comía ni bebía, sino que vosotros veíais solo la apariencia» (Tob 12: 19).

Su principal papel es de guía y ayuda en las necesidades, aportando consejos útiles, orientando en la dirección adecuada a los creyentes y protegiéndoles de todos los peligros, especialmente del demonio, al que es capaz de controlar. Está igualmente presente con los arcángeles en el Apocalipsis y algunas fuentes le identifican con el ángel que, con un incensario, aparece en el capítulo 8.

La literatura apócrifa* menciona a Rafael como aquel que preside los espíritus de los hombres. Sus consejos respecto de las vísceras del pez y la diferente utilización le asocian igualmente con los taumaturgos* y eran usados en fórmulas mágicas y conjuros. También se le asignan dotes curativas en varios casos, entre los que destaca la sanación de Abraham. Los coptos lo invocan como remedio para alejar las enfermedades. En el islam es considerado anunciador del Juicio Final.

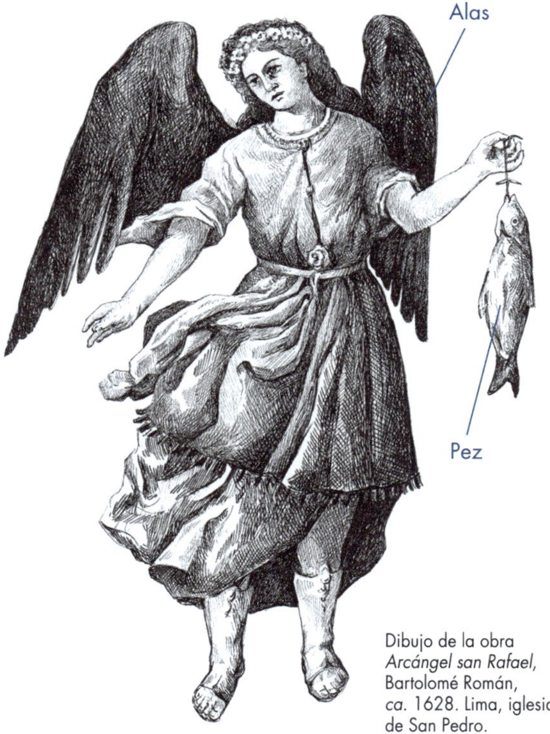

Dibujo de la obra *Arcángel san Rafael*, Bartolomé Román, *ca*. 1628. Lima, iglesia de San Pedro.

Atributos posibles

- Alas
- Bordón* de peregrino
- Capa de peregrino
- Conchas de peregrino
- Incensario (por Ap 8: 3)
- Pez
- Sombrero de peregrino
- Tobías (niño)
- Vela

Variantes iconográficas

- Solo, con alguno de sus atributos
- Armado, con diferentes tipos de armaduras adecuadas a las diferentes épocas y lugares
- En la historia de Tobías, con él, representado como un niño, en el suceso del pez, en la salida y retorno al hogar, en la curación de Tobit, etc.
- Con atributos de peregrino
- En el Apocalipsis, con un incensario

Ramón Nonato

31 de agosto

Protector con el consejo

1204, Portell (Lérida) / 1240, Cardona

CARDENAL*, MÁRTIR

Su nombre era Ramón Sarroy, pero se le conoce por el apelativo de «nonato» porque fue extraído del útero de su madre muerta. Se hizo miembro de los mercedarios (fundados por Pedro Nolasco). Viajó al norte de África a redimir cautivos y, siguiendo el cuarto voto («quedar en rehenes, si fuere preciso, en lugar de un cautivo, sobre todo si su fe peligra»), cuando se le terminó el dinero se quedó en lugar de un cristiano que fue liberado. Fue torturado por sus captores, que para impedir su prédica le colocaron un candado en la boca. Posteriormente fue rescatado por su orden. Murió cuando viajaba a Roma a ver al papa, que le había nombrado cardenal.

Atributos posibles

- Birreta de cardenal*
- Bolsa de dinero a los pies
- Candado en la boca
- Hábito mercedario
- Libro

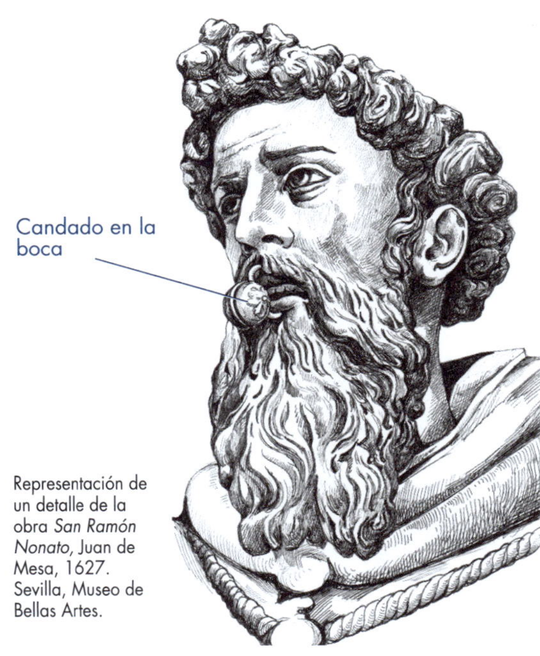

Representación de un detalle de la obra *San Ramón Nonato,* Juan de Mesa, 1627. Sevilla, Museo de Bellas Artes.

Variantes iconográficas

- ♦ Solo, con alguno de sus atributos

Rita de Casia

22 de mayo

Diminutivo de Margarita: perla

1381, Roccaporena (Umbría) / 1457, Cascia
RELIGIOSA

Rita es una santa de gran importancia en la piedad popular porque está considerada la abogada de las causas imposibles. Su nombre era Margaretha Lotti; nació en Roccaporena, Italia, en 1381, y era hija de padres muy mayores. La leyenda dice que alrededor de su cuna, tras su bautizo, se congregó un enjambre de abejas que entraban y salían de su boca, lo que ya anunciaba su santidad (como vimos en san Ambrosio). Siendo casi una niña, a pesar de que ella deseaba ingresar en un convento, fue casada con Fernando Maccini, hombre alcohólico, violento y cruel. Ella soportaba refugiándose en la oración los malos tratos que él le infligía y llegó a lograr la conversión de su marido. Un día su esposo murió asesinado víctima de una venganza, lo que forzaba a los dos hijos del matrimonio a devolver el golpe vengándose a su vez. Rita rogó entonces a Dios que se llevara a sus hijos, pues prefería que murieran a que se condenaran para siempre por asesinos.

Tras la muerte de sus hijos, Rita pidió el ingreso en el convento de Santa María Magdalena de Cascia, de la orden agustina, donde fue rechazada varias veces antes de ser admitida gracias a la intervención milagrosa de san Juan Bautista, san Agustín y san Nicolás, que la trasladaron hasta el interior del edificio. Allí se dedicó a una vida de devoción y caridad. Un día, estando en oración, Rita pidió experimentar el dolor de Cristo al ser coronado de espinas y a partir de ese momento fue señalada con un estigma*. Una astilla le formó una llaga en la frente que no se le curó nunca, salvo temporalmente cuando salió del convento a ganar el jubileo. Otro episodio milagroso que se le atribuye es el de la rosa. Rita, en su lecho de muerte, pidió que le llevaran una rosa blanca. Como era invierno, nunca pensaron que pudieran encontrarla, pero milagrosamente hallaron una rosa blanca en el huerto de su casa en Roccaporena. Por eso se habla de Rita como defensora de causas imposibles.

Fue beatificada en 1627 y canonizada en 1900. Su cuerpo descansa en la basílica de Cascia y es objeto de gran devoción popular.

Atributos posibles

- Abejas
- Astilla en la frente
- Calavera
- Cilicio
- Corona de espinas
- Crucifijo
- Espina en la frente
- Hábito de las agustinas
- Herida en la frente
- Higos
- Libro
- Rosas

Variantes iconográficas

- Sola, con alguno de sus atributos
- Con hábito de agustina, negro y con cinturón de cuero
- Contemplando en éxtasis el crucifijo
- Con una cruz y una espina en la frente

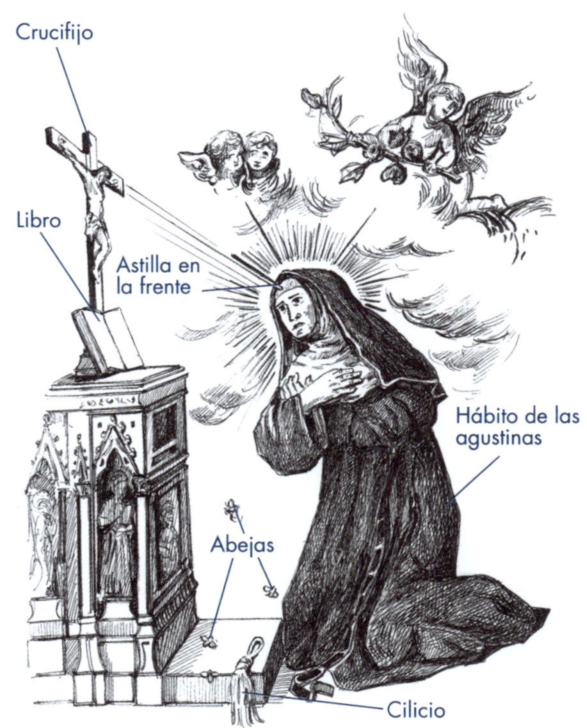

Estampa de *Santa Rita de Casia* (orden de los agustinos).

Roque

16 de agosto

Roca, elevado

1295, Montpellier / 1327, Angera (Lombardía)
PEREGRINO

Hay divergencias sobre las posibles fechas en las que vivió Roque de Montpellier. Algunas tradiciones sitúan su nacimiento en la ciudad del sur de Francia en 1295, mientras que para otras la fecha es 1348, coincidiendo con la gran oleada de peste negra.

Roque nació en el seno de una rica familia y ya tenía signos visibles de santidad, pues llegó al mundo con una cruz roja marcada en el pecho. A la muerte de sus padres renunció a las riquezas familiares, entregó el dinero a los pobres y emprendió una peregrinación a Roma. En el camino le sorprendió una epidemia de peste que le hizo detenerse para cuidar personalmente a los enfermos, curándolos mediante la señal de la cruz, haciendo de médico, enfermero y sepulturero. En Casena curó a un cardenal, que, en agradecimiento, le presentó al papa en Roma, donde permaneció tres años. Posteriormente peregrinó a Rímini, Novara y Piacenza.

A su regreso, en Piacenza, el propio Roque contrajo la peste y se retiró a un bosque en soledad con el fin de no contagiar a nadie; sanó milagrosamente de su enfermedad gracias a un ángel, que le curaba sus heridas, y a un perro, que le llevaba el pan de cada día.

Cuando volvía a Montpellier, fue tomado por un espía por los franceses, ya que ni su propio tío pudo reconocerle, y conducido a la cárcel; murió tras cinco años de dura prisión. La leyenda dice que en la pared de su mazmorra, o en una tablilla, apareció una inscripción que le confirmaba como protector de la peste («quien le implore se librará de la peste»). Otros testimonios más fiables dicen que Roque murió en Angera, Lombardía, cuando regresaba a su patria. La fecha también se discute, 1327 o 1379.

La devoción a Roque se extendió pronto. Se dice que gracias a su intercesión los asistentes al Concilio de Constanza, en 1415, se libraron de la peste. El traslado de sus reliquias a Venecia le dio una gran difusión. Los franciscanos consideraron a Roque uno de ellos e impulsaron activamente su culto. Pronto fue invocado en las procesiones contra la peste y venerado en múltiples cofradías, hospitales y santuarios de toda Europa. Su protección se extendió a todo tipo de epidemias, incluidas las de los animales.

Atributos posibles

- Ángel
- Bordón* (con campanilla para avisar de la peste)
- Bubón o llaga de la peste (en el muslo)
- Calabaza
- Cantimplora
- Concha de peregrino
- Peregrino (ropas de...)
- Perro con un pan en la boca
- Zurrón

Variantes iconográficas

- ♦ Solo, con alguno de sus atributos
- ♦ Vestido de peregrino enseñando la llaga de la pierna
- ♦ Cuidado por un ángel
- ♦ Acompañado de un perro, con pan o sin pan en la boca

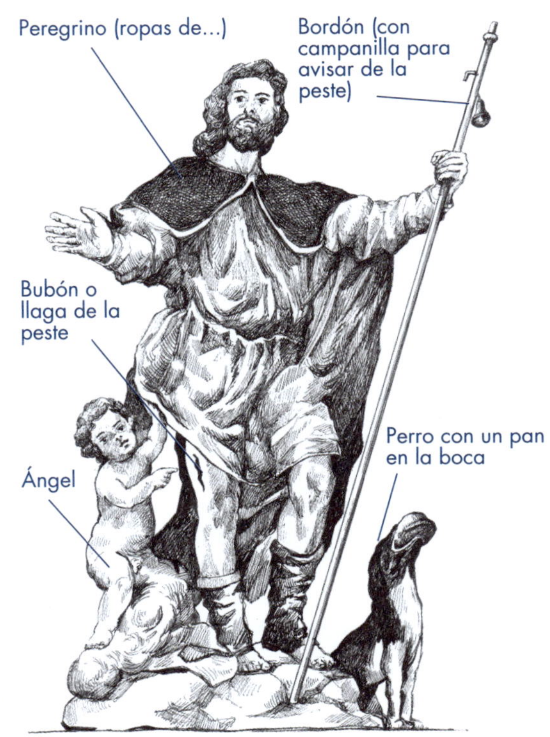

Dibujo basado en la obra *San Roque,* Francisco Salzillo, 1757. Murcia, iglesia de San Andrés y Santa María de la Arrixaca.

Rosa de Lima

23 de agosto

Rosa (nombre de la flor)

1586, Lima / 1617, Lima

RELIGIOSA, VIRGEN

Rosa de Lima es la primera santa de América y la patrona de Lima, de Perú, Filipinas y América Latina.

Su verdadero nombre era Isabel Flores y de Oliva y nació en Lima en 1586, hija de padres españoles. Fue la cuarta hija de un total de trece. Cuando estaba en su cuna, su madre vio una rosa con el rostro de su hija y decidió que le daría el nombre de Rosa.

Era muy bella, pero desde muy joven cortó sus cabellos para evitar las tentaciones, se echaba pimienta en la cara para afearse e hizo voto de castidad. A los 20 años entró en la orden terciaria dominica y, según la leyenda, fue investida con el hábito de la orden por Catalina de Siena, santa de la que Rosa era muy devota.

A pesar de su precaria salud, se dedicó en persona al cuidado de enfermos y moribundos. Llevó una vida de ascetismo y mortificación en la que destacan algunos episodios: llevaba una corona de espinas bajo su toca que le producía heridas en la frente, dormía en un lecho de vidrios rotos y se clavaba el pelo a la pared para evitar que el sueño la venciera.

Se le atribuye la salvación de Lima frente al ataque de corsarios holandeses en 1615. La santa logró reunir en la iglesia de Nuestra Señora del Rosario a las mujeres limeñas para orar en defensa de la ciudad. Como los holandeses se retiraron, se dijo que Rosa era responsable del milagro, y por ello se la representa en Perú con un ancla sosteniendo la ciudad.

En 1615 se produjo el desposorio místico con el Niño Jesús, que se le apareció en brazos de la Virgen el domingo de Ramos. Él le pidió que fuera su esposa y ella le respondió que sería su esclava. A partir de ese momento fueron frecuentes la apariciones del Niño Jesús a Rosa, especialmente cuando estaba haciendo sus tareas.

Murió a los 31 años, en 1617, el 24 de agosto, tal y como ella misma había profetizado.

Fue beatificada en 1668 y canonizada el 12 de abril de 1673 por Clemente X. Se dice que el papa se resistía a canonizar a una santa del Nuevo Mundo y habría exclamado: «no creeré en la santidad de esa india, incluso si lloviesen rosas», o, en otras versiones: «¡Hum! ¡Patrona y Santa! ¿Y Rosa?, que llueva flores sobre mi escritorio si es verdad»; y en ese momento una lluvia de rosas cubrió la mesa del papa.

Atributos posibles

- Ancla (en América) sosteniendo una iglesia
- Angelotes
- Azucenas (por su pureza)
- Corona de espinas o rosas
- Crucifijo
- Hábito de dominica
- Libro
- Niño Jesús en sus brazos
- Orbe
- Rosa
- Rosario
- Serpiente

Variantes iconográficas

- Sola, con alguno de sus atributos
- Joven, con hábito dominico, con la rosa
- En los desposorios místicos con el Niño Jesús
- En escenas cotidianas mientras se aparece el Niño Jesús

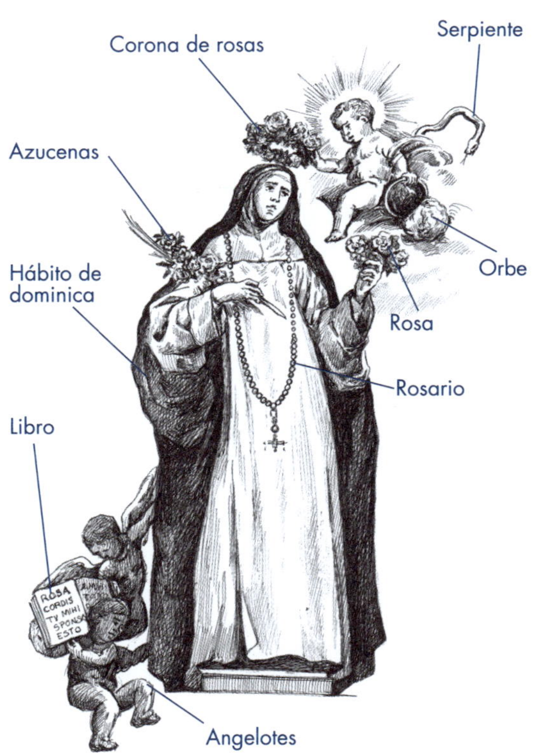

Dibujo basado en *Santa Rosa de Lima* (detalle), Claudio Coello, 1683. Madrid, Museo del Prado.

Santiago el Mayor

25 de julio

Seguidor de Dios

Siglo I, Galilea / 44, Jerusalén
APÓSTOL, MÁRTIR

Santiago, denominado el Mayor, para distinguirlo del otro apóstol de igual nombre, es el patrón de España y su supuesta tumba es el destino de una de las más famosas y duraderas rutas de peregrinación desde la Edad Media hasta el día de hoy.

Santiago era hijo de Zebedeo y Salomé y hermano de san Juan Evangelista.

Ambos fueron llamados por Jesús *Boanerges*, que quiere decir en arameo «hijos del trueno» (Mc 3: 17), ya que eran muy impetuosos y decididos. Hay relatos evangélicos que confirman su carácter. Por ejemplo, cuando buscaban alojamiento en una aldea samaritana y no fueron bien recibidos por sus habitantes, Santiago y Juan fueron reprendidos por Jesús por decirle: «Señor, ¿quieres que digamos que baje fuego del cielo y los consuma?» (Lc 9: 54-56). Junto con Pedro ambos hermanos forman el grupo más destacado de los discípulos de Jesús, los que comparten los momentos más significativos de su vida pública, como la resurrección de la hija de Jairo, la transfiguración y la oración en el huerto de Getsemaní. Sin embargo, la importancia de Santiago tras la muerte de Jesús no parece muy relevante y su figura habría sido menos conocida si no se hubiera desarrollado la leyenda posterior. Santiago murió decapitado en el año 44, en tiempos de Herodes Agripa II, que lo mató para agradar a los judíos y poner freno al incipiente desarrollo de los cristianos (He 12: 2). Fue el primero de los apóstoles en morir mártir.

Las tradiciones medievales atribuyen a Santiago la predicación en Hispania, aunque la temprana fecha de su muerte hace muy poco probable esa hipótesis. La leyenda dice que durante su viaje por la Península Ibérica habrían tenido lugar algunos milagros, el más destacado de los cuales fue la aparición de la Virgen sobre una columna de jaspe en Cesaraugusta (Zaragoza), lo que dio origen al culto a la Virgen del Pilar. Santiago volvió a Palestina, donde sufrió el martirio, y tras su muerte sus seguidores tomaron el cuerpo y emprendieron un viaje de regreso a España. Un ángel guio la barca con los restos de Santiago desde el puerto de Jaffa hasta las costas de Iria Flavia, en

Galicia. A llegar allí, después de convencer milagrosamente a Lupa, reina de Galicia, fue enterrado el cuerpo del apóstol, pero con el tiempo se borró la memoria de su existencia.

En el siglo IX la monarquía asturiana comenzó a difundir la idea de la predicación de Santiago en España y de que había aparecido milagrosamente la tumba del apóstol, señalada por el brillo de una estrella (de ahí el nombre de Campus Stelae, Compostela). Los reyes de Asturias, ayudados por los intelectuales defensores del ideal neogótico*, vieron en el culto a Santiago la posibilidad de legitimar sus aspiraciones a reconstruir bajo su liderazgo el antiguo reino visigodo. Este proceso, llamado Reconquista*, se hizo bajo el patronazgo de Santiago, cuya tumba en el reino de Asturias otorgaba a este reino la protección del apóstol. Esto fue el origen de dos formas distintas de desarrollo del culto a Santiago.

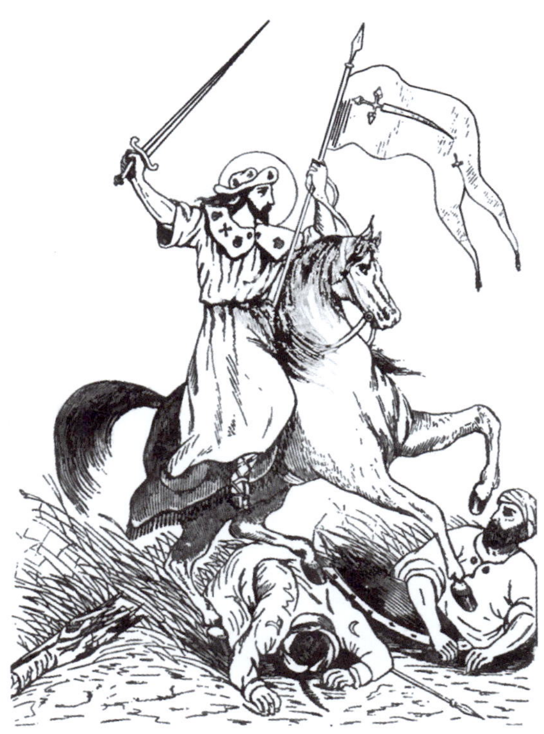

Infografía de *Santiago Matamoros*, basada en el grabado de Ch. Cahier, *Caractéristiques des saints dans l'art populaire*, París, LPF, 1867, pág. 69.

Por un lado, surge la idea de Santiago Matamoros. El santo se aparece, según la leyenda, al rey Ramiro I en la batalla de Clavijo, en el año 844. Va montado a caballo, armado con espada, y se presenta como un activo guerrero en defensa de los cristianos, poniendo en fuga a los musulmanes. A partir de ese momento Santiago es invocado en las batallas de la Reconquista y se convierte en patrón de los caballeros, especialmente de la orden militar que lleva su nombre desde 1175.

Por otro lado, y con una mayor repercusión por toda la cristiandad, la tumba de Santiago se convierte en un destino de peregrinación que competirá en popularidad con Jerusalén y Roma. Sobre su tumba se erigió una iglesia, que pasó a ser la catedral de Santiago de Compostela, visitada durante la Edad Media por grandes cantidades de peregrinos que cruzaban Europa y la Península Ibérica para ganar el jubileo. El prestigio de la tumba de Santiago influyó incluso en Almanzor, que en su ataque a Compostela en el año 997 destruyó la ciudad y se llevó las campanas de la catedral, pero respetó la tumba y al monje que, según la leyenda, se había sentado sobre ella para protegerla.

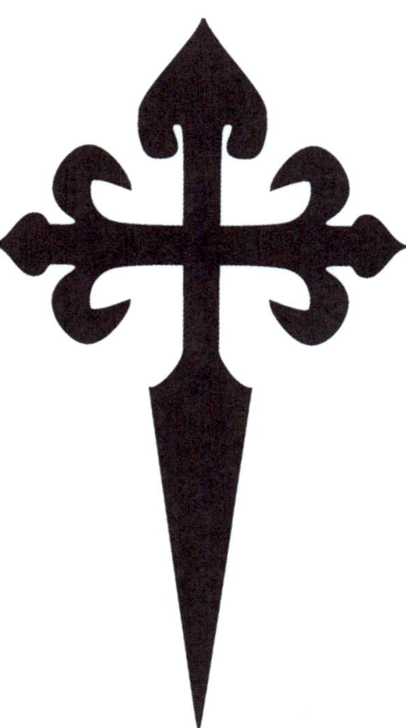

Cruz de la orden de Santiago.

La ruta de peregrinación, el llamado camino de Santiago, es una de las grandes vías de contacto entre los cristianos de Europa en la Edad Media y persiste en la actualidad. Iconográficamente, además de caballero de Cristo, se desarrolla la imagen de Santiago peregrino, al que se le atribuyen muchos milagros.

Atributos posibles

- Báculo* de peregrino
- Bordón* de peregrino
- Calabaza
- Cantimplora
- Concha
- Cruz de doble travesaño*
- Cruz de Santiago*
- Esclavina de peregrino
- Espada
- Libro
- Peregrino (ropas de...)

Variantes iconográficas

- Solo, con alguno de sus atributos
- Como apóstol con toga y descalzo
- En escenas de su vida, especialmente la de su martirio
- Como peregrino, calzado, con sombrero adornado por una concha, esclavina, cantimplora y bordón*
- En escenas de sus milagros vinculados a la peregrinación
- Como caballero, montado sobre un caballo blanco, con un estandarte blanco y una espada. Es la imagen de Santiago Matamoros
- En escenas milagrosas relacionadas con la Reconquista, como la batalla de Clavijo

Dibujo de la escultura de *Santiago*, 1750. Santiago de Compostela, fachada de la catedral de Santiago.

Santiago el Menor

3 de mayo

Seguidor de Dios

Siglo I, Galilea / 62, Jerusalén
APÓSTOL, MÁRTIR

Santiago es uno de los doce apóstoles. Se le llama el Menor para diferenciarlo de Santiago, hijo de Zebedeo, denominado el Mayor. El apelativo de «menor» ya aparece en el evangelio (Mc 15: 40), sin que signifique menoscabo respecto de su santidad. De origen galileo, posiblemente de Caná, era hijo de Alfeo y de María Cleofás, que tenía parentesco con María, la madre de Jesús. Por ello se habla en las Escrituras de Santiago como hermano del Señor, con el que mantenía un gran parecido físico. Este es el motivo de que Judas tuviera que besar a Jesús para distinguirlo en el huerto de los olivos. También se le llamó Santiago Alfeo y el Justo, por la extrema rectitud de sus costumbres y su ascetismo. Prueba de ello es la leyenda que dice que Santiago había prometido, tras la crucifixión, no volver a comer hasta que Cristo resucitase, y que este se le apareció tras resucitar, le preparó él mismo una comida y le eximió de su ayuno.

Los Hechos de los Apóstoles muestran a Santiago con una gran actividad en Palestina, donde participó directamente en el Concilio de Jerusalén. Estaba a favor de la línea de Pablo de abrir el cristianismo a los no judíos, declarando la universalidad de la salvación, pero también proponiendo un compromiso de convivencia entre los cristianos de origen judío y los de origen pagano (He 15: 21 o He 21: 17-26), relajando las tensiones existentes entre las dos comunidades y cumpliendo las tradiciones judías.

Fue elegido obispo de Jerusalén, y se encargó de su iglesia en el momento en que los discípulos de Jesús se dispersaban por el mundo y predicaban la doctrina cristiana. Fue condenado a muerte por el sanedrín*, siendo sumo sacerdote Ananías o Anás II, que aprovechó la ausencia de la autoridad romana, en el año 62, para procesarlo. Santiago tenía que morir lapidado, pero antes fue arrojado al vacío desde lo alto del Templo. Ni la caída ni las piedras le hicieron daño, por lo que un batanero le dio un fuerte bastonazo que le destrozó la cabeza.

Es el autor de una de las epístolas, y se le atribuye un evangelio no canónico. No todas las fuentes están de acuerdo en que el apóstol Santiago, cuya festividad se asocia siempre a la de san Felipe, sea la misma persona que aparece con el nombre de «el hermano del Señor», pero la mayor parte de los relatos fusionan las dos biografías. Solo en la Iglesia de Oriente, pero no en todos los casos, se distingue entre Santiago el Menor y Santiago el obispo de Jerusalén y primo del Señor.

Atributos posibles

- Bastón de batanero
- Libro

Variantes iconográficas

- Solo, con alguno de sus atributos
- Vestido de obispo
- Con aspecto similar al de Jesús, pelo largo y barba

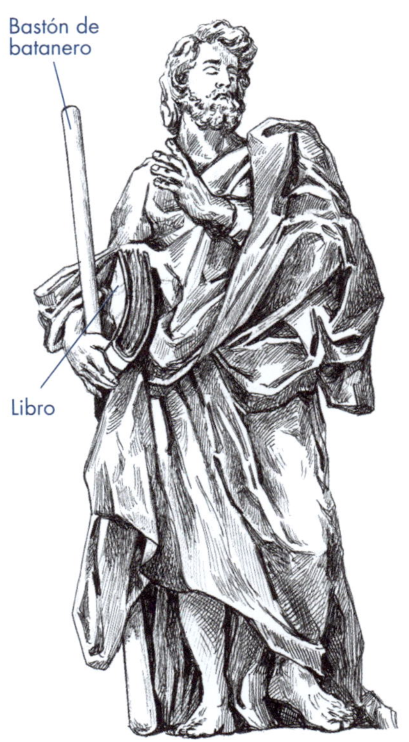

Representación de *Santiago el Menor*, Angelo de Rossi, siglo XVIII. Roma, basílica de San Juan de Letrán.

Saturnino

29 de noviembre

(Sernín, Sernin o Cernin)
Tragón. Referido a Saturno

Siglo III, África romana / *ca.* 257, Tolosa
OBISPO, MÁRTIR

Era un misionero cristiano que ejerció sus funciones primero en Hispania y se trasladó posteriormente a la Galia. En Tolosa fue nombrado obispo hacia el año 250. La comunidad pagana, mayoritaria, se sintió molesta con su presencia. Los sacerdotes del templo de Júpiter de la ciudad señalaron que para calmar al dios había que exigir a Saturnino el sacrificio de un toro en el santuario de Júpiter. Como este se negó, le ataron al animal y fue arrastrado por las escaleras del templo, precipitándolo posteriormente por un terraplén. Las heridas le provocaron la muerte y su cadáver quedó abandonado hasta que fue recogido por dos doncellas que lo enterraron. Su culto se extendió por el norte de España con el camino de Santiago.

Atributos posibles

- Báculo*
- Mitra*
- Obispo (ropas de...)
- Toro

Representación del grabado del *Martyre de saint Saturnin*, Jacobus de Voragine, *Legenda aurea* (traducción de Jean de Vignay), París, Richard de Montbaston, siglo XIV, fol. 319.

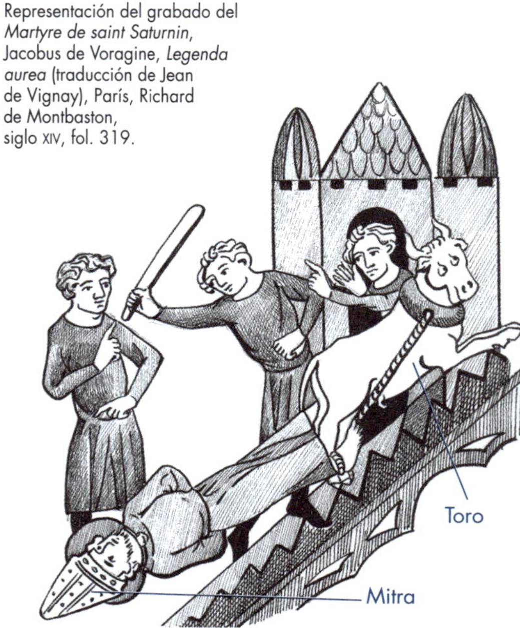

Variantes iconográficas

- Solo, con alguno de sus atributos
- En su martirio, arrastrado por un toro

Sebastián

20 de enero

Perteneciente al emperador, venerable

256, Narbona / 288, Roma
MÁRTIR

Se considera que Sebastián nació en la Galia, en Narbona, hijo de una familia militar y noble, pero se educó en Milán. Allí se le presenta como un oficial de la escolta de Maximiano y Diocleciano, de cuyo favor gozó durante un tiempo. Pero Sebastián era cristiano y, además de negarse a hacer sacrificios a los dioses paganos, se dedicaba a reforzar la moral de todos los soldados cristianos que temían enfrentarse al martirio. Cuando los hermanos Marco y Marceliano (cristianos de la Vía Adreatina) iban a ser ejecutados por causa de su fe, Sebastián les infundió ánimos para morir y consiguió también la conversión de sus carceleros. Igualmente ayudó a mantener en su determinación a los mártires Cástulo, María, Tiburcio, Tranquilino o Victorino, entre otros.

Convirtió también a numerosos personajes de la época, como los prefectos* de Roma Claudio o Cromacio, que igualmente fueron martirizados.

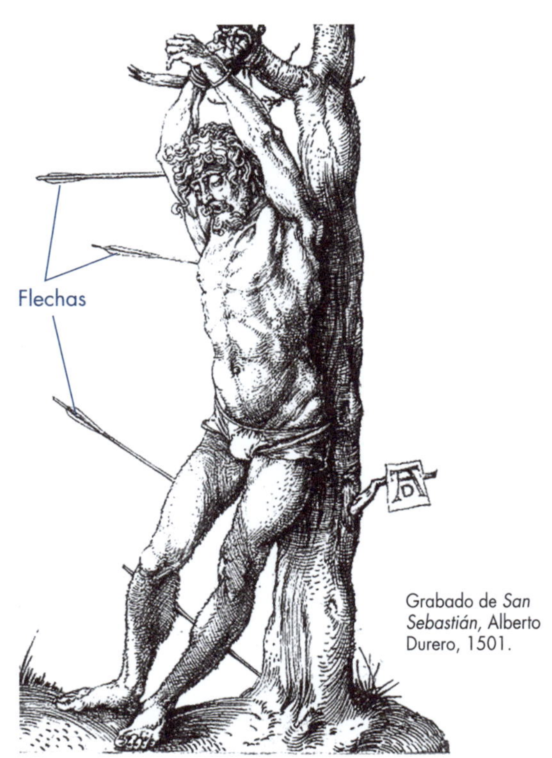

Grabado de *San Sebastián,* Alberto Durero, 1501.

Enterado el emperador de su condición de cristiano, le exigió que abandonase su religión, y ante la negativa de Sebastián, fue condenado a muerte. Fue atado desnudo a un árbol y asaeteado, y aunque los verdugos le dieron por muerto, el santo no murió. Irene, viuda del mártir Cástulo, descubrió que aún respiraba cuando fue a rescatar su cuerpo, por lo que lo desató, lo curó de sus heridas y lo mantuvo protegido en su palacio.

Tras su curación, Sebastián, en vez de huir como le aconsejaban, se presentó ante el emperador. Este no dudó en volver a condenarlo. El segundo martirio fue definitivo, pues fue azotado o apaleado hasta la muerte en el circo del Palatino y arrojado a una cloaca. Milagrosamente, su cadáver quedo enganchado en un garfio y pudo ser rescatado por Lucina, una cristiana a la que un sueño había revelado el lugar donde se encontraba el cuerpo, y así fue sepultado en las catacumbas de la Vía Apia. Por eso es uno de los patronos de la ciudad de Roma. Sus reliquias se repartieron por varias localidades, aunque las más significativas se encuentran en Roma.

La devoción popular lo convirtió en protector de la peste, posiblemente porque la difusión por el aire de esta enfermedad la hacía comparable a las flechas, que son atributo esencial del mártir, o porque la peste fue considerada un castigo divino, como flechas enviadas por Dios (clara reminiscencia de Apolo). La peste de Roma en el año 680 contribuyó a asentar en la devoción popular esta idea.

Sebastián es un santo del que se tienen pocos datos reales; sin embargo, sus representaciones han sido muchas a lo largo de la historia, especialmente a partir del Renacimiento. Se le ha llamado el Apolo cristiano, pues su imagen ha sido reproducida frecuentemente como la de un joven bello y desnudo, siguiendo los cánones de proporción e idealización clásicas.

Atributos posibles

- Árbol
- Arco
- Flechas

Variantes iconográficas

- ♦ Solo, con alguno de sus atributos
- ♦ Con clámide* y sin barba en las representaciones más antiguas
- ♦ Con armadura y barba en representaciones medievales
- ♦ Desnudo, sin barba, joven y atlético, desde el Renacimiento
- ♦ Atado a un árbol, de pie, con la mirada hacia el cielo y atravesado con tres flechas
- ♦ En las mismas condiciones pero atravesado por muchas flechas por todo el cuerpo
- ♦ Excepcionalmente se ha representado su segundo martirio, recibiendo bastonazos de sus verdugos

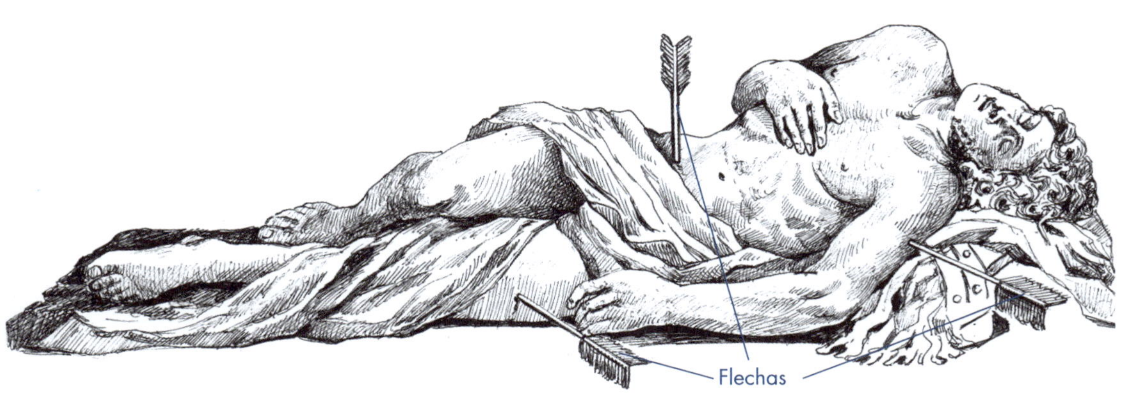

Dibujo basado en la obra *San Sebastián,* Giuseppe Giorgetti, siglo XVII. Roma, iglesia de San Sebastián.

Silvestre

31 de diciembre

Habitante del bosque

Ca. 270 / 335, Roma

PAPA

Silvestre I fue papa entre 314 y 335; por tanto, es el primero de los pontífices después del Edicto de Milán, por el cual el emperador Constantino declaraba la libertad de cultos y dejaba de perseguir el cristianismo. Esta circunstancia ha convertido a Silvestre en un personaje decisivo para la historia de la Iglesia. Se le ha atribuido la responsabilidad en muchos acontecimientos de gran trascendencia, como la conversión y bautismo del emperador Constantino. También se le considera fundamental en la lucha contra la herejía donatista*, pues envió delegados papales al Concilio de Arles donde se combatió. Se le hace responsable de la fijación del dogma católico en el Concilio de Nicea*. Durante su papado se construyeron en Roma muchos edificios religiosos, entre los que destaca la basílica de San Juan de Letrán. Sin embargo, su actuación real en esos acontecimientos fue mucho menos importante de lo que la leyenda ha llegado a desarrollar. Fue fundamental la figura del propio emperador Constantino en el control y mediación de las diferentes tendencias del cristianismo primitivo.

En esa leyenda, creada en el siglo V para favorecer al papado, Silvestre aparece primero como confesor que realiza actos piadosos y algunos milagros: resucita a un toro salvaje, logra someter a un dragón y consigue salvar de la muerte a un prefecto* que se había atragantado con una espina. Pero, sobre todo, es decisivo en la conversión del emperador.

Constantino, según la versión legendaria, estaba enfermo de lepra y para curarse debía bañarse en sangre de niños, pero en el último momento el emperador se apiadó de las criaturas y tuvo una visión: Pedro y Pablo le aseguraron que solo Silvestre podría curarlo mediante el bautismo, y así se hizo. Como agradecimiento, Constantino donó al papa la ciudad de Roma y una serie de territorios que serán el origen de los Estados Pontificios. Realmente la llamada donación de Constantino* fue una falsificación realizada en el siglo VIII que sirvió para justificar los deseos territoriales del papado.

Es el primer papa que no muere mártir. Lo hace ya anciano, después de un periodo de calma y prosperidad para la Iglesia, el 31 de diciembre de 335. Su fiesta se conmemora el mismo día, junto con la celebración del cambio de año.

Atributos posibles

- Angelote
- Cruz patriarcal*
- Dragón
- Libro
- Oveja (símbolo de su pastoreo)
- Papa (ropas de...)
- Pila bautismal (en alusión al bautismo de Constantino)
- Tiara papal*
- Toro

Variantes iconográficas

- Solo, con alguno de sus atributos
- Como papa, con mitra* y cruz de triple travesaño, con el dragón a sus pies
- Como papa, con un toro a sus pies
- En escenas sobre la conversión de Constantino
- Con otros santos como, por ejemplo, san Andrés, Fermo, o la Virgen María

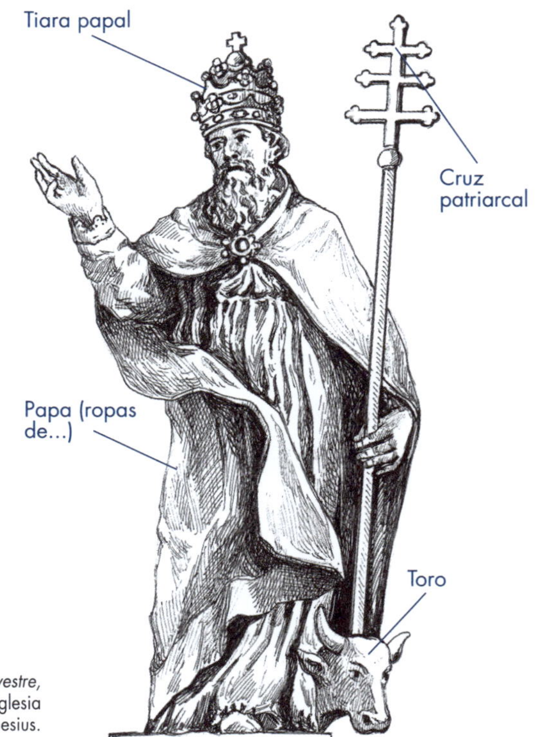

Dibujo basado en la obra *San Silvestre*, Dominikus Moling. Wengen, iglesia parroquial de San Genesius.

Simón Zelote

28 de octubre

El que escucha o el chato / Ardiente de celo

Siglo I, Caná de Galilea / Cólquida

APÓSTOL, MÁRTIR

Simón es uno de los doce apóstoles. Se cree que es hermano de Judas Tadeo, con el que se le suele asociar. Ambos son los dos apóstoles más desconocidos y menos representados. Por este motivo, hay diferentes versiones sobre su nombre, su procedencia y su actividad predicadora.

En los evangelios es llamado «cananeo», y los coptos y etíopes lo llaman Natanel de Caná, lo que hace pensar que procedía de Caná de Galilea. También se le llama el Zelote; este apelativo es interpretado como el celoso, el apasionado o el fanático. Se ha querido identificar el término con su celo religioso para evitar la asociación con la secta de los zelotes, grupo nacionalista judío del siglo I con el que la Iglesia oficial no deseaba que se relacionase a los apóstoles, ya que tenía unas connotaciones políticas muy negativas entre los romanos.

Se dice que era hijo de Alfeo y María Cleofás, lo que le convertiría en hermano de Santiago el Menor y pariente de Jesús.

Otras versiones dicen que Simón era el novio o el director de las celebraciones en las bodas de Caná. Igualmente se le presenta como el sucesor de Santiago en la cátedra* de Jerusalén en los años de la destrucción de la ciudad a manos de los romanos.

Su predicación también es legendaria y los destinos se multiplican: Samaria, Egipto y norte de África, Britania o Persia son algunos de los que se le atribuyen. Santiago de la Vorágine cuenta sus andanzas junto a Judas en Persia, donde convencieron a Baradach, general del ejército babilónico, de la superioridad de Jesús frente a los magos que le rodeaban. Ambos hermanos continuaron su predicación en Samir, en la Cólquida, donde murieron martirizados. Simón fue partido en dos con una sierra y a Judas Tadeo le aplastaron la cabeza y luego se la cortaron con un hacha o un alfanje.

Sin embargo, las versiones de su muerte son muchas y variadas. Unos testimonios colocan a Simón, ya anciano, en Jerusalén, donde fue crucificado bajo el mandato de Trajano, en el año 107, con 120 años de edad; otros señalan su martirio en Weriosphora (Cáucaso) o en Caistor (Britania). Tampoco faltan las versiones que señalan una muerte tranquila en Edesa.

La dispersión de sus reliquias es casi tan grande como los lugares en los que se dice predicó, ya que se encuentran desde Roma o Francia hasta Babilonia.

Atributos posibles

- Lanza
- Libro
- Palio*
- Remo
- Sierra
- Túnica

Variantes iconográficas

- Solo, con alguno de sus atributos
- En diferentes escenas del Nuevo Testamento: Última Cena, Pentecostés, etc.
- Con una sierra y un libro en la mano
- Junto con Judas Tadeo
- Con la Virgen María

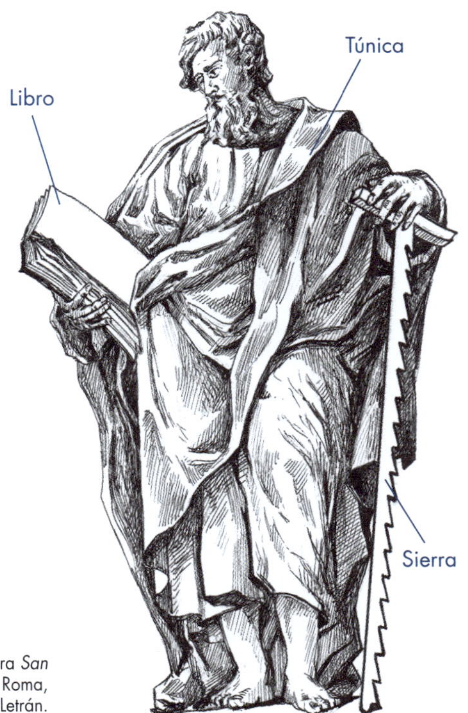

Representación basada en la escultura *San Simón*, Francesco Moratti, siglo XVIII. Roma, basílica de San Juan de Letrán.

Telmo (Pedro González Telmo) 14 de abril

Aquel que es amable y tranquilo

1190, Frómista / 1246, Tuy
DOMINICO

Telmo es un santo muy popular entre los marinos y en las regiones costeras.

Con el nombre de san Telmo se designa en realidad a dos santos distintos a los que se otorgan patronazgos y atributos semejantes. Uno es Erasmo de Formia, conocido como san Elmo, obispo italiano del siglo III, torturado en repetidas ocasiones por Diocleciano y Maximiano, cuya fiesta se celebra el 2 de junio y que, además de los marineros, es patrón de los violinistas. El otro, Pedro González Telmo, es un dominico palentino del siglo XIII, cuya historicidad está mucho más contrastada.

Pedro González nació en Frómista, en el seno de una familia acomodada. Fue educado con su tío Arderico, que llegó a ser obispo de Palencia, en la universidad de dicha ciudad castellana, y pronto accedió a cargos eclesiásticos apoyado por su tío. Se le otorgó una canonjía* y consiguió una bula para ser nombrado deán*, pese a no tener la edad reglamentaria.

En la ceremonia de toma de posesión del cargo de deán ocurrió un hecho que cambió su vida. En clara similitud con lo ocurrido a Pablo de Tarso, Pedro tuvo una caída del caballo, vestido con sus mejores galas y delante de la multitud. El hecho le hizo reflexionar sobre su actitud hasta la fecha y decidió abandonar la vida de pompa y vanidad, pidiendo el ingreso en la orden de predicadores de Palencia.

Ejerció como capellán castrense al lado del rey Fernando III en algunos episodios de la Reconquista, como la toma de Córdoba, animando al soberano, como su confesor, a que continuara el avance contra los musulmanes. Sin embargo, la mayor actividad predicadora la desarrolló en tierras de Galicia y Portugal, pues estuvo en los conventos de Lugo, Guimarães y Tuy. Fue en esta zona donde entró en relación con las comunidades de pescadores y marineros y donde se le atribuyen milagros, como atravesar el Miño a pie o apartar con sus manos una tormenta que iba a descargar sobre los que seguían su predicación.

Pedro González Telmo murió en Tuy cuando iba a emprender una peregrinación a Santiago. Su tumba está en la catedral de Tuy y es venerado en muchas localidades de la costa gallega y las zonas marítimas en general. Los marinos le invocan cuando se producen las tormentas y llaman fuego de san Telmo a la fosforescencia que, a veces, se forma sobre los mástiles de los barcos.

Variantes iconográficas

- Solo, con alguno de sus atributos
- Con hábito dominico, un cirio azul en la mano y un barco en la otra
- Alimentando a los pescadores

Atributos posibles

- Barco
- Cirio azul
- Hábito dominico

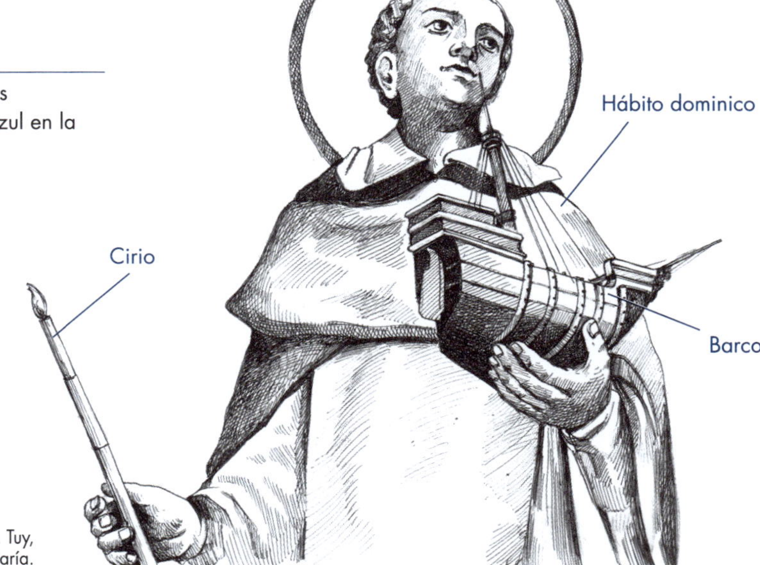

Detalle basado en la obra *San Telmo*. Tuy, catedral de Santa María.

Teodoro

17 de febrero

Don de Dios

Siglo III / 306, Amasea (Turquía)

MÁRTIR

Así como es frecuente que la leyenda de un santo pueda ser resultado de la fusión de las vidas de varios, en el caso de Teodoro se produce el fenómeno opuesto. Existen dos santos diferentes que, posiblemente, están refiriéndose al mismo personaje: Teodoro Tiro o de Amasea y Teodoro Stratelatos, respectivamente recluta y general, que, en ocasiones, aparecen representados juntos.

Gregorio de Nisa ha sido quien ha desarrollado la historia de Teodoro Tiro, también denominado de Amasea, ya que fue allí donde murió. Era un soldado enrolado en el ejército de Maximiano y que rechazaba a los dioses paganos. Estando en los cuarteles de invierno de Amasea (norte de la actual Turquía), se recibió la orden del emperador que obligaba a todos los soldados a realizar sacrificios a los dioses. Teodoro se negó, alegando que era cristiano. Se le dio un tiempo para que reflexionara y cediera, pero él lo aprovechó para, por la noche, incendiar el templo de la diosa Cibeles que había en la localidad. Por ese motivo fue torturado, desgarrando su cuerpo con unos garfios y con el caballete*. Fue recluido en prisión, donde se esperaba que muriera de hambre y por las heridas infligidas, pero en la cárcel tuvo visiones celestiales que le reconfortaron y ayudaron. Finalmente, fue quemado en la hoguera. Su cuerpo, a pesar de ello, no se consumió, y muchos testigos vieron abrirse el cielo para acoger su alma. El martirio tuvo lugar en Amasea hacia el año 306, y sus restos se veneraron en Eucaita, una localidad cercana. A partir del siglo XIII es la ciudad de Bríndisi la que guarda la mayor parte de sus reliquias.

En el siglo IX la leyenda convirtió a este santo en un personaje de más categoría. De simple soldado pasó a general, y por ello se habla de Teodoro Stratelatos como si de un santo distinto se tratase. Se le añadió un mérito más: haber dado muerte a un dragón, posiblemente un cocodrilo, de forma similar a san Jorge. También se modificaron la forma y la fecha de su martirio, pues fue torturado, crucificado y finalmente decapitado en tiempos del emperador Licinio. Sus reliquias se conservan en Venecia.

El culto a Teodoro, especialmente en su versión como general, se difundió por Oriente gracias al ejército bizantino, que lo veneró como su patrón. La ciudad de Venecia estuvo bajo su tutela hasta que fue sustituido por san Marcos.

Atributos posibles

- Armadura
- Dragón
- Escudo
- Espada
- Lanza
- Militar (ropas de...)

Variantes iconográficas

- Solo, con alguno de sus atributos
- Como militar, con armadura, escudo, lanza y la cruz
- A caballo matando a un dragón, de forma similar a san Jorge
- Las dos versiones de Teodoro juntas, Teodoro Tiro y Teodoro Stratelatos

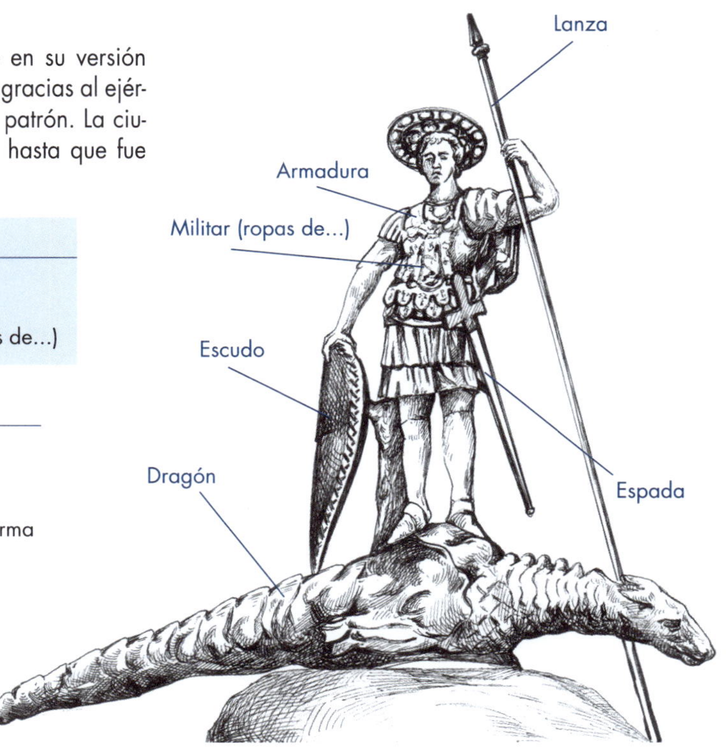

Dibujo de la obra *San Teodoro y el dragón*. Venecia, parte superior de una columna de la Plaza de San Marcos.

Teresa de Jesús 15 de octubre

Cazadora (del griego), mujer fuerte (del alemán)

1515, Ávila / 1582, Alba de Tormes (Salamanca)
FUNDADORA DE LAS CARMELITAS DESCALZAS, DOCTORA DE LA IGLESIA*

Teresa de Cepeda y Ahumada, conocida como Teresa de Jesús o Teresa de Ávila, era la tercera hija de una familia de doce hermanos, de madre muy religiosa y padre converso. Este la educó en la lectura y Teresa disfrutó en su niñez de los libros de caballerías y las vidas de santos. Su hermano Lorenzo fue su compañero de lecturas y juegos. Con él protagonizó una fuga hacia tierras musulmanas para recibir el martirio, que fue abortada por un tío suyo que los detuvo por el camino.

En 1535, por temor a ser casada contra su voluntad, Teresa decidió ingresar en el convento de carmelitas de la Encarnación de Ávila, pese a la oposición de su padre. Después de una grave enfermedad, en la que llegaron a darla por muerta y estuvieron a punto de sepultarla, comenzó a plantearse la reforma de la orden del Carmelo, cuya vida de rigor y exigencia se había relajado mucho con el paso del tiempo. En 1562 se inicia su tarea fundadora, que la lleva a recorrer incesantemente los caminos de Castilla hasta el punto de ser conocida como «la monja andariega». Fundó dieciséis conventos femeninos, que puso bajo la advocación de san José, santo al que Teresa atribuía su curación. Las monjas vivían pobremente, de las limosnas y el trabajo manual, y se dedicaban a la oración, al ayuno, a la abstinencia y al silencio. En 1563 redactó las *Constituciones,* que recogían las normas de funcionamiento de los conventos. Estos se extendieron también a los hombres gracias a la colaboración de Teresa con san Juan de la Cruz, al que conoció en Medina del Campo. En 1593 los conventos teresianos recibieron la aprobación papal para constituir una orden propia, los carmelitas descalzos.

Su actividad reformadora es paralela a una intensa actividad intelectual y piadosa. Escribe *El libro de la vida* (1562-1565), donde relata, entre otras cuestiones, sus experiencias místicas. Teresa refiere episodios de visión del infierno, audiciones, arrobamientos y sobre todo experiencias de transverberación*. En estos éxtasis místicos, Teresa describe cómo un querubín le traspasa el pecho con una flecha llenándola de amor de Dios; estos relatos le valieron la incomprensión de sus confesores, que llegaron a pensar que era víctima de posesiones demoníacas.

En 1566-1567 escribe *Camino de perfección*, manual para la vida en los conventos, en el que muestra sus ideas de cómo debía ser la vida conventual, en la que debía reinar la humildad, el amor mutuo y sobre todo la libertad interior. En 1573-1582 escribe *Las fundaciones* y en 1577 *El castillo interior*, también conocido como *Las moradas*, una reflexión sobre el camino espiritual hacia Dios.

Su determinación e independencia de criterio le valieron la hostilidad de los rigoristas e inquisidores, pero ella nunca fue apartada de la Iglesia. Fue beatificada en 1610, canonizada en 1622 y nombrada doctora de la Iglesia en 1970.

Es patrona de España y su corazón se venera en el convento carmelita de Alba de Tormes, donde murió en el transcurso de uno de sus viajes. Existen reliquias de la santa por todo el mundo: pie derecho y mandíbula superior en Roma; brazo izquierdo y corazón

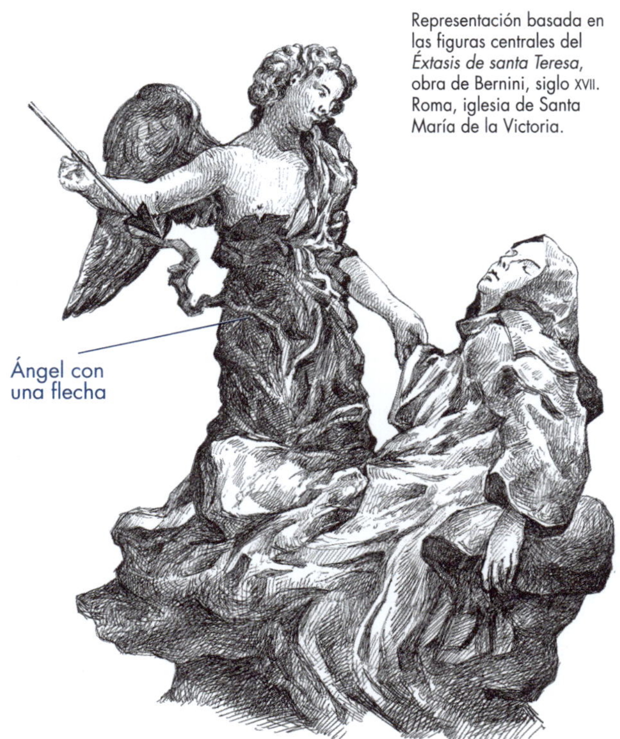

Representación basada en las figuras centrales del *Éxtasis de santa Teresa*, obra de Bernini, siglo XVII. Roma, iglesia de Santa María de la Victoria.

en Alba de Tormes; ojo izquierdo y mano derecha en Ronda; dedos en París o en Sanlúcar de Barrameda.

La orden de los carmelitas descalzos se ha difundido por los cinco continentes.

Escudo de los carmelitas descalzos. En él aparece una cruz de Jesús sobre el monte Carmelo, en color marrón, que es el mismo que llevan los carmelitas en su hábito. Las dos estrellas representan a los santos de la orden, y la estrella blanca inferior es símbolo de pureza. A veces el escudo incluye en la parte superior una corona ducal, e incluso una espada flamígera en alusión a su beligerante espíritu evangelizador.

Atributos posibles

- Abrecartas
- Ángel con una flecha
- Calavera
- Cáliz
- Clavo
- Collar
- Corazón
- Crucifijo
- Dardo
- Espíritu Santo (en forma de paloma)
- Flecha
- Hábito de carmelita descalza
- Hostia
- IHS* (monograma de Cristo)
- Libro
- Pluma

Variantes iconográficas

- Sola, con alguno de sus atributos
- Ciclo vital: infancia y adolescencia (huyendo de la casa paterna, construyendo ermitas o dando limosna, recibiendo las enseñanzas de María Briceño, etc.); primeros años de la vida conventual (entrada en el Carmelo, cuando toma el hábito, noviciado, sanación, etc.); reforma del Carmelo, vida cotidiana en el convento (en la cocina, enseñando a leer, cayendo por las escaleras tras ser empujada por el demonio, etc.)
- Como carmelita, con una flecha en el corazón, en el que pone IHS*, y una paloma

- Como reformadora, en el Carmelo y los temas carmelitanos (vid, Virgen, fuente de Elías, etc.)
- Como fundadora, con la maqueta de una iglesia, perdida en un camino e iluminada por los ángeles, fundando diferentes conventos
- Como escritora, con una pluma y un libro, quemando el manuscrito de *Meditaciones sobre los Cantares*, ayudada por los ángeles
- En la transverberación* o éxtasis levitando, con un ángel que le atraviesa el corazón con una flecha
- En una variante de la escena anterior, siendo Jesús el que atraviesa el pecho de la santa con un clavo de la cruz
- Rezando mientras contempla alguna visión, como la Virgen y san José, las almas del purgatorio, la Trinidad, los desposorios místicos* o la coronación
- Temas sacramentales: en penitencia, en la eucaristía
- En milagros durante su vida: resurrección de su sobrino, liberación de almas del purgatorio, milagro de la harina, etc.
- En hechos prodigiosos tras su muerte
- Con otros santos: san Francisco, santa Clara, santo Domingo de Guzmán, etc.
- Ciclo de tentaciones

Representación de la obra *Santa Teresa de Jesús,* José Ribera, 1645. Valencia, Museo de Bellas Artes.

Tomás (apóstol) 3 de julio
Gemelo

Siglo I, Galilea / siglo I, ¿India?
APÓSTOL

Tomás era uno de los doce apóstoles, llamado Dídimo, mellizo o gemelo en arameo. Después de Judas, ha sido el menos respetado de los apóstoles por su actitud escéptica y su falta de fe, aunque precisamente por eso ha sido uno de los más representados.

Hay discrepancias sobre su profesión, pues para unos era pescador y para otros, según la leyenda posterior, carpintero. Los principales testimonios evangélicos sobre su persona los encontramos en Juan. Aparece como portavoz de todos los que no saben el camino para seguir a Jesús, y este le contesta: «yo soy el camino, la verdad y la vida» (Jn 14: 5-6). Pero, sobre todo, Tomás representa las dudas del hombre frente a la resurrección de Jesús, pues no creyó a los otros discípulos cuando le dijeron que este se les había aparecido: «Si no veo en sus manos la señal de los clavos, y meto mi dedo en el lugar de los clavos y meto mi mano en su costado, no creeré» (Jn 20: 29). La nueva aparición de Jesús, con Tomás presente, le convencerá, pues el propio Maestro le hará tocar las heridas y le reprenderá: «¿Porque me has visto has creído? ¡Bienaventurados los que no vieron y creyeron!» (Jn 20: 29). Pese a todo, Juan el Evangelista nos muestra también a Tomás como un hombre decidido en su apoyo a Jesús; cuando este decide ir a ver a Lázaro, que ha muerto, Tomás exclama: «Vamos también nosotros a morir con él» (Jn 10: 16).

Hay un segundo episodio de incredulidad que se refleja en un texto apócrifo* sobre el tránsito de la Virgen. Tomás no estaba presente en el momento del entierro de esta, pero la propia María, mientras ascendía en cuerpo y alma a los cielos, le arrojó su cinturón como prueba de que no seguía en el sepulcro.

Los Hechos de Tomás, escritos en Siria en el siglo III, cuentan su trayectoria posterior legendaria. Se habla de su predicación en diversas regiones de Oriente como Siria, Persia e India, donde los cristianos del rito siro-malabar* se consideran evangelizados directamente por el apóstol. Se dice que fue llevado a la India, a la corte del rey Gondóforo, para construir un palacio. Pero allí se dedicó a hacer caridad y a predicar, convirtiendo a la propia reina. Irritado, el rey intentó torturarlo de varias formas y, finalmente, fue muerto alanceado.

Pero, por un milagro, sus restos se trasladaron a Occidente y la tumba de Tomás en la India solo contiene polvo. Según Orígenes, Tomás fue apóstol de los partos en Mesopotamia. En la zona limítrofe, Edesa, se le da culto desde el siglo IV.

Su antigua fiesta se celebraba el 21 de diciembre, asociada a la noche más corta del año, que se consideraba maléfica.

Atributos posibles

- Bastón
- Cinturón (de la Virgen María)
- Escuadra
- Lanza
- Misal

Variantes iconográficas

- Solo, con alguno de sus atributos
- En los apostolados figura con la escuadra
- En la escena de la incredulidad, introduciendo el dedo en la llaga del costado de Jesús

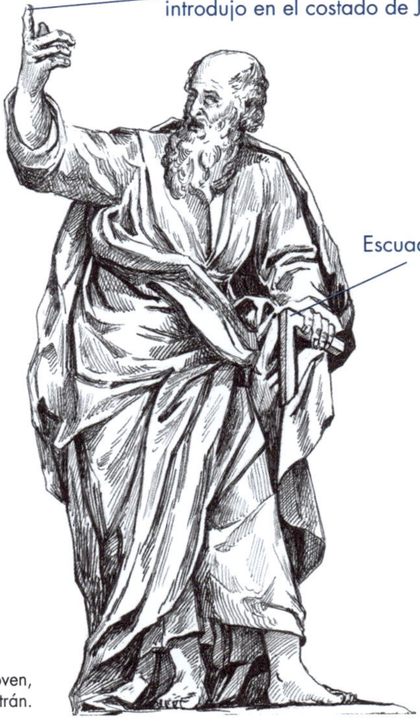

Representación de *Santo Tomás,* Pierre Le Gross el Joven, siglo XVIII. Roma, basílica de San Juan de Letrán.

Tomás de Aquino

28 de enero

Gemelo

1225, Roccasecca / 1274, Fossanuova

DOCTOR DE LA IGLESIA*, DOMINICO, TEÓLOGO

Tomás nació en Roccasecca, cerca de Aquino, y era hijo de una noble familia que tenía pensado para él un futuro brillante. Tuvo que hacer frente a la oposición familiar cuando, tras una estancia en el monasterio de Montecasino y de cursar estudios en el importante foco cultural de Nápoles, Tomás decidió ingresar en la orden de predicadores. Con el objeto de frustrar esta vocación, sus hermanos lo secuestraron por orden de sus padres. Según la leyenda, Tomás permaneció dos años encerrado en un castillo. Durante este tiempo, intentaron tentarlo introduciendo en su estancia a una cortesana a la que Tomás rechazó con un tizón encendido; como premio, dos ángeles se le aparecieron y le regalaron un cinturón de castidad para que nunca más padeciera la tentación de la carne.

Pasado el periodo de encierro, Tomás fue enviado por la orden de predicadores a Colonia, y allí fue discípulo de Alberto Magno. Posteriormente estuvo en París, donde fue teólogo en la Sorbona. La actividad académica e intelectual de Tomás fue muy intensa, y llegó a ser doctor en la Sorbona en 1257 y a participar en las controversias teológicas en las que estaba inmersa la universidad en la época. También fue profesor en la corte pontificia, asesor del papa y acompañante de este en muchos desplazamientos. Murió cuando iba camino del Concilio de Lyon, en el monasterio de Fossanuova en 1274.

Tomás de Aquino es una figura señalada de la historia de la teología católica y de la filosofía en general. Se le atribuyen alrededor de ochocientas obras, de las cuales podemos destacar la *Suma contra los gentiles* (1255-1264) y la *Suma Teológica*, iniciada en 1266. Su mérito fue conciliar el pensamiento aristotélico con la teología de san Agustín, usando el núcleo esencial de la filosofía de Aristóteles como base de la teología cristiana y rechazando aquellos aspectos menos compatibles con la doctrina católica.

Tomás de Aquino fue canonizado en 1323 y declarado doctor de la Iglesia en 1567 y patrón de las universidades y escuelas católicas en 1880. En su época de estudiante fue ridiculizado por sus compañeros, que lo llamaban «el buey mudo» por su corpulencia y su silencio. Su maestro, Alberto Magno, advirtió a los que así le llamaban diciendo que algún día ese buey hablaría muy alto, y se le escucharía en toda la cristiandad. Así fue: Tomás de Aquino se convirtió en el «doctor angélico», sobrenombre que refleja su importancia tanto en lo académico como en lo religioso.

Atributos posibles

- Alas
- Espíritu Santo (en forma de paloma)
- Libro
- Maqueta de iglesia o iglesia
- Pluma
- Sol radiante en el pecho

Variantes iconográficas

- Solo, con alguno de sus atributos
- Con hábito dominico, sin barba y de complexión fuerte
- A veces lleva alas como doctor angélico
- Como teólogo triunfante con los escritos de autores del pasado a sus pies
- Venciendo a la tentación
- Ciclo vital con los hechos más importantes de su vida

Representación basada en el cuadro *Santo Tomás de Aquino*, José Risueño, siglo XVII. Madrid, Museo del Prado.

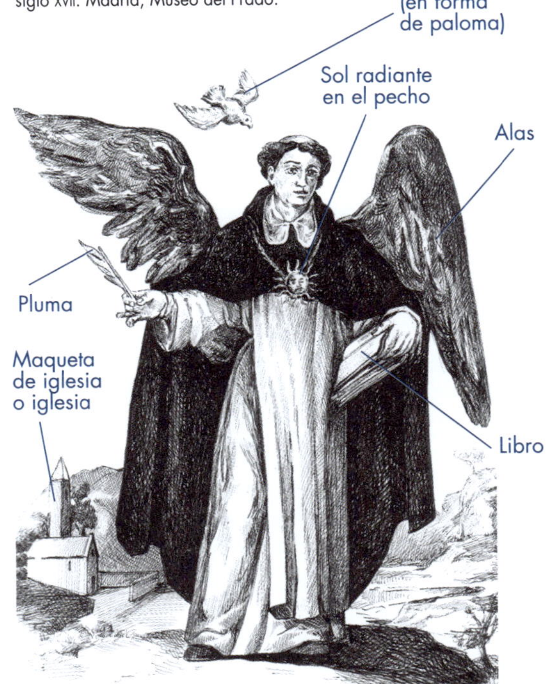

Úrsula
21 de octubre

Pequeña osa

Siglo IV, Britania / Colonia
MÁRTIR

Úrsula era hija de los reyes de Britania. Su belleza llamó la atención de Eterio, príncipe pagano que la solicitó en matrimonio. Úrsula era cristiana y deseaba permanecer virgen, pero por razones diplomáticas no podía rechazar la boda. Por ello decidió imponer unas duras condiciones a Eterio, pensando que quizá así se desanimase. Le pidió un plazo de tres años, en el curso de los cuales Eterio debía ser evangelizado y convertirse al cristianismo. Igualmente, solicitó a su prometido que la acompañara de peregrinación a Roma. Le pidió también un gran cortejo para ella y sus diez damas, formado por mil doncellas para cada una. Y Eterio aceptó todas las condiciones. Este gran grupo de once mil vírgenes, formado por doncellas procedentes de toda Europa, se embarcó para hacer la peregrinación a Roma, y llegaron a Basilea a través del Rin, con una flotilla de once naves guiadas por un ángel. Al pasar por Colonia, el ángel avisó a Úrsula de que en el viaje de vuelta encontraría el martirio allí. Cuando el grupo llegó a Roma, fue recibido por el papa Ciriaco, que decidió acompañar a Úrsula y sus doncellas en el viaje de vuelta. Al llegar a Colonia en el trayecto de retorno, los hunos estaban cercando la ciudad y la comitiva fue asaeteada ante las murallas. La belleza de Úrsula llamó la atención del caudillo huno, que quiso casarse con ella y perdonarle la vida, pero la santa decidió correr el mismo destino que sus acompañantes y fue atravesada en el corazón por una flecha. El castigo divino alcanzó a los hunos, pues una legión de once mil ángeles los puso a la fuga.

Las mártires fueron enterradas en las cercanías de Colonia, en un lugar que recibiría el nombre de Ager Ursulanus (Campo de Úrsula), de donde se sacarían numerosas reliquias que se difundieron y veneraron por toda Europa, lo mismo que el culto a la santa. Se fundaron cofradías bajo su advocación y se compusieron poemas en su honor y ciclos pictóricos.

La leyenda de Úrsula y las once mil vírgenes se desarrolló en el siglo X y fue recogida en el XII por la mística alemana Elisabeth de Schönau. Un número tan elevado de doncellas mártires ha sido visto con desconfianza incluso por la Iglesia. Se piensa que la leyenda puede proceder de un error de interpretación de una inscripción en la que figuraba XI. M.VV. y que fue leída como «once mil vírgenes» cuando su significado era «once mártires vírgenes». A pesar del error y de la dudosa veracidad del personaje, santa Úrsula ha gozado de veneración en toda Europa y en su honor se han fundado cofradías y hasta órdenes de enseñanza como las ursulinas*.

Atributos posibles

- Barca
- Corona real
- Espíritu Santo (en forma de paloma)
- Estandarte
- Flecha o flechas (en la mano o atravesándola)
- Libro
- Mujeres (muchas jóvenes: son las vírgenes que la acompañaron)

Variantes iconográficas

- Sola, con alguno de sus atributos
- Con ropajes reales y sus atributos
- Con un gran manto con el que protege a sus compañeras
- Ciclo vital: viaje, con el papa, etc.
- En el momento del martirio

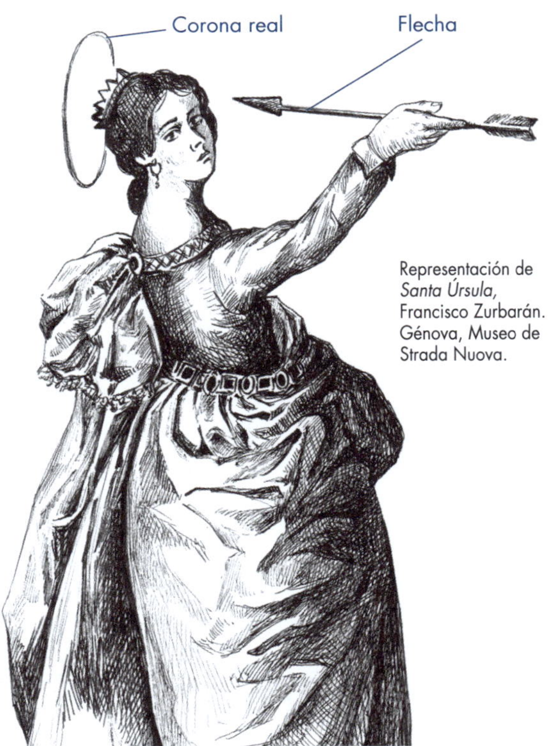

Representación de *Santa Úrsula*, Francisco Zurbarán. Génova, Museo de Strada Nuova.

Valentín de Roma

14 de febrero

Que está bien, valiente soldado

Siglo III, ¿Roma? / *ca.* 270, Roma
OBISPO, MÁRTIR

Bajo el mismo nombre y con la misma fiesta se venera a tres personajes distintos que se confunden, lo que hace difícil trazar una semblanza biográfica. El primero es un sacerdote romano que vivió en época del emperador Claudio Gótico (268-270), que curó a la hija o hijo de un prefecto* y convirtió después a toda la familia. Fue decapitado por orden del emperador, entre otras cosas por contravenir la prohibición de casar a los soldados del ejército romano, y fue enterrado en la Vía Flaminia.

El segundo es un obispo de la ciudad de Terni, en Umbría, que habría ido a Roma a curar a un paralítico y allí había logrado convertir a numerosas personas. También se le atribuye el casamiento de un legionario romano llamado Sabino con una cristiana. Sustituyó una festividad pagana de la fertilidad, las lupercalias*, fiesta del 15 de febrero, por una ceremonia cristiana, por lo que fue detenido por impiedad y llevado ante el prefecto Plácido Furio. Este arrestó a Valentín y le impuso como castigo la obligación de sacrificar a los dioses, como desagravio. Se negó a hacerlo y por ello fue condenado a muerte y decapitado. Sus seguidores consiguieron llevar su cuerpo a Terni y allí comenzó a ser objeto de veneración.

El tercer personaje es Valentín de Recia, obispo itinerante que había sido enterrado en el Tirol y cuyas reliquias habían sido transportadas en el siglo VIII por el duque de Baviera a Passau. Por este motivo, su culto arraigó con fuerza en Alemania. Allí se le invoca contra la epilepsia, ya que había curado a un niño que padecía ese mal.

Valentín fue incluido en el Martirologio romano y se estableció el día 14 de febrero como fecha de la conmemoración. Previamente había sido considerado ya en los martirologios de Beda el Venerable, Adon y Usuardo.

La fama de san Valentín le llegó por su supuesto carácter de protector del amor y los enamorados. El 14 de febrero, día de su festividad, estaba considerado el día anual de las bodas de los pájaros en Bélgica, Francia e Inglaterra. Coincidiendo con el inicio del apareamiento de las aves, se celebraban en muchos lugares fiestas en las que las muchachas elegían novio. De ahí la asociación entre Valentín y el amor. La supuesta razón de su martirio, por casar a los soldados romanos, contribuyó a reforzar esa idea. Sin embargo, los lugares en los que el culto a san Valentín ha sido más arraigado son aquellos, en territorio alemán, que lo asocian con la curación de la epilepsia.

La Iglesia Católica anuló su festividad en 1969 con el fin de acabar con los santos legendarios, aunque se permite su culto en donde es tradición.

Atributos posibles

- Báculo*
- Epiléptico
- Libro
- Mitra*
- Obispo (ropas de...)
- Palma del martirio*

Variantes iconográficas

- Solo, con alguno de sus atributos
- Junto a un niño epiléptico

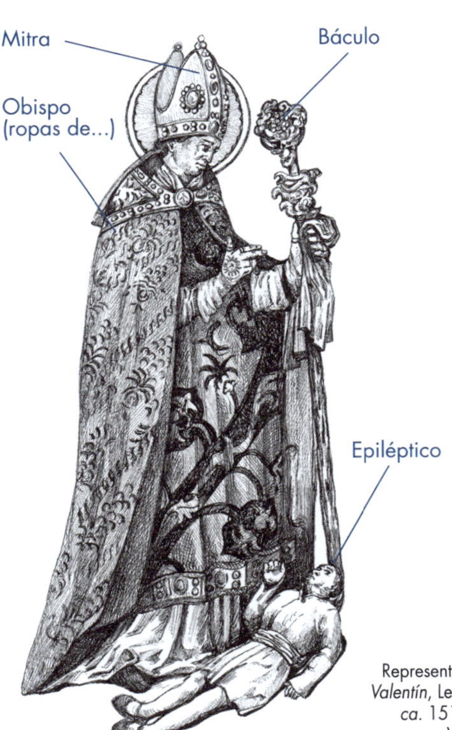

Representación de *San Valentín*, Leonhard Beck, *ca.* 1510. Coburgo, Veste Coburg.

Vicente Ferrer

5 de abril

Victorioso

1350, Valencia / 1419, Vannes (Bretaña)
PREDICADOR

Vicente Ferrer fue un dominico valenciano que llegó a desempeñar un importante papel en la política de la Corona de Aragón, en la crisis de la Iglesia durante el Cisma y en la religiosidad popular de la época, arrastrando a las masas con sus sermones apasionados.

Entró en la orden de predicadores de Valencia con 18 años. Su formación intelectual fue muy completa, pues estudió lógica, filosofía, exégesis bíblica, teología y hebreo.

Intervino decisivamente en el Cisma de Occidente*, convenciendo al rey de Aragón para que su reino se decantase de forma definitiva por la obediencia a Clemente VII, el papa con sede en Aviñón. La llegada al papado de Benedicto XIII, Pedro de Luna, procedente de una familia aragonesa, reforzó aún más los lazos de Vicente con el llamado Papa Luna.

En 1394 fue nombrado confesor del papa y limosnero pontificio. Esta alianza terminaría en 1416, cuando Aragón retiró su apoyo a Benedicto XIII, que se había resistido a aceptar las disposiciones del Concilio de Constanza y a renunciar a su cargo.

Su estrecha vinculación con la monarquía aragonesa se puso de manifiesto en el Compromiso de Caspe*, donde Vicente intervino como compromisario para elegir sucesor en el trono aragonés. La elección del infante castellano Fernando de Trastámara como Fernando I de Aragón fue apoyada de forma decisiva por Vicente Ferrer. Esto llegó a poner en peligro su vida, pues uno de los candidatos rechazados, el conde de Urgel, intentó asesinarlo.

Además de su intensa vida política, lo más significativo de Vicente Ferrer fue su actividad como predicador. Sus sermones eran apasionados, con grandes golpes de efecto que enardecían a sus oyentes. En ellos exhortaba a la penitencia y a las buenas obras, pero también criticaba los vicios del clero y el abuso de las riquezas.

Aunque se dice que logró la conversión de miles de judíos al cristianismo, hay que señalar que sus sermones pudieron ser causa de actos de violencia contra ellos por parte de las masas fanáticas en los pogromos* de 1391.

Se le atribuyen numerosos milagros, más de ochocientos: curaciones, resurrecciones y, también, el don

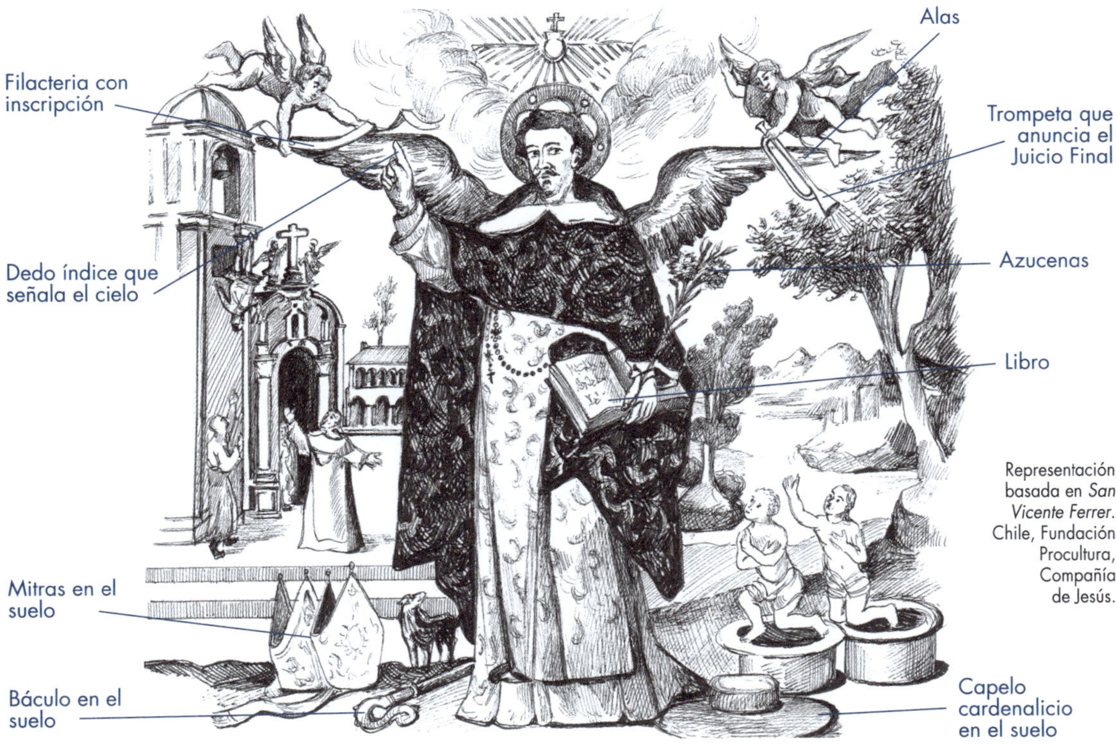

Representación basada en *San Vicente Ferrer*. Chile, Fundación Procultura, Compañía de Jesús.

de la profecía. La leyenda dice que Jesús se le apareció cuando estaba enfermo y le encargó anunciar al mundo que el día del Juicio Final estaba próximo. Este hecho ha influido de manera importante en la inclusión, dentro de su iconografía, de una filacteria que nos recuerda la llegada del fin de los tiempos.

Falleció en Vannes y está enterrado en la catedral de dicha ciudad, donde había ido a predicar por encargo del duque de Bretaña.

Vannes y Valencia, su ciudad natal, han hecho de Vicente Ferrer su santo patrón.

Variantes iconográficas

- Solo, con alguno de sus atributos
- Con hábito dominico, tonsurado, de edad madura
- Con un libro y una llama en la mano, señalando el cielo con el índice
- Con la filacteria* que indica que el Juicio Final está próximo
- Predicando
- Realizando milagros
- Escena de la aparición de Cristo al santo cuando estaba enfermo

Atributos posibles

- Alas
- Azucenas
- Báculo* en el suelo
- Calavera
- Cáliz con la sangre de Cristo
- Capelo cardenalicio* en el suelo
- Crucifijo
- Dedo índice que señala el cielo (en señal de aviso del final de los tiempos)
- Espíritu Santo (en forma de paloma)
- Filacteria* con la inscripción *Timete Deum et date illi honorem quia venit hora iudicci eius* («Temed a Dios y glorificadle porque ha llegado la hora de su juicio»)
- Libro
- Llama (en la mano o sobre la cabeza)
- Mitras* en el suelo
- Sol radiante o con las siglas IHS* sobre su pecho
- Trompeta que anuncia el Juicio Final

Vito

15 de junio

Que lleva vida

290, Sicilia / 303, Lucania (Basilicata)
MÁRTIR

Vito era un joven procedente de una rica familia de Sicilia de creencias paganas. Su tutor y maestro personal, Modesto, y su nodriza, Crescencia, lo habían instruido en la fe cristiana y lo habían bautizado sin la aprobación de su padre. Vito, a los 7 años, era un ferviente cristiano y realizaba numerosos milagros pese a su corta edad. Esto le ocasionó la hostilidad de su propio padre, que le mandaba azotar por no hacer sacrificios a los dioses, y también la persecución por parte del prefecto* Valeriano, que encarceló a los tres, Vito, la nodriza y el maestro. Pero un ángel los liberó y huyeron con su ayuda hasta Lucania. Allí vivieron con una familia cristiana que les acogió y se dedicaron a extender el cristianismo.

La fama de sus milagros en Lucania llegó hasta el emperador Diocleciano, que tenía un hijo que sufría una posesión demoníaca (posiblemente epilepsia) y creía que solo sería curado por el joven Vito. Este lle-

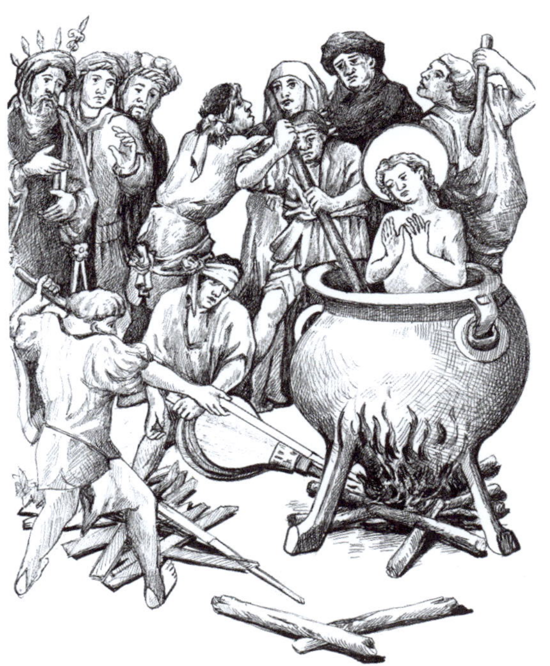

Representación basada en la obra *Martirio de san Vito, ca.* 1450. Varsovia, Museo Nacional.

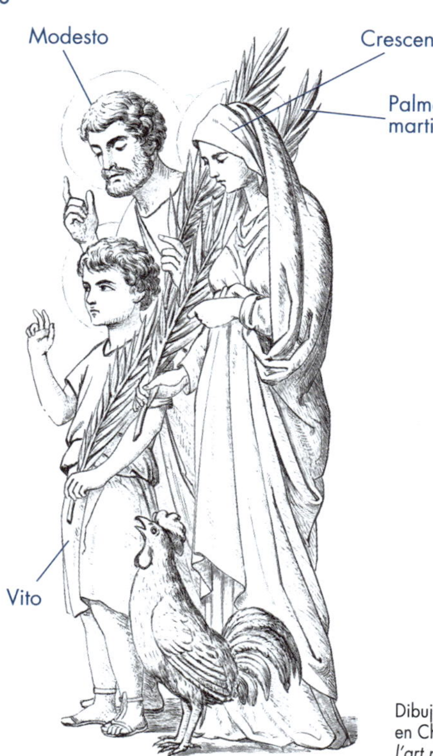

gó a Roma, junto a Crescencia y Modesto, y curó al hijo del emperador; pero Diocleciano, en vez de mostrarse agradecido, le conminó a hacer sacrificios a los dioses y a renunciar a su fe. Ante su negativa, los tres fueron torturados de diversas maneras. En primer lugar se les aplicó la garrucha*, donde fueron colgados y apaleados. Posteriormente fueron introducidos en una olla de aceite hirviendo, pero consiguieron salir indemnes, por lo que fueron enviados de nuevo a la prisión. Un ángel los rescató a él y a sus compañeros cuando estaban en el potro* de tortura y los llevó de nuevo hasta Lucania. Una versión indica que morirían allí posteriormente. Otra, sin embargo, indica que fueron capturados y arrojados a las fieras en el anfiteatro. Los animales no les hicieron daño y fueron finalmente decapitados.

La antigüedad y difusión de su culto, así como la gran cantidad de reliquias dispersas por Europa, hacen que no se dude de su existencia histórica, a pesar

Dibujo de los Santos *Vito, Modesto y Credencia*, en Ch. Cahier, *Caractéristiques des saints dans l'art populaire*, París, LPF, 1867, pág. 466.

de lo legendario de su pasión, que procede del Martirologio jeronimiano*.

Forma parte de los catorce santos auxiliadores. Incluso da nombre a una enfermedad: baile de san Vito.

Sus reliquias estuvieron en Francia, donde es conocido como san Guido (Guy), y desde el siglo IX en Sajonia, lo que contribuyó a difundir su culto en el Sacro Imperio.

Variantes iconográficas

- Solo, con alguno de sus atributos
- Como joven dentro de un caldero de aceite, en pie, con palma del martirio*, espada, libro, águila o león
- Junto con Crescencia y Modesto, que le acompañan en su vida
- Con un gallo
- Con armiño, corona y globo imperial, como protector de los emperadores sajones y reyes de Bohemia
- Huyendo por mar con Crescencia y Modesto hacia Lucania

Atributos posibles

- Caldero
- Gallo
- Libro
- Palma del martirio*
- Perro
- Rayo

Apéndices

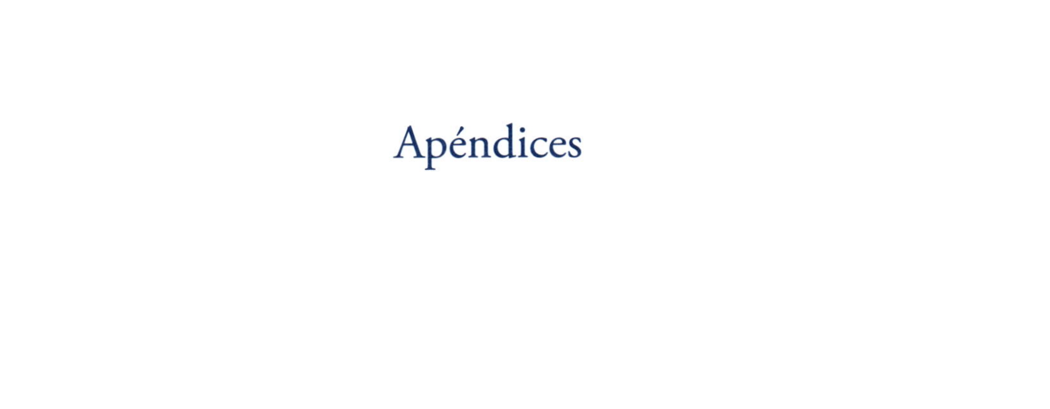

Índice de atributos

Juan de la Cruz; ~ **con la inscripción *Quis ut Deus* («Quién como Dios») o sus iniciales:** Miguel; ~ **con la inscripción *Timete Deum et date illi honorem quia venit hora iudicci eius* («Temed a Dios y glorificadle porque ha llegado la hora de su juicio»):** Vicente Ferrer.

Flecha/s: Sebastián, Teresa de Jesús; ~ **clavada en su mano:** Gil o Egidio, Úrsula.

Flor/es: Justo y Pastor; ~ **de lis:** Gabriel.

Frasco/s: ~ **de medicina:** Pantaleón; ~ **de perfume:** María Magdalena; ~ **con su sangre:** Genaro.

Gallina: Domingo de la Calzada.

Gallo: Domingo de la Calzada, Pedro (apóstol), Vito.

Garfio: Margarita de Antioquía.

Gavilla de trigo: Isidro.

Giralda: Justa y Rufina.

Globo: Véase *Globo terráqueo*.

Globo terráqueo: Ignacio de Loyola; ~ **rematado por una cruz:** Domingo de Guzmán, Fernando III.

Granada abierta, con o sin una cruz: Juan de Dios.

Grilletes: Pedro Nolasco.

Guadaña: Isidro.

Hábito de: ~ **agustina:** Rita de Casia; ~ **benedictino:** Beda el Venerable, Benito de Nursia; ~ **carmelita descalza:** Teresa de Jesús; ~ **carmelita descalzo:** Juan de la Cruz; ~ **cartujo:** Bruno; ~ **cisterciense:** Bernardo de Claraval; ~ **dominica:** Catalina de Siena, Rosa de Lima; ~ **dominico:** Alberto Magno, Pedro mártir, Telmo; ~ **franciscano:** Antonio de Padua, Bernardino de Siena, Diego de Alcalá, Francisco de Asís, Francisco de Paula, Pascual Bailón; ~ **hospitalario:** Juan de Dios; ~ **jesuita:** Francisco de Borja, Ignacio de Loyola; ~ **mercedario:** Pedro Nolasco, Ramón Nonato; ~ **teatino:** Cayetano de Thiene.

Hacha: Hermenegildo, Judas Tadeo, Matías; ~ **en la cabeza:** Pedro mártir.

Hachón*: Eulalia y Julia de Mérida.

Herida en la frente: Rita de Casia.

Herramientas de carpintero: José.

Higos: Rita de Casia.

Hisopo*: Juana de Arco, Marta.

Hoguera: Inés de Roma.

Hombre, alado o no: Mateo (como parte integrante del tetramorfos* le corresponde la figura humana).

Horno: Eulalia y Julia de Mérida, Eustaquio de Roma.

Hostia: Teresa de Jesús.

Hoz: Domingo de la Calzada, Isidro.

Huso de hilar: Genoveva de París.

Ídolos rotos a sus pies: Justa y Rufina.

IHS* o JHS (monograma de Cristo o Jesús): Bernardino de Siena, Francisco de Borja, Ignacio de Loyola, Teresa de Jesús.

Índice de patronazgos

Abaceros: Rita de Casia.
Abogada de las causas imposibles: Rita de Casia.
Abogados: Nicolás de Mira (o de Bari).
Abuelas: Ana.
Abuelos: Joaquín.
Aceiteros: Juan el Evangelista.
Actores: Vito.
Adolescentes: Inés (Agnes) de Roma, Rafael.
Aduaneros: Mateo.
Agricultores: Benito de Nursia, Margarita de Antioquía.
Alabarderos: Jorge, Pedro (apóstol), Rafael, Silvestre.
Albañiles: Bárbara, Elena.
Alcohólicos: Bibiana.
Alfareros: Justa y Rufina.
Alpinistas: Mauricio.
Alumnos: Benito de Nursia.
Amas de casa: Eulalia de Barcelona, Marta.
Animales: Antonio Abad o Antón, Francisco de Asís; ~ **domésticos:** Ambrosio de Milán.
Apicultores: Ambrosio de Milán, Bernardo de Claraval.
Archiveros: Andrés, Apolinar de Rávena, Bernabé, Lorenzo.
Armeros: Jorge, Mauricio, Miguel, Sebastián.
Arqueólogos: Elena, Jerónimo.
Arqueros: Eustaquio de Roma, Gil o Egidio, Sebastián.
Arquitectos: Bárbara, Matías, Tomás (apóstol).
Arrepentidos: María Egipciaca, María Magdalena.
Artesanos: José, Nicolás de Mira (o de Bari).
Artilleros: Bárbara.
Artistas: Juan el Evangelista.
Aserradores: Simón Zelote.
Astrónomos: Domingo de Guzmán.
Atletas: Cristóbal, Sebastián.
Automovilistas: Cristóbal.
Bailarines: Vito.
Bancos de sangre: Genaro o Jenaro.
Barberos: Cosme y Damián.
Bataneros: Santiago el Menor.
Bibliotecarios: Andrés, Cayetano de Thiene, Jerónimo, Lorenzo.

Biólogos: Alberto Magno, Eustaquio de Roma.
Bombarderos: Quintín.
Bomberos: Catalina de Siena, Lorenzo.
Boticarios: Miguel, Santiago el Menor.
Boy-scouts: Jorge.
Buena muerte: José.
Caballeros: Jorge, Pancracio, Santiago el Mayor.
Caballos: Jorge.
Caldereros: Vito.
Calumniados: Pancracio.
Cambistas: Mateo.
Campaneros: Bárbara.
Canteros: Ambrosio de Milán, Blas, Silvestre.
Canto coral: Gregorio Magno o Gregorio I.
Cantores: León Magno.
Capellanes: Quintín.
Cardadores: Blas.
Cargadores: Cristóbal, Quintín.
Carniceros: Bartolomé.
Carpinteros: José.
Carreteros: Eloy.
Casados: Joaquín.
Catequistas y seminaristas: Carlos Borromeo.
Cautivos: Domingo de Silos.
Cazadores: Eustaquio de Roma, Sebastián.
Ceramistas: Justa y Rufina.
Cereros: Ambrosio de Milán, Bernardo de Claraval.
Cerrajeros: Pedro (apóstol), Quintín.
Cerveceros: Agustín de Hipona, Bonifacio de Maguncia, Vito.
Cesteros: Pablo de Tarso, Pedro (apóstol).
Cetrería: Francisco de Borja.
Chacineros: Rita de Casia.
Ciegos: Lucía de Siracusa.
Científicos: Alberto Magno, Domingo de Guzmán, Tomás de Aquino.
Cine: Juan Bosco.
Cirujanos: Cosme y Damián, Quintín, Roque.
Cocineros: Lorenzo, Marta, Pascual Bailón.
Comerciantes: Francisco de Asís, Lorenzo.
Comunicación: Bernardino de Siena.
Congregaciones eucarísticas: Pascual Bailón.
Constructores: Tomás (apóstol).
Contadores: Mateo.
Cordeleros: Andrés.
Correos: Gabriel.
Costureras: Ana.
Criadas, -os: Marta, Nicolás de Mira (o de Bari).
Cuchilleros: Eloy.
Curtidores: Bartolomé, Simón Zelote.
Dementes: Bibiana.

Funcionarios de Hacienda: Mateo.
Fundidores de campanas: Águeda.
Galoneros o fabricantes de cintas: Teresa de Jesús.
Gentes del mar: Francisco de Paula.
Geólogos: Alberto Magno.
Geómetras: Tomás (apóstol).
Gestantes: Librada.
Gestores administrativos: Cayetano de Thiene.
Granjeros: Benito de Nursia, Isidro.
Guardas forestales: Eustaquio de Roma.
Guardia Civil: Hermenegildo.
Guardias suizos: Mauricio.
Guardias urbanos: Sebastián.
Hermanos legos franciscanos: Diego de Alcalá.
Herreros: Eloy.
Historiadores: Beda el Venerable.
Honderos: Esteban.
Hospitales: Cosme y Damián, Eloy, Isabel de Hungría, Juan de Dios.
Hosteleros: Martín de Tours.
Huérfanas, -os: Isidro, Ivo de Bretaña, Marta, Úrsula.
Humoristas: Felipe Neri.
Iglesia: Miguel.
Iglesia Ortodoxa: Andrés.
Imprenta: Juan Bosco.
Impresores: Agustín de Hipona.
Infancia: Nicolás de Mira (o de Bari).
Informáticos: Isidoro de Sevilla, Ivo de Bretaña.
Ingenieros: Matías.
Ingenieros de caminos, canales y puertos: Domingo de la Calzada.
Inquisidores: Pedro mártir o Pedro de Verona.
Intendencia militar, en España: Teresa de Jesús.
Intercede por los pecadores: Gil o Egidio.
Intérpretes: Marcos.
Inválidos: Roque.
Jardineros: Cristóbal, Inés (Agnes) de Roma, María Magdalena, Rosa de Lima.
Jesuitas: Francisco Javier.
Jóvenes: Casimiro, Juan Bosco.
Jóvenes casaderas: Catalina de Alejandría.
Joyeros: Eloy.
Jueces: Tomás (apóstol).
Labradores: Abdón y Senén, Eloy, Esteban, Isidro.
Lavanderas: Catalina de Siena, Clara de Asís, Eulalia de Barcelona.
Leñadores: Simón Zelote.
Leprosos: Jorge.
Librepensadores: Eulalia y Julia de Mérida.
Libreros: Jerónimo, Juan el Evangelista, Tomás de Aquino.

Lisiados y heridos: Gil o Egidio.
Ludópatas: Pancracio.
Madres: Águeda, Ana.
Maestros: Gregorio Magno o Gregorio I.
Maestros de obras: Eulalia de Barcelona.
Magistrados: Ivo de Bretaña.
Magos e ilusionistas: Juan Bosco.
Maridos: Jorge.
Marineros: Antonio de Padua, Clemente de Roma, Francisco Javier, Nicolás de Mira (o de Bari), Telmo (Pedro González Telmo).
Marmolistas: Clemente de Roma.
Matronas: Ramón Nonato.
Mecánicos: Eloy.
Médicos: Cosme y Damián, Pantaleón.
Mendigos: Alejo, Martín de Tours.
Menores: Rafael.
Mensajeros: Gabriel.
Merceros: Miguel.
Mesoneros: Lorenzo.
Militares: Ignacio de Loyola, Jorge, Martín de Tours.
Mineros: Alberto Magno, Ana, Bárbara, Gregorio Magno, Patricio, Vito.
Misioneros: Francisco Javier.
Molineros: Blas.
Moribundos: Catalina de Siena.
Movimiento *Scout* católico: Francisco Javier.
Mudos y sordos: Vito.
Mujeres malcasadas: Librada.
Música: Cecilia.
Músicos: Blas, Gregorio Magno, León Magno.
Niños: Pancracio.
Niños por nacer: José.
Nobleza: Francisco de Borja.
Nodrizas: Águeda, Catalina de Alejandría, Gil o Egidio, Pantaleón.
Notarios: Marcos.
Novias: Inés (Agnes) de Roma; **~ que buscan dote:** Nicolás de Mira (o de Bari).
Numismáticos: Eloy.
Oculistas: Lucía de Siracusa.
Oficios que usen ruedas (alfareros, molineros, carreteros, hilanderas...): Catalina de Alejandría.
Oficios susceptibles de la muerte súbita: montañeros, arcabuceros, aviadores...: Cristóbal.
Oprimidos: Nicolás de Mira (o de Bari).
Ópticos: Marcos.
Oradores: Juan Crisóstomo.
Orden trinitaria: Inés (Agnes) de Roma.
Órdenes militares (como la de San Juan): Juan el Bautista.

Orfebres: Clara de Asís, Eloy, Genaro o Jenaro.
Otorrinolaringólogos: Blas.
Padres: Joaquín, José.
Panaderos: Cayetano de Thiene, Felipe (apóstol).
Pañeros: Úrsula.
Papeleros: Domingo de Guzmán.
Parteras: Pantaleón.
Partos: Ramón Nonato.
Pastoras, -es: Domingo de Silos, Genoveva de París, Margarita de Antioquía, Pedro (apóstol).
Peleteros: Bartolomé, Eustaquio de Roma.
Peluqueros: María Magdalena.
Penitentes: María Egipciaca.
Peregrinos: Alejo, Brígida de Suecia, Jerónimo, Rafael, Roque, Santiago el Mayor.
Perfumistas: María Magdalena.
Periodistas: Francisco de Sales.
Pescaderos: Andrés, Pedro (apóstol).
Pescadores: Andrés, Pedro (apóstol), Simón Zelote, Telmo.
Picapedreros: Eulalia de Barcelona.
Pintores: Lucas.
Plateros: Eloy.
Pobres: Fernando III, Ivo de Bretaña, Lorenzo.
Poetas: Juan de la Cruz.
Policía municipal de Madrid: Juan el Bautista.
Políticos: Isidoro de Sevilla, Ivo de Bretaña.
Porquerizos: Blas.
Predicadores: Juan Crisóstomo, Vicente Ferrer.
Prensa católica: Pablo de Tarso.
Presos: Fernando III, Nicolás de Mira (o de Bari), Roque.
Procuradores: Ivo de Bretaña.
Profesores: Tomás de Aquino.
Prometidos: Valentín de Roma.
Prostitutas: María Egipciaca, María Magdalena.
Publicidad: Bernardino de Siena.
Pulidores: Miguel.
Radiólogos: Miguel.
Rederos: Pedro (apóstol).
Relojeros: Pedro (apóstol).
Sastres: Bartolomé, Bonifacio de Maguncia, Martín de Tours, Quintín.
Secretarios: Marcos.
Segadores: Antonio Abad o Antón, Pedro (apóstol), Roque.
Sirvientes: Marta.
Sistema educativo de la Iglesia Católica: Gregorio Magno.
Soldados: Margarita de Antioquía, Mauricio, Sebastián, Teodoro.
Solteras: Catalina de Alejandría.
Sombrereros: Blas, Felipe (apóstol), Santiago el Mayor.
Tapiceros: Sebastián.

Elementos de protección o cura

Abejas: Isidoro de Sevilla (de su ataque).
Accidentes en las cocinas: Pascual Bailón.
Almas del purgatorio: Gregorio Magno, Teresa de Jesús (las conforta).
Amistades falsas: Juan el Evangelista.
Animales domésticos: Silvestre (especialmente a los bovinos).
Avaricia: Ambrosio de Milán.
Caballos: Vicente Ferrer (los protege...).
Calambres: Mauricio.
Cálculos renales: Esteban.
Calumnias: Juan Nepomuceno, Ramón Nonato.
Cáncer: Elena.
Catástrofes naturales: Rita de Casia.
Cefalea: Pantaleón.
Ceguera: Rafael.
Cólera: Roque.
Cólicos renales: Apolinar de Rávena.
Convulsiones: Bibiana.
Corea*: Vito.
Corridas de toros: Saturnino.
Cosechas: Isidro, Vito.
Cultivos (de las heladas): Pancracio.
Demonio: Catalina de Siena, Gabriel, Miguel, Rafael.
Disentería: Andrés.
Dolor de cabeza: Bibiana, Engracia de Zaragoza, Esteban, Hugo de Grenoble, Vicente Ferrer.
Dolor de corazón: Librada.
Dolores de cabeza: Pedro mártir o Pedro de Verona.
Dolores del parto: Margarita de Antioquía.
Duda: José.
Enfermedades cardiacas: Teresa de Jesús.
Enfermedades de garganta: Silvestre.
Enfermedades de la lengua: Catalina de Alejandría.
Enfermedades de la piel: Antonio Abad o Antón, Bartolomé, Jorge.
Enfermedades de la vista: Lucía de Siracusa, Vito.
Enfermedades del aparato reproductor femenino: Engracia de Zaragoza.
Enfermedades del ganado: Pantaleón.

Enfermedades del pecho femenino (cáncer, mastitis, etc.): Águeda.
Enfermedades genitales: Apolinar de Rávena.
Enfermedades nerviosas: Bartolomé.
Enfermedades oculares (en alemán, ojo es *Auge*): Agustín de Hipona, Clara de Asís, Tomás (apóstol).
Enfermedades pulmonares: Bernardino de Siena.
Enfermedades venéreas: Antonio Abad o Antón.
Enuresis nocturna: Vito.
Envenenamientos: Benito de Nursia, Juan el Evangelista.
Epidemias de los animales: Roque.
Epilepsia: Bibiana, Elena, Valentín de Roma, Vicente Ferrer, Vito.
Erisipela gangrenosa: Genoveva de París.
Erupciones del Vesubio: Genaro o Jenaro.
Erupciones volcánicas: Águeda.
Escoceduras: Úrsula.
Esterilidad: Casilda, Francisco de Paula, Librada, Rita de Casia.
Estómago (dolor de...): Rosa de Lima.
Estrabismo: Pantaleón.
Familia cristiana (protege): José.
Fiebre: Ignacio de Loyola, Pablo de Tarso, Pedro (apóstol), Rosa de Lima.
Fiebre puerperal: Librada.
Fuego: Águeda.
Fuego de San Antón (gangrena): Antonio Abad o Antón.
Ganados (protege): Jorge.
Garganta: Blas.
Gota: Clemente, Leandro de Sevilla, Leocadia, Mauricio.
Granizo: Abdón y Senén, Bernabé, Felipe (apóstol).
Hemorragias uterinas: Casilda.
Hidrofobia: Vito.
Hidropesía: Quintín, Rosa de Lima.
Hipo: Blas.
Histeria: Vito.
Incendios: Lorenzo.
Infecundidad: Vito.
Inflamaciones glandulares: Cosme y Damián.
Insectos: Domingo de Silos.
Inundaciones: Juan Nepomuceno.
Jaqueca: Dionisio de París.
Ladrones: Nicolás de Mira (o de Bari).
Lepra: Antonio Abad o Antón.
Lluvia (la falta o el exceso de...): Genoveva de París.
Lobos: Ignacio de Loyola.
Locura: Pedro (apóstol).
Lumbago: Ambrosio de Milán, Lorenzo.
Mal de ojo: Cristóbal.
Mal tiempo: Clara de Asís, Santiago el Mayor.

Malas fortunas: Cayetano de Thiene.
Maleficios: Elena.
Maridos infieles y difíciles: Marta.
Matrimonio (para evitarlo): Alejo, Inés (Agnes) de Roma.
Matrimonio (para que sea feliz): Úrsula.
Matrimonios no deseados: Librada.
Miedos nocturnos y pesadillas: Gil o Egidio.
Migrañas: Catalina de Alejandría.
Mordedura de perros rabiosos: Dionisio de París.
Mordedura de serpiente: Pablo de Tarso, Vito.
Moribundos: Margarita de Antioquía.
Muerte (para que sea una *buena muerte*): José, Úrsula.
Muerte mala: Benito de Nursia.
Muerte súbita: Bárbara, Cristóbal, Sebastián.
Naufragios: Antonio de Padua, Nicolás de Mira (o de Bari), Telmo (Pedro González Telmo).
Niños maltratados (los protege): Ignacio de Loyola.
Panadizos*: Buenaventura.
Partos difíciles: Domingo de Silos, Librada, Ramón Nonato.
Perjurio: Pancracio.
Peste: Antonio Abad o Antón, Carlos Borromeo, Cosme y Damián, Jorge, Nicolás de Mira (o de Bari), Roque, Sebastián.
Picaduras de serpiente: Pedro (apóstol).
Plagas del campo: Valentín de Roma.
Pobreza: Ana.
Poseídos: Ignacio de Loyola.
Posesión demoníaca: Vito.
Problemas familiares: Eustaquio de Roma.
Quemaduras: Juan el Evangelista, Lorenzo.
Rabia: Pedro (apóstol).
Rayos: Bárbara, Cirilo de Alejandría, Pablo de Tarso, Vicente Ferrer.
Recuperación de objetos perdidos: Antonio de Padua, Elena.
Reúma: Felipe Neri.
Reumatismo: Leandro de Sevilla, Leocadia, Santiago el Mayor.
Ronquera: Bernardino de Siena.
Sabañones, migrañas, eczemas y calambres: Pancracio.
Sequía: Isidro.
Serpientes: Jorge.
Sífilis *(mal francés)*: Dionisio de París.
Soltería: Antonio de Padua.
Tempestades: Francisco de Borja, Francisco Javier.
Tentaciones de la carne (favorece la castidad): Tomás de Aquino.
Terremotos: Felipe Neri, Francisco de Borja, Vicente Ferrer.
Tiña: Cosme, Damián, Esteban.

Tormentas: Margarita de Antioquía, Telmo (Pedro González Telmo), Vito.
Tos: Blas.
Tos convulsa: Quintín.
Tuberculosis: Casimiro.
Úlceras estomacales: Diego de Alcalá.
Viruela: Rita de Casia.
Vocaciones sacerdotales: Bruno.

Vocabulario

A.M.D.G.: Divisa de la orden de los jesuitas. Es un acrónimo de *Ad maiorem Dei gloriam* («Para mayor gloria de Dios»), frase atribuida a san Ignacio de Loyola. Aparece reflejada en numerosas representaciones del santo o en alegorías que hacen referencia a la orden de los jesuitas.

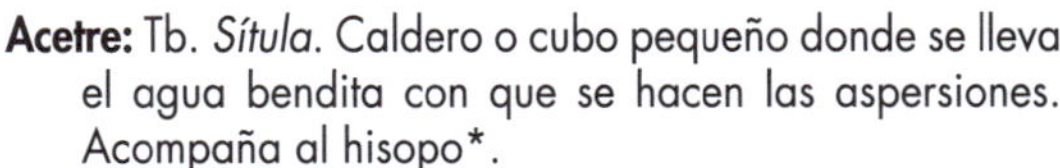

Acetre: Tb. *Sítula*. Caldero o cubo pequeño donde se lleva el agua bendita con que se hacen las aspersiones. Acompaña al hisopo*.

Ad infinitum: Locución latina que significa «indefinidamente». Se refiere al nombramiento de los apóstoles, que abarcaba el presente y el futuro, ya que, como tales,

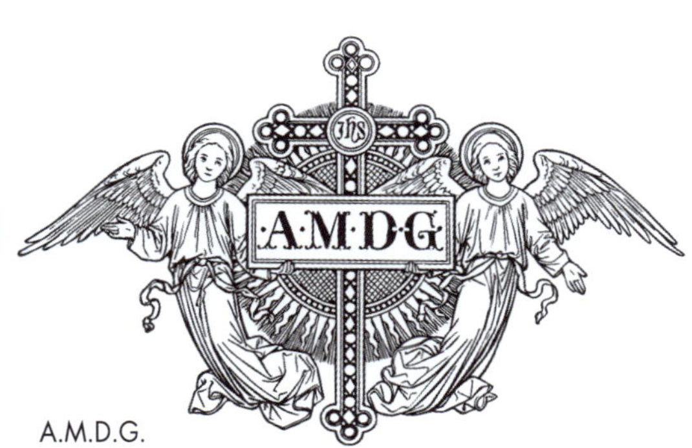

A.M.D.G.

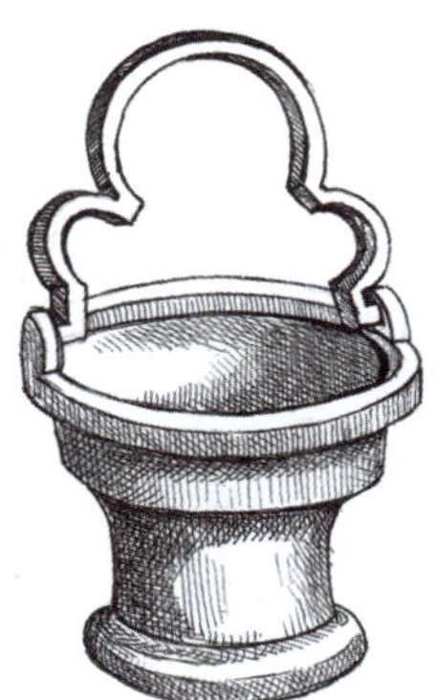
Acetre

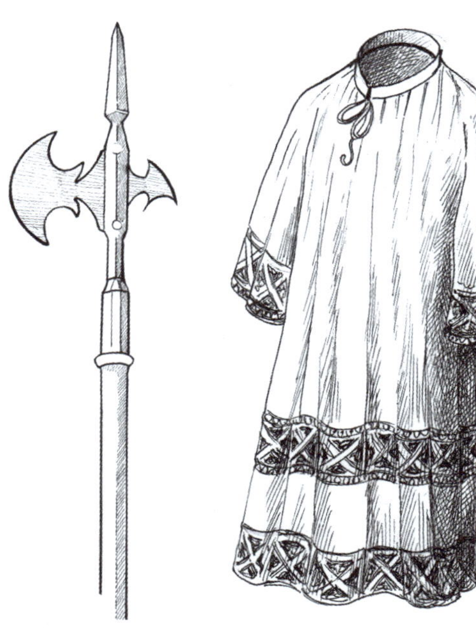

Alabarda

Alba

juzgarían a las doce tribus de Israel. De ahí la importancia de que sean doce, razón por la cual se sustituyó a Judas Iscariote por Matías para mantener el número.

Alabarda: Arma terminada en punta de lanza con una cuchilla transversal de formas muy diversas que tiene el aspecto de un hacha a la que se opone un pincho, y que está unida a un astil de madera de unos dos metros de longitud.

Alba: Prenda larga, de lino blanco, que cubre el cuerpo del sacerdote.

Alcantarinos: Una de las muchas ramas en las que se desgajaron los frailes menores o franciscanos. Son partidarios de la estricta observancia y de la pobreza. Reformados por Pedro de Alcántara entre 1542 y 1544. Se les llama también franciscanos descalzos o conventuales reformados.

Almorávides: Imperio norteafricano de creencias musulmanas radicales, creado en el siglo XI y desaparecido en el XII. Llegó a dominar la España musulmana entre 1093 y 1148.

Anacoreta: Religioso que vive solo en un lugar apartado, dedicado por entero a la contemplación, la oración y la penitencia.

Ángel custodio: Véase *Ángel de la guarda*.

Ángel de la guarda: Tb. *Ángel custodio.* En la escala de los ángeles, ocupa el nivel más bajo y su misión es la de vigilar o guardar a una persona en concreto.

Anunciación: Hecho en el que el arcángel* san Gabriel informa a la Virgen de que engendrará y tendrá un hijo que será *Hijo del Altísmo.*

Apócrifos: Se dice de los libros o documentos que no son considerados por la Iglesia de inspiración divina. Destacan los *Evangelios apócrifos,* que no están aceptados en el canon de la Biblia por las distintas Iglesias cristianas. Véase *Evangelios apócrifos.*

Árbol de Navidad: Su origen se le atribuye a san Bonifacio, cuando cortó un roble adorado por los paganos y lo sustituyó por un pino, al que adornó con manzanas, que simbolizan el pecado original, y velas, que representan la luz de Jesucristo.

Arcángel: Los ángeles no son todos iguales. Existe una jerarquía dentro de ellos. Las versiones sobre esta varían, pero generalmente se acepta la del *Pseudo Dionisio Areopagita,* que establece tres órdenes y nueve jerarquías, cada una más importante que la anterior. El primer orden incluye a los serafines, los querubines y los tronos; el segundo, las dominaciones, las virtudes y las potestades, y el tercero, los principados, los arcángeles y los ángeles.

Los arcángeles son especiales, pese a ser los penúltimos en importancia, ya que entre los muchos ángeles son los únicos que no son anónimos. Son siete, entre los que destacan Gabriel, Miguel y Rafael. Los otros son Uriel, Baraquiel o Maltiel, Jehudiel o Jofiel y Sealtiel o Zeadkiel. Todos terminan en *-el,* que significa *Dios.* Dejar de ser anónimos les ha dado una gran importancia iconográfica.

Archidiácono: Tb. *Arcediano.* Diácono* principal de una catedral. Se ocupaban principalmente de las obras de caridad de parte del obispo, de administrar las diócesis y finalmente de dirigir algunas zonas (especialmente rurales) llamadas archidiaconatos o arcedianatos. Estas zonas fueron sustituidas por el Concilio de Trento y la figura del archidiácono fue decayendo desde entonces hasta desaparecer por completo.

Arrianismo: Corriente cristiana que no cree en la Santísima Trinidad. Para ellos Jesús fue creado por el Padre y está subordinado a él. Esta idea, considerada una herejía por los católicos, fue predicada por Arrio, que negaba que Jesús tuviera la condición divina de Dios Padre.

Arriano: Seguidor de la corriente herética del arrianismo*, que niega la Santísima Trinidad y afirma que el Hijo fue creado por el Padre; procede de la interpre-

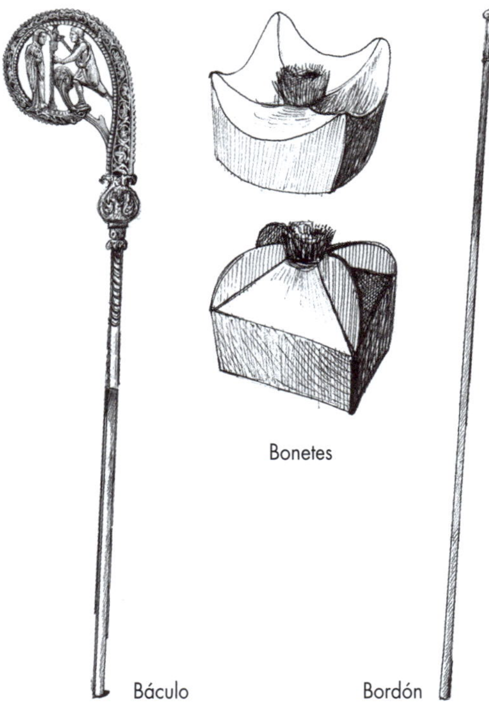
Bonetes

Báculo

Bordón

tación de Juan 14: 28: «porque el Padre es más grande que Yo».

Aspersorio: Véase *Hisopo*.

Báculo: Cayado que usan los altos cargos religiosos como atributo pastoral.

Bagaudas: Término genérico con el que se designa al movimiento de bandas rebeldes contra la autoridad imperial que se produce en la Galia e Hispania en torno al final del siglo III. Los integrantes tenían en común que eran personas al margen de la ley, generalmente campesinos evadidos de sus obligaciones fiscales, colonos o indigentes.

Bonete: Gorro o sombrero, generalmente de cuatro picos, usado por eclesiásticos o seminaristas.

Bordón: Bastón más alto que la estatura de un hombre que suelen llevar los peregrinos.

Caballete: Instrumento de tortura parecido al potro* que estiraba los miembros de los condenados y tenía forma triangular.

Caldarium: Dependencia del agua caliente en las termas romanas.

Calvinismo: Doctrina protestante, creada por Calvino, en la que entre otras cuestiones se afirma que Dios predestina a unas personas para que se salven y que se basa en la sabiduría y soberanía absolutas de Dios.

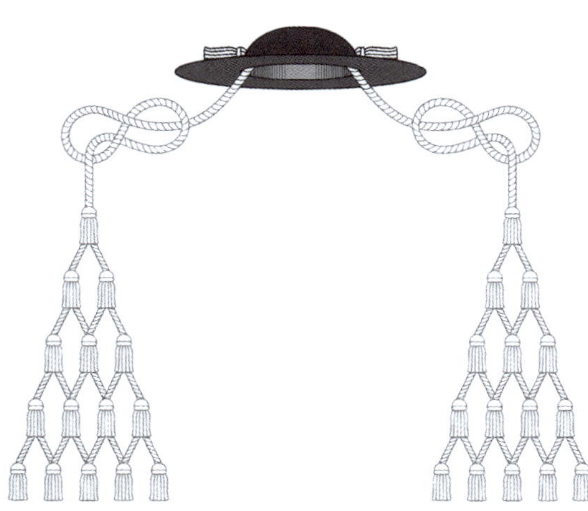
Capelo cardenalicio

Canónigo: Que pertenece a un colegio o cabildo.

Canonjía: Cargo de canónigo. El canónigo es un miembro del cabildo de una catedral o iglesia y tiene un cargo. Generalmente es un puesto bien remunerado y que supone poco trabajo.

Capelo cardenalicio: Sombrero de ala ancha, con cordones terminados en borlas que caían sobre el pecho. Su origen está en los sombreros de los peregrinos. Utilizado frecuentemente en la Iglesia Católica, sustituyó a la mitra* en los tocados cardenalicios y las representaciones heráldicas.

Capítulo: Órgano colegiado que asiste al obispo en el gobierno de su diócesis, a modo de senado, y para suplirlo en dicho gobierno en caso de que la sede quede vacante. En origen la reunión se iniciaba con la lectura de un capítulo de la regla fundacional.

Cardenal: Es un título honorífico, ajeno al orden sacerdotal; aunque en la actualidad es necesario ser al menos presbítero para ser nombrado cardenal, en una época no era obligatorio ser sacerdote. Su misión principal consiste en elegir al papa.

Carta apostólica: Documento oficial y solemne elaborado por el papa que no va dirigido a toda la Iglesia mundial y que sirve para que el pontífice declare o promulgue alguna cuestión de interés.

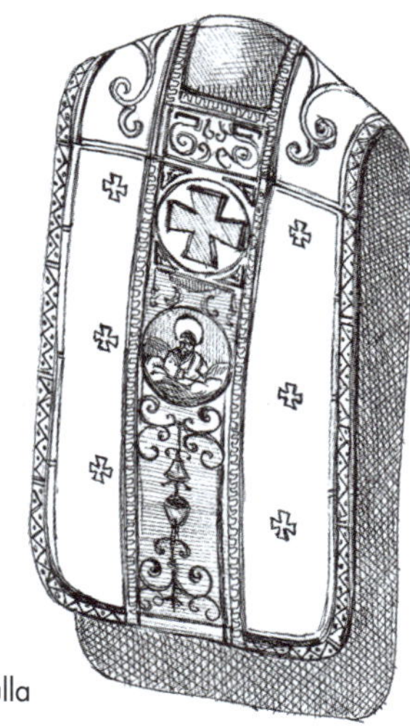

Casulla

Casulla: Vestidura exterior que se pone el sacerdote sobre el alba* para decir misa.

Cátaros: Movimiento religioso que se inició en el siglo X en Europa Occidental y alcanzó en el siglo XIII su máxima difusión en el Languedoc (zona sur de Francia). Este movimiento afirmaba que existían dos mundos (dualismo maniqueo) en continua lucha, uno espiritual, creado por Dios, y otro material, creado por Satanás. Para salvarse, el hombre debía practicar la pobreza y llevar una vida de oración y renuncia de los bienes materiales. Por ello desarrollaron unos rituales propios rigoristas, en busca de la pureza primitiva del cristianismo. Fue duramente perseguido por la Iglesia Católica desde comienzos del XIII.

Catasta: Tablado donde se exponía a los esclavos para ser vendidos. Este mismo término se aplicó a la plataforma sobre la que se torturaba a los mártires cristianos. También recibe este nombre un potro con forma de aspa o cruz de San Andrés al que se ataba al acusado, separando después, por medio de cuerdas y garruchas, los brazos del aspa hasta descoyuntar por completo los miembros del sometido a tormento.

Catecúmeno: Persona que se está preparando para recibir el bautismo; en los primeros momentos del cristianismo era difícil y se hacía con bastante precaución y ceremonial.

Cátedra: Asiento elevado o púlpito desde el que se habla al público. En el caso de san Pedro, la cátedra tiene el carácter simbólico de indicar su supremacía sobre la Iglesia.

Cefaloforía: Fenómeno que se refiere a los santos que sostienen su cabeza en las manos tras haber sido decapitados en su martirio. Existen varios ejemplos, como san Denís de París, san Miniato o san Régulo.

Cenáculo del Aventino: El Aventino es una de las colinas de la ciudad de Roma. El *cenáculo del Aventino* era el nombre que se le daba al círculo de damas romanas piadosas reunidas en torno a una viuda romana, Marcela, en el siglo IV.

Centauro: Criatura de la mitología clásica grecorromana, mitad hombre y mitad caballo.

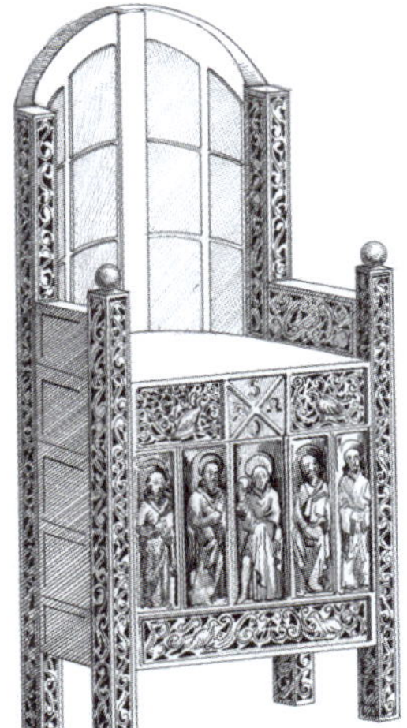

Cátedra

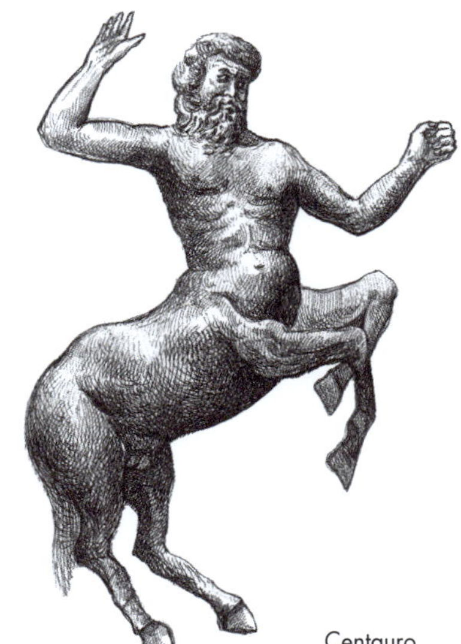

Centauro

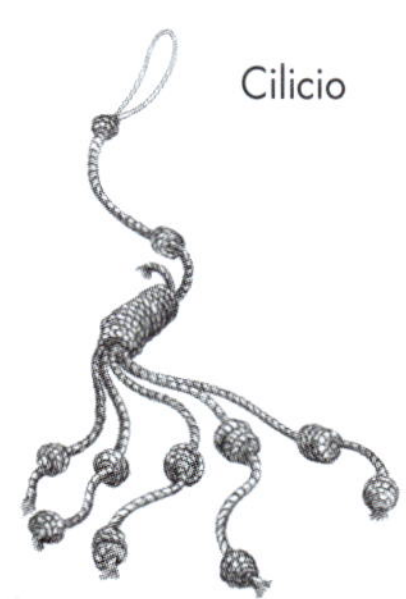
Cilicio

Cilicio: Faja de cerdas o de cadenillas de hierro con puntas que, ceñida al cuerpo, junto a la carne, se usa como mortificación del mismo. También es una vestidura de tela áspera que se usaba antiguamente como penitencia. Puede adoptar otras formas.

Cisma de Occidente: Periodo entre 1378 y 1417 en el que se rompió la unidad de la Iglesia Católica. En un principio hubo dos papas, el de Roma y el de Aviñón, y las potencias europeas se adscribieron a la obediencia de uno o de otro por razones políticas. Los intentos de nombrar a un único pontífice en el Concilio de Pisa agravaron el problema, pues llegó a haber tres papas simultáneamente. Tras el Concilio de Constanza en 1415 y la elección de Martín V, el cisma se resolvió, si bien durante unos años Benedicto XIII, el Papa Luna, se negó a renunciar a su dignidad papal, refugiándose en Peñíscola.

Císter: Orden monástica católica del siglo XI. Estaba basada en la orden benedictina a la que reformó.

Clámide: Capa ligera de lana que llevaban los soldados griegos y romanos.

Compromiso de Caspe: Pacto establecido en 1412 por representantes de Aragón, Valencia y Cataluña para elegir rey de la Corona de Aragón a Fernando de Trastámara, al haber muerto sin sucesión Martín I.

Concilio de Nicea: El primer Concilio de Nicea, celebrado en 325, es el que, entre otras decisiones, redacta el credo católico y condena el arrianismo*.

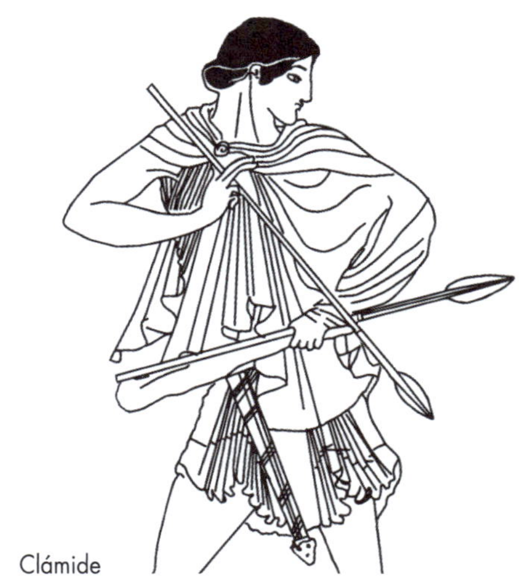
Clámide

Concilio de Trento: Concilio celebrado en la ciudad de Trento entre 1545 y 1563 con veinticinco sesiones. Condenó las teorías protestantes y reformó la administración de la Iglesia Católica, que estaba afectada por una enorme corrupción. Algunos lo consideran el concilio más importante de la historia.

Cónsul: El cargo más elevado durante la República de Roma. Cuando Roma se convirtió en imperio, fue una figura más representativa, que tenía un poder local.

Corea: Enfermedad neurológica, hereditaria y degenerativa. Se caracteriza por movimientos involuntarios y anormales de los pies y las manos.

Credite o ghoti consubstantialem Patri: Lema de san Leandro que exhorta a los visigodos arrianos* para que crean que Jesucristo tiene y es de la misma esencia que el padre.

Cruz: Símbolo o figura formada básicamente por dos líneas que se cortan entre sí en ángulo recto. Representa, en el arte occidental, el castigo de la crucifixión que sufrió Jesús; ~ **arzobispal:** Véase *de doble travesaño;* ~ **aspada:** Véase *de San Andrés;* ~ **de doble travesaño:** Véase *patriarcal;* ~ **de San Andrés:** Con los travesaños unidos formando una x; ~ **de San Jorge:** Cruz roja sobre fondo blanco utilizada en banderas y escudos heráldicos. Su forma varía mucho, desde una cruz griega donde ambos travesaños son de igual longitud hasta la que tiene el travesaño vertical *(stipes)* más largo. Igualmente existen variantes en las que el travesaño horizontal *(patibulum)* puede ser el de mayor longitud; ~ **de San Pedro:** Cruz latina invertida; ~ **de Santiago:** Acabada en punta y con adornos en cada uno de los otros extremos; ~ **flordelisada:** Que incluye una flor de lis en cada una de sus terminaciones; ~ **griega:** En ella los dos travesaños, perpendiculares entre sí, son de idéntica longitud; ~ **papal:** Véase *pontificia;* ~ **patriarcal:** Tb. *de doble travesaño o arzobispal.* Con dos brazos horizontales, uno más pequeño encima del otro, es el símbolo de los patriarcas y de las grandes comunidades cristianas. Santo Domingo la lleva por haber sido el primer fundador de una orden religiosa que traslada a sus monjes a la ciudad, abandonando las zonas rurales; ~ **pectoral:** Cruz que llevan colgada sobre el pecho el papa, los obispos, los abades y otras diginidades eclesiásticas, lo que simboliza su autoridad. Puede ser sencilla o pontificial, que es la que se usa en las mayores solemnidades y que suele estar decorada con joyas. El cordón varía igualmente según quien sea su usuario. El papa usa un cordón solo dorado; los obispos, verde y dorado, y los cardenales, rojo y dorado; ~ **pontificia:**

Tb. *papal*. Lleva tres travesaños de diferente longitud, que va decreciendo, de modo que el inferior es el de mayor tamaño; simboliza la autoridad del papa como obispo de Roma, patriarca de Occidente y sucesor del apóstol san Pedro; ~ **procesional:** Es la que se utiliza en las procesiones. En un principio (siglo IV), solía ir al extremo de una larga pértiga, aunque posteriormente, al utilizarse también para ser colocada en los altares, perdió la extensión y se llevaba directamente en la mano, agarrándola por el travesaño vertical o *stipes*. Suele estar ricamente decorada y, en un principio, solía ser de doble travesaño horizontal.

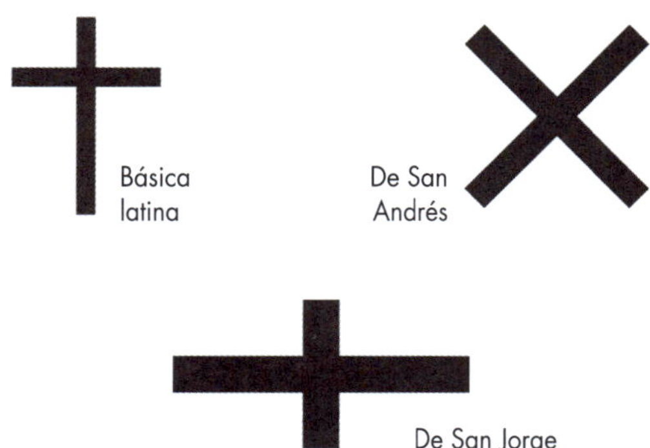

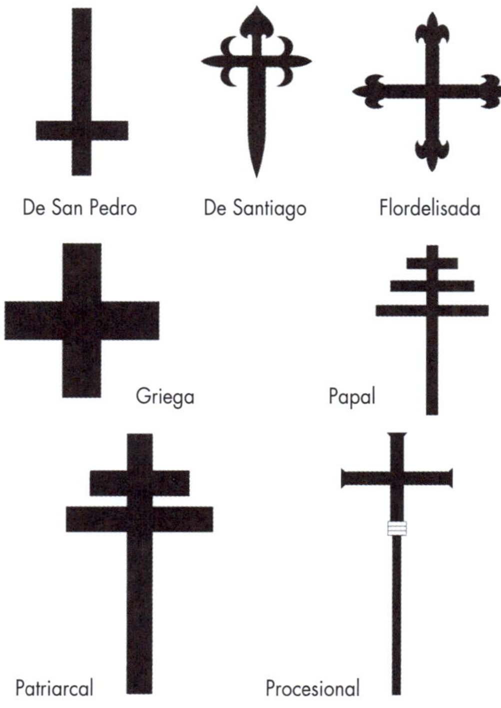

Cuatro doctores de la Iglesia de Oriente: Padres de la Iglesia primitiva de rito griego; son Atanasio de Alejandría, Gregorio Nacianceno, Basilio el Grande y Juan Crisóstomo. Estos tres últimos eran llamados «los tres jerarcas».

Custodia: 1. Pieza de orfebrería de la liturgia católica en la que se expone la hostia consagrada. **2.** Templete o trono donde se coloca la custodia.

Dalmática: Vestidura religiosa con mangas muy anchas de modo que la prenda extendida forma una cruz; se pone por encima del alba* y es propia del diácono*. También es usada por el obispo bajo la casulla cuando celebra de pontifical. Se usa en la liturgia cristiana desde el siglo IV. El color era generalmente blanco, adornado con *clavi* (ornamento en tiras generalmente de color púrpura, bordadas y aplicadas de arriba abajo) y *calliculae* (discos y florones de telas coloreadas y bordadas que se aplicaban sobre el vestido de forma aleatoria), de uso romano. A partir del siglo XIII se reemplazaron por galones, franjas y otras piezas bordadas. Desde el siglo XV tiene cordones de los que penden grandes borlas y puede ser de color azul. Véase *Alba*.

Deán: Cargo eclesiástico que puede presidir el capítulo (órgano eclesiástico con personalidad jurídica y auto-

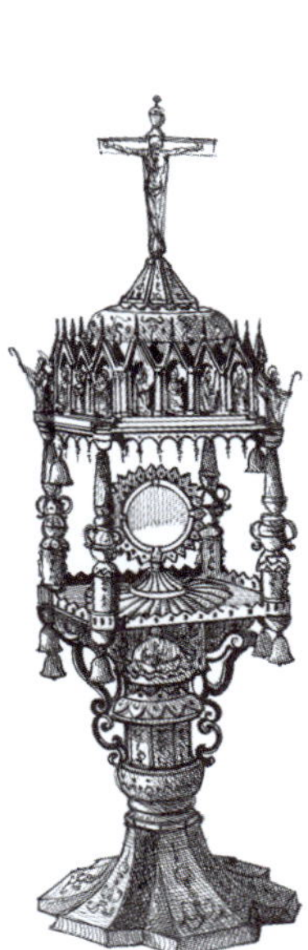
Custodia

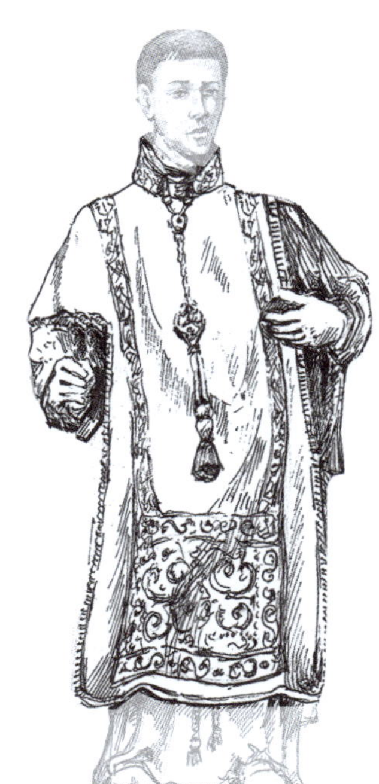
Dalmática

nomía en el ámbito de su jurisdicción) del cabildo de una iglesia o catedral.

Decimatio: Castigo extremo que se aplicaba en el ejército romano y que implicaba a toda una unidad, legión, cohorte, etc. Consistía en matar a uno de cada diez soldados. La legión se dividía en grupos de diez y, dentro de cada uno de ellos, por sorteo, se elegía a uno, que sería muerto por sus compañeros, por lapidación o golpes de vara. Igualmente se obligaba a los supervivientes a dormir fuera del campamento.

Delfín: Título nobiliario francés reservado a los herederos del trono de Francia, usado desde 1349 hasta el siglo XIX.

Depositio Martyrium: Es un martirologio* o catálogo de santos y mártires de la Iglesia Católica.

Desposorio místico: Se trata de un encuentro místico con Dios, en éxtasis, en el que una mujer «desposa» a Jesucristo mediante una visión en donde se une de forma íntima y puramente espiritual con Dios.

Diácono: Su cometido ha cambiado con el tiempo, pero en los primeros años del cristianismo era un asistente de los discípulos; el cargo se confería por imposición de las manos.

Diácono regionario: El diácono encargado de una división territorial, zona, barrio, distrito, etc.

Diáspora: Dispersión forzosa de un pueblo. El término suele aplicarse a los judíos que viven fuera de Palestina. La primera se produjo en el siglo VI a.C., tras la destrucción del primer templo por Nabucodonosor. Hay una segunda diáspora después del año 70 d.C., cuando Tito tomó Jerusalén. En general, el término se refiere a los judíos dispersos por el mundo.

Dionisos: Dios de la mitología griega. La tesis etimológica que explica el origen de los compañeros de Dionisio de París se basa en que el otro apodo de Dionisos era *Eleutherios* (libre), y que habitaba en los bosques y en la naturaleza; era, pues, un dios *rusticus*. Ello explicaría los nombres de Eleuterio y Rústico elegidos para acompañar a san Dionisio.

Doctor de la Iglesia: Título otorgado a ciertos santos en razón de su influencia como maestros de la fe, erudición religiosa y difusión de las ideas de la Iglesia. Se concede por el papa o un concilio ecuménico. En un principio fueron ocho, cuatro de la Iglesia Latina (Ambrosio, Agustín, Gregorio Magno y Jerónimo) y cuatro de la Griega (Atanasio, Basilio, Gregorio Nacianceno y Juan Crisóstomo). Con el tiempo se les han unido otros veintiocho más.

Donación de Constantino: Documento supuestamente otorgado por el emperador Constantino I al papa Silvestre I por el cual le concedía la ciudad de Roma y una serie de territorios en Italia. Los papas justificaron la existencia de los Estados Pontificios y sus derechos territoriales en general gracias a esta donación. En 1440 el humanista Lorenzo Valla demostró que el documento era una falsificación, posiblemente realizada en el siglo VIII.

Donatismo: Movimiento religioso cristiano del siglo IV que tuvo su origen en Cartago, Numidia (Argelia). El obispo de la ciudad, Donato, indicaba que solo los sacerdotes de vida intachable podían administrar los sacramentos. Surge como reacción ante los cristianos que no habían mostrado suficiente entereza ante las persecuciones de Diocleciano. La posición de la Iglesia Católica rebatía esta doctrina argumentando que el sacramento era válido independientemente de la moral del clérigo que lo suministraba; es decir, defendía la «objetividad del sacramento». Aunque fue condenado en el Concilio de Arles en el año 314 y duramente perseguido, se mantuvo en algunas zonas del Imperio Romano de Oriente hasta la llegada del islam.

Eremita: Persona que vive sola en un lugar deshabitado, especialmente para dedicar su existencia a la oración y al sacrificio.

Eremitorio: Lugar solitario habitado por un eremita o por varios que viven separadamente; a veces hay una ermita o capilla que puede ser lugar de peregrinación.

Escolástica: Movimiento filosófico y teológico que intentó utilizar la razón, y, en particular, la filosofía de Aristóteles, para comprender el contenido sobrenatural de la revelación cristiana. Constituye la principal corriente teológica hasta el siglo XVI.

Escorpiones: Instrumento de tortura de forma variada pero que consistía básicamente en un látigo o azote compuesto de cadenas, en cuyos extremos había puntas o garfios retorcidos como la cola de un escorpión.

Esenios: Los esenios integraban una de las sectas judías contemporáneas a Jesús. Se había desarrollado desde el siglo II a.C., y tenía en Qumran uno de sus principales focos. Su doctrina pudo influir en el cristianismo primitivo por sus ideas de fraternidad, de bautismo ritual o su esperanza mesiánica.

Esfera armilar: Instrumento astronómico, compuesto de anillos que representan las posiciones de los círculos más importantes de la esfera celeste.

Estigmas: Marca o señal que aparece en el cuerpo de algunos santos coincidiendo con las heridas que tenía Cristo fruto de la pasión, generalmente en las manos o pies, aunque también en el costado o la cabeza.

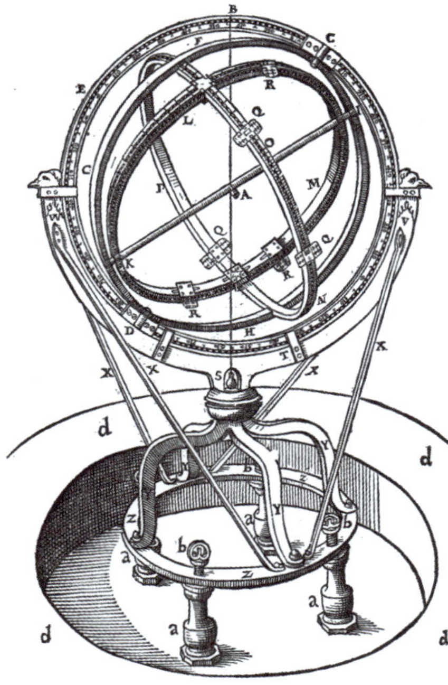

Esfera armilar

Estas marcas muestran la especial unión del santo o santa con Cristo y su pasión.

Estola: Elemento de la liturgia cristiana consistente en una larga y estrecha tela que se pone alrededor de los hombros.

Evangeliario: Libro en el que se compendian, siguiendo el orden litúrgico, las lecturas evangélicas correspondientes a cada uno de los días del año.

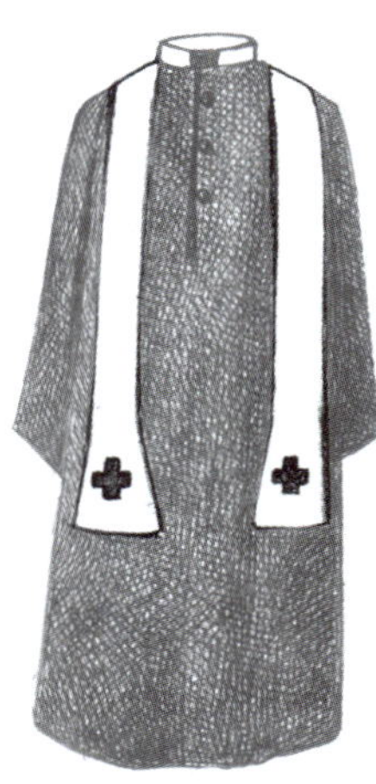

Estola

Evangelios apócrifos: Escritos surgidos en torno a la figura de Jesús que no fueron incluidos en el canon de la Iglesia, que limitó los verdaderos evangelios a cuatro: Juan, Lucas, Mateo y Marcos. El resto no se consideran parte de la verdad revelada. Véase *Apócrifos*.

Evangelios canónicos: Son los escritos de carácter evangélico admitidos en el canon o lista de libros aceptados como verdadera revelación de la palabra de Dios por las Iglesias cristianas. Son cuatro: los de Mateo, Marcos y Lucas (denominados sinópticos por su similitud narrativa y de contenido) y el evangelio de Juan.

Fariseo: Grupo religioso del judaísmo, defensor de la ley mosaica y de su cumplimiento estricto. Sus integrantes se hicieron con el control ideológico de la comunidad judía.

Filacteria: Banda estrecha con inscripciones que se representa como un pergamino, con los extremos enrollados.

Garrucha: Polea de la que se colgaba a los reos para estirarlos hasta descoyuntar las extremidades o ser apaleados.

Gentil: Término utilizado por los judíos para referirse a las personas o naciones no judías. Por extensión, los cristianos lo usaron para denominar a los que tienen creencias religiosas diferentes de las suyas, asimilándose al término *paganos*. Se puede usar en plural. Véase *Gentiles*.

Gentiles: Nombre que dan los judíos a los que profesan otras religiones.

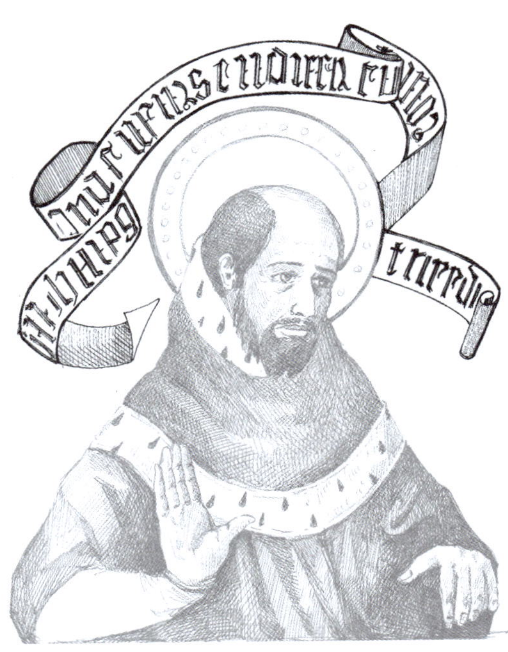

Filacteria

Gorro frigio: Especie de caperuza, de forma cónica pero con la punta curvada, confeccionada habitualmente con lana o fieltro. Procede de Frigia, en la actual Turquía. En época romana, el gorro frigio era el distintivo de los libertos.

Hachón: Cirio o antorcha grande compuesta de cera, madera o haz de leña. Usado para encender fuego en la parte superior y con él alumbrar o quemar.

Herejía albigense: Véase *Cátaros.*

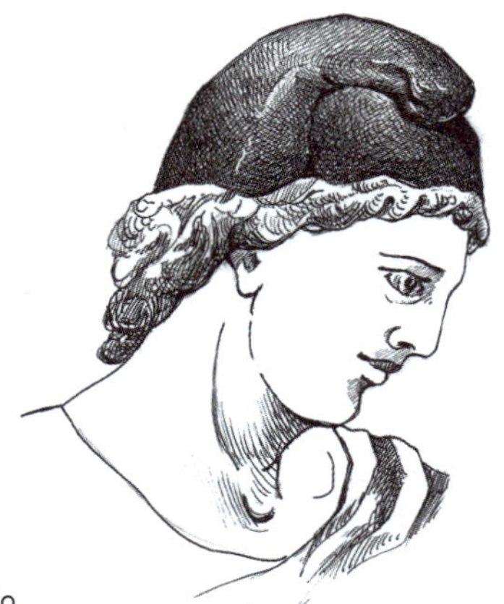

Gorro frigio

Hisopo: Tb. *Aspersorio.* Instrumento que sirve para bendecir. Puede tener varias formas, pero en general consiste en una varilla de metal o madera en cuyo extremo hay una esfera hueca, capaz de retener el agua y expulsarla por unos finos agujeros. En el momento de la bendición, el sacerdote sumerge la esfera en un recipiente con agua bendita (acetre*) y luego asperja sobre los fieles el líquido en gotas. El origen del nombre se debe a que en un principio se usaba para estos menesteres un ramillete de la planta aromática de nombre hisopo. Algunos hisopos se representan con un ramillete al final en vez de la esfera antes citada.

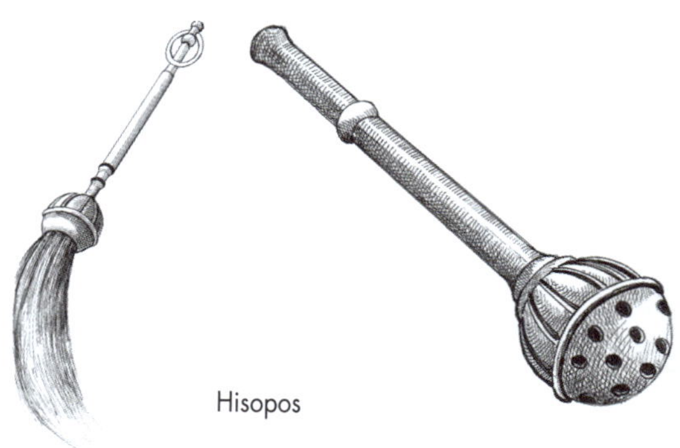

Hisopos

Hugonotes: Término con el que se designa a los protestantes franceses, de doctrina calvinista, durante los siglos XVI y XVII.

Ideal neogótico: Tb. *Neogoticismo.* Corriente ideológica que se desarrolla en los primitivos reinos cristianos de la Península Ibérica, especialmente en Asturias, desde finales del siglo VIII, y que considera necesario recuperar el territorio del antiguo reino visigodo, desaparecido tras la invasión musulmana en el año 711. Esta idea fue alentada por los exiliados mozárabes que habían sido expulsados de Al-Ándalus.

Iglesia Copta: Nombre que recibe la iglesia egipcia fundada en el siglo I. Su principal diócesis, Alejandría, se considera de rango superior por haber sido fundada y ocupada por Marcos, evangelista y discípulo de Jesús.

IHS (monograma de Cristo o Jesús; monograma IHS): Tb. *JHS.* Es un monograma del nombre de Jesucristo (un cristograma). Está compuesto por las tres primeras letras del nombre de Jesús en griego (ΙΗΣΟΥΣ), Iota-Eta-Sigma. Existen diferentes variantes. La que usa una J en lugar de la I es el resultado de utilizar la forma latina. Puede fundirse con otros símbolos, como una cruz, o aparecer inscrita en un sol radiante.

Imán: Persona que dirige la oración colectiva en el islam. Entre los chiíes, es el guía de una comunidad.

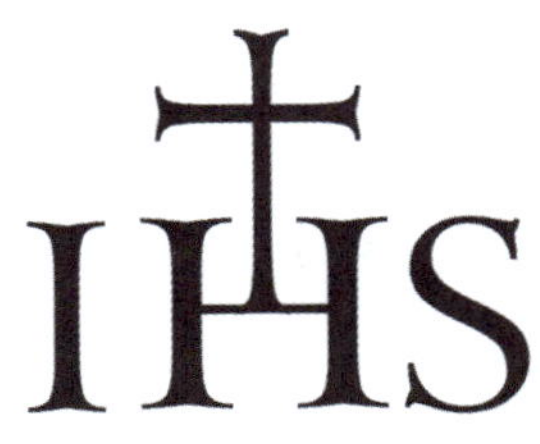

Monograma de Cristo o Jesús

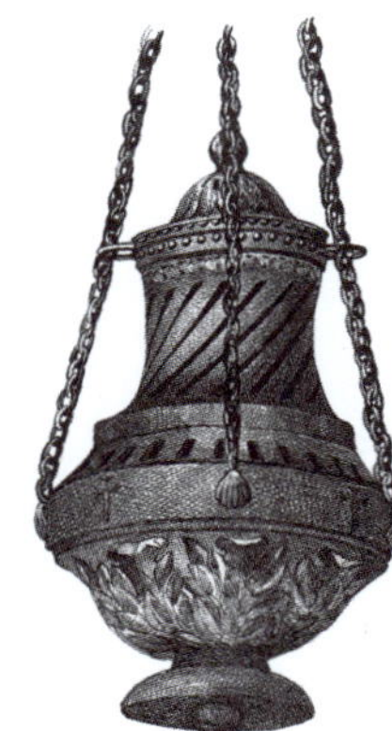

Incensario

Incensario: Brasero pequeño, calado, con cadenillas y tapa que sirve para incensar.

Inmaculada Concepción: Dogma católico que considera que María fue concebida sin el pecado original con el que todos nacemos y, por tanto, estuvo siempre libre de todo pecado.

Insignias episcopales: Son los elementos principales que utilizan los obispos y que los representan. Destacan el anillo, la cruz pectoral*, la mitra* y el báculo*.

JHS: Véase *IHS.*

Jubileo: Indulgencia plenaria que el papa de Roma concede a los católicos en ocasiones especiales.

Juez eclesiástico: Es el juez que aplica la ley en un tribunal eclesiástico, organismo jurídico donde se juzga con el derecho canónico cualquier violación de las leyes de la Iglesia.

La leyenda dorada: Compilación hagiográfica del dominico Santiago de la Vorágine, arzobispo de Génova en el siglo XIII. Obra fundamental sobre la vida de los santos cristianos.

Lactación de la Virgen: Se refiere al hecho de que la Virgen María amamante al Niño Jesús. Estaría incluido dentro del modelo iconográfico de Virgen de la leche. El término se aplica igualmente al hecho de que la Virgen concediera una gracia especial a un santo y le rociara con su leche. Por ejemplo, a san Bernardo, mientras dormía o rezaba, le lanzó en la boca leche de su pecho, concediéndole así el don de la elocuencia o recompensándole por su oración.

Landgrave: Título nobiliario usado normalmente en el Sacro Imperio Romano-Germánico y comparable al de príncipe soberano de un territorio.

Látigo emplomado: Es el que lleva en el extremo de la cuerda o cuero unas bolas de metal para aumentar el daño que se inflige a los torturados.

Lazareto: Hospital o edificio similar, más o menos aislado, donde se tratan enfermedades infecciosas como la peste.

Leví: Véase *Levitas.*

Levitas: Descendientes de Leví, tercer hijo de Jacob, fundador de la tribu de Israel que lleva su nombre. A ellos se les había confiado el cuidado del Tabernáculo y el Templo. Los sacerdotes se escogían entre ellos.

Ley de las Doce Tablas: Legislación romana básica que recogía las normas de convivencia de la República romana. Fue publicada en el siglo V a.C. La Tabla X indicaba la prohibición de incinerar o inhumar cadáveres dentro de los límites de la ciudad *(pomerium).*

Loron: Véase *Loros.*

Loros: Tb. *Loron*. Pieza de la ropa de los emperadores bizantinos. El *loros* era una banda ancha bordada en oro y ricamente decorada que se enrollaba sobre la dalmática* alrededor de hombros y torso del emperador bizantino y caía verticalmente desde la cintura hacia las rodillas en la parte frontal. El *loros* podía ser utilizado solo por el emperador y la emperatriz bizantinos; sin embargo, en ciertas ocasiones aparece en las representaciones de los arcángeles* Miguel y Gabriel en la iconografía ortodoxa.

Lupercales: Véase *Lupercalias.*

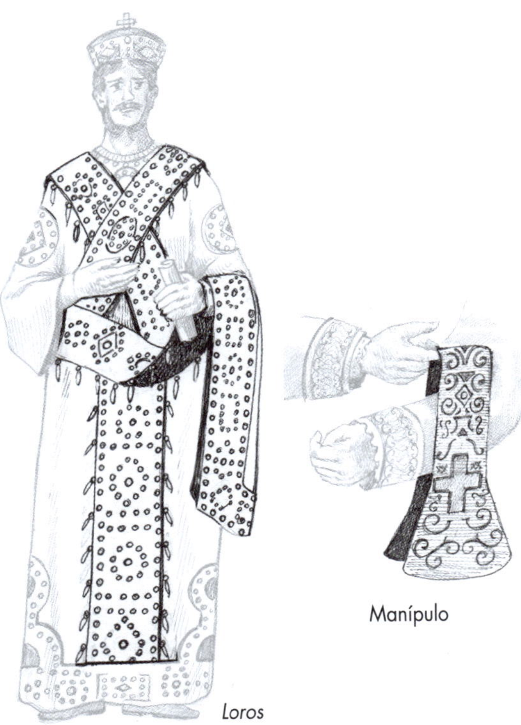
Loros

Manípulo

Lupercalias: Tb. *Lupercales.* Fiesta romana celebrada el 15 de feberero en honor de Fauno o Pan Luperco. En ellas se sacrificaba una cabra en la cueva del Lupercal. Luego los sacerdotes, manchados de sangre, corrían hasta el Palatino golpeando a todo el que quisiera recibir el don de la fecundidad.

Manípulo: 1. Ornamento en forma de pañuelo o estola pequeña que es usado en la liturgia católica sujeto al antebrazo izquierdo sobre la manga del alba*. **2.** Unidad de combate del ejército romano que contaba con unos ciento sesenta hombres.

Maniqueísmo: Religión creada por el persa Manes (215-276) y que afirma que hay una lucha eterna entre dos principios, el Bien (la luz de Dios, el espíritu del hombre) y el Mal (el demonio, la oscuridad y el cuerpo del hombre); sus adeptos debían practicar un riguroso ascetismo, despreciando la materia y el cuerpo.

Maniqueos: Seguidores del maniqueísmo. Véase *Maniqueísmo.*

Martirologio: Catálogo de santos y mártires de la Iglesia Católica ordenados por la fecha de la celebración de sus fiestas; **~ jeronimiano:** El Martirologio de san Jerónimo o jeronimiano es del siglo VI y anónimo, aunque se atribuye a san Jerónimo con el fin de darle mayor credibilidad.

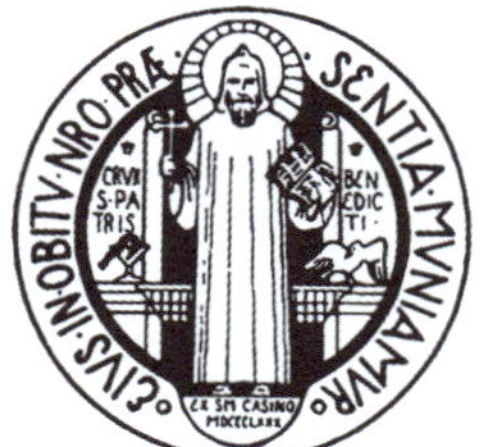

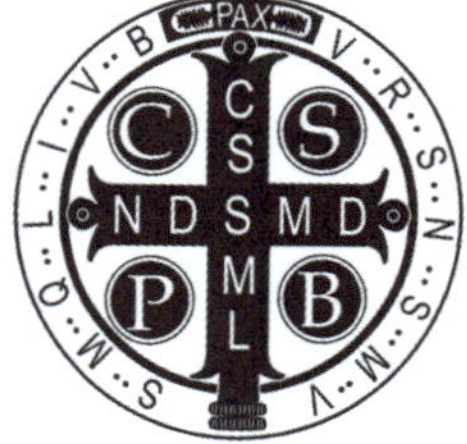

Medalla de san Benito

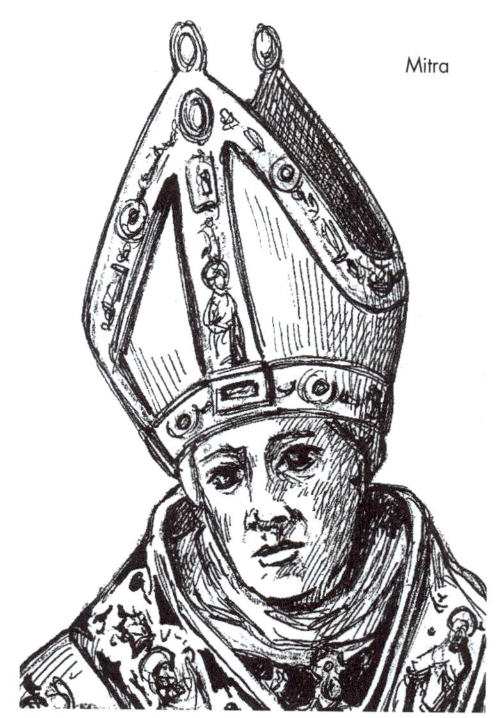

Mitra

Medalla de san Benito: Medalla que goza de una extendida fama como protección ante las enfermedades del cuerpo y del espíritu.

Mística: Actividad espiritual que aspira a conseguir la unión o el contacto del alma con la divinidad.

Mitra: Sombrero o tocado que usan para cubrirse la cabeza los altos cargos de la Iglesia Católica: obispos, arzobispos, etc.

Monofisistas: Tb. *Eutiquianismo*. Seguidores de las doctrinas del archimandrita (abad en las Iglesias orientales) Eutiques, que defendía el monofisismo (según el cual en Cristo solo subsiste la naturaleza divina y la humana queda absorbida por esta). Fue condenado por la Iglesia en el Concilio de Calcedonia en el año 451.

Monograma: Dibujo o figura hechos con las iniciales u otras letras del nombre de una persona o una institución, que se emplea como abreviatura, símbolo o emblema.

Mozárabe: Cristiano de origen hispanovisigodo que vivía en Al-Ándalus.

MP-OY: Véase *MP-Y.*

MP-Y: Tb. *MP-OY.* Anagrama de la Virgen María *(Mater Theoi),* Madre de Dios (Μητέρα του Θεού)

Muceta: Prenda corta que llega hasta los codos y se coloca sobre el roquete*. Véase *Roquete.*

Neogoticismo: Véase *Ideal neogótico.*

Nepotismo: Colocación preferente de los parientes en determinados cargos, con independencia de su valía, prevaleciendo su lealtad o alianza familiar.

Nestorianos: Seguidores de la doctrina de Nestorio, patriarca de Constantinopla en el siglo V. Consideraban a Cristo separado en dos naturalezas opuestas, la divina y la humana, que se juntaban en Cristo, que es Dios y hombre, pero formado por dos personas distintas. Fue considerada falsa en el Concilio de Éfeso del año 431 y se refugió en el Imperio Sasánida.

Noli me tangere: Significa «no me toques», frase que se atribuye a Jesús cuando, tras la resurrección, María Magdalena se acercó a tocarlo. Realmente la traducción griega correspondería más a «suéltame, no me retengas» (pues todavía no he subido al padre; tengo una misión importante que llevar a cabo). Iconográficamente, Jesús suele estar de pie y María Magdalena arrodillada con el brazo extendido hacia él.

Novacianos: Seguidores cristianos de Novaciano. Este sacerdote cristiano se destacó por no reconocer la elección papal de Cornelio y se proclamó a sí mismo papa. Destaca de su ideología la creencia de que la Iglesia

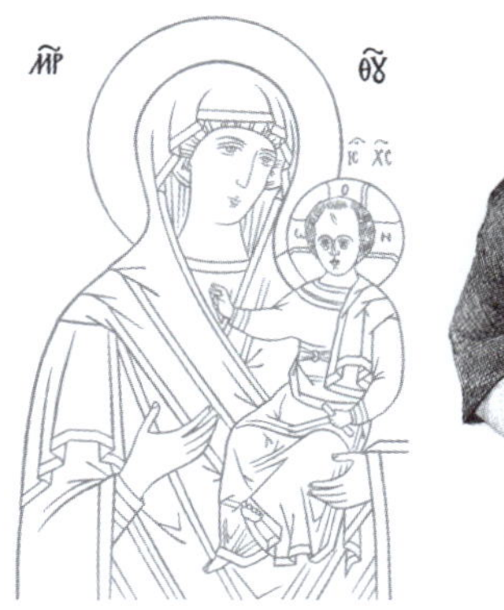

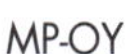
MP-OY

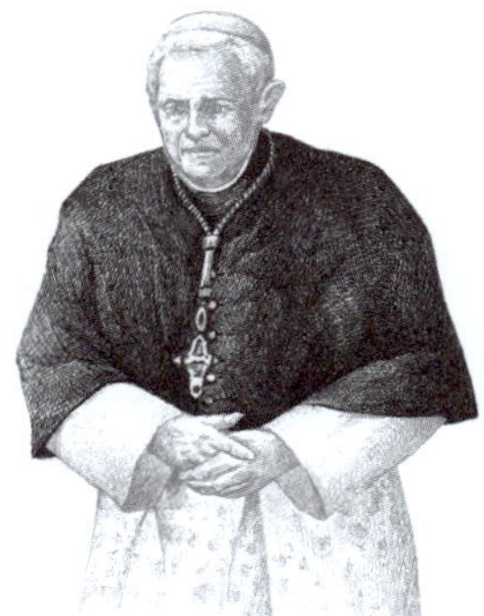
Muceta

no tenía capacidad para perdonar a los cristianos que renegaron de su fe durante las persecuciones romanas, principalmente la de Decio. A estos se les llamó *lapsos*. Tampoco creía en el poder de perdonar a los que habían cometido un pecado mortal. Fue excomulgado por el papa Cornelio y perseguido por la Iglesia.

Óleos sagrados: Recibe este nombre el aceite especialmente bendecido por el obispo y que se usa para administrar determinados sacramentos (bautismo, confirmación, extremaunción, etc.) o bendecir altares, iglesias o reyes.

Orden de los cartujos: Orden religiosa fundada por san Bruno en 1084 que se caracteriza por su austeridad. Además de los tres votos clásicos, estos monjes/as mantienen un completo silencio, que solo se suspende para las tareas cotidianas o para el canto litúrgico. No comen carne, y los viernes, solo pan y agua.

Orden del Temple: Tras la recuperación de Jerusalén por los cruzados en 1099, se organizaron diferentes órdenes para proteger y ayudar a los peregrinos. Una de ellas fue la del Temple. Fue creada en 1127 por Hugo de Payens y reconocida por el papa Honorio II. Apoyada por san Bernardo, tiene muchas analogías con la orden cisterciense. En 1312 el papa Clemente V disolvió la orden, presionado por Felipe IV de Francia. El gran maestre de la orden, Jacques de Molay, y muchos templarios fueron arrestados, juzgados y quemados vivos. Antes de morir el 18 de marzo de 1314 el maestre indicó a Felipe IV de Francia y al papa que les emplazaba en breve a un juicio divino. Curiosamente, ambos murieron en 1314.

Orígenes: Filósofo y teólogo de Alejandría del siglo III. Sus ideas fueron muy influyentes, pero también suscitaron abundantes controversias. El origenismo fue condenado por la Iglesia en el siglo VI.

Ornamentos litúrgicos: Elementos que se usan en la misa. Son muy variados, desde vestidos: estola*, cíngulo, casulla*, alba*, etc.; objetos: vinajeras, campanillas, cáliz, misal, incensarios*, etc.; adornos del altar: cirios, purificador, etc.

Palio: **1.** Ornamento de la indumentaria religiosa usado por el papa y los arzobispos o metropolitanos. Es un elemento de lana blanca con seis cruces negras, que se pone sobre los hombros y tiene dos bandas que caen sobre el pecho y la espalda. Se usa en misas especialmente importantes. **2.** Manto colocado sobre unas varas largas bajo el cual está o se lleva, procesionalmente, una imagen o a una autoridad religiosa o política.

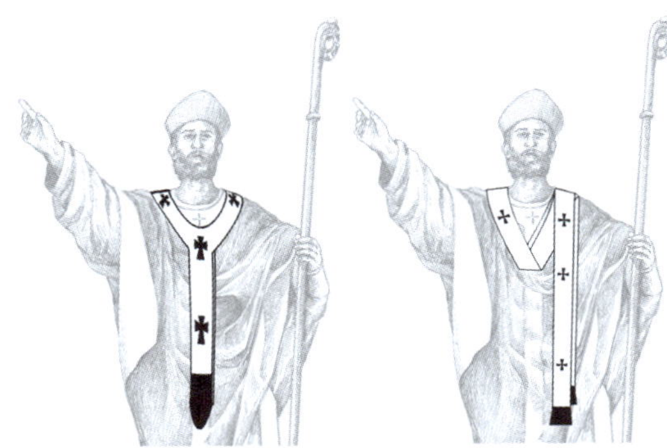

Palio centrado

Palio lateral

Palma: Símbolo precristiano de victoria que fue adoptado por los primitivos cristianos como signo de salutación.

Palma del martirio: La hoja de palma era un símbolo de victoria o saludo. Fue adoptada como símbolo por los primeros cristianos para mostrar la victoria de la fe sobre los enemigos del cristianismo. Se representa junto a los santos que sufrieron martirio, aunque en ocasiones puede aparecer en la representación de algún santo que no ha sufrido martirio, como por ejemplo santa Casilda.

Panadizo: Inflamación aguda de las partes blandas de los dedos de pies y manos.

Patarinos: Seguidores de la pataria, herejía que triunfó en Milán desde el siglo XII y que buscaba la reforma del clero. En el norte de Italia se llegó a usar el término patarino como sinónimo de hereje.

Patriarca: Título de dignidad dado antiguamente a los obispos de las cinco sedes más importantes del Imperio Romano (Roma, Constantinopla, Alejandría, Antioquía y Jerusalén) y que todavía reciben los jefes de las Iglesias orientales y algunos obispos católicos.

Patricio, -a: Perteneciente a una clase social romana elevada. Descendientes de los primeros fundadores de Roma que disfrutaban de grandes privilegios y que, generalmente, eran senadores.

Pegual: Pequeña porción de tierra que el dueño de una finca cede a un jornalero como pago por su trabajo en las tierras del señor.

Pelagianismo: Doctrina que debe su nombre a su creador, el monje británico Pelagio, del siglo V. Su principal postulado afirmaba que el pecado original solo habría afectado a Adán, lo que variaba de sentido la salvación traída por Cristo. Fue condenada en el año 417 por la Iglesia Católica.

Pelagianos: Seguidores del monje britano Pelagio. Véase *Pelagianismo.*

Pentecostés: Fiesta judía que se celebra a los cincuenta días de la Pascua. Los cristianos celebran la aparición del Espíritu Santo en forma de lenguas de fuego a los discípulos de Jesús y la Virgen María (quinto día tras el domingo de Resurrección). A partir de ese día se inicia la predicación del cristianismo y las actividades de la Iglesia.

Perseo y Andrómeda: Mito clásico en el que la bella Andrómeda, hija de los reyes Cefeo y Casiopea, debe ser entregada para aplacar al monstruo marino que atemoriza su reino y por ello es encadenada a una roca. Perseo la ve y se enamora de ella, por lo que se ofrece para matar al monstruo a cambio de obtener su mano. Perseo vencerá al monstruo convirtiéndolo en coral al mostrarle la cabeza de Medusa.

Peste: Enfermedad infecciosa epidémica y febril, caracterizada por la aparición de bultos negros en diferentes partes del cuerpo y que produce con frecuencia la muerte.

Píxide: Recipiente de pequeño tamaño usado en la Iglesia Católica para transportar la hostia consagrada.

Plumbea: Látigo especialmente reforzado en las puntas con bolas de plomo. Véase *Látigo emplomado.*

Pogromo: Palabra rusa con la que se suele hacer referencia a las matanzas de judíos. En 1391 se produjeron en la Corona de Castilla y en la de Aragón importantes ataques a las juderías que afectaban a las personas y a los bienes de los judíos peninsulares.

Pomerium: Frontera sagrada de la ciudad de Roma que establecía sus límites legales.

Potro: Instrumento de tortura de muy variadas formas que consiste básicamente en estirar las extremidades del torturado hasta que este se descoyunta o queda gravemente lesionado.

Prefecto: Oficial de la República o el Imperio Romano. Poseía atribuciones civiles y militares. Generalmente su nombramiento recaía en alguien del orden ecuestre.

Presbítero: Sacerdote que ha sido ordenado para celebrar la misa e impartir los sacramentos, excepto la confirmación y la ordenación sacerdotal, reservados al obispo.

Pretor: Magistrado romano inmediatamente inferior al cónsul*, que tenía funciones de mando y jurisdicción sobre el territorio que administraba. Véase *Cónsul.*

Prior: Título que se da al representante del abad en una abadía o monasterio de la orden benedictina.

Priorato: Distrito o territorio en que tiene jurisdicción el prior*, que es el superior de un convento.

Priscilianismo: Herejía desarrollada en el siglo IV en Hispania por Prisciliano, obispo de Ávila. Esta práctica, que fusionaba el cristianismo con prácticas religiosas ancestrales, contenía un alto grado de rigorismo y de reivindicación social. Condenaba la esclavitud, reivindicaba el papel de la mujer y criticaba los vicios del clero. Se convirtió en un movimiento de protesta muy arraigado en Galicia. Prisciliano fue condenado por hereje y ejecutado en el año 385.

Priscilianistas: Véase *Priscilianismo.*

Procónsul: Magistrado romano que ejercía el gobierno en una provincia dominada, en delegación del cónsul*.

Protonotario apostólico: Notario supremo de la administración papal. El título eclesiástico era conferido al miembro del colegio de prelados en la Curia Romana. En un primer momento eran solo siete, pero con el tiempo su número ha aumentado. Era la base para ascender al Colegio cardenalicio.

Psicopompo: Personaje que guía a las almas en el más allá.

Psicostasis: Pesaje de las almas de los muertos, en el Juicio Final. El hecho se toma de la cultura egipcia, en la que Anubis pesaba el alma de los muertos, o *ka,* para determinar si se salvaría o sería condenada.

Publicano: Nombre que recibía la persona a la que se le había dado el derecho de recaudar impuestos para Roma.

Querella de las Investiduras: Enfrentamiento entre el papa y algunos reyes de Europa, fundamentalmente en el Sacro Imperio Romano-Germánico entre 1075 y 1122, por la supremacía del poder, reflejado sobre todo en la cuestión de la autoridad para la provisión de beneficios, títulos y cargos eclesiásticos.

Qumran: Valle cercano al mar Muerto en el desierto de Judea. Allí se han encontrado restos arqueológicos de una importante comunidad esenia. En las cuevas de la zona aparecieron en 1947 una serie de escritos que recogen la ideología de la secta y su organización.

Reconquista: Nombre que se dio a la expansión militar y territorial de los reinos cristianos de la Península Ibérica entre 722 y 1492, a costa de los territorios musulmanes de Al-Ándalus.

Reformas de la orden benedictina: Esta orden ha sufrido bastantes reformas debido a la relajación y malas costumbres de los monjes, pero, sobre todas ellas, destacan la cluniacense, emprendida por Odón de Cluny en el siglo X, y la cisterciense, iniciada por Roberto de Molesmes en 1098 y con la que se volvía al puro espíritu de san Benito con su «Trabaja y Reza».

Rescripto: Escrito del papa, de un emperador o de cualquier soberano cuya función es responder una consulta o resolver una petición.

Rito siro-malabar: Iglesia cristiana de la India que tiene una unión directa con la Santa Sede y agrupa a más de tres millones de seguidores. Se creen evangelizados directamente por santo Tomás (apóstol).

Roquete: Vestidura eclesiástica blanca, de lino, adornada con encajes y que se coloca sobre la sotana; suele llegar hasta la cintura.

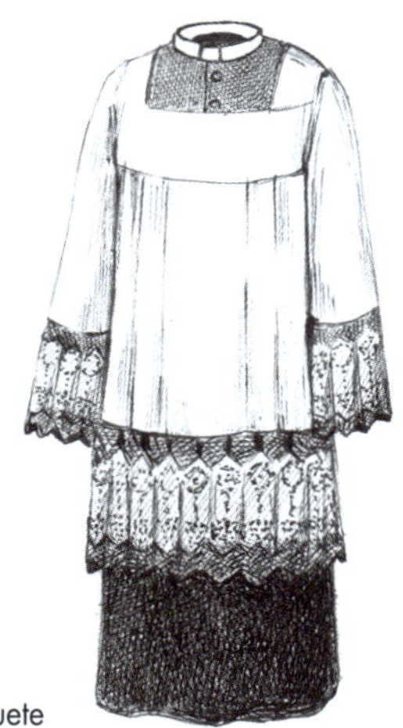

Roquete

Sacramentario: Antiguo libro eclesiástico que contiene oraciones, ceremonias litúrgicas relacionadas con la misa y de celebración de los sacramentos. El primero fue redactado en el siglo V por el papa Gelasio y también fue importante el de san Gregorio un siglo después.

Salambó: Tb. *Salambona.* Es una variante de Venus, de origen oriental, que se celebra con relación a la muerte de su amante Adonis. La estatua de la Venus aparece en actitud triste y llorosa; forma parte de los ritos sirios que celebraban la muerte y metamorfosis de Adonis.

Salambona: Véase *Salambó.*

Samurái: Antiguo guerrero de Japón.

Sanedrín: Consejo supremo religioso y civil de los judíos para administrar justicia.

Santabárbara: Cámara de los barcos donde se guarda la pólvora y otros explosivos.

Sátiro: Ser de la mitología clásica que habitaba en los bosques y que se representa con pequeños cuernos, el cuerpo cubierto de vello, rabo y las patas de macho cabrío.

Shamsir: Espada curva o alfanje. Hoja estilizada que comienza a curvarse desde su primer tercio y acaba en punta. Posiblemente de este término derivara el nombre europeo de cimitarra.

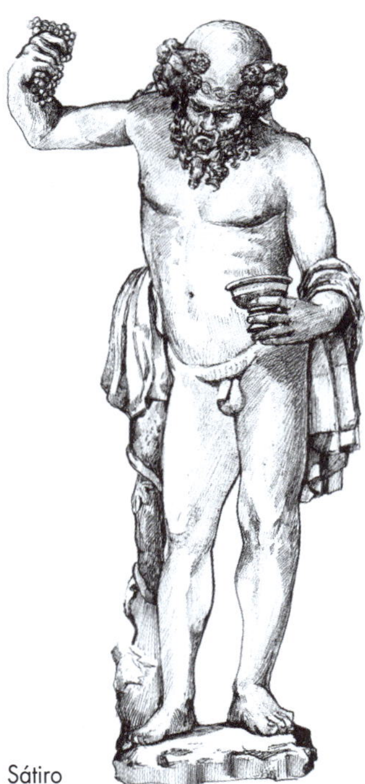
Sátiro

Simonía: Pecado que consiste en comprar y vender bienes espirituales o cargos religiosos a cambio de dinero.

Sítula: Véase *Acetre.*

Taifas: Pequeños reinos en los que se dividió Al-Ándalus tras la disolución del califato en 1031. Existieron diferentes momentos en que los reinos *taifas* volvieron a estar en escena, tras la caída de los almohades, los almorávides o los benimerines.

Tau: Especie de cruz que Aarón, hermano de Moisés, trazó en las chozas de los hebreos para salvarlos de la última plaga. Para los egipcios era el símbolo de la vida eterna. San Antonio fue el primero en usarla en el ámbito cristiano.

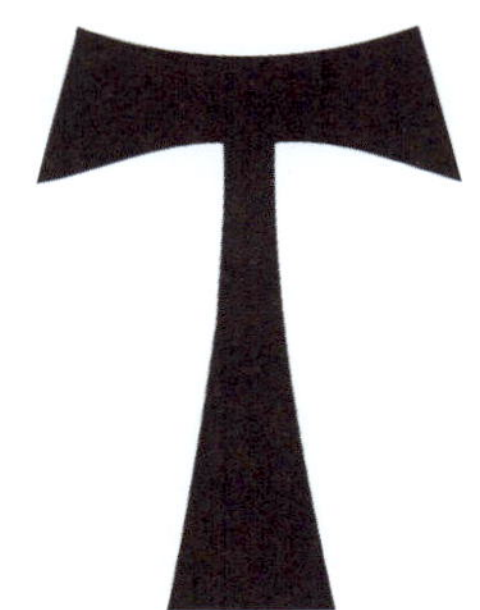
Tau

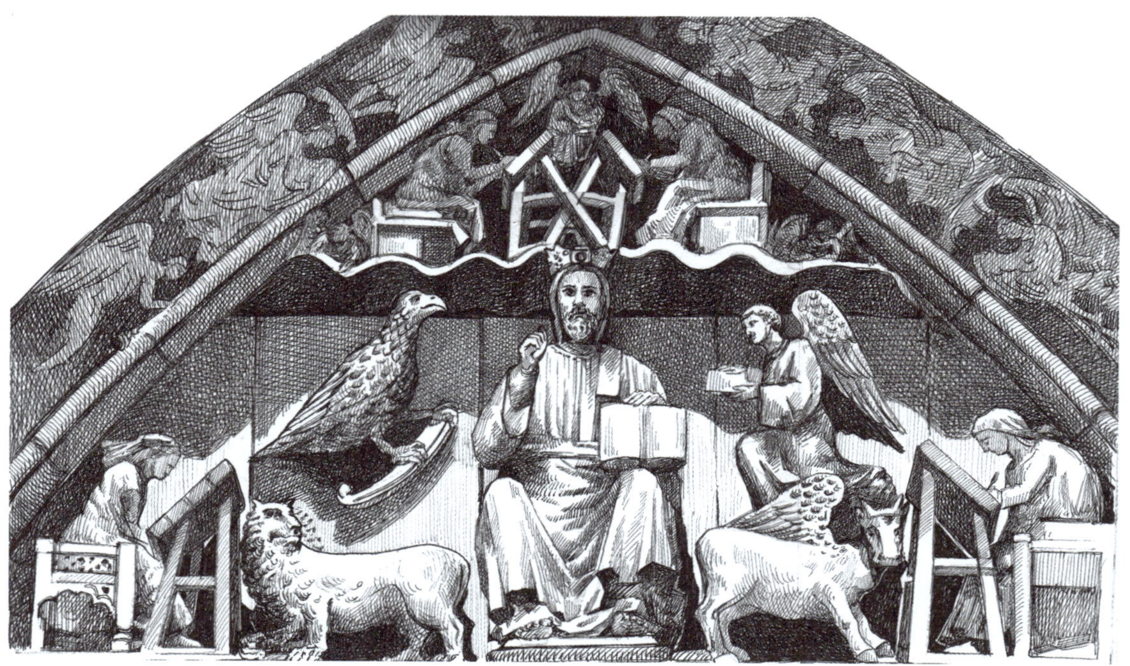

Tetramorfos

Taumaturgo: Persona que practica la magia.

Tetramorfos: Representación de los cuatro evangelistas adoptando los símbolos de Mateo (hombre), Marcos (león), Lucas (toro) y Juan (águila). Estos cuatro símbolos (cuatro formas, *tetra morfos)* aparecen con alas y, a veces, con múltiples ojos.

Tetrarca: Etimológicamente, sería el gobernador o administrador de una cuarta parte de un territorio. El término lo introdujo Filipo de Macedonia en Tesalia, en el siglo IV a.C. Posteriormente se utilizó para indicar el título de un príncipe o rey de un territorio pequeño. Los romanos lo usaron con este significado para aplicarlo a algunos príncipes del Asia Menor y de Siria, cuyos territorios no eran lo suficientemente grandes como para recibir el nombre de reinos. En el Nuevo Testamento se aplica este título a Herodes Antipas, que era tetrarca de Galilea y Perea.

También es una de las cuatro personas que ostentan el poder en Roma durante la tetrarquía.

Thor: Dios germano protector de las cosechas, los viajes, las batallas y de la justicia.

Tiara de tres coronas: Véase *Tiara papal.*

Tiara papal: Tb. *Triregno* o *Tiara de tres coronas.* Corona utilizada por los papas desde el siglo VIII hasta el XX. Está formada por tres coronas unidas que simbolizan el triple poder del papa, como padre de los reyes, rector del mundo y vicario de Cristo. Según otras fuentes, los emperadores del Sacro Imperio eran coronados tres veces (Alemania, Italia y Roma) y el papa debía, al menos, igualarlos. También simboliza la Trinidad. Cambió su forma con el tiempo, pero suele tener en su cima un pequeño globo con una cruz. De uso obligatorio en las ceremonias solemnes, su utilización fue abandonada a partir del pontificado de Pablo VI.

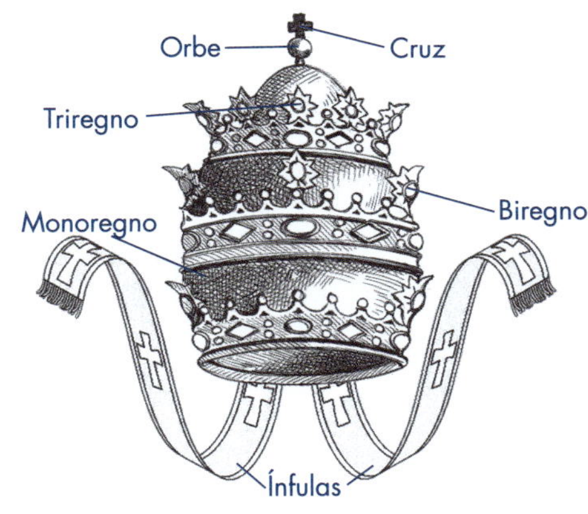

Tiara papal

Tiña: Enfermedad infecciosa y contagiosa de la piel, causada por hongos parásitos, que se caracteriza por producir escamas y costras amarillentas que despiden un olor peculiar; afecta sobre todo al cuero cabelludo y, en ocasiones, produce la caída del cabello.

Tránsito de la Virgen: Es la glorificación del cuerpo de la Virgen María, que pasa de la vida a la inmortalidad, sin experimentar la muerte. La intervención de su hijo hizo que su cuerpo y alma no se separasen en espera del Juicio Final y ascendieran unidos a los cielos. Este dogma de fe fue establecido por Pío XII el 1 de noviembre de 1950.

Transverberación: Experiencia mística que consiste en ser atravesado de parte a parte con un objeto puntiagudo, que simboliza el amor de Dios.

Tribu de Leví: Una de las doce tribus de Israel. Son los descendientes del tercer hijo de Jacob, Leví. Fueron designados por Moisés para los servicios del Tabernáculo y posteriormente del Templo de Jerusalén. Mantuvieron su servicio de ayuda a los sacerdotes, aunque no todos los levitas formaban parte del servicio religioso. Véase *Levitas*.

Tribuno militar: Uno de los seis oficiales que mandaban sobre una legión romana en la época imperial; por encima de ellos estaba el legado senatorial.

Triregno: Véase *Tiara papal*.

Ursulinas: Orden religiosa femenina fundada en 1535 por Ángela de Mérici y dedicada sobre todo a la enseñanza. A diferencia de otras órdenes, sus integrantes no hacen votos, no viven en clausura y no llevan hábitos.

Varilla de los ostiarios: Vara que llevaba el ostiario (clérigo consagrado en las órdenes menores que servía generalmente de portero).

Vestidura talar: Traje largo que llega hasta los talones. Se utilizó, y sigue usándose en la actualidad, como ropa básica de los sacerdotes.

Vicario: Cargo eclesiástico que reemplaza o suple a otro en los casos en que el cargo sustituido no pueda ejercer o haya delegado sus poderes.

Virgen Negra: Virgen cuya piel se representa con color oscuro o negro. Sus orígenes son confusos, pero se dan en la Edad Media con profusión. Suelen considerarse milagrosas, ya que su origen suele ser el incendio de la catedral o iglesia donde se hallaban ubicadas. Al arder el edificio, la madera de la imagen se oscureció pero no llegó a quemarse.

Zelote: Grupo rebelde judío del siglo I que se sublevó contra la autoridad romana.

Bibliografía

AA.VV., *La Sagrada Biblia*, Madrid, San Pablo, 1998.

AA.VV., *Evangelios apócrifos*, Arkano Books. 2004.

AA.VV., *Mitología clásica e iconografía cristiana*, Madrid, Centro de Estudios Ramón Areces, 2010.

AA.VV., *Iconografía y arte cristiano*, Madrid, San Pablo, 2012.

BORNAY, Erica, *Mujeres de la Biblia en la pintura del barroco*, Madrid, Cátedra, 1998.

CARMONA MUELA, Juan, *Iconografía cristiana*, Madrid, Akal, 2014.

— *Iconografía de los santos*, Madrid, Akal, 2014.

DUCHET-SUCHAUX, Gaston, y PASTOREAU, Michel, *La Biblia y los santos*, Madrid, Alianza, 2003.

ESTEBAN LORENZO, Juan F., *Tratado de iconografía*, Madrid, Istmo, 2002.

FERRANDO ROIG, Juan, *Iconografía de los santos*, Barcelona, Omega, 1950.

GIORGI, Rosa, *Santos*, Barcelona, Electa, 2002.

HALL, James, *Diccionario de temas y símbolos artísticos*, 2 vols., Madrid, Alianza, 2003.

La Biblia, Barcelona, Círculo de Lectores, 1976.

La Biblia cultural, Madrid, SM, 1898.

LEONARDI, C.; RICCARDI, A., y ZARRI, G., *Diccionario de los santos*, Madrid, San Pablo, 2000.

MONREAL Y TEJADA, Luis, *Iconografía del cristianismo*, Barcelona, El Acantilado, 2000.

MONTES, José M.ª, *El libro de los santos*, Madrid, Alianza, 2001.

PINILLA MARTÍN, M.ª José, *Iconografía de Santa Teresa de Jesús*, Tesis doctoral, Universidad de Valladolid, 2013.

PLAZA ESCUDERO, Lorenzo de la; MORALES GÓMEZ, Adoración; BERMEJO LÓPEZ, M.ª Luisa, y MARTÍNEZ MURILLO, José María (2008), *Diccionario visual de términos arquitectónicos*, Madrid, Cátedra, 2012.

PLAZA ESCUDERO, Lorenzo de la; MORALES GÓMEZ, Adoración, y MARTÍNEZ MURILLO, José María, *Diccionario visual de términos de arte*, Madrid, Cátedra, 2015.

PLAZA ESCUDERO, Lorenzo de la; VAQUERO IBARRA, José Ignacio, y MARTÍNEZ MURILLO, José María, *Guía para identi-*

ficar los personajes de la mitología clásica, Madrid, Cátedra, 2016.

RÉAU, Louis, *Iconografía del arte cristiano*, vol. 1: *Introducción general*, Barcelona, Ediciones del Serbal, 2000.

—*Iconografía del arte cristiano*, vols. 6-8: *Iconografía de los santos: de la A a la Z*, Barcelona, Ediciones del Serbal, 2000.

REVILLA, Federico, *Diccionario de iconografía y simbología*, Madrid, Cátedra, 2012.

SERRANO, Juan Antonio, *Marta de Betania, la mujer que hospedó a Cristo: apuntes iconográficos de su representación a lo largo de la Historia del Arte*, V Congreso Virtual sobre Historia de las Mujeres, 15-31 de octubre de 2013.

VORÁGINE, Santiago de la, *La leyenda dorada*, Madrid, Alianza, 2008.

Índice

APÉNDICES